Kritik – Bildung – Forschung

Harald Bierbaum
Carsten Bünger
Yvonne Kehren
Ulla Klingovsky (Hrsg.)

Kritik – Bildung – Forschung

Pädagogische Orientierungen in
widersprüchlichen Verhältnissen

Verlag Barbara Budrich
Opladen • Berlin • Toronto 2014

Bibliografische Information der Deutschen Nationalbibliothek
Die Deutsche Nationalbibliothek verzeichnet diese Publikation in der Deutschen Nationalbibliografie; detaillierte bibliografische Daten sind im Internet über http://dnb.d-nb.de abrufbar.

Gedruckt auf säurefreiem und alterungsbeständigem Papier.

Alle Rechte vorbehalten.
© 2014 Verlag Barbara Budrich, Opladen, Berlin & Toronto
www.budrich-verlag.de

    ISBN   **978-3-8474-0137-7 (Paperback)**
    eISBN 978-3-8474-0435-4 (eBook)

Das Werk einschließlich aller seiner Teile ist urheberrechtlich geschützt. Jede Verwertung außerhalb der engen Grenzen des Urheberrechtsgesetzes ist ohne Zustimmung des Verlages unzulässig und strafbar. Das gilt insbesondere für Vervielfältigungen, Übersetzungen, Mikroverfilmungen und die Einspeicherung und Verarbeitung in elektronischen Systemen.

Umschlaggestaltung: Bettina Lehfeldt, Kleinmachnow – www.lehfeldtgraphic.de
Lektorat: Ulrike Weingärtner, Gründau
Satz: Patrizia Rossi, Darmstadt
Titelbildnachweis: Dr. Jürgen Eichenauer
Druck: paper & tinta, Warschau
Printed in Europe

Inhalt

Harald Bierbaum, Carsten Bünger, Yvonne Kehren, Ulla Klingovsky
Kritik – Bildung – Forschung? Einleitende Bemerkungen 7

Peter Euler
Notizen über die „Kritik der Kritik" oder: Über das Verhältnis
von Substanz und Revision kritischer Bildungstheorie 27

I. Kritik der Bildungswissenschaft

Astrid Messerschmidt
Bildung und Forschung im falschen Leben –
Kritik an der Universität 57

Ludwig A. Pongratz
Die Austreibung der Bildung aus den Bildungswissenschaften 73

Armin Bernhard
Gegenhegemoniale Impulse –
Zu Neuakzentuierungen der Kritik und Forschungsstrategie Kritischer
Pädagogik in einer affirmativen Wissenschaftskultur 91

Zahira Baumann, Johanna Burkhardt
Mut zur Kritik reloaded 111

Jutta Breithausen
Natur, Wissenschaft, Bildung 131

II. Bildungsforschung als kritische Empirie

Andreas Gruschka
Wann ist die Bildungsforschung eine kritische? 145

Paul Mecheril, Nadine Rose
Qualitative Migrationsforschung als Bildungsforschung:
Standortbestimmungen zwischen Reflexion, (Selbst-)Kritik und Politik.... 159

Ulla Klingovsky
Pädagogische Bildungsforschung im Horizont des Kritischen –
eine Annäherung 179

Oliver Krüger, Sabrina Schenk
Zum Verhältnis von Positionalität und Kritik.
Übersetzen und Parodieren 195

III. Bildung und die Wirklichkeit der Kritik

Norbert Meder
Das Bildungskonzept als politischer Kampfbegriff 217

Gregor Eckert
Weiter so? Zum Verständnis von Geschichte und Zukunft
in Peter Eulers Aktualisierung kritischer Bildungstheorie 237

Carsten Bünger, Ralf Mayer
Die Wirklichkeit der Kritik. Blickwechsel zwischen
kritischer Bildungstheorie und Soziologie der Kritik 251

Alfred Schäfer
Normalisierungen des Individuellen.
Haltungen einer unkritischen Kritik 273

Verzeichnis der Autorinnen und Autoren 291

Kritik – Bildung – Forschung?
Einleitende Bemerkungen

*Harald Bierbaum, Carsten Bünger, Yvonne Kehren,
Ulla Klingovsky*

Die nicht zuletzt durch mediale Großereignisse (wie den ‚PISA-Schock') bedingte Bedeutungssteigerung einer explizit empirischen Bildungsforschung hat nicht nur die außerfachliche Wahrnehmung der Erziehungs- bzw. Bildungswissenschaft, sondern auch die innerfachlichen Diskurse der letzten zwei Jahrzehnte verändert. Nicht nur hat sich das Feld der empirischen Forschungsansätze wie der methodologischen Reflexionen enorm ausdifferenziert[1]; auch die Frage nach dem Verhältnis von Bildungstheorie und Empirie zeigt sich als eine Problemstellung, die sich nicht durch den schlichten Verweis auf eine ‚Arbeitsteilung' oder gar eine ‚Ablösung' erledigen ließe, sondern die in ihrer Weise die Theoriebildung und Forschungsarbeit des Faches selbst prägt (vgl. Schäfer/Thompson 2014; Miethe/Müller 2012; Breinbauer/Weiß 2011; Pongratz u.a. 2006).

Zu alledem scheint die Frage nach einer Kritischen Pädagogik, die sich zugleich als *Kritik an Pädagogik* versteht wie sie die Möglichkeiten einer *Pädagogik als Kritik* zu bestimmen sucht (vgl. Pongratz u.a. 2004), zumindest quer zu liegen: Vergleichbar mit der kritischen Erziehungswissenschaft der 1970er Jahre zielt auch die an Heinz-Joachim Heydorn und Gernot Koneffke anschließende Tradition der Kritischen Bildungstheorie darauf, das pädagogische Denken aus der geisteswissenschaftlichen Form begrifflicher Reflexion zu lösen und die Sozialgeschichte der Bildung wie auch die gesellschaftliche Begründung und Verfasstheit der Pädagogik herauszuarbeiten. Die Absicht, den Widerspruch von Bildung und Gesellschaft als Ausdruck der sozialen Wirklichkeit der Pädagogik zu analysieren, verweist auf die Notwendigkeit einer erfahrungsgesättigten Theorie. Dieser damit angedeuteten strukturellen Offenheit für Empirie im Rahmen der kritischen Theoriebildung kommt die gegenwärtige Aufwertung empirischer Forschung zu einem Main-

---

1 Neben der mit der Wirkungsforschung wie Schulleistungsvergleichsstudien verbundenen Bedeutungszunahme von quantitativen Verfahren schlägt sich die Ausdifferenzierung insbesondere in innovativen Perspektiven der qualitativen Bildungsforschung nieder; vgl. z.B. Thompson u.a. 2014; Tervooren u.a. 2014; Ecarius/Schäffer 2010; Neumann 2010.

stream eigener Art jedoch keineswegs entgegen.[2] Vielmehr verweisen die veränderten Diskurslagen des Fachs, die sich vielerorts auch als Umsteuerungen des Wissenschaftsbetriebs hinsichtlich der Forschungs-, Stellen- und Studienprofile zeigen, auf eine Prekarisierung des Kritischen: Der Zusammenhang von gesellschaftskritischen und pädagogischen bzw. bildungstheoretischen Fragestellungen zergeht im Horizont einer an ‚Evidenzen' und ‚Wirkungen' ausgerichteten psychologischen ‚Bildungsforschung' ebenso wie in einer das meritokratische Prinzip mitunter zum unproblematischen Maßstab erhebenden ‚kritischen' Bildungssoziologie.

In dieser Situation stehen jedoch die Formen der Kritik, die das Anliegen einer Kritischen Pädagogik zum Ausdruck brachten, selbst zur Disposition: Für die gegenwärtigen Bedingungen trifft wohl nicht nur zu, dass sich gesellschaftliche Normalitätsvorstellungen ausdifferenzieren und dynamisieren und das ‚Allgemeine' bzw. dessen Identifikation selbst in eine Krise geraten ist, sondern eben auch, dass Begriffe wie ‚Bildung' und ‚Vernunft' – nicht nur, aber mindestens – sprachphilosophisch problematisch werden. Nun muss man die damit verbundenen Irritationen, mit denen pädagogisches Nachdenken in dieser Weise konfrontiert ist, nicht zwangsläufig als Absage an das Anliegen einer Kritischen Pädagogik verstehen, sondern kann – ganz im Gegenteil – in den darauf reagierenden Einsätzen den Versuch erkennen, die ‚klassische' Sozialkritik mit einer poststrukturalistischen und differenztheoretischen Identitäts- und Subjektkritik zu verbinden (vgl. Euler 2004, S. 23f.) und in diesem Zusammenhang die Frage nach dem Verhältnis von KRITIK-BILDUNG und FORSCHUNG neu stellen. Das bedeutet zunächst zumindest zweierlei: Einerseits wären solche Tendenzen zu problematisieren, die Bildungstheorie in Bildungsforschung aufzuheben scheinen. Andererseits aber wäre gleichzeitig auch zu untersuchen, inwiefern Bildungstheorie als kategoriale Voraussetzung für Bildungsforschung zu denken ist, wo doch das signifikante Feld der Bildung sich einer letzten Bestimmung gerade zu entziehen scheint. Mit Blick auf eine zunehmende ökonomische und gesellschaftliche Funktionalisierung und gleichzeitige Trivialisierung der ‚Bildung' stellen sich diese und weitere Fragen mit einer gewissen Dringlichkeit: Unter welchen Bedingungen kann kritische Forschung heute im Bereich der Bildungswissenschaft stattfinden? Welche Verhältnisbestimmung von Theorie und Empirie, welche Methoden und Forschungsverständnisse ermöglichen eine aktuelle Artikulation kritischer Perspektiven? Wie stellt sich gegenwärtig das Verhältnis von Bildung und Kritik dar und lässt es sich seinerseits mit den Mitteln empirischer Forschung aufklären?

---

2 Womit nicht gesagt sein soll, dass es nicht wiederum kritische Auseinandersetzungen mit Mainstream-Formationen der Bildungsforschung gebe; vgl. exemplarisch Bellmann/Müller 2010; Dust/Mierendorff 2010.

Einleitende Bemerkungen 9

Diese und ähnliche Fragen provozieren ein Durchdenken des Verhältnisses von Kritik, Bildung und Forschung. Sie prägten zudem eine unter gleichem Titel durchgeführte Arbeitstagung, die wir anlässlich des 60. Geburtstags von Peter Euler vom 12. bis 13.04.2013 in Darmstadt veranstaltet haben. Astrid Messerschmidt, Andreas Gruschka und Alfred Schäfer übernahmen in diesem Rahmen dankenswerter Weise die Vorträge, an denen sich die Auseinandersetzungen orientierten und die in leicht überarbeiteter Form im vorliegenden Band enthalten sind. Für Peter Euler verweist die Auseinandersetzung mit den Fragen, wie wissenschaftliche Forschung einen Beitrag zur Verbesserung der menschlichen Angelegenheiten leisten kann und was einen kritischen Bildungsbegriff auszeichnet, auf die genuine Aufgabenstellung pädagogischen Nachdenkens. Vor diesem Hintergrund und in Anerkennung der von Peter Euler geleisteten Bildungsarbeit sollen hier Suchbewegungen aufgenommen werden, die der Notwendigkeit und Möglichkeit kritischer Bildungsforschung nachgehen. Bevor die Beiträge des Bandes vorgestellt werden, soll im Folgenden kurz auf die Person eingegangen werden, der diese Auseinandersetzungen gewidmet sind.

Zur kritischen Bildungstheorie und -praxis Peter Eulers

Vorbemerkung

Der folgende Textabschnitt geht auf einen Beitrag zurück, den Yvonne Kehren und Harald Bierbaum – in Form eines fiktiven Prüfungsgesprächs – auf der Tagung „Kritik – Bildung – Forschung" anlässlich des 60. Geburtstages von Peter Euler „vorgetragen" haben. Die Dialog-Form der Ausführungen sowie einige in das Gespräch eingebaute Anekdoten aus dem und Anspielungen auf den hochschulpolitischen Alltag an der TU Darmstadt wurden für diesen Text nicht übernommen; wohl aber die aus dem gegebenen Anlass des Geburtstags von und der Tagung für Peter Euler resultierende Struktur und Intention des Beitrags: Einige Aspekte der Bildungstheorie Peter Eulers sollten – gegliedert nach den sechs Lebensjahrzehnten – anhand seiner Arbeits- und Forschungsfelder schlaglichtartig nachgezeichnet und in Beziehung zu einzelnen Stationen seiner Biographie gesetzt werden. Der Beitrag erhebt daher nicht den Anspruch, eine fundierte und kritische Einführung in die zentralen Aspekte der Bildungstheorie Peter Eulers zu geben, sondern umreißt lediglich einige pädagogisch-wissenschaftliche und -politische Inhaltsfelder, in und zu denen Peter Euler gearbeitet hat. Der Beitrag möchte also zu detaillierte(re)n Auseinandersetzungen eher einladen bzw. anregen und ist daher mit recht ausführlichen Hinweisen auf einzelne Arbeiten Peter Eulers versehen.³

1953-1973 : Frankfurter Schule(n)

Peter Euler ist 1953 in Frankfurt am Main geboren und dieser Stadt eng verbunden. Nur selten – und vorwiegend, um seinen Dienst-Pflichten in Darmstadt nachzugehen – verlässt er diese, sodass sich eher wenige Dienstreiseanträge bzw. Reiseunterlagen von ihm finden lassen. Halb zum Spaß, halb im Ernst vergleichen ihn einige Darmstädter Kolleg_innen daher ab und an mit Immanuel Kant, der ja seinerseits Königsberg nie wirklich verlassen haben soll. Mit Kant hat Peter Euler sich aber eben auch intensiv und in bildungstheoretischer Perspektive beschäftigt – beispielsweise in seiner Dissertation ‚Pädagogik und Universalienstreit' oder seiner Habilitation ‚Technologie und Urteilskraft' – und teilt mit ihm die Vorstellung, Erziehung und Bildung kosmopolitisch zu denken und zu entwerfen. Dazu später mehr...

Nach seiner Schulsozialisation in Frankfurt erhielt Peter Euler dort von 1968 bis 1971 auch eine Ausbildung zum Chemielaboranten und besuchte im Anschluss daran die Fachoberschule Chemie. Er ist allerdings in einem doppelten Sinne durch die ‚Frankfurter Schule(n) ' gegangen: zum einen was seine schulische Laufbahn in Frankfurt betrifft; zum anderen stellt die Kritische Theorie der ‚Frankfurter Schule' (vor allem Adornos) einen zentralen und bleibenden theoretischen Bezugspunkt seines Denkens dar. Die ‚Dialektik der Aufklärung' sowie Adornos begriffliche Bestimmungen zur Kulturindustrie und zur negativen Dialektik sind von besonderer Bedeutung für Eulers Auseinandersetzungen; in seinen Arbeiten finden sich zahlreiche Analysen, in und mit denen er die ‚negative Dialektik der Aufklärung' unter pädagogischer Perspektive aufnimmt und weiterdenkt.

Wie zentral Adornos Denken für ihn geworden ist, lässt sich auch anhand einer kleinen Anekdote verdeutlichen. Denn Peter Euler besitzt eine spezielle Ausgabe der ‚negativen Dialektik' Adornos, d.h. ein Buch, das er so oft gelesen und mit unzähligen Anmerkungen und Zettelchen versehen und übersät hat, dass es irgendwann derart ‚benutzt' war, dass er es sich neu hat binden lassen müssen. Von diesem Buch jedenfalls hat Peter Euler einmal gesagt, es wäre der – und vielleicht einzige – Gegenstand, den er retten würde, falls einmal ein Feuer bei ihm ausbräche.

---

3 Weitere Informationen zu den Veröffentlichungen und Vorträgen Peter Eulers unter www.peter-euler.de.

Einleitende Bemerkungen 11

1973-1983: Pädagogik der Naturwissenschaften

Mit dem dritten Lebensjahrzehnt vollzieht sich ein Ortswechsel: von der ‚Frankfurter Schule' kommend nähert sich Peter Euler der ‚Darmstädter Pädagogik' bzw. genauer: der Pädagogik der Naturwissenschaften.

Er absolviert nach seinem Abschluss als Ingenieur für Chemische Technologie in Darmstadt zunächst das Erste Staatsexamen zum Gewerbelehrer in den Fächern Deutsch und Chemie; 1980 schloss er erneut ein Studium ab – man kann sagen: er sammelt Abschlüsse –, diesmal das Magisterstudium in den Fächern Pädagogik, Philosophie und Literaturwissenschaft. Dies markiert biographisch den Übergang zur Pädagogik und es ist nur konsequent, dass er sich nun im Weiteren selbst-kritisch mit der pädagogischen Frage des Verstehens der Naturwissenschaften auseinandersetzt. Besondere Bedeutung erhält hier nach und nach die Aufnahme und Weiterführung des Konzepts des ‚Genetischen Lehrens' bei Martin Wagenschein; also die historisch-systematische Erschließung naturwissenschaftlicher Gegenstände und Konzepte.

Die Thematisierung der Verstehbarkeit der Naturwissenschaften erfolgt dabei immer auch unter pädagogisch-didaktischer Perspektive und als kritische Auseinandersetzung mit den Reformprozessen im Naturwissenschaftsunterricht, die sich gegen die ‚Kapitalisierung' sowie subjektive und sachliche Verkürzung von Bildungsprozessen und -inhalten richtet. Dabei betont Peter Euler, dass es nicht um eine Pädagogisierung oder Didaktisierung der Naturwissenschaften geht, sondern darum, die pädagogischen Dimensionen der Naturwissenschaften zu erschließen und zu lehren, d.h. insbesondere deren subjektive wie gesellschaftliche Momente und Folgen. Er nimmt dabei die Wissenschaftstheorie Peter Bulthaups auf, der in den 1970er Jahren ebenfalls für einige Zeit in Darmstadt lehrte, und dessen, zusammen mit Karl-Heinz Haag veranstaltetes, Kolloquium zur ‚Negativen Metaphysik' Peter Euler über mehrere Jahre besuchte. Die Einsicht in die Politizität und gesellschaftliche Funktion der Naturwissenschaften, d.h. die Thematisierung deren Entstehungs-, Begründungs- und Verwertungszusammenhänge, ist für Peter Euler entscheidend für eine zeitgemäße und kritische Naturwissenschaftsverständigkeit – auf unterschiedliche Weise und orientiert an zentralen fachlichen Konzepten führt er die Pädagogik der Naturwissenschaften von Martin Wagenschein und Peter Bulthaup zusammen und weiter.

Darüber hinaus ist zu erwähnen, dass Peter Euler das Lehren des Verstehens der Naturwissenschaften auf den gesamten pädagogischen Bereich bezieht, nicht nur auf die Schule. Er beschäftigt sich seit geraumer Zeit auch mit der frühkindlichen Bildung in diesem Bereich, wurde und wird regelmäßig für Vorträge zu diesem Themenfeld im gewerkschaftlichen und regional-öffentlichen Umfeld angefragt und führte Projekte zum Verstehen der Naturwissenschaften in der allgemeinen Weiterbildung durch. Wobei sich in letzterem Kontext eine spezifische Zusammenarbeit von Hochschule und

Volkshochschule ergeben hat, die sich als äußerst fruchtbar erwies und auf die er im Folgenden stets großen Wert gelegt hat. Diese Art der Zusammenarbeit von universitärer Forschung mit pädagogischen Praxisfeldern findet sich daher auch in seinen Kooperationen mit dem Staatlichen Schulamt oder mit einzelnen Schulen bzw. Fachleiter_innen wieder und zeichnet sich durch eine gemeinsame konzeptionelle Arbeit und Forschung zu Fragen der Versteh- und Lehrbarkeit der Naturwissenschaften aus.

1983-1993: ‚Darmstädter Pädagogik' – Bildung als ‚kritische' Kategorie

Das vierte Lebensjahrzehnt umfasst den systematischen Kern der Euler'schen Bildungstheorie: die ‚Darmstädter Pädagogik' im Sinne der Neufassung bzw. Re-Vision des Begriffs der „Bildung als ‚kritische' Kategorie" (Euler 2003).

Analog zur ‚Frankfurter Schule' meint ‚Darmstädter Pädagogik' hier auch wieder ein Doppeltes: zum einen Peter Eulers pädagogische Ausbildung und akademische Laufbahn in Darmstadt und zum anderen die Ausarbeitung und Weiterführung (s)einer eigenen, ‚Darmstädter' bildungstheoretischen Position.

Hier beginnt nun die explizite Auseinandersetzung mit der ‚Kritischen Bildungstheorie' Heinz-Joachim Heydorns – eigentlich ein Frankfurter –, die durch Hans-Jochen Gamm und Gernot Koneffke seit den 1970er Jahren als ‚Darmstädter Pädagogik' ausgeführt und weitergedacht wurde. Seit den 1980ern ist Peter Euler an der TH bzw. TU Darmstadt wissenschaftlich tätig und die enge Zusammenarbeit mit Gernot Koneffke ist im Weiteren nicht nur intellektuell sondern auch persönlich von großer Bedeutung. Er bezeichnet ihn immer wieder als seinen Lehrer bzw. sich selbst als seinen Schüler. In diesem Lehrverhältnis entwickelten sich die systematischen Aspekte der Euler'schen Fassung von Bildungstheorie und Pädagogik.

Im Zentrum seiner um den Bildungsbegriff kreisenden Überlegungen steht die kritische Analyse und Reflexion der Theorien, Konzepte und (institutionellen) Praxen der Pädagogik. Diese erfolgt unter Aufnahme zum einen – wie bereits oben erwähnt – zentraler Einsichten der kritischen Theorie Adornos, zum anderen vor allem der ‚Kritischen Bildungstheorie' Heydorns und Koneffkes – geht jedoch über diese hinaus. So heißt es etwa in einem Aufsatz mit dem Titel ‚Das Subjekt zwischen Hypostasierung und Liquidation. Zur Kategorie des Widerspruchs für die modernitätskritische Revision von Erziehungswissenschaft':

„Pädagogik unterliegt nicht einfach der Dialektik der Aufklärung, sondern konstituiert sich als Mittel gegen diese Dialektik innerhalb derselben. Sie ist daher von Anbeginn nicht nur Resultat der Moderne [...], sondern die eigenartige theoretische Bemühung um eine Praxis, die die Moderne konstituiert und zugleich ihre problematischen Seiten zu kompensieren versucht. [...] Pädagogik [...] konstituiert sich vielmehr [...] als Widerspruch im gesellschaftlichen Widerspruch." (Euler 1995, S. 207, 210)

Einleitende Bemerkungen 13

Euler begreift also Pädagogik als historisch-gesellschaftlichen Gegenstand und zwar im doppelten Sinn: Zum einen unterliegt Pädagogik der Geschichte und erfüllt gesellschaftliche Funktionen, weshalb ihre Theorien und Praxen nur aus diesen historisch-sozialen Kontexten heraus zu begreifen sind. Und zum anderen macht Pädagogik auch Geschichte, ist selbst ein gesellschaftlicher Faktor, weshalb sie als mitbestimmend für die gegenwärtige und zukünftige Entwicklung aufzufassen ist. Sie geht nicht in ihren gesellschaftlichen Funktionen auf oder re-agiert nur auf sozial-politische Problemlagen. Bezogen auf das Verhältnis von Funktion und Kritik in der Pädagogik heißt das, dass „die Selbständigkeit der Pädagogik eine Bedingung ihrer gesellschaftlichen Funktion" ist. Mit Heydorn und Koneffke identifiziert er „die Kritik als einen der Pädagogik immanenten Modus ihrer Funktion." (Euler 2004, S. 19)

Diese beiden Zitate belegen einerseits Eulers Bezug zur ‚Frankfurter Schule'; andererseits wird deutlich, dass Kritik nicht von außen an die Pädagogik herangetragen werden muss, sondern der Pädagogik immanent ist. „Bildung als ‚kritische' Kategorie" umfasst also einerseits Bildung als Kritik, sofern sie als gesellschaftlicher Faktor nicht mit ihrer Funktion identisch ist, und zum anderen eine Kritik an der Bildung als Funktion, im Sinne ihrer Funktionalisierung als Kompetenz, Lebenslanges Lernen etc. sowie eine Kritik an Prozessen der Kapitalisierung (nicht: Ökonomisierung) von Bildung. Nach Euler ist daher eine ‚Kritik der Kritik' als Selbstkritik der Bildung notwendig, weil Bildung und Kritik in der bürgerlichen Gesellschaft funktionalisiert werden und in Macht- und Herrschaftsverhältnisse verstrickt sind bzw. diese reproduzieren. Daher geht es ihm nicht nur in bildungstheoretischer, sondern auch in bildungspolitischer Perspektive um eine Konkretisierung und produktive Auslotung gesellschaftlich-pädagogischer Widerspruchslagen. Die Rolle der Pädagogik sieht Euler darin, Widerspruch im gesellschaftlichen Widerspruch einzulegen; darin besteht seine kritische Neufassung und Re-Vision des Bildungsbegriffs.

Was das konkret heißt bzw. wie und in welchen Feldern Peter Euler das konkretisiert hat, wird abschließend anhand der nächsten beiden Abschnitte und Lebensjahrzehnte expliziert. Hier sei noch darauf hingewiesen, dass Peter Euler in mehreren Aufsätzen anhand der Differenz bzw. Gegenüberstellung von – wenn man so sagen will – einer ‚Frankfurter' Schule und Pädagogik (also etwa der ‚Negativen Pädagogik' Andreas Gruschkas oder der ‚kritischen Erziehungswissenschaft' bei Klafki und Blankertz) und einer ‚Darmstädter' Pädagogik (also der ‚Kritischen Bildungstheorie' Heydorns und v.a. Koneffkes) auf einen systematischen Aspekt aufmerksam gemacht hat: dass nämlich Bildungstheorie als ein ‚eigener Theorietyp' zu begreifen ist. „Die Theorie der Bildung erscheint als ein intellektuelles Organ der Selbstreflexion von Aufklärung und Humanismus, das innerhalb beider und durch sie selbst hervorgebracht und entworfen wird, und zwar als eines, das reflexiv-praktisch angelegt ist und eben deshalb nicht in Philosophie, Sozialwissenschaft oder Politik aufgeht und aufgehen kann. D.h., dass in der Theorie der Bildung Selbstkritik und Sozialkritik notwendig verbunden sind." (Euler 2003, S. 415) Oder wie er an anderer Stelle ausführt: dadurch, dass Pädagogik ihrem Begriff nach sowohl das Eigenrecht des Einzelnen als auch die Orientierung auf ein vernünftiges Allgemeines vertritt, also den „Primat des Subjekts gegenüber einer auf die Menschheit bornierend und verstümmelnd wirkenden realen gesellschaftlichen Allgemeinheit" reklamiert, „führte sie notwendig zur Kritik an" dieser gesellschaftlichen Allgemeinheit. Als Selbstreflexion der Pädagogik schlägt daher „Bildungstheorie in Gesellschaftskritik um, oder anders: Bildung ist nur noch als kritische denkbar oder sie ist nicht." (Euer 1995, S. 213)

Diese Position hat Peter Euler seit den 1990er Jahren in (selbst-)kritischer Auseinandersetzung sowohl mit post-modernen Strömungen in der Erziehungswissenschaft als auch mit aktuellen post-marxistischen Autoren entwickelt. Wobei seine systematische Grundfrage dabei stets die ist und war, wie die ‚klassische' Sozialkritik mit der ‚postmodernen' Subjekt- und Identitätskritik bzw. deren Kritik am Allgemeinen zusammengebracht werden kann. Denn Eulers Kritik ist nicht identisch mit einer ‚postmodernen' Kritik am Allgemeinen ‚schlechthin', sondern meint eben Kritik am ‚falschen', weil inhumanen Allgemeinen, die mit Blick auf die ‚allgemeine Beratung über die Verbesserung der menschlichen Angelegenheiten' (so eine von ihm oft in Anspruch genommene Formulierung von Comenius) vorgenommen wird.

1993-2003: Interdisziplinarität als kritisches Bildungsprinzip in Forschung und Lehre

Nach seiner Promotion zum Universalienstreit habilitierte Peter Euler mit einer Arbeit zum Verhältnis von ‚Technologie und Urteilskraft' (Euler 1999). Hier entwirft er eine eigene ‚Neufassung des Bildungsbegriffs' – so der Untertitel der Arbeit – und im Rahmen dieser Re-Vision von Bildung kommt dem Begriff der Interdisziplinarität eine zentrale Rolle zu. Auch hier gilt: die zentrale Bedeutung der Interdisziplinarität spiegelt sich nicht nur in seinen bildungstheoretischen, sondern auch biographisch in seinen bildungspraktischen und -politischen Aktivitäten wider. Denn Peter Euler ist mehrere Jahre Direktor des Zentrums für interdisziplinäre Technikforschung (ZIT) und wissenschaftlicher Beirat von IANUS, der Interdisziplinären Arbeitsgruppe Naturwissenschaft, Technik und Sicherheit an der TU Darmstadt. Hier bezieht er seine kritisch-bildungstheoretischen Überlegungen auf die Organisationsstrukturen von Wissenschaft und Forschung.

Er versteht „Interdisziplinarität als kritisches, der Humanität verpflichtetes Bildungsprinzip von Wissenschaft und Technik in Forschung, Lehre und gesellschaftlicher Praxis", d.h. Interdisziplinarität wird für ihn „zum Ort für

Wissenschaftskritik innerhalb der Wissenschaft. Kritik ist damit eine Sache der Wissenschaft, Wissenschaft verlangt, um im strengen Sinne Wissenschaft zu sein, Selbstreflexion. Die Funktion von Interdisziplinarität besteht also darin, einen dem zivilisatorischen Stand angemessenen Typus von Wissenschaft zu entwickeln." (Euler 2005, S. 291, 305)

Gerade das, was er in seiner Habilitation – neben und komplementär zur ‚Interdisziplinarität' als institutioneller bzw. „objektiver Bildungsverfassung" – im Anschluss an Kant als „reflektierte Sachkompetenz" entfaltet (vgl. Euler 1999, S. 267ff.), kann als eine entscheidende und wohl zu Unrecht noch wenig rezipierte ‚Neufassung des Bildungsbegriffs' von allgemein-pädagogischer Bedeutung bezeichnet werden – d.h. nicht nur für die universitäre (Aus-)Bildung von Pädagog_innen und Lehrer_innen, sondern auch für die von Natur- und Ingenieurwissenschaftler_innen. Dass Peter Euler in diesem Kontext auch zentral auf Eugen Kogon und seinen Aufsatz ‚Die Stunde der Ingenieure' zurückgreift, veranschaulicht ein weiteres Mal die enge Verbindung seiner Schriften zur Biographie: nicht nur, weil er selbst ein Ingenieur-Studium absolviert hat, sondern weil er seit mehreren Jahren Vertreter der TU Darmstadt im Kuratorium des ‚Eugen-Kogon-Preises für gelebte Demokratie' ist. Wobei man dieses ‚außer-universitäre' Engagement selbst wiederum als gelebte Kritische Bildungstheorie bzw. politische Pädagogik interpretieren kann.

Damit ist der Übergang in das gegenwärtige Jahrzehnt angedeutet, also in die Zeit, in der Peter Euler (seit 2001) die Professur für Allgemeine Pädagogik mit dem Schwerpunkt Pädagogik der Natur- und Umweltwissenschaften an der TU Darmstadt innehat.

2003-2013: Bildung für Nachhaltige Entwicklung

Neben ‚Interdisziplinarität' ist für Peter Euler auch ‚Nachhaltige Entwicklung' nicht nur ein (neuer) Gegenstand, sondern auch Anlass einer grundständigen Re-Vision von Bildung. Das ‚Bildungsziel' einer globalen Erhaltung der Lebensgrundlage ist kein Gegenstand einer Einzeldisziplin, sondern muss interdisziplinär in seinen wissenschaftlichen Wechselwirkungen erfasst und pädagogisch-politisch bearbeitet werden. Das weiter oben beschriebene Verhältnis von Funktion und Kritik in der Pädagogik wird in der Nachhaltigkeit besonders deutlich: Pädagogik soll den Nachwuchs in einen Reproduktionsprozess integrieren, der als zerstörerischer identifiziert wird. Diese Integrationsaufgabe umfasst die Rettung dieser Art der Reproduktion, indem sie Kritik an ihr übt und auf ein zukünftig besseres Leben hin erzieht. Auch im Rahmen der UN-Dekade 2005-2014 ‚Bildung für nachhaltige Entwicklung' (BNE) fasst Peter Euler Bildung als kritische Kategorie, da Bildung für eine nachhaltige Entwicklung sowohl die gegenwärtigen gesellschaftlichen Widersprüche zu identifizieren als auch selbstkritisch ihre eigene Verstrickung in diese zu reflektieren hat. Nur so kann die Forderung nach einer Nachhaltigen Entwicklung als humanes Maß der gesellschaftlichen Entwicklung im comenianischen Sinne aktualisiert werden; also im Sinne einer Gesamtbildungsaufgabe eines ‚Überlebens durch Bildung'.

Von besonderer Bedeutung sind hierzu seine Aufsätze „Nachhaltigkeit und Bildung. Plädoyer für ein sachhaltiges Verstehen herrschender Widersprüche" (Euler 2014b) sowie „Kampf um Bildungszeit. Ein pädagogisch-politischer Konflikt im Kontext nachhaltiger Entwicklung" (Euler 2012), die beide auf einige von ihm gehaltene Vorträge zurückgehen. Dies ist insofern erwähnenswert, da für Peter Euler in diesem Jahrzehnt Vortragstätigkeiten in pädagogisch-politischen Kontexten eine immer größere Bedeutung erhalten und entfalten. Diese Vortragstätigkeit ist der Ort, an dem die bildungstheoretischen Analysen Peter Eulers immer wieder große Resonanz erfahren (mehr vielleicht als im erziehungswissenschaftlichen Disziplindiskurs) und aus der er daher stets neue Energien und Anregungen schöpft; zuletzt etwa bei der IG Metall und deren Kampagne „Revolution Bildung". Sie lässt sich im Sinne seines oben erläuterten pädagogisch-politischen Verständnisses von Bildungstheorie interpretieren. Denn dort trägt er seine Forschungsergebnisse in pädagogische Praxisbereiche, so dass diese einerseits unter kritischer Perspektive analysiert werden, um sie dann aber andererseits wieder und stärker an Bildung auszurichten, d.h. sie werden unter diesem Begriff sowohl problematisiert als auch neu konzipiert. Seine Vortragstätigkeiten – nicht nur im Bereich BNE, sondern in den verschiedenen pädagogischen Tätigkeits- und Themenfeldern – ist gleichsam Peter Eulers aktive Einmischung in diesen pädagogisch-politischen ‚Kampf um Bildungs-Zeit'; seine Form, ‚Widerspruch im gesellschaftlichen Widerspruch' einzulegen.

Zu den Beiträgen des Bandes

Die hier versammelten Auseinandersetzungen mit dem Verhältnis von Kritik, Bildung und Forschung sind einer Buchkonzeption gefolgt, in der die Herausgeber_innen drei thematische Konkretionen dieses Verhältnisses vorgeschlagen hatten. Bei aller Unterschiedlichkeit des jeweiligen Einsatzpunktes bewegen sich die Beiträge vor allem in einem von drei thematischen Feldern, wenngleich diese durchaus aufeinander verweisen. Der erste Abschnitt steht unter der Überschrift *Kritik der Bildungswissenschaft*. Hier finden sich Perspektiven von Kritik im und am Wissenschaftsbetrieb sowie insbesondere im Hinblick auf die disziplinären Transformationen von Pädagogik, Erziehungs- und Bildungswissenschaft. Der zweite Abschnitt fragt, inwiefern *Bildungsforschung als kritische Empirie* vorgestellt werden kann und versammelt entsprechend Beiträge zu metatheoretischen, methodologischen und methodischen Fragen hinsichtlich einer als kritisch zu fassenden empirischen Bildungsforschung. Die dritte thematische Rahmung fokussiert *Bildung und die Wirklichkeit der Kritik*. In diesem letzten Abschnitt stehen Auseinandersetzungen und Studien zur sozialen Wirklichkeit von Kritik und ihrer Beziehung zur Kategorie der Bildung bzw. zu Bildungsprozessen im Vordergrund.

Vor alledem folgt zunächst ein Beitrag von Peter Euler, der sich – nicht zuletzt angeregt durch die Vorträge und Diskussionen der eingangs genannten Tagung – die Frage vorgenommen hat, worin denn, bei all den berechtigten Kritiken an der Kritik (in der Pädagogik), sowohl die „Substanz" als auch die „Re-Visionsnotwendigkeit" kritischer Bildungstheorie und -forschung auszumachen ist. Seine unterschiedlichen Notizen zu diesem Problem einer ‚Kritik der Kritik' versuchen dabei, die „Kritik des realen Allgemeinen und de(n) Kampf um ein vernünftiges Allgemeines" systematisch als die Brennpunkte pädagogisch-politischer Theoriebildung, Forschungspraxis und Engagements zu entfalten. Mit diesen Analysen, die vor dem Hintergrund der Frage nach dem Gemeinsamen und Eigenen von Kritischer Theorie, Poststrukturalismus und Kritischer Bildungstheorie erfolgen, entwickelt er eine Perspektive, die gleichsam als Geleitwort wie als vorweggenommener Kommentar zu den Beiträgen des Bandes verstanden werden kann.

Der erste Abschnitt „Kritik der Bildungswissenschaft" beginnt mit dem Beitrag von *Astrid Messerschmidt*, die dem hochschulspezifischen Verhältnis von Kritik, Bildung und Forschung angesichts gouvernementaler Vereinnahmungen nachgeht. Die Autorin zeigt, wie Kritik, die in und an der Universität erfolgt, zugleich von dieser integriert wird, „was die Möglichkeiten eines oppositionellen Ausdrucks erschwert." Nötig erscheint daher eine „Analyse von Kritikpraktiken und von deren zeitgeschichtlichen Bedingungen." Messerschmidt nimmt die tief verunsichernde Erfahrung der Vereinnahmung von Kritik zum Ansatzpunkt einer „Überprüfung eigener Vorstellungen von gesellschaftlicher Veränderung", in der sich auch die Kritik der Bildung kritischen Positionen auszusetzen habe. Diese betreffen die bildungswissenschaftliche Disziplin im Allgemeinen, deren Forschung und pädagogische Profession, und nicht zuletzt das Studium der Pädagogik. Ohne gesicherten Ort der Kritik müssten die „pädagogischen Mittäterschaften" an den inneren Brüchen der Mündigkeit entgegen dem universitären „Habitus der Widerspruchsfreiheit" thematisch werden.

Ludwig Pongratz geht von dem Befund aus, dass der semantische Wechsel zum Terminus der Bildungswissenschaft einen „psychologisch-empirisch gefassten Lernbegriff" ins disziplinäre Zentrum gerückt hat und – entgegen des Wortlautes – gerade nicht mehr an bildungstheoretischer Reflexion orientiert ist. Für Pongratz ist die Bildungswissenschaft damit nicht nur ein Effekt von gesellschaftlichen Veränderungen und Reformprozessen, sondern umgekehrt prägt und flankiert diese die gegenwärtigen Bildungsreformen. Den Schwerpunkt des Beitrags bildet die Kritik von „Reform-Mythen", die Ausdruck einer ideologischen und normalisierenden Zugriffsweise auf das Bildungswesen sind. In einem Ausblick, der auf die weiteren zu erwartenden Entwicklungen im Hochschulbereich eingeht, fragt Pongratz nach den Möglichkeiten der Hochschule, „Widerstand gegen die neoliberale Zurichtung" aufzubieten – und gelangt zu einer eher skeptischen Einschätzung.

Die Möglichkeiten einer Neuakzentuierung Kritischer Pädagogik als gegenhegemonialer Strategie untersucht *Armin Bernhard* in seinem Beitrag. Ausgehend vom kritisch-emanzipativen Erkenntnisinteresse Kritischer Pädagogik begreift Bernhard mit Gramsci Hegemonie „nicht nur als Gebiet der Verbreitung vorherrschender Ideologie, sondern auch als eines ihrer Bekämpfung", als „Terrain der Initiative gegen ihr Vordringen in das öffentliche Bewusstsein." Kritische Pädagogik, die sich mit den Mitteln einer systematischen gesellschaftlichen Kritik um Bewusstseinsbildung bemüht, setzt die Analyse der Dialektik gesellschaftlicher Zwänge voraus, denen in spezifischer Weise auch erziehungswissenschaftliche Forschung unterworfen ist. Aufzuklären sind für Bernhard die materielle Ideologiestruktur wie die ideologische Durchdringung der Wissenschaften, aus denen sich die Auswahl von Forschungsfragen, die Konstruktion von Forschungsdesigns und nicht zuletzt die Deutung der gewonnenen Forschungsergebnisse bestimmt. Eine Kritische Pädagogik ist daher auf die Reflexion der gesellschafts- wie wissenschaftspolitischen und -theoretischen Bedingungen verwiesen und angehalten, ideologiekritisch diejenigen Kategorien zu reflektieren, „die eine Umstrukturierung der erziehungswissenschaftlichen Forschungslandschaft implizieren: Bildungswissenschaften – Bildungsforschung – empirische Bildungsforschung – evidenzbasierte Bildungspolitik etc.".

Im Zentrum des Beitrags von *Zahira Baumann* und *Johanna Burkhardt* steht die Frage nach der Aktualität der Begründungsfiguren einer kritischen Bildungstheorie Darmstädter Provenienz. In Anbetracht neoliberaler gesellschaftlicher Transformationsprozesse sowie grundlegender poststrukturalistische Einsprüche sollen diese auf ihre gesellschaftliche und bildungstheoretische Relevanz hin neu befragt werden. Der Titel „Mut zur Kritik" wird auf die hierin vorgenommenen Verhältnisbestimmungen selbst bezogen, insofern drei zu Thesen gebündelte kritische Rückfragen vorgetragen werden: Zunächst wird das immanent gedachte Verhältnis von Bildung und Kritik expliziert, um es in einem zweiten Schritt auf die impliziten Kriterien der Kritik hin zu befragen und im Hinblick auf die Verstrickungen der Kritik bzw. ihrer kapitalistischen Vereinnahmung zu problematisieren. Die zweite These wird im Anschluss an Astrid Messerschmidt ausgearbeitet und mit der Subjektkonzeption Judith Butlers verbunden. Infrage steht dabei die Transzendenz der mit Kritik verbundenen Wahrheitsansprüche sowie der Verweis auf die gesellschaftlichen Positionierungen der Kritiker_innen selbst.

Schließlich fordern die Autor_innen mit ihrer dritten These eine kritische Rückwendung der kritischen Bildungstheorie, die, um kritisch bleiben zu können, notwendigerweise eine Revision ihrer eigenen Begründungsfiguren vornehmen müsse.

Ausgangspunkt der Überlegungen von *Jutta Breithausen* ist eine Problematisierung der Marginalisierung der Naturwissenschaften im erziehungswissenschaftlichen Diskurs, die sie als Folge des Verlusts einer nicht enggeführten Bedeutung der Naturwissenschaften für den Bildungsprozess einerseits, des Verlusts eines nicht auf Verwertung zielenden Begriffs von Bildung andererseits analysiert. Als einen der systematischen Gründe dieser Verluste identifiziert sie im Anschluss an Borrelli und Euler einen „Differenzverlust von Erklären und Verstehen". Die Erklären/Verstehen-Differenz ist dann im Weiteren auch die systematische Achse, anhand der sie zum einen die Arbeiten Eulers zur Neufassung dieser Differenz sowie davon ausgehend der Verhältnisbestimmung von Naturwissenschaft und Bildung rekonstruiert. Dies wird differenziert und ergänzt durch bildungstheoretische Analysen Humboldts (zum Verhältnis von Sprache, Natur und Bildung) und Ballauffs (zum Verhältnis von Wissenschaft und Bildung). Schließlich plädiert Breithausen für eine „Auflösung der Kategorien Erklären und Verstehen" im Sinne einer „Aufhebung" im Begriff des Verstehens und einen Einsatz für ein „umfassendes Verstehen der Naturwissenschaften", um die im gegenwärtigen erziehungswissenschaftlichen Diskurs vorherrschende Engführung von Naturwissenschaft und Bildung auf deren wirtschaftlichen Ertrag unter der Maßgabe der Positionierung in internationalen Lernerfolgs-Rankings systematisch entgegenzutreten.

Zu Beginn des zweiten Abschnitts „Bildungsforschung als kritische Empirie" widmet sich *Andreas Gruschka* der Frage danach, was gegenwärtig kritische Bildungsforschung heißen könnte. Ausgehend von einer Erinnerung an und Rekonstruktion von Blankertz' Überlegungen darüber, was ‚kritische Erziehungswissenschaft' sei, analysiert Gruschka die sich seit den 1970er Jahren gründlich veränderte Lage und Bedeutung sowohl der empirischen Forschung als auch der Kritik in und an der Pädagogik. Vor diesem Hintergrund zielt der Beitrag auf eine Aktualisierung und Erweiterung der Blankertz'schen Forschungen zur „Eigenstruktur der Pädagogik als Erziehung zur Mündigkeit". Dafür werden zum einen die methodologischen und methodischen Prämissen sowie die kritischen und konstruktiven Aspekte der gegenwärtig (noch) bildungspolitisch und erziehungswissenschaftlich forcierten ‚empirischen Bildungsforschung' einer kritischen Reflexion unterzogen. Zum anderen wird Gruschkas eigener Ansatz einer „pädagogischen Theorie des Unterrichtens auf empirischer Basis" als kritische Bildungsforschung skizziert.

Was eine kritische Bildungsforschung von qualitativer Migrationsforschung lernen kann und wie zugleich deren innerer Zusammenhang zu fassen ist, wird in dem Beitrag von *Paul Mecheril* und *Nadine Rose* vorgeführt. Indem die Autor_innen den Einsatz dieser Forschungsperspektive zwischen Politik, Reflexion und (Selbst-)Kritik bestimmen, heben sie nicht nur die pädagogische Bedeutsamkeit von Migration hervor. Vielmehr wird deutlich, dass schon die Bestimmung des ‚Gegenstandes' Migration und die Identifikation der ‚Migrationsanderen' in pädagogischer Forschung auf reflexive und selbstkritische Ansätze angewiesen ist, wenn bestehende Formen der Ausgrenzung und Abwertung nicht reproduziert, sondern umgekehrt gerade thematisiert werden sollen. Exemplarisch werden die Möglichkeiten reflexiv-selbstkritischer Forschungsansätze verdeutlicht: Anhand einer ethnographischen und einer biographiewissenschaftlichen Studie werden jeweils die Konstitutionsprozesse von Selbstverhältnissen als ethnisierte ‚Andere' in pädagogischen Arrangements analysiert, bevor die Autor_innen ihre Überlegungen und Ergebnisse im Hinblick auf ein aktuelles Verständnis pädagogischer Professionalität wenden.

Ulla Klingovsky vollzieht in ihrem Beitrag eine methodologische Suchbewegung, deren Intention das Aufspüren der Möglichkeiten einer sich kritisch verstehenden, genuin pädagogischen, empirischen Bildungsforschung ist. Dabei lotet sie insbesondere die Bedeutung poststrukturalistischer Perspektiven für ein empirisches Vorgehen aus, das sich weder als schlichte Wiedererkennung des kategorial Gefassten in ‚der Wirklichkeit' versteht noch „der Optimierungslogik eines Steuerungswissens" unterwirft. Vor dem Hintergrund einer poststrukturalistischen Praxisanalyse wird das Werden von Selbstverhältnissen als Ausgangspunkt gewählt, um über methodologische Perspektivierungen und mit ethnografischem Blick den empirischen Möglichkeiten des Lernens im sozialen Raum nachzugehen. Der Frage nach dem Pädagogischen nähert sich die Autorin auf diese Weise mit einer offenen Geste, um aus den Erkenntnissen über das empirisch Gegebene einen Horizont des Möglichen zu konturieren.

Als Bestandteil des methodologischen Selbstverständigungsprozesses von Wissenschaft diskutieren *Oliver Krüger* und *Sabrina Schenk* das Verhältnis von empirischer Forschung und kritischer Positionierung. Eine solche Auseinandersetzung wird für das Anliegen der Kritik insofern bedeutsam, als die Parteilichkeit kritischer Forschung nicht mehr ohne weiteres begründet werden kann. Ausgehend von Hans-Jochen Gamms Überlegungen zu einer materialistischen Erkenntnisposition nehmen die Autor_innen Peter Eulers ‚Re-Vision' von Kritik als einer ‚Kritik der Kritik' auf, um das Problem der anvisierten Positionierung wie unausweichlichen Positionalität des Forschenden zuzuspitzen. Für die derart gefassten methodologischen Fragen kritischer Forschung werden Anregungen aus kulturtheoretischen Perspektiven auf die Praktiken des Übersetzens wie des Parodierens gewonnen. Beide Praktiken werden von Krüger und Schenk als Modi von Kritik reflektiert, die den

Subjektbezug im Kontext empirischer Bildungsforschung in ganz unterschiedlicher Art und Weise institutionalisieren.

Den dritten Abschnitt ‚Bildung und die Wirklichkeit der Kritik' eröffnet *Norbert Meder*, der in historisch-systematischen Überlegungen der Frage nachgeht, inwiefern und mit welchen Begründungen ‚Bildung' stets als Gegenkonzept zu je aktuellen gesellschaftlichen Vergesellschaftungsmodi aufgerufen wird. In einer ersten These unterstellt er einen „unbestreitbar kritischen Gehalt des Bildungskonzeptes", den er ideengeschichtlich rekonstruiert und gegen gegenwärtige Universalisierungstendenzen akzentuiert. Ein zentrales Motiv dieses Beitrags besteht in der Analyse des Wandels gesellschaftlicher Ordnungsschemata, über die der kritische, den gesellschaftlichen Verhältnissen entgegengestellte Einsatz der historisch sich wandelnden Bildungskonzeptionen markiert werden kann (Bestimmung durch Herkunft vs. Selbstbestimmung, göttliche Ordnung vs. Ordnung der Vernunft, etc.). Die analysierten ‚Entgegensetzungen' werden schließlich als ‚politische Utopien' vorgestellt, als ‚Kampfbegriffe'. Insofern Bildungskonzeptionen für den Autor diese Motive bündeln, erscheint ihm Bildung als der zentrale politische Kampfbegriff. Dessen Kultivierung scheint notwendiger denn je: Insofern gegenwärtigen Gesellschaften das Leistungsprinzip – und das darüber vermittelt sich erhaltende Herkunftsprinzip – dazu dient, die Komplexität einer allgemeinen Vergesellschaftung zu reduzieren, gilt es qua Bildung als politischem Kampfbegriff die Differenz zu einem „niemals ganz zu vergesellschaftende[n] je vereinzelte[n] Menschsein" offenzuhalten.

Der Beitrag von *Gregor Eckert* geht Peter Eulers Verständnis von Geschichte und Zukunft in Perspektive auf eine „Allgemeine Beratung zur Verbesserung der menschlichen Angelegenheiten" (Comenius) nach. Im Vordergrund steht zunächst allgemein die Frage, ob – und wenn ja warum – eine Beschäftigung mit historischen Zusammenhängen für aktuelle Problemlagen als sinnvoll zu betrachten ist. Eckert entfaltet das Verständnis einer ‚Historischen Pädagogik' (mit großem ‚H'), das Euler im Anschluss an Heydorn und Koneffke tradiert und setzt das dadurch gewonnene Geschichtsverständnis in Beziehung zu Gegenwarts- und Zukunftsfragen, wie sie sich im Kontext einer ‚Nachhaltigen Entwicklung' stellen. Dabei identifiziert er mit Euler ‚Verstehen' als Zukunftsnotwendigkeit und damit als notwendige Bedingung einer ‚Bildung für nachhaltige Entwicklung'. Er schließt seine Analyse mit daraus abgeleiteten Anforderungen, die Bildung als Verwirklichung der Nachhaltigkeitsidee zu erfüllen hätte.

Der Beitrag von *Carsten Bünger* und *Ralf Mayer* erkundet die Bedingung der Möglichkeit einer (nicht-trivialen) Grundsatzkritik im ‚nachkritischen Zustand' (Türcke). Die systematische Ausarbeitung des Kriterienproblems der Kritik erfolgt zunächst an den bildungstheoretischen Überlegungen Heinz-Joachim Heydorns und Gernot Koneffkes sowie deren Abkehr von einfachen positiven Zielvorstellungen und kontrafaktischen Bestimmungen. In den Vordergrund rückt für diese Autoren in der Lesart von Bünger und Mayer die pädagogisch zu leistende Ermöglichung von Kritik durch Geschichts- und Widerspruchsbewusstsein. Diesem Zugang wird in einem zweiten Schritt die pragmatische Soziologie der Kritik Boltanskis und Chiapellos gegenüber gestellt, die Kritik als Auseinandersetzung um Urteils- und Sinnkriterien mit Blick auf die Offenheit und Umstrittenheit sozialer Praxen in deren Rechtfertigung und Begründung justieren. Kritik ist aus dieser Perspektive nicht erst (pädagogisch) zu erzeugen, sondern findet auch in ‚grundsätzlicher' Weise sozial immanent statt. Für Bünger und Mayer wirft das pragmatische Kritikverständnis dennoch Rückfragen auf, denen sie – ohne einen ‚metakritischen' archimedischen Standpunkt zu restituieren – abschließend nachgehen, indem sie die bildungstheoretische Perspektive neu aufnehmen.

Alfred Schäfer bringt Kritik mit dem – letztlich kontingenten – subjektiven Begehren in Verbindung. Anhand von zwei Beispielen aus empirischen Forschungszusammenhängen zeigt Schäfer, wie sich ein ästhetisierendes Selbstverhältnis zu der Spannung von Normalisierung und Individualisierung, von sozialer Eingebundenheit und unbestimmten Positionierungsmöglichkeiten auf eine Weise verhält, die aus Perspektive einer grundsätzlichen Kritik als unkritisch gelten muss. Zugleich arbeitet der Beitrag heraus, dass eine solche Grundsatzkritik nicht transzendental gegründet, sondern als kritische Haltung zu denken ist. Damit aber findet diese Kritik ihrerseits nicht jenseits von Subjektivierungsprozessen statt, in denen das Begehren eine spezifische, grundlose Bindung eingegangen ist. Vor diesem Hintergrund versteht sich der Beitrag keineswegs als Plädoyer gegen radikale Kritik, sondern vielmehr als Perspektive, die Figur des kritischen Engagements neu zu durchdenken.

*

Zum Schluss möchten die Herausgeber_innen die Möglichkeit nutzen, neben den Autor_innen auch den an der Erstellung des Sammelbandes beteiligten Personen zu danken. Namentlich hervorheben möchten wir Katharina Hermann, Patrizia Rossi und Irina Ruppel sowie die freundliche Unterstützung von Seiten des Budrich-Verlags durch Miriam von Maydell. Herrn Dr. Jürgen Eichenauer danken wir für die Genehmigung zum Abdruck des Titelbildes.

Darmstadt/Dortmund/Halle, August 2014

Einleitende Bemerkungen 23

Literatur

Ackermann, Friedhelm/Ley, Thomas/Machold, Claudia/Schrödter, Mark (Hrsg.) (2012): Qualitatives Forschen in der Erziehungswissenschaft. Wiesbaden: Springer VS.
Bellmann, Jan/Müller, Thomas (Hrsg.) (2011): Wissen was wirkt. Kritik evidenzbasierter Pädagogik. Wiesbaden: VS.
Breinbauer, Ines Maria/Weiß, Gabriele (Hrsg.) (2011): Orte des Empirischen in der Bildungstheorie. Einsätze theoretischer Erziehungswissenschaft II. Würzburg: Königshausen & Neumann.
Bierbaum, Harald/Euler, Peter/Wolf, Bernhard S.T. (Hrsg.) (2007): Naturwissenschaft in der Allgemeinen Weiterbildung: Probleme und Prinzipien der Vermittlung von Wissenschaftsverständigkeit in der Erwachsenenbildung. Bielefeld: W. Bertelsmann Verlag.
Cankarpusat, Ali/Haueis, Godwin (2007): Mut zur Kritik. Gernot Koneffke und Hans-Jochen Gamm im Gespräch über die Darmstädter Pädagogik. In: Bierbaum, Harald/Euler, Peter/Feld, Katrin/Messerschmidt, Astrid/Zitzelsberger, Olga (Hrsg.): Nachdenken in Widersprüchen. Gernot Koneffkes Kritik bürgerlicher Pädagogik. Wetzlar: Büchse der Pandora, S. 13-29.
Dust, Martin/Mierendorff, Johanna (Red.) (2010): „Der vermessene Mensch". Ein kritischer Blick auf Messbarkeit, Normierung und Standardisierung. Jahrbuch für Pädagogik 2010. Frankfurt a.M.: Peter Lang.
Ecarius, Jutta/Schäffer, Burkhard (Hrsg.) (2010): Typenbildung und Theoriegenerierung. Methoden und Methodologien qualitativer Bildungs- und Biographieforschung. Opladen: Budrich.
Euler, Peter (1985): Freizeit im Horizont der „Sozialgeschichte und Philosophie der Bildung". In: Schreiner, Haro (Hrsg): Freizeit. Ein Reader, Frankfurt a.M.: Fischer, S. 97-159.
Euler, Peter (1989): Pädagogik und Universalienstreit. Zur Bedeutung von F.I. Niethammers pädagogischer Streitschrift. Weinheim: Deutscher Studien Verlag.
Euler, Peter (1995): Das Subjekt zwischen Hypostasierung und Liquidation. Zur Kategorie des Widerspruchs für die modernitätskritische Revision von Erziehungswissenschaft. In: Euler, Peter/Pongratz, Ludwig (Hrsg.): Kritische Bildungstheorie. Zur Aktualität Heinz-Joachim Heydorns. Weinheim: Deutscher Studien Verlag, S. 203-221.
Euler, Peter (1998): Gesellschaftlicher Wandel oder historische Zäsur? Die „Kritik der Kritik" als Voraussetzung von Pädagogik und Bildungstheorie. In: Rützel, Josef/Sesink, Werner (Hrsg.): Bildung nach dem Zeitalter der großen Industrie. Jahrbuch für Pädagogik 1998. Frankfurt a.M./New York: Peter Lang, S.217-238.
Euler, Peter (1999) Technologie und Urteilskraft. Zur Neufassung des Bildungsbegriffs. Weinheim: Deutscher Studien Verlag.
Euler, Peter (2001a): Veraltet die Bildung oder Kritische Bildungstheorie im vermeintlich „nachkritischen" Zeitalter? In: Pädagogische Korrespondenz, H. 26, S. 5-27.
Euler, Peter (2001b): Über „Die Stunde der Ingenieure, Technologische Intelligenz und Politik" von Eugen Kogon – oder – Technologie und Humanität, eine noch

zu lernende Lektion für unsere Kultur. In: Das Maß aller Dinge. Zu Eugen Kogons Begriff der Humanität (TUD Schriftenreihe Wissenschaft und Technik 81). TU Darmstadt, S. 79-95.

Euler, Peter (2003): Bildung als „kritische" Kategorie. In: Zeitschrift für Pädagogik, H. 3/Jg. 46, S. 413-421.

Euler, Peter (2004): Kritik in der Pädagogik: Zum Wandel eines konstitutiven Verhältnisses der Pädagogik. In: Pongratz, Ludwig/Nieke, Wolfgang/Masschelein, Jan (Hrsg.): Kritik der Pädagogik – Pädagogik als Kritik. Opladen: Leske+Budrich, S. 9-28.

Euler, Peter (2005): Interdisziplinarität: „Kritisches" Bildungsprinzip in Forschung und Lehre. In: Rossmann, Torsten/Tropea, Cameron (Hrsg.): Bionik. Aktuelle Forschungsergebnisse in Natur-, Ingenieur- und Geisteswissenschaften. Berlin, Heidelberg, New York: Springer, S. 291-311.

Euler, Peter (2006): Das „Institut" als Infrastruktur Kritischer Pädagogik. In: Keim, Wolfgang/Steffens, Gerd (Hrsg.): Bildung und gesellschaftlicher Widerspruch. Hans-Jochen Gamm und die deutsche Pädagogik seit dem Zweiten Weltkrieg. Frankfurt a.M. u.a.: Peter Lang, S. 21-28.

Euler, Peter (2007): Einsicht und Menschlichkeit. Bemerkungen zu Gernot Koneffkes logisch-systematischer Bestimmung der Bildung. In: Bierbaum, Harald/Euler, Peter/Feld, Katrin/Messerschmidt, Astrid/Zitzelsberger, Olga (Hrsg.): Nachdenken in Widersprüchen. Gernot Koneffkes Kritik bürgerlicher Pädagogik. Wetzlar: Büchse der Pandora, S. 47-58.

Euler, Peter (2010): Verstehen als Menschenrecht versus Kapitalisierung lebenslangen Lernens oder: Lehre als Initiierung lebendiger Verhältnisse von Sache und Subjekt. In: Pazzini, Karl-Josef/Schuller, Marianne/Wimmer, Michael (Hrsg.): Lehren bildet. Vom Rätsel unserer Lehranstalten. Bielefeld: transcript, S. 125-146.

Euler, Peter (2011): Konsequenzen für das Verhältnis von Bildung und Politik aus der Kritik postmoderner Post-Politik. In: Reichenbach, Roland/Ricken, Norbert/Koller, Hans-Christoph (Hrsg.): Erkenntnispolitik und die Konstruktion pädagogischer Wirklichkeit. Paderborn: Schöningh, S. 43-60.

Euler, Peter (2012): Kampf um Bildungs-Zeit. Ein pädagogisch-politischer Konflikt nachhaltiger Entwicklung. In: Fischer, Ernst Peter/Wiegandt, Klaus (Hrsg.): Dimensionen der Zeit. Die Entschleunigung unseres Lebens. Frankfurt a.M.: Fischer, S. 311-348.

Euler, Peter (2013a): Bildung heißt Mündigkeit. In: metallzeitung (Mitgliederzeitung der IG Metall) H. 4, S. 15-16.

Euler, Peter (2013b): Verstehen als pädagogische Kategorie. Voraussetzungen subjektiver Sach- und Facherschließung am Beispiel der Naturwissenschaften. In: Vierteljahrsschrift für wissenschaftliche Pädagogik, H. 4/Jg. 89, S.484-502.

Euler, Peter (2014a): Historische Zugänge zum Verstehen der Naturwissenschaften als notwendige Bedingung der „Fach-Lehrer-Bildung". In: Leser, Christoph/Pflugmacher, Torsten/Pollmanns, Marion/Rosch, Jens/Twardella, Johannes (Hrsg.): Zueignung. Pädagogik und Widerspruch. Opladen: Verlag Barbar Budrich, S. 309-326.

Euler, Peter (2014b): Nachhaltigkeit und Bildung. Plädoyer für ein sachhaltiges Verstehen herrschender Widersprüche. In: Jahrbuch Bildung für nachhaltige Entwicklung 2014 (Krisen- und Transformationsszenarios. Frühkindpädagogik,

Resilienz und Weltaktionsprogramm). Wien: Umweltdachverband GmbH, S. 167-174.
Euler, Peter (2014c): Verstehen als Zentrum der Unterrichtsforschung. Zur Erforschung der Voraussetzungen, Sache und Fach im Unterricht subjektiv erschließbar zu machen. In: Czejkowska, Agnieszka/Hohensinner, Julia/Wieser, Clemens (Hrsg.): Forschende Vermittlung. Gegenstände, Methoden und Ziele fachdidaktischer Unterrichtsforschung. Arts & Culture & Education, Band 10. Wien: Löcker Verlag [Erscheint im September 2014].
Euler, Peter/Bierbaum, Harald (2005): Naturwissenschaften – Skandalon in der Bildungslandschaft. Ein Beitrag zur Neubestimmung des Bildungs- und Naturwissenschaftsverständnisses in der Erwachsenenbildung. In: Hessische Blätter für Volksbildung, H. 4/Jg. 55, S. 309-319.
Euler, Peter/Bierbaum, Harald (2008): Blickwechsel auf die Naturwissenschaften in der Erwachsenenbildung. In: REPORT. Zeitschrift für Weiterbildungsforschung, H. 3/Jg. 31, S. 9-18.
Euler, Peter/Luckhaupt, Arne (2010): Historische Zugänge zum Verstehen systematischer Grundbegriffe und Prinzipien der Naturwissenschaften. Materialien für die Unterrichtsentwicklung. Zur pädagogischen Interpretation der „Basiskonzepte". Frankfurt a.M.: Amt für Lehrerbildung.
Euler, Peter/Husar, Andrea/Luckhaupt, Arne/Schlöder, Paul (2012): „Ha-zwei-Oh" oder: Verstehensprobleme der Formelsprache im Chemieunterricht. Verstehensproblemen auf der Spur – Chemie zugänglich machen. Frankfurt a.M.: Amt für Lehrerbildung.
Miethe, Ingrid/Müller, Hans-Rüdiger (Hrsg.) (2012):Qualitative Bildungsforschung und Bildungstheorie. Opladen: Budrich.
Neumann, Sascha (Hrsg.) (2010): Beobachtungen des Pädagogischen. Programm – Methodologie – Empirie. Luxembourg: Université du Luxembourg; www1.uni-frankfurt.de/fb/fb04/download/Meseth_Beobachtungen_des_Paedagogischen.pdf [Zugriff: 31.07.2014].
Pongratz, Ludwig A./Nieke, Wolfgang/Masschelein, Jan (Hrsg.) (2004): Kritik der Pädagogik – Pädagogik als Kritik, Opladen: Leske + Budrich.
Pongratz, Ludwig A./Wimmer, Michael/Nieke, Wolfgang (Hrsg.) (2006): Bildungsphilosophie und Bildungsforschung. Bielefeld: Janus.
Schäfer, Alfred/Thompson, Christiane (Hrsg.) (2014): Arbeit am Begriff der Empirie. Halle: Martin-Luther-Universität Halle-Wittenberg; http://nbn-resolving.de/urn:nbn:de:0111-opus-90199 [Zugriff: 31.07.2014].
Tervooren, Anja/Engel, Nicolas/Göhlich, Michael/Miethe, Ingrid/Reh, Sabine (Hrsg.) (2014): Ethnographie und Differenz in pädagogischen Feldern. Internationale Entwicklungen erziehungswissenschaftlicher Forschung. Bielefeld: transcript.
Thompson, Christiane/Jergus, Kerstin/Breidenstein, Georg (Hrsg.) (2014): Interferenzen. Perspektiven kulturwissenschaftlicher Bildungsforschung. Weilerswist: Velbrück.

Notizen über die „Kritik der Kritik" oder: Über das Verhältnis von Substanz und Revision kritischer Bildungstheorie

Peter Euler

Den Veranstalter_innen und Herausgeber_innen Harald Bierbaum, Carsten Bünger, Yvonne Kehren und Ulla Klingovsky und allen anderen, die zum Gelingen der zu meinem 60sten Geburtstags veranstalteten Arbeitstagung ‚Kritik – Bildung – Forschung' und der hieraus entstandenen Tagungs- und Festschrift beigetragen haben, möchte ich in ganz außerordentlicher Weise meinen tiefsten Dank aussprechen. Die Präsentation und Aufführung „meiner" Bildungstheorie durch Harald Bierbaum und Yvonne Kehren zu Beginn der Tagung hat in ungewöhnlicher Weise dem Publikum die Intention der Tagung, nämlich die Verbindung der Person mit der Sache im wahrsten Sinne des Wortes vorgeführt und zugleich damit auch die Brücke in die uns alle verbindende wissenschaftliche und politische Thematik geschlagen. Persönlich und inhaltlich für diese Thematik Anlass zu sein, und damit für die Beiträge der Referentin und der Referenten, aber auch für die Diskussionen der Teilnehmer_innen der Tagung und dem menschlich-sachlichen Umgang miteinander, hat mich nicht nur aktuell gerührt und beglückt, sondern auch eine wichtige Spur in meinem jetzigen Lebensabschnitt gelegt; dafür bin ich bleibend dankbar. Die drei kräftigen Substantive, die den Arbeitstitel: ‚Kritik – Bildung – Forschung' bilden, markieren in ihrer zu stiftenden Verbindung das, was auch mich wissenschaftlich umtreibt, ohne dass ich das nur akademisch lesen könnte. Besonders bewegt hat mich, dass mit der Referentin und den Referenten, aber auch durch teilnehmende Kolleg_innen Fortentwicklungen einer kritischen Pädagogik dargestellt und diskutiert wurden, von denen ich seit Längerem glaube und hoffe, dass deren Zusammenwirken, aber auch deren Verbindung zu einer Neubestimmung kritischer Pädagogik führen, deren Gestalt wohl noch kaum absehbar ist, aber im günstigsten Fall, den gewaltigen Problemen, die sich gesellschaftlich zusammenbrauen, theoretisch angemessen sein könnten und als Teil der Angemessenheit zugleich sich auch praktisch intervenierend verstehen.

Meine folgenden Notizen zum Komplex ‚Kritik – Bildung – Forschung' beziehen sich auf unterschiedliche Aspekte der Notwendigkeit und der sich stellenden Problematik einer Weiterentwicklung der Kritik bzw. der Beziehung der kritischen Bildungstheorie zu neueren kritischen Theorieeinsätzen, die ich in der Formel der ‚Kritik der Kritik' erstmals in meinem Habilitationsvortrag 1997 dargelegt habe. Die Formel resultiert aus meiner Einsicht, dass aus gesellschaftlichen und theoretischen Gründen die Notwendigkeit von Kritik sich zuspitzt, aber zugleich auch der Kritik selbstkritische Theoriearbeit abverlangt.

I

Die systematischen Kategorien kritischer Bildungstheorie und Pädagogik, wie sie nach Heydorns frühem Tod 1974 dann in Darmstadt durch Koneffke und Gamm zu einer ‚Darmstädter Pädagogik', beide gingen mit diesem Titel allerdings sehr vorsichtig um, entwickelt wurden, sind in meiner Perspektive die der ‚Widerspruchsbestimmung' und der ‚Neubestimmung der Bildung', also ihrer jeweiligen aus der Widerspruchsauslotung resultierende „Re-Vision" (vgl. u.a. Euler 1995 und 2009a). Konzeptionell ist daher „Bildung als ‚kritische' Kategorie" (Euler 2003a) angelegt, da sowohl die Dialektik von Bildung und Gesellschaft als auch im Verbund damit die pädagogische Organisation (von der Bildungspolitik über die Institutionengestaltung bis zur Unterrichtung) und die inhaltliche Bestimmung von Bildung stets neu auszuweisen sind.

Koneffke hat die Dialektik des Bildungswiderspruchs schon in seinem frühen ‚klassischen' Text von 1969 über „Integration und Subversion. Zur Funktion des Bildungswesens in der spätkapitalistischen Gesellschaft" (Koneffke 1969) einer systematischen Konkretisierung insofern zugeführt, indem er den Widerspruch, der die Bildung *ist*, in der logischen Sachrelation von Integration und Subversion ausmacht. Die pädagogisch zu organisierende Bildung der Menschen als Subjekte bürgerlicher Gesellschaft ist nämlich entscheidend über Einsicht und Erkenntnis angelegt. „Dass es Einsicht und Erkenntnis sind, die bürgerliche Gesellschaft im Kampf gegen bestehende Gewalt verwirklichen sollen, macht das subversive Moment in der bürgerlichen Pädagogik aus, nicht dass Erkenntnis auf die bürgerlich angenommene natürliche Weltordnung verpflichtet wird" (ebd., S. 390). Die pädagogische Bedeutung von Erkenntnis markiert das Zentrum kritischer Bildungstheorie. Die herrschaftlich notwendige Erkenntnis für eine bürgerlich-kapitalistische Gesellschaft ist das, was den Individuen, die Subjekte sein sollen, gesellschaftlich funktional zugemutet wird, und zugleich in dieser ihnen äußerlichen Erziehungszumutung als ‚Mündigkeit' Potential in dieser Zumutung und über diese hinaus der Sache nach enthält. Mündigkeit ist im Gegensatz zu naiven Deutungen von Pädagogik nicht das Gute und Bessere gegenüber einer vermeintlich schlechten Wirklichkeit. Innerhalb der bürgerlichen Gesellschaft ist „Mündigkeit die Achse", „um die die Bildungstheorie der Neuzeit sich kristallisiert" (Koneffke 2009, S. 215). Daher handelt es sich auch nicht um einen Widerspruch zwischen Bildung und Herrschaft, sondern um den jeweiligen Widerspruch in der Bildung und in der Herrschaft.

„In Mündigkeit objektiviert sich also das ‚gesellschaftliche Wesen' der Pädagogik (Koneffke, 1994, S. 8). In ihrem Kern ist daher die ‚Selbständigkeit als Proprium des Menschen' auszumachen (Koneffke o.J., S. 12; er bezieht sich hier implizit auf die Bestimmung des Aristoteles aus der Topik I, 5, 102a 19-22).

Diese begrifflich hochsensible Begriffsbestimmung gilt es als entscheidende wahrzunehmen. Wird nämlich die Selbständigkeit zum Zentrum der Pädagogik, ist diese selbst Proprium bürgerlicher Gesellschaft. Pädagogik ist damit eine ‚Eigentümlichkeit' bürgerlicher Gesellschaft, ohne aber dadurch schon ihr ‚Wesen' zu sein. Diese Bestimmung, ‚Proprium', aber nicht ‚Wesen' zu sein, formuliert in metaphysischen Kategorien die sachlogische Struktur für die Dynamik bürgerlicher Gesellschaft seit ihrer Entstehungszeit im Kampf mit der Feudalgesellschaft, über die Phase ihrer gesamtgesellschaftlichen Durchsetzung in Europa bis zur Etablierung als Herrschaftsgesellschaft." (Euler 2013, S. 8)

Der verbindlich gesellschaftlich zu organisierende Erwerb von Einsicht durch die Befähigung zur bürgerlichen Rationalität markiert in der Perspektive kritischer Bildungstheorie dasjenige Moment, das innerhalb der die gesellschaftliche Funktionsfähigkeit sicherstellenden pädagogischen Integration zugleich mehr und anderes ist bzw. sein kann als diese, weil das Integrationsmittel objektiv, der Sache, eben der rational zu vermittelnden Kultur nach, über die Determination des Bestehenden hinausgehende Valenzen hat. Kritische Bildungstheorie wäre gemessen an der ihr eigenen Vorstellung von Bildung eine tautologische Bestimmung, wenn nicht gerade ihre Reflexion einer der Pädagogik eigenen Tendenz zur Affirmation in Gestalt einer ‚versöhnungswilligen Kompromissdialektik' gälte, wodurch nach Adalbert Rang „Pädagogen nicht selten eher als après- denn als avantgardistisch erscheinen" (Rang 1989, S. 138). Insofern reagiert die kritische Bildungstheorie auf einen in der Pädagogik angelegten Konservatismus als deren negative Dialektik und sie ist solange notwendig, wie dieser konservative Zug perennierend Übergewicht erhält, egal wie ultramodern er sich gibt. Die Kritik zielt daher immer auch auf jeweils zeitgenössische pseudoprogressive pädagogische Konzepte, die zwar auch von Mündigkeit sprechen, aber die Anstrengung der Erkenntnis den Individuen – bis zur heutigen Praxis einer die Sache verstellenden Didaktisierung (vgl. u.a. Gruschka 2011) – ersparen wollen, wenn sie sie nicht sogar wie zu ‚progressiven Glanzzeiten' als Unterdrückung denunzieren und demgegenüber eine konservative oder auch sich progressiv gebende, aber eben heteronom bleibende Werteerziehung setzen.

Auch die seit einiger Zeit mit massivem Mitteleinsatz von Staat, Wirtschaft und Wissenschaftsverbänden gerade im so genannten MINT-Bereich gepuschten Programme zeigen das mit aller Deutlichkeit, da sie den ‚Spaß' als Mittel der Vermittlung propagieren und dabei die geistige Dimension des Verstehens einer Sache verkennen bzw. ausblenden. Scharf formuliert betrügen sie die Schüler_innen um den Bildungsgehalt derselben. Der Chemiedidaktiker Michael A. Anton hat auf die katastrophalen Folgen durch die Verwechslung von Spaß und Freude aufmerksam gemacht und dies auch etymologisch fundiert. Freude kommt aus dem Mittelhochdeutschen (vröude) und bedeutet so viel wie ‚Lust, Lebhaftigkeit, Lebenslust', meint also etwas sehr Aktives. ‚Freuen' ist das ‚Bewirkungswort' zu ‚froh' und wird transitiv als ‚durch etwas froh gemacht werden' verwendet. Im Unterschied dazu bezeichnet ‚Spaß' den ‚Scherz, Vergnügen, Jux', im Italienischen ‚Spasso', meint also ‚Zerstreuung', ‚Zeitvertreib' (vgl. Anton 1999). Spaß steht daher für eine Light-Version von Didaktik, nämlich ohne ernsthaften Sachbezug, während Freude durch Verstehen von Sachen sich einstellt.

In seiner Einleitung zu Bahrdts „Handbuch der Moral für den Bürgerstand" betont Koneffke mit aller Deutlichkeit die Konvergenz von Philosophie/Erkenntnistheorie und Didaktik: „Noch einmal in der Geschichte bürgerlicher Bildung offenbart die Bahrdtsche Konzeption die Konvergenz von Philosophie und Pädagogik, welche diese in Didaktik und Erkenntnistheorie haben. Erkenntnistheorie ohne Beziehung auf universale Bildung bleibt esoterisch; Didaktik ohne Beziehung auf Erkenntnistheorie verkommt zur Technik oder wird zum theoretischen Ornament kontingent-handwerklicher Erfindung" (Koneffke 1994, S. 166).

Die zum Aufbau und zum Erhalt bürgerlicher Gesellschaft zu vermittelnde Kultur ist mehr und anderes als nur heteronomes Herrschaftsmittel, woraus ja gerade erst die Bildungspotenz entspringt. Sie ist allerdings vom Widerspruch bürgerlicher Gesellschaft durchdrungen, einer Gesellschaft, die in der institutionalisierten Bildung wiederum ihre Reproduktion als zukünftige Produktionssteigerung zu sichern hat. Diese dialektische Bestimmung von Erkenntnis ist daher auch der systematische Ort einer notwendigen Auseinandersetzung mit poststrukturalistischen Sozialtheorien, die in unterschiedlichen Epistemologien eine Neubestimmung durchaus mit Tendenzen zur sozialkonstruktivistischen Relativierung von Wissen und Erkenntnis vornehmen, was, wenn sie denn zuträfen, gravierende Konsequenzen für ein substanziell kritisches Verständnis von Bildung hätte. Die Auseinandersetzung über die Bedeutung von Wissen und Erkenntnis ist daher zukünftig entscheidend für die Weiterentwicklung der Kritik im Bereich der Pädagogik. Ob und wie nämlich Wissen der bestehenden Kultur und Wissenschaft subversive Qualitäten zuzuschreiben ist, die in Bildungsprozessen subjektive Kraft im Sinne kritischer Selbst- und Welteinschätzung zu entbinden vermögen, ist dabei nach meinem Dafürhalten eine grundlegende Frage, die zugleich einhergeht mit der Vorstellung einer möglichen, auch widerständigen Politizität von Bildung.

II

Schon in früheren Publikationen habe ich die Verbindung von klassischer Sozialkritik bzw. kritischer Theorie und postmoderner Identitätskritik als Bedingung der Weiterentwicklung von Kritik bezeichnet und damit die reine Entgegensetzung genauso überwinden wollen, wie die Abkapselung in neuen Zitationsgemeinschaften (vgl. Euler 2001, 2003a, 2004). Allerdings ist zu konstatieren, dass in großen Teilen der umfangreichen erziehungswissenschaftlichen Rezeption poststrukturalistischer Sozialphilosophien eine für die deutsche Erziehungswissenschaft fast schon übliche Ignoranz gegenüber der kritischen Bildungstheorie feststellbar ist, die auch intellektuell ärgerlich deshalb ist, weil damit die neue radikale Kritik ausgerechnet die Theorietradition ausblendet, die gerade von der Widersprüchlichkeit der Bildung ausgeht und insofern keine affirmative Haltung gegenüber den mit Foucault nun machtanalytisch als humanwissenschaftliche Paradigmen gedeuteten Begriffen des Subjekts, der Bildung, der Autonomie und der Humanität einnimmt. Sie unterscheidet sich in bedeutender Weise von humanistischen und subjekttheoretischen Illusionen, allerdings ohne eine geschichtsphilosophische Perspektive zur Minimierung von Herrschaft aufzugeben. Hier scheint mir der systematisch interessante Ort für eine Auseinandersetzung mit der poststrukturalistisch belehrten Kritik zu liegen. Im Kern sollte es darum gehen, ob mit poststrukturalistischen Denkmitteln idealistisch-repressive Figuren innerhalb der kritischen Bildungstheorie aufzuspüren sind bzw. inwiefern umgekehrt in diesen neuen Denkfiguren keine geschichtsphilosophischen Perspektiven mehr denkbar sind, was einherginge mit liberalistischen und antiuniversalistischen Positionen, in denen dann Kritikansprüche kaum noch denkbar wären (vgl. hierzu die sehr interessanten vergleichenden Untersuchungen von Demirovic 2008 und 2013). Inwiefern hier Revisionen eines Kritikverständnisses zu gewinnen sind bzw. Neubestimmungen von Widersprüchen, die die Kritik produktiv beleben, gehört gewiss zu zukünftigen Auseinandersetzungen um die Bedingungen der Möglichkeit einer kritischen Pädagogik.

Bezogen auf die Foucault-Rezeption innerhalb der Erziehungswissenschaft hat Astrid Messerschmidt, die nicht in dem Verdacht steht, die Bedeutung von Foucault (und in ihrem Œuvre auch andere kritische Theoriestränge aus dem Feminismus, der Dekonstruktion und der postcolonial studies) ignorieren oder schmälern zu wollen, in einer kritischen Analyse auf eine nicht unerhebliche Rezeptionstendenz hingewiesen, die „verspricht, Kritik zu radikalisieren" (Messerschmidt 2007, S. 44), dabei allerdings der Auseinandersetzung mit der kritischen Bildungstheorie weitgehend aus dem Weg geht.

Messerschmidt gibt Hinweise auf eine „postkritische" (ebd., S. 46) Lesart der Machtanalyse Foucaults, die noch die Gesellschaftskritik für unkritisch hält,[1] weil man sie „von eben diesen Verhältnissen vereinnahmt" (ebd.) sieht. Durch diese Interpretation Foucaults geraten Positionen aus dem Blick der vermeintlich konsequenteren Kritiktheorie, die von Bildung als einem Widerspruch ausgehen. „Jeder innere Widerspruch einer gesellschaftskritischen Bewegung und jede Spur der nach innen gerichteten Selbstkritik innerhalb dieser Bewegung verschwindet unter dem Eindruck einer perfekten Integrationsgeschichte" (ebd., S. 45). Diese Lesart begünstigt auch eine Deutung der Pädagogikgeschichte als einer Disziplinierungsgeschichte, wodurch der Unruheherd, der die Pädagogik samt ihrer zentralen Begriffe der Bildung, des Subjekts, der Autonomie und der Mündigkeit, aufgrund des Widerspruchs, der sie stets *auch* war und ist, ausgeblendet bleibt. Hier besteht die Gefahr, dass das subversive Moment nicht nur nicht wahrgenommen wird, sondern als selbst noch vorkritisch gilt. Deshalb titelt sie: „Von der Kritik der Befreiung zur Befreiung von Kritik?"

Insgesamt denke ich, dass ein starker Radikalisierungsanspruch der Kritik sich durchaus auch grundsätzlichen Einwänden konfrontieren sollte, weshalb ich die selten in dieser Diskussion zu findenden Arbeiten von Bulthaup und Türcke hier explizit erwähne.[2] Gerade wenn das kritische Potential dieser

---

1   Flügel/Heil/Hetzel (2004, S. 10) bemerken bezüglich der Mikropolitik Foucaults: „Das Konzept der Gesellschaft wird von ihm demgegenüber als hinderlich verabschiedet."
2   Ohne Bezug zur Rezeption in der Pädagogik/Erziehungswissenschaft stehen aus der Perspektive der fortgeführten ‚älteren' Kritischen Theorie postmoderne Theorien unter dem Verdacht, „vom bürgerlichen Interesse an der Paralysierung der Vernunft" (Bulthaup 1998, S. 204) bestimmt zu sein. Der zentrale Einwand ist der der „Gleichgültigkeit gegen jede Bestimmtheit des Inhalts", den das hierin zum Ausdruck kommende fortgeschrittene „bürgerliche Bewusstsein mit dem archaischer Philosophie" teilt, „doch die hatte ihre Geschichte, die der Aufklärung, noch vor sich , und in dieser Geschichte vermochte das Bewusstsein die heterogenen Inhalte sich zu assimilieren und dadurch sich zu einem in sich unterschiedenen durchzubilden"(ebd., S. 212). Hier sei bemerkt, dass aus diesem Grunde die kritische Bildungstheorie besonderen Wert auf den ‚Sachgehalt' von Wissenschaft und Kultur legt, der trotz aller Einbindung in Herrschaft eben nicht mit Herrschaft in eins gesetzt werden darf, ohne seine überschüssige, eben auch emanzipative Potenz preiszugeben. In seiner ‚kritischen Theorie der Schrift', besonders im Kapitel ‚Krypto-Ontologie der Schrift' (vgl. Türcke 2005, S. 153ff.) attestiert Türcke Texten von Deleuze und Derrida Pseudo-Radikalismus, der mit der so genannten Kritik an abendländischem Logozentrismus als reiner Herrschaftsform auch Kritik prinzipiell unmöglich macht (vgl. hierzu auch die Rezension von Michael Reich http://www.conne-island.de/nf/128/17.html; Zugriff: 29.06.2014). Die Aufhebung von Argumentation hat allerdings fatale Folgen für das, was mit dem Anspruch radikalisierter Kritik auftritt, denn ohne Argumentation kann es keine Kritik geben. Der Derridasche Versuch, mit der Dekonstruktion der Mehrdimensionalität logozentrismuskritisch einen Zugang zu verschaffen, endete, nach Türcke, letztlich in einer Hypostasierung der ‚Différance', die allerdings Derrida als Paradoxie eingesteht, weil er weiß, keine anderen als „‚logozentrischen' Mittel zur Verfügung zu haben". „All dem setzt Türcke ein dualistisches Denken entgegen, das sich seiner Grenzen bewusst ist. Nie kann der Logos aufhö-

neuen Theorien nicht an den objektiv die Gesellschaft bestimmenden Widersprüchen vorbei gehen soll, sind sie dem zu verbinden, was Messerschmidt als den spezifischen Anspruch kritischer Bildungstheorie erkennt, nämlich das „Nachdenken über gescheiterte Ideale, umkämpfte Ziele und vereinnahmte Praxis" (ebd., S. 56).

III

Wenn man kritische Bildungstheorie weiterentwickeln und mit neuen Kritikeinsätzen produktiv in Verbindung bringen möchte, dann halte ich es für eine wesentliche Bedingung, den besonderen Theorietyp von Pädagogik und Bildungstheorie wahrzunehmen und weder sozialgeschichtlich noch sozialwissenschaftlich oder philosophisch zu überformen und dadurch zu eliminieren. Bierbaum hat im Vergleich ‚kritischer Theorien' explizit auf den Unterschied von rein philosophischen und pädagogischen Theorien verwiesen (vgl. Bierbaum 2004, S. 196), was angesichts der vielen wissenschaftlichen Arbeiten in unserem Fach ein wichtiger Hinweis ist, da diese in der Gefahr stehen, neue Theorieströme außerhalb der Pädagogik aufzugreifen und mit ihnen über die Pädagogik zu urteilen, statt mit neuen philosophischen und wissenschaftlichen Erkenntnissen das genuin Pädagogische zu durchdenken bzw. als pädagogisches weiterzudenken.

Das setzt aber voraus, dass man das Pädagogische als etwas Eigenes anerkennt und als solches auch theoretisch zu bestimmen versucht und eben nicht bloß der Geistes-, Kultur-, Sozial- oder Humanwissenschaft subsumiert. Deshalb erlaube ich mir hier auf zwei meiner Bestimmungsversuche hinzuweisen, mit denen ich den Eigencharakter der Theorie der Bildung und der Pädagogik zu fassen versuchte, weil mir das für die Kritik der Kritik notwendig zu sein scheint:

„Pädagogik unterliegt nicht einfach der Dialektik der Aufklärung, sondern konstituiert sich als Mittel gegen diese Dialektik innerhalb derselben. Sie ist daher von Anbeginn nicht nur Resultat der Moderne, wie in vielen sozialgeschichtlichen Darstellungen nahe gelegt, sondern die eigenartige theoretische Bemühung um eine Praxis, die die Moderne konstituiert und zugleich ihre problematischen Seiten zu kompensieren versucht. Dies verschafft ihr bis in die heutigen Begründungsversuche einer Erziehungswissenschaft hinein einen Sonderstatus innerhalb der akademischen Disziplinen." (Euler 1995, S. 207)

---

ren logozentristisch zu sein, er kann bloß aufhören, sich zum Weltengrund und Weltsinn aufzuspreizen. Immer gebe es einen Naturgrund, auf den der Logos sich zu beziehen habe. Dies jedoch verleugnet die Postmoderne und wird zum Schriftfetischismus" (ebd.).

Der immer wieder als defizient beklagte Sonderstatus unserer Disziplin innerhalb des Wissenschaftssystems ist kein bloßer Theoriemangel, selbst wenn man davon ausgehen muss, dass die Kritik der Kritik auch theoretische und methodische Weiterentwicklungen hervorbringt bzw. hervorzubringen hat. Im Gegenteil ist das, was der Pädagogik als Mangel vorgeworfen wird, gerade ihre innere Verbindung zur konstitutiven Widersprüchlichkeit bürgerlicher Gesellschaft. In jüngerer Zeit liegt auf der Erziehungswissenschaft, die kaum noch Pädagogik, es sei denn abwertend, genannt wird, ein immenser Druck, so etwas wie ‚normal science' zu werden. Dem kann nur durch eine kritische Reflexion auf die Eigenheit begegnet werden, die innerhalb der Aufklärungsdialektik über die Ermöglichung von Mündigkeit funktional situiert ist und zugleich darin eine notwendig unbestimmbare Veränderungsfunktion enthält, die wiederum einem Verbesserungsimperativ verpflichtet ist. „So verbinden wir mit Bildung die Möglichkeit, uns in unserem Menschsein zu verbessern, die in uns ruhenden Möglichkeiten zu verwirklichen, eine bestimmte Haltung zur Welt einzunehmen, die Welt mit anderen Augen zu sehen, kluge, begründete Entscheidungen fällen zu können und in der Lage zu sein, unser Leben nach vernünftigen Gesichtspunkten führen zu können" (Dörpinghaus 2009, S. 5).

Ohne diese in der Funktion für die bürgerliche Gesellschaft eingelassene Humanisierungsvorstellung ist Pädagogik nicht zu haben. Die immer wieder eingewandte Kritik an dieser Normativität bringt die Kritik nicht weiter, sondern eliminiert sie. Allerdings ist jeweils zu untersuchen, ob die im Widerspruch von Bildung und Herrschaft wirksame Absicht, Bildung zu paralysieren, nun in ein Stadium tritt, das die Humanisierung auf Systemoptimierung reduziert, gerade auch im Kern ihrer theoretischen Selbstvorstellung. Das würde auch erklären, warum so massiv unter dem Label internationaler Bildungspolitik eine „Post-Bildung" (Dörpinghaus 2014) organisiert wird.

An anderer Stelle habe ich die Art der Theorie über die spezifische Relation von Bildung und Kritik, eben „Bildung als ‚kritische' Kategorie", zu bestimmen versucht:

„In meiner Skizze der Verhältnisbestimmungen von Bildung und Kritik erweist sich die Theorie der Bildung daher als mehr und anderes, als nur ein Teil der Erziehungswissenschaft. Sie ist vielmehr als ein eigener Theorietyp zu begreifen. Die Theorie der Bildung erscheint als ein intellektuelles Organ der Selbstreflexion von Aufklärung und Humanismus, das innerhalb beider und durch sie selbst hervorgebracht und entworfen wird, und zwar als eines, das reflexiv-praktisch angelegt ist und eben deshalb nicht in Philosophie, Sozialwissenschaft oder Politik aufgeht und aufgehen kann. D.h., dass in der Theorie der Bildung Selbstkritik und Sozialkritik notwendig verbunden sind." (Euler 2003a, S. 415f.)

Mit Bildung liegt ein theoretischer Versuch vor, ein Spezifikum bürgerlicher Reproduktion zu bezeichnen, in der die solide Aufrechterhaltung und allgemein menschlich orientierte Verbesserung der Gesellschaft durch und in den

Individuen als Subjekten zusammenfallen soll. Zur theoretischen Erfassung von ‚Bildung' ist daher eine intellektuelle Anstrengung gefordert, die diesem notwendig widersprüchlichen Ansinnen gemäß ist. Sie hat damit notwendig das so genannte Theorie-Praxis-Problem zum Gegenstand der Theorie und dies zugleich explizit mit seinen Valenzen zum engagierten individuellen und kollektiven Handeln. Von hier aus wird klar, warum sich eine Theorie der Bildung stets neuen theoretischen Entwicklungen und gesellschaftlichen Problemlagen zu stellen hat, gerade weil der Druck, sich ihnen zu affirmieren, gewaltig ist, und warum es daher Aufgabe der Bildungstheorie ist, diesen Widerspruch zu erkennen und ihm praktisch produktiv zu begegnen.

IV

Angesichts eines solchen Theorietyps sind durch neue gesellschaftliche Problemlagen und theoretische Neueinsätze gestellte Fragen von besonderer Brisanz. Es sind, um einige zu nennen, solche nach:

- der Begründbarkeit des theoretischen und gesellschaftlichen Orts der Kritik und damit auch einer kritischen Bildungstheorie und Pädagogik;
- der Legitimation und der Sicherheit des erhobenen kategorialen und universell verstandenen Emanzipationsanspruchs gegenüber dem Kritisierten;
- den theoretischen Implikationen bzw. den selbstverständlich beanspruchten theoretischen und kulturellen Voraussetzungen und Erwartungen;
- der belegbaren empirischen Basis bzw. dem zu leistenden Nachweis des empirischen Gehalts der kritischen Kategorien, allemal in einer Situation, in der eine kritische Pädagogik legitimatorisch mit Maßstäben sozialwissenschaftlicher Empirie konfrontiert ist.

Diese Fragen sind allerdings – wenn sie nicht einem naiven Fortschrittstheorem oder einem ebensolchen Theoriekonservatismus gemäß beantwortet werden – in der Problematik der Frage nach dem ‚Zeitkern der Wahrheit' gegründet. Dies ist eine für die Kritische Theorie und ihr Kritikverständnis wesentliche Formulierung, die, wie Peter Bürger nachweist, ihre Vorform in einer Überzeugung der Junghegelianer hat: „Die Wahrheit ist selbst geschichtliche Bestimmtheit" (Bürger 2012). Die Formulierung ‚Zeitkern der Wahrheit' stammt aus Walter Benjamins ‚Passagen-Werk' (vgl. Hawel/Blanke 2012): „Entschiedene Abkehr vom Begriff der ‚zeitlosen Wahrheit' ist am Platz. Doch Wahrheit ist nicht – wie der Marxismus es behauptet – nur eine zeitliche Funktion des Erkennens, sondern an einen Zeitkern, welcher im

Erkannten und Erkennenden zugleich steckt, gebunden" (Benjamin 1991, S. 578). Benjamin vermerkt an derselben Stelle aus einem Gespräch mit Ernst Bloch, dass die Arbeit am Passagenwerk „vergleichbar der Methode der Atomzertrümmerung" sei, die „die ungeheuren Kräfte der Geschichte freimacht", wogegen die „Geschichte, welche die Sache zeigte, ‚wie sie eigentlich gewesen ist'", als „Narkotikum des Jahrhunderts" wirkt.

Benjamins Bestimmung vom ‚Zeitkern der Wahrheit' formuliert den für die Kritik entscheidenden Zusammenhang von Geschichte und Erkenntnis, wobei in der von Benjamin kritisierten Wahrheitsvorstellung des Marxismus deutlich wird, wie stark diese Reflexion in Bezug steht zu einer praktisch-politischen Kritik und deren rationaler Begründung, weshalb für Heydorn dann der Widerspruch bürgerlicher Gesellschaft entschieden zu dem von Bildung und Herrschaft wurde. Die Selbstkritik der Kritik kreist mit ihren Fragen nach ihrer ‚Substanz' und zugleich nach ihrer ‚Re-Visionsnotwendigkeit' um diesen ‚Zeitkern der Wahrheit', da sich mit ihm der notwendige und zugleich problematische Zusammenhang von Geltungsbegründung und Geschichtlichkeit der Erkenntnis stellt, der letztlich stets neu über die Existenz- und Legitimationsbedingung von Kritik entscheidet. Rutscht er allerdings ab in eine „sog. postmoderne Beliebigkeit" (Bürger), trifft er auch diese Kritik, es verdampft Argumentation und Erkenntnis. Andererseits bleibt aber auch kein Ausweg in eine vor- oder übergeschichtliche Geltung und Sicherheit. Mir scheint, dass viele Diskussionen nach einer radikalen postmodernen Phase auf die von Benjamin gestellte, für jede Kritik entscheidende Wahrheitsfrage zu sprechen kommen bzw. kommen müssten.[3] Für die Theorie einer Gesellschaftskritik ist die Selbstkritik aus zwei Quellen gespeist: Zum einen aus der reflektierten politischen Erfahrung der Linken, allemal im 20. Jahrhundert, und zum andern aus der systematisch organisierten gesellschaftlichen Verwertung von Wissenschaft und Theorie, spätestens seit dem Ende des 20. Jahrhunderts.

Die reflektierten politischen Erfahrungen der europäischen Linken kennen schmerzlich die Auseinandersetzungen zwischen einer zu gemäßigten, von Systemaffirmation durchdrungenen Kritik einerseits und einer, die Kritikziele gefährdenden radikalen Praxis andererseits. Das ist eine die politische Befreiungsgeschichte begleitende und sich verschärfende Dauerthematik, z.B. in der Gestalt von Reform versus Revolution, aber auch und vor allem in der Anfälligkeit von Vorstellungen revolutionärer Gesellschaftsveränderungen

---

3   Ich verweise hier auf die Rekonstruktion der „Rückkehr des Politischen" (Flügel/Heil/Hetzel 2004), in der die Herausgeber einleitend folgendes bemerken: „In den 90er Jahren des zwanzigsten Jahrhunderts scheint es vor dem Hintergrund postmodernistischer Versuche , die Politik für beendet zu erklären, zu einer eigentümlichen Renaissance zu kommen" (ebd., S. 11). Die Herausgeber weisen dann zunächst auf Autoren wie Laclau, Lefort und Žižek hin.

für autoritäres Denken und Handeln. Erinnert sei an diesbezügliche selbstkritische Einsichten Rosa Luxemburgs: „Freiheit nur für die Anhänger der Regierung, nur für Mitglieder einer Partei – mögen sie noch so zahlreich sein – ist keine Freiheit. Freiheit ist immer Freiheit der Andersdenkenden. Nicht wegen des Fanatismus der ‚Gerechtigkeit', sondern weil all das Belebende, Heilsame und Reinigende der politischen Freiheit an diesem Wesen hängt und seine Wirkung versagt, wenn die ‚Freiheit' zum Privilegium wird" (Luxemburg 1920/1983, S. 359).

Die Gefahr des Umschlags des Kampfes für Freiheit in Unfreiheit verlangt, dass die grundsätzliche und eben dadurch radikale Kritik sich der Selbstkritik stellt und stellen will. Eine frühe Studie der Kritischen Theorie der Frankfurter Schule ergab starke Parallelen in den autoritären Dispositionen von Anhänger_innen der KPD und der NSDAP (vgl. Dubiel 1992, S. 45ff.), was entscheidend die Entwicklung der Kritischen Theorie beeinflusste. Horkheimer teilte daher auch „Rosa Luxemburgs Kritik der abstrakten Negation bürgerlicher Demokratie im Leninismus" (Schweppenhäuser 2000, S. 188). Die Marx'sche Kapitalismuskritik blieb aber für die Kritische Theorie, ohne in Neomarxismus aufzugehen, wesentlich, jedoch ohne aus der Ökonomie im Schema von Über- und Unterbau, einer eindimensionalen Verdinglichungstheorie folgend, die gesellschaftliche Entwicklung daraus abzuleiten. Genau deshalb war für die Kritik eine Theorieerweiterung zwingend. „Die Marxsche Theorie musste erweitert werden, und zwar gerade um solche Ansätze, die der Marxismus ablehnte, […] vor allem Psychologie, Vernunft- und Kulturtheorie" (ebd., S. 189). Große Bedeutung erhielt Freuds Psychoanalyse und Nietzsches Kulturkritik, wobei Horkheimer insgesamt das „Forschungsprogramm eines interdisziplinären Materialismus" konzipierte (ebd., S. 188, vgl. auch Türcke/Bolte 1994, S. 21ff.). Die Kritische Theorie ist also das Resultat einer Kritik der Gesellschaftskritik im Sinne einer Haltungsänderung mit und durch eine inhaltliche Erweiterung der Theoriebasis. Diese Verbindung von Emanzipationsinteresse und Erkenntnisbasis ist ein wesentliches Movens der Kritikfortschreibung.

Neben der Quelle aus den reflektierten politischen Erfahrungen ist für eine kritische Theorie aber auch die Reflexion auf die systematische Kapitalisierung von Wissenschaft und damit in immer ausgreifenderer Weise von Theorie, Wissenschaft und Kultur entscheidend. Explizit hat das Bulthaup in seinem Gernot Koneffke gewidmeten Aufsatz „Parusie", in dem auch von Bulthaup herausgegebenen Band „Materialien zu Benjamins Thesen ‚Über den Begriff der Geschichte'" (Bulthaup 1975), entwickelt. Von besonderer Bedeutung ist hier die konstitutive Verbindung des Geschichtsbegriffs mit der Sorge um die kritische Funktion und den kritischen Gehalt von Theorie. Bulthaups Kritik gründet in der Tendenz, dass „der jeweils letzte Stand der Diskussion […] als der fortgeschrittenste ausgegeben" (ebd., S. 123) und eben als solcher in der akademischen Welt gehandelt (vgl. u.a. Münch 2011) und damit prinzipiell – auch in der medial funktionalisierten kulturindustriell geprägten Öffentlichkeit und Politik (vgl. Steiner 1999) – missverstanden wird. Wie immer wieder behauptet oder angenommen, gründet diese Tendenz nicht in einer bildungsbürgerlichen Höhereinschätzung des Alten gegenüber dem daher skeptisch beäugten Neuen – eine schon fast operettenhaft wirkende veraltete Figur –, sondern umgekehrt aus der gesellschaftlichen Funktion von Wissenschaft, in der die „wissenschaftliche Diskussion der Akkumulation des capital fix analog gesetzt" ist (Bulthaup 1975, S. 123). Der Wissenschaftsbetrieb ist auch immer mehr seinem geistigen Gehalt nach ein solcher. Aus Gründen dieser kapitalanalogen Wissen(schaft)sproduktion (Bulthaup verweist explizit auf die „Depreziation funktionierender Kapitale") erscheint „dann auch die ältere Literatur als entwertet, überholt" (ebd.), da das neue Produkt quasi ‚selbstverständlich' dem alten überlegen ist bzw. fetischisiert wahrgenommen und auf dem wissenschaftlichen Markt entsprechend als fortgeschrittener ge- und behandelt wird. Der „Zwang, unterm Druck der Konkurrenz papers zu produzieren, bewirkt, dass jede Reflexion auf Relevanz und Funktion der behandelten Probleme im Zusammenhang des arbeitsteiligen Forschungsprozesses katastrophale Folgen für die carrière nach sich zieht" (Bulthaup 1973, S. 14f.), wie Bulthaup mit Verweis auf Luhmanns „Soziologische Aufklärung" (Luhmann 1971) feststellt. ‚Publish or perish', Veröffentlichen oder Untergehen, ist daher auch die Devise zur Erringung einer wissenschaftlichen Karriere, nicht Qualität im Sinne einer Reflexion auf Relevanz und Funktion der Forschungen. Angesichts einer Unterwerfung des Forschungssystems unter kapitalverwertungsanaloge Mechanismen ist es für eine Kritik unabdingbar, auch und gerade die wissenschaftlichen Ergebnisse bzw. die neu entstehenden Theoriebildungen im Lichte dieser durchdringenden Realität der Denk- und Erkenntnisproduktion zu analysieren und zu reflektieren. Dieser Prozess deformiert vom Studium bis in die als exzellent zelebrierten Forschungsspitzen – bis auf Ausnahmen und immer mehr schwindende Nischen – die institutionalisierte Hochschullandschaft, macht sie immer mehr zum „Unort der Wissenschaft" (Dörpinghaus 2014).

Daraus folgt aber nicht, dass die Verwertung, soll diese noch funktionieren, gänzlich ohne Substanz vorzustellen ist, weder ökonomisch noch wissenschaftlich. „Wenn auch der völlige Leerlauf der wissenschaftlichen Diskussion, die vielfach nur noch eine Terminologie ohne Bedeutung in Bewegung hält, nicht so störungsanfällig ist wie die Produktion von Tauschwerten ohne Gebrauchswerte im Produktionsprozess", so gibt es auch „im akademischen Bereich einen Bedarf an zu entwertenden Originalen" (Bulthaup 1975, S. 123). Die Frage ist nur, wann und worin ein theoretischer Substanzverlust welche Funktionsstörungen hervorrufen wird! Dabei ist für die Erhaltung und Fortschreibung von Kritik nach meiner Auffassung dem Trend konstruktivistischer und neoliberaler Bekämpfung des Wahrheitsbegriffs besondere Aufmerksamkeit zu schenken, weil damit auch das Bewusstsein von der Bedingung von Argumentation und damit überhaupt ein Bewusstsein vom Zeitkern der Wahrheit von Wissenschaft und Kritik zum Verschwinden gebracht wird. Zum anderen hat Kritik in der Wissenschaft die Erforschung des Falschen des Betriebs zu leisten, wobei die darin sich vollziehende Allgemeinvergessenheit zentral ist, die durch die Unterwerfung der Wissenschaft unter die herrschenden Interessen bzw. ihre mögliche zukünftige Absicherung sich inhaltlich und charakterlich ruinös auswirkt.

V

Die Kritische Theorie ist also eine Kritik der Kritik und zwar in einem eminenten Sinn, da sie als „Theorie der gescheiterten Revolution" (Schweppenhäuer 2000, S. 455) ansetzt und sich mit dem Autoritär-Werden auch des Sozialismus/Kommunismus auseinanderzusetzen hatte und hat. Diese politische Notwendigkeit hat theoretisch die Gestalt der „immanenten Kritik" (ebd.) hervorgebracht. Das meint: „Selbstreflexion der traditionellen (Theorie), nicht deren Auswechselung durch ein neues Modell. Kritisch ist sie insofern, als sie sich ihre Zwecke nicht durch bestehende Wirklichkeit vorgeben lässt, sondern diese mit der in ihr selbst gelegenen Möglichkeiten des Besseren konfrontiert" (Türcke/Bolte 1994, S. 39). Das tragende Motiv dieser Kritik der Kritik ist nicht transzendent oder bloß phantastisch erdacht, sondern besteht in der Vorstellung der „Herstellung des Glücks der Individuen in einer gerechten und solidarischen Gesellschaft, die auf der Basis der vom Kapital entwickelten Produktivkräfte objektiv möglich geworden ist." (Ebd.)

Genau in der kritischen Revision von Gesellschaftskritik besteht die inhaltliche Beziehung der Kritischen Theorie zur kritischen Bildungstheorie. Das ist wichtig zu betonen, weil es eine Differenz zur lange Zeit dominanten Strömung der so genannten ‚emanzipatorischen Pädagogik' markiert. Letztere entwickelte die Pädagogik in bewusster Absetzung gegenüber der dominierenden Geisteswissenschaftlichen Pädagogik zu einer ‚kritischen', indem sie wesentliche Elemente der Theorie von Habermas aufnahm, um Pädagogik als emanzipatorische Disziplin zu konstituieren[4] (vgl. Euler 2004, S. 16f.).

---

4 „So hat W. Klafki das von Habermas entwickelte Modell zur Integration empirischer, hermeneutischer und ideologiekritischer Verfahren für eine kritisch-konstruktive Didaktik und erziehungswissenschaftliche Forschung fruchtbar gemacht, H. Blankertz [...] nach neuen Wegen einer Mündigkeit ermöglichenden Verbindung von allgemeiner und beruflicher Bildung gesucht. K. Mollenhauer" transformierte „als erster die Geisteswissenschaftliche Pädagogik in kritische Theorie" (Benner/Brüggen 2000, S. 250).

Anders die Forschungen von „Heydorn und Koneffke. Sie insistieren [...] entgegen einer übergewichtigen soziologischen und sozialphilosophischen Tendenz innerhalb der sog. emanzipatorischen Erziehungswissenschaft auf dem pädagogischen Bildungsbegriff und mit ihm auf das Kritikpotenzial, das der Pädagogik eigen ist" (Euler 2003a, S. 415f.) Pädagogik als Pädagogik, nicht als kritische Sozialwissenschaft gelesen, bedarf keiner „Importe kritischer Theorie" (ebd.), um ihrer Substanz nach kritisch zu werden. „Heydorn und Koneffke identifizieren also die Kritik als einen der Pädagogik immanenten Modus ihrer Funktion." (Euler 2004, S. 19)

Das impliziert eine doppelte Relation von Bildung und Kritik. Zum einen, weil, entgegen affirmativer Vereinnahmungen von Pädagogik, Bildung als eine eigene gesellschaftliche Kategorie zu begreifen ist. Beleg dafür ist auch, dass Bildung ein durch die Geschichte bürgerlicher Gesellschaft hindurch umkämpftes Feld war und ist, weil es nie nur um Umsetzung eines feststehenden ‚gesellschaftlichen' Auftrags an die Pädagogik geht, sondern weil die bürgerliche Beauftragung die begründete und zu verantwortende Auftragseinschätzung kaum vermeidbar einschließt, wodurch das implizierte individuelle und gesellschaftliche Ziel auch immer unter Kritik stand und steht. Zum anderen, weil Kritik zur bürgerlichen Funktionalität gehört und daher keineswegs von vornherein das Andere der herrschenden Realität ist, was Koneffke veranlasste, die Pädagogik als den „zum gesellschaftlichen Leib gewordene[n] Widerspruch" (Koneffke 1997) zu bezeichnen. In jüngsten Kritiken, z.B. bei Foucault, aber auch Chiapello und Boltanski, ist gerade die systemfunktionale Vereinnahmung von Kritik durch den Kapitalismus Anlass, die selbstverständlich beanspruchte gesellschaftskritische Dimension von Kritik zumindest in Frage zu stellen, wenn sie nicht sogar als Schein betrachtet wird (vgl. Messerschmidt 2009, S. 140f.). Andere Kritiken, wie z.B. die Studien „Soziologie – Kapitalismus – Kritik" von Dörre, Lessenich und Rosa, halten den „Kapitalismus selbst für das eigentliche Problem. [...] Um es radikal zu formulieren: der Kapitalismus hat keine Pathologie, er ist eine" (Dörres/Lessenich/Rosa 2009, S. 300). Das allerdings verlangt umso nachdrücklicher, die neuen Problemlagen für eine angemessene Gesellschaftskritik auch durch radikale Selbstüberprüfung der von der Kritik beanspruchten Vorstellungen auszuloten. Das zentrale Thema einer kritischen Theorie gegenwärtiger Zeit besteht daher in der Aufrechterhaltung der Kritik am ökonomischen Irrsinn einer der permanenten Verwertung von Kapital unterworfenen Ökonomie und zugleich, da aus dieser Kritik sich – als Lehre aus der historischen Kritik der Kritik – nicht zwangsläufig die Formen einer kritischen Praxis ergeben, die neuen sich im System und gegen es sich entwickelnden Vergesellschaftungsformen zu erforschen. Da, wie oben bezeichnet, die Kritik aber in einer ubiquitären Weise systemimmanent ist, gilt die selbstkritische Anforderung selbstverständlich zwingend auch für die neuen Kritikeinsätze, die sich von den Fehlern der vorherigen bewusst absetzen bzw. abzusetzen versuchen.

Für die Verbindung einer grundsätzlichen ökonomischen Kritik am Kapitalismus mit eben daraus nicht abzuleitender Politik, die dadurch als nicht abzuleitende und umkämpfte zu erforschen ist, stehen Autoren einer „Kritik postmoderner Post-Politik" wie Jacques Rancière, Ètienne Balibar, Alain Badiou, Ernesto Laclau und Slavoj Žižek (vgl. Euler 2011, S. 49ff.), die genau deshalb systematisch für eine Kritik der Kritik und vor allem für Auslotungen einer produktiven Beziehung zur kritischen Bildungstheorie von großem Interesse sein können.[5] Das gilt insbesondere für eine Neubestimmung des Bildungswiderspruchs. Gerade in ihm wäre die Verbindung von politischem Kampf und rationaler Argumentation als die spezifische Verbindung von Bildung und Politik weiter und eventuell besser zu verstehen (vgl. ebd., S. 55f.).

VI

Da in meinen Notizen der Fokus auf der Pädagogik und der kritischen Bildungstheorie liegt, betone ich, dass die Gemeinsamkeit der Kritischen Theorie zur kritischen Bildungstheorie in der Untersuchung der konstitutiven Verbindung von Herrschaft und Freiheit innerhalb der bürgerlichen Gesellschaft besteht. Die kritische Bildungstheorie erweist sich dabei selbst als eine kritische Theorie, allerdings eine, die die Gesellschaft unter der Perspektive ihrer spezifisch bürgerlichen Vorstellung von Reproduktion in Gestalt einer pädagogisch organisierten allgemeinen Bildung erforscht und dadurch über diesen Weg auf der für die bürgerliche Gesellschaft entscheidenden Subjektseite des Vergesellschaftungsprozesses Einsichten in die gesellschaftlichen Widersprüche gewinnt. Das Bildungsthema hat die Kritische Theorie zwar gesellschaftskritisch reflektiert, aber eben doch nur peripher;[6] insofern füllt die kritische Bildungstheorie in besonderer Weise eine zentrale Leerstelle innerhalb einer kritischen Theorie der Gesellschaft aus, die nämlich auf die Analyse und Gestaltung pädagogischer Praxis angelegt ist. Die Gemeinsamkeit beider besteht im Begriff von Geschichte, wie er sich aus der nominalistischen Zäsur im Universalienstreit als Konstitution der so genannte Neuzeit

---

5 Ich möchte an dieser Stelle darauf hinweisen, dass ich deshalb in dieser „Synthese von Poststrukturalismus und Kapitalismuskritik" die Problematik einer „Neubestimmung des Universalienstreits" erkenne (Euler 2011, S. 49 und 52).

6 Vor allem in der viel zitierten die Rede Horkheimers über „Bildung" und Adornos „Theorie der Halbbildung" sowie seine Gespräche und Vorträge über „Erziehung zur Mündigkeit".

eröffnet. „Bei dieser Kritik [dem Universalienstreit, Anm. P.E.] handelt es sich keineswegs um ein pädagogisch irrelevantes theologisch-philosophisches Randproblem" (Euler 1989, S. 158). Im Gegenteil verdient dieser konstitutive Streit gerade heute größte Aufmerksamkeit, um – unter dem expliziten Hinweis auf die Forschungen von Haag (1983, 2005), Bulthaup (1973), Türcke (1983) und Mensching (1987, 1992) – keiner theoretisch flachen Moderneauffassung zu folgen, die in ihrer Skepsis gegenüber Universalität einer durchaus zeittypischen Allgemeinvergessenheit und Kollektivfeindlichkeit frönt, der Kehrseite eines überzogenen Individualismus. Für eine solche theoretische Haltung kann es selbstredend dann keine kritische Begründung von Bildung geben.

Es handelt sich im Universalienstreit „um die geistige Verarbeitung einer der folgenreichsten gesellschaftlichen Umwälzungen" (Türcke 1983, S. 22), um die wahrhaft epochale Entstehung „bürgerliche(r) Neuzeit", die „in radikaler Wendung gegen den überlieferten Bestand", wie Koneffke hier explizit auf Blumenberg bezugnehmend formuliert, „eine völlig neue, eigene Weltgestaltung geschaffen habe" (Koneffke o.J., S. 11). Mit meiner Arbeit „Pädagogik und Universalienstreit" suchte ich die die neuzeitliche, in einer Theorie der Bildung gegründete Pädagogik über diesen Universalienstreit einem systematischen Verständnis zuzuführen, und dies bewusst kritisch bezogen auf gegenwärtige Tendenzen einer „Deformation organisierter pädagogischer Prozesse" (Euler 1989, Klappentext), die Pädagogik auf ein Instrument unkritischer Verewigung bürgerlicher Herrschaftsgesellschaft zu verkürzen versucht. Ausgehend von der nominalistischen Freisetzung rekonstruierte ich an historisch maßgeblichen Pädagogiken vier systematische Stufen des daraus sich entwickelnden pädagogischen Subjektbegriffs, wobei ich im neuhumanistischen Entwurf, anders als in vielen sozialphilosophischen Bewertungen, keine bedingungsunabhängige Autonomieillusion identifizierte, sondern auf einen „notwendig kritisch bestimmten […] Subjektbegriff" stieß (ebd., S. 307).

Nach „dem Einsturz jenes ordo […] erfuhr" man, nach Adorno, „die Krise von Praxis in der Gestalt: nicht wissen, was man tun soll" (Adorno 1969, S. 171f.). Es stellt sich damit in jener Zeit im europäischen Kulturkreis radikal die Frage, wie unter nominalistischen Bedingungen, also der prinzipiellen Anzweiflung des Gegebenheitscharakters des Gegebenen, überhaupt noch universelle Gültigkeit zu denken ist. Viele der Fragen, die rund um die Legitimation von Humanismus, Subjekt, Autonomie im Umkreis der Moderne-Postmoderne-Debatte diskutiert werden, lesen sich als Konsequenz des Universalienstreits. Durch die radikale Infragestellung gegebener universeller Geltung wird aber nicht allgemeine Geltung überhaupt negiert, wie in weit verbreiteten sozialkonstruktivistischen Annahmen, sondern nur ihre begründungsunabhängige Beanspruchung. Genau dadurch markiert die nominalistische Kritik nicht bloß das Ende, sondern auch den Anfang einer Epoche. Ja, sie eröffnet allererst die neuzeitliche Basis für Freiheit, im Sinne der Gestaltung möglicher und eben auch vorzugswürdiger Allgemeinheit, die in Kants kritischer Tradition mit dem Begriff der Vernunft belegt ist. In ihr kann Vernunft für das allgemein Vorzugswürdige stehen, das selbstverständlich immer auch unter Kritik gestellt ist, aber dadurch weder ein Unding bzw. Paradox, noch theoretisch oder praktisch ein Jenseitiges ist. Im Gegenteil: erst damit eröffnet sich der einzig humane Weg, nämlich der kritische. Man kann daher auch, den systematischen Begründungsfragen nachgehend (vgl. u.a. Schäfer 2009a), überlegen, inwiefern sich weniger die Frage nach dem Ort der Kritik stellt, sondern umgekehrt, wie heute sich ein Mensch als Subjekt im Medium der Kritik als seiner genuin neuzeitlichen Existenzbedingung im Denken und Handeln verorten lernt bzw. verorten kann. Die Wahrheit dieser radikalen nominalistischen Gefügeverschiebung ist denn auch längst in der Anthropologie angekommen, und wird u.a. in der Plessners als ‚exzentrische Positionalität' reflektiert (vgl. Plessner 1975) und ist gegen unangemessene empirische oder transzendente Zuschreibungen gerichtet.

Der Zerfall des Ordo als einer vor aller menschlichen Praxis unverrückbar angenommenen Allgemeinheit setzte die Einzelnen einerseits frei, ohne Sicherheit und Gewissheit, orientierte aber andererseits ihre Aufmerksamkeit in historisch einmaliger, die Neuzeit konstituierender Weise auf sich selbst, ihre Selbst-Bestimmung und ihre erstmals denkbar eigene, nach begründeten Maßstäben gedachte und zu gestaltende kollektive Praxis; wohlbemerkt als ein vielgestaltiger und keineswegs einliniger, und schon gar nicht vorgegebener Prozess. Damit zerriss das bis dato als fremd gegebene Kontinuum des menschlichen Lebens und eröffnete, endgültig mit der säkularen Deutung der christlichen Heilsgeschichte (die schon die erste Form von Geschichte darstellt, aber eben noch als göttlich verhängter, also in unhistorischer Form), einen Raum der Freiheit für die Freiheit, der nun allererst von den Menschen als Subjekten, und zwar kollektiv, zu organisieren war. Erst hier entsteht ein genuiner Begriff von ‚Geschichte', der damit das eigentliche Wesen des Menschen im Sinne Heydorns ausmacht, das die „Erfindung des Pädagogischen" (Schäfer 2009b) im bürgerlichen Sinn als für diese Gesellschaft erforderliche hervorbrachte. Diese ‚Erfindung' ist widersprüchlich, weil sie die Individuen geschichtsfähig zu machen hat, was sowohl ihre Fähigkeiten meint, im Hier und Jetzt sich erhalten zu können als auch die, im Offenen und Unfestgelegten urteilen und handeln zu können.

Diese Konstellation einer nominalistischen Infragestellung jeder gesetzten Universalität als Bedingung und zugleich als Problem der Freiheit liegt der Geschichte bürgerlicher Gesellschaft von ihrem Aufstieg über ihre Durchsetzung bis zur Etablierung als Herrschaftsgesellschaft zugrunde und strukturiert die Pädagogik; Kritik ist deshalb der Modus ihrer Funktion.

Allerdings kennzeichnet es die Dynamik dieser Geschichte, dass mit der Etablierung und der Verstetigung der „bürgerlichen Herrschaftsgesellschaft"

(Koneffke 1994) ihr Widerspruch sich gegen sie selbst wendet. Genauer: die bürgerliche Ökonomie der Verwertung von Kapital richtet sich gegen die bürgerliche Kultur und d.h. gegen das, was gerade die Vorzugswürdigkeit bürgerlicher Gesellschaft begründet, ihre menschheitlichen Ansprüche. Es stellt sich für die Kritik also die Frage, inwiefern der „entfesselte Kapitalismus die historische Ordnung der bürgerlichen Gesellschaft sprengt" (Koneffke 1997, S. 50). In einem Gespräch äußerte Koneffke einmal die Möglichkeit, dass sich „die bürgerliche Gesellschaft innerhalb ihrer selbst auflöst" (Euler 1998, S. 222). Gemeint ist damit, dass sich innerhalb der bürgerlichen Gesellschaft das ökonomische Gesetz der Verwertung des Werts „ungehemmt absolut setzt" (ebd.), wobei sich die soziale, politische und kulturelle Gestalt des Bürgerlichen bis zur Unkenntlichkeit verändert und einen entbürgerlichten Kapitalismus gebiert. Dann stellte sich fürwahr die Frage, ob hiermit auch das bürgerliche Emanzipationsversprechen storniert wird, auf die die kritische Bildungstheorie doch mit ihrer Option auf die Produktivität des als konstitutiv gedachten Widerspruchs baut. Der Faschismus, den die kritische Theorie als ‚Rückfall in die Barbarei' begriff, erhielt dadurch den Charakter eines ersten historischen Anzeichens und keineswegs eines Betriebsunfalls bürgerlicher Geschichte.

VII

Im Kontext dieser Überlegung verdient gerade Koneffkes materialistische Reflexion Beachtung, die den Kapitalismus selbst als einen bereits früh erfolgten „Fehltritt" bürgerlicher Geschichte begreift (Koneffke 2006, S. 42; vgl. hierzu Euler 2009b). Diese Bemerkung überrascht, da doch gängig, scheinbar sozialgeschichtlich belegt, Kapitalismus und bürgerliche Gesellschaft als identisch begriffen werden, wobei das „Privateigentum [...] das Gravitationszentrum" ist, „um das sich Pädagogik [...] organisiert" (Koneffke 1997, S. 40). Aber Privateigentum und die Unterwerfung unter das Wertgesetz sind keineswegs identisch. Im Gegenteil zeigt sich der Kapitalismus als ein „Versagen vor dem eigenen [bürgerlichen, Anm. P.E.] Anspruch", nämlich „keine Herrschaft zu dulden, die sich vor der Vernunft nicht legitimiert". Daher ist auch anzunehmen, dass „das Subjekt beim ersten Schritt in die Kapitalakkumulation die Logik der Mündigsetzung noch auf seiner Seite" wähnte. Dass es ein sehr klares und deutliches Bewusstsein wirklich gegeben hat, „den Verwertungsprozess hinter sich zu lassen", „lässt sich an Humboldt, Schiller, Süvern, selbst Goethe nachweisen" (Koneffke 2006, S. 42f.). Was in ruppigen postmodernen Urteilen über den Humanismus und Idealismus nur noch schwer denkbar ist.

Nach der These vom ‚Fehltritt' zeigt sich der Kritik ein gesellschaftlicher Zustand, in dem „mit dem Kapitalismus statt der Vernunft das Wertgesetz als Prinzip der zur vollendeten Unvernunft verkehrten Vernunft die bürgerliche Gesellschaft beherrscht" (ebd.). Freiheit bestünde dann „real nur als funktionale Zumutung: als abhängiges, fundamentales Erfordernis der Verwertung". Dadurch werden die „Einzelnen [...] umso rückhaltloser [...] in Widerspruchslagen hineingezogen" (Koneffke 1997, S. 33).

Tatsächlich lesen sich auf dieser Analysefolie „postmoderne Zweifel an der Legitimation von vernünftigem Allgemeinem" (Euler 2011, S. 49) als kultureller Ausdruck dieser selbstzerstörerischen Entwicklung bürgerlich-kapitalistischer Gesellschaft, die mit einer Formulierung Rancières eine ‚Postpolitik', also eine Entpolitisierung der Theorie befördern. Allerdings entwickelte sich eine undogmatische ökonomiekritische Kritik an dieser letztlich postpolitischen Tendenz. Die „Synthese von Poststrukturalismus und Kapitalismuskritik" führte, bezogen auf die Autoren Rancière, Balibar, Badiou, Laclau und Žižek, zu produktiven Ansätzen, die ich als „antipostpolitische[.]" Theorieentwicklung wahrnehme (Euler 2011, S. 49) und die für eine ‚Kritik der Kritik' bedeutsam ist (vgl. hierzu auch Bierbaum 2004). Gerade auch die von Schäfer der Bildungstheorie geöffneten Arbeiten von Laclau lassen Einsatzpunkte erkennen, die eine theoretisch produktive Beziehung des Bildungswiderspruchs zur Hegemonietheorie insbesondere im Konstrukt des Kampfes um die Bestimmung eines ‚leeren Signifikanten' (vgl. Euler 2011, S. 52) eröffnen.[7] Allerdings zeigt sich gerade in produktiv inspirierten Bezugnahmen, dass hier gewissermaßen Neuauflagen des Universalienstreits sich ergeben, nämlich über die Rolle bzw. die Art und Weise, wie das Allgemeine, allgemeine Geltung, theoretisch bestimmbar ist.[8]

Die kritische Bildungstheorie hat das Allgemeine also – und das gilt es deutlich zu machen – in zweifacher Hinsicht zum Gegenstand. Zum einen sieht sie im Verwertungsprozess des Kapitals ein reales Allgemeines,[9] eine

---

7 Siehe hierzu auch die Studien von Armin Bernhard zu Antonio Gramsci (Bernhard 2005).
8 Siehe hierzu auch Flügel/Heil/Hetzel 2004. Wie sehr die Diskussion um eine Neubestimmung des Universalienstreits sich dreht, scheint mir auch eine Beschreibung der Herausgeber zu zeigen: „Ernesto Laclau und Judith Butler etwa haben herausgearbeitet, dass das Verhältnis von Universalismus und Partikularismus keins der einfachen Entgegensetzung ist. So wie jede partikulare Forderung mit gewissen Universalisierungseffekten einhergeht, kann sich die universalistische Forderung umgekehrt nur in einem partikularen Feld artikulieren" (ebd., S. 9). Ohne in dieser Formulierung schon eine befriedigende Klarheit zu sehen, so deutet sie doch ein gegen Vereinfachungen gerichtetes systematisches Problemverständnis an.
9 In seinem Aufsatz „Nominalistische und realistische Momente des Marxschen Arbeitsbegriffs" rekonstruiert Mensching den Theorieverlauf des ‚Kapitals' von Marx und stellt fest, dass dieser von einer „nominalistisch angelegten Theorie" sich genötigt sah, „die Realität des Abstrakten zu unterstellen", wodurch ein „Übergang [...] zum Begriffsrealismus" vollzogen wurde. (Mensching 1987, S. 69) Das Kapital ist daher als real einzustufen und ist zu-

Realabstraktion, die durch die individuellen Handlungen hindurch für diese bedingend sind. Dieses reale Allgemeine ist aber theoretisch bestimmbar und über diese Erkenntnisse nicht unmittelbar umsetzbares Wissen, aber eben im kritischen Sinne handlungsrelevant. Zum anderen zielt kritische Praxis auf ein ‚vernünftiges' Allgemeines (eine spekulative Bestimmung, die durchaus Nähe zum Begriff ‚imaginär' im Sinne Žižeks und Lacans aufweist und in diesem Sinne zu durchdenken wäre) und zielt damit auf eine Verfassung der Gesellschaft, die als vorzugswürdig gelten kann. Dabei ist selbstverständlich klar, dass die Vorstellungen vom vorzugswürdigen Allgemeinen permanent unter Kritik zu stehen haben. Das aber bedeutet, ausgehend vom hier nun weiter geführten ‚Zeitkern der Wahrheit', dass die strikte Webersche Differenz von Wissenschaft und Politik, orientiert am Kriterium der Wahrheit bzw. der Durchsetzung (vgl. Schäfer 2009a, S. 175), diese Auseinandersetzung um das vernünftige Allgemeine nicht mehr ausreichend zu beschreiben vermag:

> „Kritik des Allgemeinen ist daher weder als Wissenschaft noch Jenseits von Wissenschaft zu situieren, sondern als politische Dimension von Wissenschaft. Kritik kann daher i.S. von Žižek als reflektiertes Engagement [...] verstanden werden." Die Crux der Verbindung beider besteht in der „Argumentation und Begründung". Diese sind die „Konstitutiva der Wissenschaft seit der griechischen Antike" und damit das „Verbindende von Wissenschaft und Politik. Die Konstruktion des leeren, aber umkämpften Signifikanten nach Laclau bzw. in der Interpretation von Žižek, lässt aber offen, wie die nominalistisch bestimmte Leere hegemonial gefüllt wird bzw. genauer: in welchem Verhältnis Argumentation und Kampf dabei stehen. Weder geht Argumentation in Kampf auf, noch ist Kampf das abstrakt Andere der Argumentation. Der Kampf um den Signifikanten hat inhaltlich und auch formell argumentativen Charakter, muss partielle Interessen als allgemeine ausweisen und in diesem Sinne begründen (nach Laclau ist der leere Signifikant dasjenige Partikulare, an dem sich das Universale zeigt, es muss aber von den Beteiligten in der Auseinandersetzung als solches gezeigt werden!). In dieser interpretativen Selbst- und Sozialbeziehung der Argumentationen, der begründeten Geltendmachung von Definitionshoheit zum Zwecke der Interessendurchsetzung steckt die Politizität des Argumentierens und Begründens, die Wissenschaft und Politik verbindet (vgl. hierzu Wallersteins Bestimmung einer ‚Utopistik')." (Euler 2011, S. 55f.)

Nicht weil ich glaube, dass mit der kritischen Bildungstheorie die Antworten auch für zukünftige Problemlagen katechetisch vorlägen, sondern weil ich bislang keine andere Theoriekonstellation sehe, in der die Auseinanderset-

---

gleich nicht anschaulich, also ein reales Allgemeines. Allerdings erweist sich im Kapital, dass der „Tauschwert" „die physische Beschaffenheit aller Dinge" affiziert, aber er bleibt äußerlich, nicht die Sache des Gebrauchswerts selbst. „Wird er wahnhaft zur substantiellen Form erhoben, so ist deren Substantialität im klassischen Sinne der Vernichtung preisgegeben. Die Reduktion auf das Seienden auf den zumindest potentiellen Träger von Tauschwert erweist sich am Ende als bloße Gewalt, nicht aber als Objektivität" (ebd., S. 75). Die Auseinandersetzung um das Allgemeine im Kapitalismus muss das Kapital als reales Allgemeines wissen und zugleich und dadurch als Zerstörerisches.

zung um diesen Widerspruch der bürgerlich-kapitalistischen Moderne explizit theoretisch geführt wird, halte ich die Arbeit an der theoretischen Systematik im Anschluss an Gernot Koneffke für fruchtbar. In dieser ist Freiheit, als Resultat des von Kant herkommenden kritischen Philosophierens, eben nicht das Unbedingte als Alternative zum Bedingten und deshalb Unfreien, wie es differenztheoretisch scheinen könnte. Die Freiheit sinnlicher Vernunftwesen ist vielmehr notwendig als das Unbedingte im Bedingten zu denken (vgl. Euler 2003b, S. 35).

VIII

Besonders in den jüngeren Aufsätzen von Koneffke ist diese Konstellation für eine in der Bildung begründeten Pädagogik immer präziser und klarer herausgearbeitet worden und ist daher systematisch für eine Auseinandersetzung um die angemessene Fortschreibung von Kritik in der Pädagogik von Gewicht. Die Spontaneität empirischer Individuen, deren Selbständigkeit, kann nur in sich selbst ihren hinreichenden Grund haben, denn als abgeleitete ist sie eine *contradictio in adjecto*. Die metaphysikkritische, theoretische Basis dafür ist in der kantischen „Kausalität durch Freiheit" (Kant 1968, Bd. 4, S. 492) angelegt, nämlich in der Fähigkeit zur Spontaneität, Anfänge von Kausalketten im Bereich der empirischen Welt auszulösen, da „dem Menschen ein Vermögen beiwohnt, sich, unabhängig von der Nötigung durch sinnliche Antriebe, von selbst zu bestimmen" (ebd., S. 489). In der logischen Differenz von notwendiger und hinreichender Bedingung gründet innerhalb der bestehenden Bedingungen Freiheit und Mündigkeit und damit die Bedingung der Möglichkeit von Geschichte (vgl. Euler 2007, S. 49). Es gibt keinen eigens für Kritik vorgesehenen Ort, sondern die Kritik ist der Bruch innerhalb und mit den hic et nunc gegebenen Bedingungen. „Handlung setzt [...] zwar notwendige Bedingungen voraus, die aber erst mit dem Entschluss zur Handlung eintreten" (Bulthaup 1973, S. 53f.) Selbständigkeit und Bedingung sind die Brennpunkte der Ellipse neuzeitlicher Geschichte und damit auch pädagogischer Bildung, eben keine Alternativen.

Die Fragilität der neuzeitlichen Existenzmöglichkeit erzwingt allerdings Überlegungen und Institutionen zur Stabilisierung dieser Konstellation. Gerade weil kein Allgemeines mit unbezweifelbarem Charakter, quasi naturhaft existiert, dreht sich die theoretische Diskussion und die politische Auseinandersetzung um das Allgemeine. Mit der Idee der Bildung ist eine Formation gedacht, in der sich eine funktionsfähige Gesellschaft, das reale Allgemeine, mit individueller Freiheit in einem produktiven Verhältnis um die Weiterentwicklung des erstrebten Allgemeinen befindet.

„Die dauerhafte Sicherung aller Selbständigkeit der ursprünglich in ihr Verbundenen lief auf die Schaffung einer neuen Ordnung hinaus. In ihr sollte Freiheit das Prinzip der Lebensvollzüge sein und ihr entsprechend eine gründliche Neugestaltung aller Geltungen, Regeln, Werte, Institutionen ins Werk gesetzt werden. Dies lässt sich begreifen als die Geburtsstunde bürgerlicher als der menschengemäßen Gesellschaft." (Koneffke 2009, S. 220)

Es gehört zu der damit konstituierten neuen historischen Eigentümlichkeit, dass diese radikale Selbständigkeit des Einzelnen, gegründet in der Negation des Falschen, zugleich der „kollektive(n) Sicherung und Bündelung der Kritik in einer neuen Ordnung des Zusammenlebens" bedarf, denn: „Die unhintergehbare Freiheit, Selbständigkeit der Individuen, in der Autonomie der Einzelnen gründet, ist zugleich die Freiheit des notwendigerweise gesellschaftlichen Menschen." (Koneffke 2009, S. 221) Soll aber Freiheit „geltendes Prinzip sein", ist die Bereitschaft verlangt, sich dem „Gesetz der Befreiung" (Bulthaup) zu unterwerfen. „Individuum und Gesellschaft treten hier in einen spezifischen, unaufhebbaren Widerspruch. Der kontradiktorische Widerspruch ist zugleich ein dialektischer: jede der beiden einander widersprechenden Seiten ist zugleich die Bedingung der Existenz der anderen" (ebd.). Diese theoretische Bedingung ist konstitutiv für die Bildungsvorstellung einer kritischen Bildungstheorie und die Pädagogik ist die theoretisch angeleitete Gestaltung der Praxis dazu. „Kritische Bildungstheorie bietet also keinen Ausweg aus den Widersprüchen neoliberaler Vergesellschaftung, sondern einen Ansatzpunkt für Bildungswissenschaft und Bildungspraxis, bei dem Bildung weder humanistisch idealisiert noch dekonstruktiv suspendiert werden muss" (Messerschmidt 2009, S. 141).

Folglich ist für eine Fortschreibung der Kritik sowohl die konsequente Grundlagentheorie unabdingbar als auch die theoretische Durchdringung der Empirie, die mit diesen Ansprüchen geführt wird, aber eben ohne empirisch gesättigte Kritik Selbstverblendungen unterliegt, im Gruschka'schen Sinne: ‚Postulate-Pädagogik'. Nach meiner Einschätzung zeigt sich gerade in der theoretisch zur Sprache gebrachten Empirie, wie die umfangreichen Fallanalysen Gruschkas und seiner Mitarbeiter_innen eindrücklich belegen, die Fruchtbarkeit der Weiterentwicklung der Widerspruchsanalyse, unterrichtstheoretisch in der Erforschung der „widersprüchlichen Einheit von Erziehung, Didaktik und Bildung in der allgemeinbildenden Schule" (Gruschka 2005). Sie richtet sich sowohl gegen jede naive Pädagogisierung, die sich lediglich als Flucht aus dem Widerspruch erweist, als auch gegen vermeintlich radikalkritische Auflösungen des Widerspruchs in Unbestimmtheitstheoremen.

IX

Mit der aggressiven Expansion der kapitalistischen Ökonomie, die durch eine allumfassende Entgrenzungspraxis bestimmt ist, ergeben sich inhaltlich und konzeptionell selbstkritische Anforderungen an eine kritische Bildungstheorie und Pädagogik. Bei der bewussten Bestimmung als Ent-Grenzung möchte ich aber darauf hinweisen, dass die Bildung sich historisch und systematisch der Ent-Grenzung verdankt (nämlich als Herauslösung aus dem Naturzustand, Kultivierung, Zivilisierung) und zugleich die Bearbeitung dieser Ent-Grenzung ist (nämlich indem sie Kultur und Wissenschaft hervorbringt, tradiert und weiterentwickelt), eben Geschichte! Angesichts der Maßlosigkeit durch die universelle Unterwerfung der Welt unter die Bedingung der Verwertungsökonomie entsteht allerdings das Problem, dass das Maß gesellschaftlicher und kultureller Regelungen immer weniger feststeht, wodurch historisch gänzlich neue Regelungen allererst in einem politischen Prozess und immer unter Kritik stehend hervorgebracht werden müssen.

Diese neuen inhaltlichen Themen, die bis zur Infragestellung von Erziehung und Bildung reichen können, umfassen Probleme wie die der ‚Erziehungsvergessenheit' (u.a. Ahrbeck), die Folgen einer ‚Aufmerksamkeitsdefizitkultur' (Türcke), die Schwächung einer substanziellen Schriftkultur (Günther), des Legitimationsschwunds der Bildungsinstitutionen, des Umgang mit Alterität usw.

Hieraus folgt aber auch innerhalb des Bildungsverständnisses und der institutionalisierten Bildungspraxis eine Neubestimmung und Neubewertung von Natur, Naturwissenschaft und Technologie. Erst in ihrem Entstehungs-, Begründungs-, Verwendungs- und Verwertungszusammenhang sind sie, entgegen einer dominierenden pseudopädagogischen Propaganda für die MINT-Fächer, die durchsichtig ausbeutungsorientiert und unkritisch motiviert ist, in ihrer Faszination, ihrer gesellschaftlichen Relevanz und ihrem Zerstörungspotential zu verstehen. Bedeutsam ist hier auch, die pädagogischen Nachhaltigkeitsinitiativen sachhaltig in ihrer Widersprüchlichkeit zu begreifen, die letztlich in der Unverträglichkeit mit allen herrschenden Mechanismen und Bedürfnisstimulationen stehen, die aus dem Primat der Verwertungsökonomie resultieren (vgl. Euler 2014). Auch hier folgt aus der Bildungskritik ein grundständiger kultureller und zivilisatorischer Re-Visionsbedarf.

Konzeptionell verlangen all diese Veränderungen, die zugleich auch heftige Vereinnahmungen der Pädagogik bedeuten, eine scharfe selbstkritische Re-Vision pädagogischer Professionalisierung. Das „Festhalten an einer Verantwortung gegenüber sich selbst und anderen" (Messerschmidt 2007, S. 53) ist mit konsequenter Selbstkritik zu verbinden, sodass sich kritische Bildungstheorie zunehmend „als Praxis der Selbstreflexion von Kritik" zu begreifen hat. Gerade „tief verunsichernde Erfahrung" kann daher zu „einem

Ansatzpunkt zur Überprüfung eigener Vorstellungen von gesellschaftlicher Veränderung werden" (Messerschmidt 2013, S. 12). Das verlangt, worauf auch Messerschmidts Kritik an Ausführungen von mir sich richtet, ‚beschworene' Bildungspotentiale mit der Genesis und Bedingung des Kritikers – im Sinne eines kritischen Verstehens – zu konfrontieren (vgl. Messerschmidt 2009, S. 141). Selbstkritik bedeutet dann, als Lehrer_innen und Bildner_innen, gerade auch an der Universität, „sich nicht ungebrochen als Aufklärer_innen über problematisch gesellschaftliche Tendenzen" zu positionieren, sondern „das eigene Involviertsein in die Dynamiken der Verwertung von Bildung sichtbar" zu machen (Messerschmidt 2013, S. 12). Die Kritik wird dadurch nicht relativiert oder für unmöglich erklärt, sondern vor Überhebungen geschützt und dadurch in selbstkritischer Weise gestärkt. Diese verlangt das sensible und reflektierte Erkennen und Gewahrwerden der Involviertheit in jeweils neue Widerspruchslagen.

In diesem von meinen Notizen fragmentarisch angerissenen Komplex von Veränderungen und Problemstellungen, so meine Überzeugung, könnten sich die kollektiven Bemühungen um eine Re-Vision kritischer Bildung und Pädagogik bewegen. Die Kritik des realen Allgemeinen und der Kampf um ein vernünftiges Allgemeines sind dabei die Brennpunkte der inner- und außeruniversitären Arbeit und des pädagogisch-politischen Engagements.

Literatur

Adorno, Theodor W. (1969): Marginalien zu Theorie und Praxis. In: Ders.: Stichworte. Frankfurt a.M.: Suhrkamp.
Anton, Michael A. (1999): Vom Sinn und Unsinn der Experimente im Chemieunterricht. In: Sumfleth, Elke (Hrsg.): Chemiedidaktik im Wandel. Münster: Lit, S. 278-311.
Bahrdt, Carl Friedrich (1789/unveränderter Nachdruck 1979): Handbuch der Moral für den Bürgerstand. Mit einer Einleitung von Gernot Koneffke (S. V-LXI). Vaduz/Liechtenstein: Topos.
Benjamin, Walter (1991): Das Passagen-Werk. In: Ders.: Gesammelte Schriften, Bd. V/1 (hrsg. von Rolf Tiedemann und Hermann Schweppenhäuser). Frankfurt a.M.: Suhrkamp.
Benner, Dietrich/Brüggen, Friedhelm (2000): Theorien der Erziehungswissenschaft im 20. Jahrhundert. In: Zeitschrift für Pädagogik, 42. Beiheft. S. 240-263.
Bernhard, Armin (2005): Antonio Gramscis Politische Pädagogik. Grundrisse eines praxisphilosophischen Erziehungs- und Bildungsmodells. (Argument Sonderband Neue Folge AS 301). Hamburg: Argument Verlag.
Bierbaum, Harald (2004): Kritische Theorien des Subjekts (und) der Bildung. Foucault/Butler und Heydorn/Koneffke zwischen Differenz und Annäherung. In:

Pongratz, Ludwig/Nieke, Wolfgang/Masschelein, Jan (Hrsg.): Kritik der Pädagogik – Pädagogik als Kritik. Opladen: Leske+Budrich, S. 180-199.
Bulthaup, Peter (1973): Zur gesellschaftlichen Funktion der Naturwissenschaften. Frankfurt a.M.: Suhrkamp.
Bulthaup, Peter (1975): Parusie. Zur Geschichtstheorie Walter Benjamins. In: Ders. (Hrsg.): Materialien zu Benjamins Thesen ‚Über den Begriff der Geschichte'. Beiträge und Interpretationen. Frankfurt a.M.: Suhrkamp, S. 122-148.
Bulthaup, Peter (1998): Deduktion der Postmoderne oder vom bürgerlichen Interesse an der Paralysierung der Vernunft. In: Ders.: Das Gesetz der Befreiung. Und andere Texte. Lüneburg: zu Klampen, S. 204-214.
Bürger, Peter (2012): „Die Wahrheit ist selbst geschichtliche Bestimmtheit". Die Wirkmacht des Linkshegelianismus. www.deutschlandfunk.de/die-wahrheit-ist-selbst-geschichtliche-bestimmtheit.1184.de.html?dram:article_id=209200 [Zugriff: 30.07.2014]
Demirovic, Alex (2008): Das Wahr-Sagen des Marxismus: Foucault und Marx. In: PROKLA. Zeitschrift für kritische Sozialwissenschaft, H. 151/Jg. 38, S. 179-201.
Demirovic, Alex (2013): Kritische Gesellschaftstheorie: Analyse der Kräfteverhältnisse oder Zeitdiagnose – mit einem Seitenblick auf die Beiträge von Slavoj Zizek. In: PROKLA. Zeitschrift für kritische Sozialwissenschaft, H. 172/Jg. 43, S. 361-380.
Dörpinghaus, Andreas (2009): Bildung. Plädoyer wider die Verdummung. In: Forschung & Lehre, Supplement, H. 9/Jg. 16, S. 3-14.
Dörpinghaus, Andreas (2014): Post-Bildung. Vom Unort der Wissenschaft. In: Forschung & Lehre, H. 7, S. 540-543.
Dörre, Klaus/Lessenich, Stephan/Rosa, Hartmut (2009): Soziologie – Kapitalismus – Kritik. Frankfurt a.M.: Suhrkamp.
Dubiel, Helmut (1992): Kritische Theorie der Gesellschaft. Weinheim: Juventa.
Euler, Peter (1989): Pädagogik und Universalienstreit. Zur Bedeutung von F.I. Niethammers pädagogischer Streitschrift. Weinheim: Deutscher Studien Verlag.
Euler, Peter (1995): Das Subjekt zwischen Hypostasierung und Liquidation. Zur Kategorie des Widerspruchs für die modernitätskritische Revision von Erziehungswissenschaft. In: Euler, Peter/Pongratz, Ludwig (Hrsg.): Kritische Bildungstheorie. Zur Aktualität Heinz-Joachim Heydorns. Weinheim: Deutscher Studien Verlag, S. 203-221.
Euler, Peter (1998): Gesellschaftlicher Wandel oder historische Zäsur? Die „Kritik der Kritik" als Voraussetzung von Pädagogik und Bildungstheorie. In: Rützel, Josef/Sesink, Werner (Hrsg.): Bildung nach dem Zeitalter der großen Industrie. Jahrbuch für Pädagogik 1998. Frankfurt a.M./New York: Peter Lang, S.217-238.
Euler, Peter (2001): Veraltet die Bildung oder Kritische Bildungstheorie im vermeintlich „nachkritischen" Zeitalter? In: Pädagogische Korrespondenz, H. 26, S. 5-27.
Euler, Peter (2003a): Bildung als „kritische" Kategorie. In: Zeitschrift für Pädagogik, H. 3/Jg. 46, S. 413-421.
Euler, Peter (2003b): Überholte Gegensätze. Notizen zum veränderten Verhältnis von allgemeiner und beruflicher Bildung. In: Faßhauer, Uwe/Ziehm, Stefan (Hrsg.): Berufliche Bildung in der Wissensgesellschaft. Festschrift Josef „Jupp" Rützel. Darmstadt: Wissenschaftliche Buchgesellschaft, S. 35-45.

Euler, Peter (2004): Kritik in der Pädagogik: Zum Wandel eines konstitutiven Verhältnisses der Pädagogik. In: Pongratz, Ludwig/Nieke, Wolfgang/Masschelein, Jan (Hrsg.): Kritik der Pädagogik – Pädagogik als Kritik. Opladen: Leske+Budrich, S. 9-28.

Euler, Peter (2007): Einsicht und Menschlichkeit. Bemerkungen zu Gernot Koneffkes logisch-systematischer Bestimmung der Bildung. In: Bierbaum, Harald/Euler, Peter/Feld, Katrin/Messerschmidt, Astrid/Zitzelsberger, Olga (Hrsg.): Nachdenken in Widersprüchen. Gernot Koneffkes Kritik bürgerlicher Pädagogik. Wetzlar: Büchse der Pandora, S. 47-58.

Euler, Peter (2009a): Heinz-Joachim Heydorns Bildungstheorie. Zum notwendigen Zusammenhang von Widerspruchsanalyse und Re-Vision in der Bildungstheorie. In: Bünger, Carsten/Euler, Peter/Gruschka, Andreas/Pongratz, Ludwig A. (Hrsg): Heydorn lesen! Herausforderungen kritischer Bildungstheorie. Paderborn: Schöningh, S. 29-44.

Euler, Peter (2009b): Bemerkungen über die Rede von der ‚Ökonomisierung' der Bildung – oder: Kapitalverwertung als ‚Fehltritt' (Koneffke) bürgerlicher Gesellschaft. In: Bünger, Carsten/Mayer, Ralf/Messerschmidt, Astrid/Zitzelsberger, Olga (Hrsg.): Bildung der Kontrollgesellschaft – Analyse und Kritik pädagogischer Vereinnahmungen. Paderborn: Schöningh, S. 97-107.

Euler, Peter (2011): Konsequenzen für das Verhältnis von Bildung und Politik aus der Kritik postmoderner Post-Politik. In: Reichenbach, Roland/Ricken, Norbert/Koller, Hans-Christoph (Hrsg.): Erkenntnispolitik und die Konstruktion pädagogischer Wirklichkeit. Paderborn: Schöningh, S. 43-60.

Euler, Peter (2013): Mündigkeit: Bildung im Widerspruch. Unveröffentlichtes Manuskript.

Euler, Peter (2014): Nachhaltigkeit und Bildung. Plädoyer für ein sachhaltiges Verstehen herrschender Widersprüche. In: Jahrbuch Bildung für nachhaltige Entwicklung 2014 (Krisen- und Transformationsszenarios. Frühkindpädagogik, Resilienz und Weltaktionsprogramm). Wien: Umweltdachverband GmbH, S. 167-174.

Flügel, Oliver/Heil, Reinhard/Hetzel, Andreas (Hrsg.) (2004): Die Rückkehr des Politischen. Demokratietheorien heute. Darmstadt: Wissenschaftliche Buchgesellschaft.

Gruschka, Andreas (2005): Auf dem Weg zu einer Theorie des Unterrichts. Die widersprüchliche Einheit von Erziehung, Didaktik und Bildung in der allgemeinbildenden Schule. Vorstudie. Frankfurter Beiträge zur Erziehungswissenschaft. Forschungsberichte 5. Frankfurt a.M.: Goethe Universität.

Gruschka, Andreas (2011): Verstehen lehren. Ein Plädoyer für guten Unterricht. Stuttgart: Reclam.

Haag, Karl-Heinz (1983): Der Fortschritt in der Philosophie, Frankfurt a.M.: Suhrkamp.

Haag, Karl-Heinz (2005): Metaphysik als Forderung rationaler Weltauffassung, Frankfurt a.M.: Humanities online.

Hawel, Marcus/Blanke, Moritz (Hrsg.) (2012): Kritische Theorie der Krise. Berlin: Karl Dietz Verlag.

Kant, Immanuel (1968): Kritik der reinen Vernunft. In: Ders.: Werke in zwölf Bänden;Theorie-Werkausgabe, Band 4 (hrsg. Von Wilhelm Weischedel). Frankfurt a.M.: Suhrkamp.

Koneffke, Gernot (1969): Integration und Subversion. Zur Funktion des Bildungswesens in der spätkapitalistischen Gesellschaft. In: Das Argument, Heft 54/1969, S. 389-430.

Koneffke, Gernot (1997): Erziehung ist der zum gesellschaftlichen Leib gewordene Widerspruch. Zur Begründung der Pädagogik. In: Jahrbuch für Pädagogik 1997, S. 31-51.

Koneffke, Gernot (2006): Einige Anmerkungen zur Begründung materialistischer Pädagogik. In: Keim, Wolfgang (Hrsg.): Bildung und gesellschaftlicher Widerspruch. Hans-Jochen Gamm und die deutsche Pädagogik seit dem Zweiten Weltkrieg. Frankfurt a.M.: Peter Lang, S. 29-44.

Koneffke, Gernot (2009): Die verzwickte Domestikation der Autonomie. Heydorn weitergedacht. In: Bünger, Carsten u.a. (Hrsg.): Heydorn lesen! Herausforderungen kritischer Bildungstheorie. Paderborn u.a.: Schöningh 2009, S. 215-227.

Koneffke, Gernot (o.J.): Über Titz´ Versuch, Heydorns Bildungstheorie aus dem Exodusmythos und dem mit diesem verbundenen Bilderverbot zu verstehen. Unveröffentlichtes Manuskript.

Luhmann, Niklas (1971): Soziologische Aufklärung. Opladen: Westdeutscher Verlag.

Luxemburg, Rosa (1920/1983): Die russische Revolution. Eine kritische Würdigung. In: Dies.: Gesammelte Werke, Band 4. Berlin (Ost): Dietz.

Mensching, Günther (1987): Nominalistische und realistische Momente des Marxschen Arbeitsbegriffs, in: Schweppenhäuser, Gerhard u.a. (Hrsg.): Krise und Kritik. Zur Aktualität der Marxschen Theorie. Lüneburg: zu Klampen, S. 58ff.

Mensching, Günther (1992): Das Allgemeine und das Besondere. Der Ursprung des modernen Denkens im Mittelalter. Stuttgart: J.B. Metzler.

Messerschmidt, Astrid (2007): Von der Kritik der Befreiungen zur Befreiung von Kritik? Erkundungen zu Bildungsprozessen nach Foucault. In: Pädagogische Korrespondenz, H. 36, S. 44-59.

Messerschmidt, Astrid (2009): Verwicklungen. Kritische Bildung und politisches Engagement in neoliberalen Verhältnissen. In: Bünger, Carsten/Mayer, Ralf/Messerschmidt, Astrid/Zitzelsberger, Olga (Hrsg.): Bildung der Kontrollgesellschaft – Analyse und Kritik pädagogischer Vereinnahmungen. Paderborn: Schöningh, S. 131-143.

Messerschmidt, Astrid (2013): Vorwort zu: Seyss-Inquart, Julia/Ctejkowska, Agnieszka (Hrsg.): Schule vermitteln: Kritische Beiträge zur Pädagogischen Professionalisierung. Wien: Löcker, S. 9-12.

Münch, Richard (2011): Akademischer Kapitalismus. Berlin: Suhrkamp.

Plessner, Helmuth (1975): Die Stufen des Organischen und der Mensch. Berlin u.a.: de Gruyter.

Rang, Adalbert (1989): Überlegungen zum Verhältnis von Pädagogik und Avantgarde in der Weimarer Republik. In: Heydorn, Irmgard/Schmidt, Brigitte (Hrsg.): Traditio lampadis. Das Versöhnende dem Zerstörenden abtrotzen. Festgabe für Gernot Koneffke. Vaduz/Liechtenstein: Topos Verlag, S. 129-150.

Schäfer, Alfred (2009a): Hegemoniale Einsätze. Überlegungen zum Ort der Kritik. In: Bünger, Carsten/Euler, Peter/Gruschka, Andreas/Pongratz, Ludwig A. (Hrsg.):

Heydorn lesen! Herausforderungen kritischer Bildungstheorie. Paderborn: Schöningh, S. 193-214.
Schäfer, Alfred (2009b): Die Erfindung des Pädagogischen. Paderborn: Schöningh.
Schweppenhäuser, Gerhard (2000): Am Ende der bürgerlichen Geschichtsphilosophie. Max Horkheimer/Theodor W. Adorno: Dialektik der Aufklärung (1947). In: Walter, Erhart/Jaumann, Herbert: Jahrhundertbücher. Große Theorien von Freud bis Luhmann. München: Beck.
Steinert, Heinz (1999): Kulturindustrielle Politik mit dem Großen & Ganzen: Populismus, Politik-Darsteller, ihr Publikum und seine Mobilisierung. In: Internationale Politik und Gesellschaft, H. 4, S. 401-413.
Türcke, Christoph (1983): Luthers Geniestreich: Die Rationalisierung der Magie. In: Türcke, Christoph/Pohl, Friedrich: Heilige Hure Vernunft. Luthers nachhaltiger Zauber. Berlin: Wagenbach, S. 9-84.
Türcke, Christoph (2005): Vom Kainszeichen zum genetischen Code. Kritische Theorie der Schrift. München: C.H. Beck.
Türcke, Christoph/Bolte, Gerhard (1994): Einführung in die kritische Theorie. Darmstadt: Wissenschaftliche Buchgesellschaft.
Wiggershaus, Rolf (1989): Die Frankfurter Schule. Geschichte, Theoretische Entwicklung, Politische Bedeutung. München: dtv.

I. Kritik der Bildungswissenschaft

Bildung und Forschung im falschen Leben – Kritik an der Universität

Astrid Messerschmidt

An diesem und an anderen Orten akademischer Auseinandersetzungen zu sprechen und zu schreiben, setzt voraus, dass die Sprechenden zuvor subjektiviert worden sind, also in einer bestimmten Weise zu einem Subjekt gemacht wurden, das andauernd um seine Eigensinnigkeit fürchtet und zugleich davon lebt, sich einigermaßen angemessen verkauft zu haben. Dieses Spannungsverhältnis zu artikulieren, ist eine seltene Gelegenheit. Dominierend ist an der Universität eine Art Habitus der Widerspruchsfreiheit geworden, ein Einverständnis mit dem eigenen Funktionieren an einem Ort, der Renommé und Einfluss verspricht, sofern sich die Subjekte dort so positionieren, dass sie eine längerfristige Perspektive entwickeln können. Das Leitbild einer unternehmerischen Universität hat diesen Habitus verstärkt, er tritt aber nicht erst in diesem Modus auf, sondern hat eine längere Geschichte, die Anpassung mit Erfolg verbindet. Eher neueren Datums ist daran nur, dass nun auch Formen der Nicht-Anpassung verwertet werden können. Sie dienen der Kreativität der Institution und halten sie am Laufen.

1. Vereinnahmungen

Kritik an der Universität erfolgt unter zweifelhaften Bedingungen, wenn der Ort der Kritik zugleich der materielle Boden unter den Füßen der Kritiker_innen ist. Kritik kann am Ort der Universität artikuliert werden, und sie richtet sich auch an diesen Ort. Beides kann die Institution für sich nutzen, was die Möglichkeiten eines oppositionellen Ausdrucks erschwert. Die durch Managementtechniken kapitalisierte Universität integriert, was und wen sie nur kann. Mit der Frage nach der Integration der Kritiker_innen in das, was sie kritisieren, befassen sich Luc Boltanski und Eve Chiapello (2001), wenn sie die Rolle der Kritik in der Dynamik des Kapitalismus untersuchen. Dabei arbeiten sie zwei Typen von Kapitalismuskritik heraus: die „Sozialkritik", die Ungleichheit, Armut und Ausbeutung kritisiert, und die „künstlerische Kritik", die sich gegen Disziplin, Uniformierung und gegen die Transformierung aller Gegenstände in Waren richtet (Boltanski/Chiapello 2001, S. 468). Die der künstlerischen Kritik eigenen Forderungen nach Autonomie und Kreativität sehen sie in die neuen Unternehmensstrategien integriert, wodurch ein wesentlicher Teil von Kritik entwaffnet worden ist (vgl. ebd., S. 469). Insbesondere die Forderung nach Befreiung, die sich wesentlich gegen eine bürgerliche Moral richtete, sehen Boltanski und Chiapello entkräftet von Unternehmensstrategien, die sich der Toleranz aller Werte verschrieben haben. Kontrolle ist durch Selbstkontrolle ersetzt und Autonomie und Verantwortungsbewusstsein direkt an die Nachfrage der Kunden gebunden worden. Ein wachsender Anteil der Profite kommt durch die „Ausbeutung innovativer und imaginativer Ressourcen" vor allem im Dienstleistungsbereich zustande, weshalb Kreativität in einem Ausmaß anerkannt wird, das „dreißig Jahre zuvor undenkbar gewesen wäre" (ebd., S. 469). Die Erneuerung des Kapitalismus geht gemäß dieser Analyse aus der Revolte selbst hervor, die sich in den 1970er Jahren immer mehr gegen die Arbeitsbedingungen und die traditionellen Autoritätsformen richtet und dazu beiträgt, die „Gültigkeit der Forderung nach mehr Autonomie anzuerkennen" (ebd., S. 475). Es erscheint mir unangemessen, aus der Analyse von Unternehmensstrategien, die in der Lage sind, kritische Bewegungen zu integrieren, eben diese Bewegungen als letztlich affirmativ zu verwerfen oder sie für die neue Gestalt des flexibilisierten Wirtschaftens in Netzwerken verantwortlich zu machen. Auch der Rückzug auf eine klassische Sozialkritik kann das angerichtete Dilemma nicht auflösen, nötig erscheint vielmehr eine Analyse von Kritikpraktiken und von deren zeitgeschichtlichen Bedingungen. Würde das Scheitern der einen Kritikform nur mit dem Triumph der anderen beantwortet, würde sich allerdings eine kritische Rekonstruktion der Praktiken und Begründungen von Gesellschaftskritik erübrigen, die Antworten wären gegeben, wenn auch um den Preis der Ignoranz gegenüber allen Anfragen, die zur Verunsicherung geführt hatten. Die Erfahrung der Vereinnahmung von Kritik sollte weder zu deren Verwerfung noch zu deren Homogenisierung führen. In bildungstheoretischer Hinsicht kann gerade diese tief verunsichernde Erfahrung zu einem Ansatzpunkt für die Überprüfung eigener Vorstellungen von gesellschaftlicher Veränderung werden (vgl. Messerschmidt 2008).

Wer Bildung institutionell zu verantworten hat, befindet sich nicht auf einer sicheren Seite, auf der es human, freiheitlich und selbstbestimmt zugeht – wobei alle drei Zuschreibungen gar keine sichere Seite versprechen können, wenn sie als in sich ambivalent verstanden werden. Schließlich werden im Namen der Humanität Kriege geführt, im Namen der Freiheit Finanzmärkte liberalisiert und die Spekulation auf Lebensmittel zugelassen, im Namen der Selbstbestimmung Lernformen organisiert, die als „selbstgesteuert" bezeichnet werden und damit die Bereitschaft derer, die sich da selbst steuern zum reibungslosen Funktionieren praktisch werden lassen. Dabei enthalten die

Bezeichnungen für diese kontrollkonforme Lernform kaum eine normative Kraft, sie sind austauschbar und die Protagonist_innen der Selbststeuerung sind nach meinem Eindruck sofort bereit, „selbstbestimmt" zu sagen, wenn sich das als strategisch günstiger darstellt. Genauso beliebig zu besetzen stellt sich der Bildungsbegriff dar, der keineswegs so einzigartig deutsch ist, wie immer wieder beschworen wird (vgl. Czejkowska 2010, S. 454). Wäre er das, was wäre besser daran? Die Anrufung einer Bildungskonzeption jenseits der verwalteten Welt der Wirtschaft und ihrer ökonomischen Verzweckungen erscheint wie ein Wunsch der Bildungsarbeiter_innen[1] unschuldig zu sein. Verdrängt wird darin die eigene institutionelle Beteiligung an eben jener Besetzung von Bildung, die mit dem Funktionieren der bürgerlichen Gesellschaft konform geht. Diese Gesellschaftsform kapitalisiert sich immer mehr, und ich schlage vor, eher von einer *Kapitalisierung* als vom Kapitalismus zu sprechen, um den Prozess und das eigene Mittun daran deutlich zu machen und weil der Kapitalismusbegriff die Phänomene der postindustriellen Wirtschaftsformen zu sehr vereindeutigt und auf eine Formel bringt, die oft die Auseinandersetzung eher verhindert. Alle scheinen schon zu wissen, was gemeint ist, ohne sich selbst zu meinen.

Der Kapitalismusbegriff wie auch die Bezeichnung der Ökonomisierung werden allzu leicht zu Chiffren der Distanzierung. Bestätigt wird damit das Selbstbild einer fundamentalen Unverbundenheit mit den Taten hinter der Tat und ihren Täter_innen. Im Zusammenhang erinnerungskultureller Debatten um den Umgang mit der NS-Verbrechensgeschichte spricht der Wissenschaftsanalytiker Christian Schneider von dem „Wunsch, unschuldig zu sein" (Schneider 2010, S. 122), den er den jungen Deutschen im Gefolge der aus dem Exil zurückgekehrten Vertretern der Kritischen Theorie bescheinigt. Schneider skizziert in diesem Wunsch eine übersteigerte Identifikation mit den verfolgten Überlebenden, den Exilierten, denjenigen, die Deutschland verlassen mussten. Dieser Wunsch besetzt bis heute die linke Kritik und schwächt die Position der Kritiker_innen. Für die Pädagogik ist er systematisch unhaltbar.

Adornos berühmtes Diktum aus den *Minima Moralia*, es gäbe „kein richtiges Leben im falschen" (Adorno 1951, S. 42), paraphrasierte der TV-Moderator Gert Scobel mit der Bemerkung: „Es gibt zuviel richtiges Leben im falschen" (3Sat Buchzeit, 22. März 2007). Reine Positionen von wahr und falsch, gut und böse werden dabei hergestellt und mit Identitäten ausgestattet. Kritik wird zum Preis der Eindeutigkeit gehandelt, jede Ambivalenz, Uneindeutigkeit und unreine Position stört das ihr zugrunde liegende Weltbild und muss bekämpft werden, um die Imago des reinen Selbst zu pflegen.

---

1 Als Bildungsarbeiter_innen bezeichne ich alle in den Bildungsinstitutionen Tätigen, denen eine professionelle Rolle bei der Vermittlung von Bildungsinhalten zugeschrieben wird.

2. Verwaltungsmacht

In dem Text „Kultur und Verwaltung" von 1960 spricht Adorno von der „Verselbständigung von Organisationen" (Adorno 1997, S. 124) und von einer „radikal vergesellschaftete[n] Gesellschaft" (ebd., S. 133) Die Verwaltung repräsentiert „notwendig, ohne subjektive Schuld und ohne individuellen Willen, das Allgemeine gegen jenes Besondere" (ebd., S. 128). Bei Adorno wird das keineswegs anklagend formuliert, sondern nüchtern festgestellt. Es ist daraus keine Sicherheit zu gewinnen für eine umfassende Kritik an der Verwaltung. Die Gegenpositionen, die beanspruchen, „autonom, kritisch, antithetisch" (ebd., S. 133) aufzutreten, sind abhängig von dem, wogegen sie rebellieren. Es ergeben sich zwei Möglichkeiten, auf diese Situation zu reagieren: Resignation oder die klassische Ideologiekritik, die das falsche Allgemeine entlarvt und den Ort, von dem aus sie das tut, nicht angeben kann. Das lässt Kritik in einem negativen Sinn utopisch werden – der Nicht-Ort der Kritik hat aus meiner Sicht weniger damit zu tun, dass es einen solchen Ort nicht gibt, sondern vielmehr damit, dass er nicht angegeben wird. Die in den letzten zwanzig Jahren in den Sozialwissenschaften formulierten Einsprüche gegen eine ortlose Kritik betrachte ich als Versuche, den Ort anzugeben, von dem aus gesprochen/kritisiert/analysiert wird – den Ort bspw. eines vergeschlechtlichten Subjekts, den Ort eines kolonialisierten und kolonialisierenden Subjekts, den Ort eines verbürgerlichten und damit eben verwalteten Subjekts. Peter Eulers „Kritik der Kritik" (Euler 1998) lese ich im Kontext kritischer Bildungstheorie als Aufforderung, die Kritik der Bildung den kritischen Positionen auszusetzen, die versuchen, ihren Ort anzugeben.

In dem Essay „Die unbedingte Universität" von 2001 postuliert Jacques Derrida die Universität als einen Ort des Widerstandes gegen alle „Versuche, sich ihrer zu bemächtigen" (Derrida 2001, S. 12). Wer aber ist das, der sich bemächtigt und wie wird dieser Anspruch an die Widerständigkeit der Universität wiederum der Gefahr ausgesetzt, die Verantwortung für den Widerstandsverlust auf Instanzen zu verlagern, die nicht „wir" sind – die Intellektuellen, die Kritiker_innen, die Wissenschaftler_innen? In seinem Verständnis von Dekonstruktion eröffnet Derrida selbst die Möglichkeit dieser Fragen, dieses Fragens. Denn die Dekonstruktion hinterfragt uns selbst, unseren Begriff vom Subjekt, vom Menschen und nicht zuletzt den Begriff der Kritik. Nichts soll den Hinterfragungen entgehen und die Humanwissenschaften sollten ihrer Dekonstruktion, also der Dekonstruktion ihrer selbst gewachsen sein. Denn die Universität soll der Ort sein, „an dem nichts außer Frage steht" (ebd., S. 14) und an dem das Recht gilt, alles öffentlich zu fragen. Die „université sans condition" ist ohne Rang und Status – es ergibt sich ein Übersetzungsproblem, wobei Derrida das Übersetzen selbst als eine humanwissenschaftliche Aufgabe versteht. Übersetzen erfolgt immer auch als eine Deutungspraxis, und jede Deutung ist von den Kontexten bedingt, in denen sie erfolgt. Das Unbedingte ist in der deutschsprachigen Diktion eine Bezeichnung, die mich zutiefst irritiert und Fragen aufwirft. Bei Derrida markiert das Unbedingte die Position der Universität ohne Rang und Status und d.h. ohne eigene Macht. Doch die aktuelle Universität erträgt dies nicht und verkauft sich.

„..... sie läuft Gefahr, schlicht und einfach besetzt, erobert, gekauft, zur Zweigstelle von Unternehmen und Verbänden zu werden. Darin steht heute, in den Vereinigten Staaten und der ganzen Welt, ein enormer politischer Einsatz auf dem Spiel: In welchem Ausmaß dürfen Forschungs- und Lehreinrichtungen gefördert, d.h. direkt oder indirekt von kommerziellen Interessen kontrolliert, oder, um es mit einem Euphemismus zu sagen, ‚gesponsert' werden? Diese Logik führt oft genug dazu, dass die Humanities zu Geiseln von Fachbereichen werden, an denen reine oder angewandte Wissenschaft getrieben wird und auf die sich die Investitionen konzentrieren, die ein der akademischen Welt fremdes Kapital für rentabel hält" (ebd., S. 17).

Wenn Derrida von der „reinen" Wissenschaft spricht, die er mit einer dominierenden Form der kapitalkonformen Anwendung gleichsetzt, dann lese ich dies als eine Wissenschaft ohne Reflexion ihrer bürgerlichen Integration, eine unkritische Wissenschaft, die sich ihrer Effektivität gewiss ist und ihre Bedingungen vernachlässigen kann – also die Bedingungen ihrer Akteure, der Lehrenden und Studierenden und der Verwaltungsarbeiter_innen und wie sie an die Universität gekommen sind und wer nicht an die Universität gekommen ist und warum die einen da sind und die anderen nicht. Das Denken an der Universität verbindet Derrida mit Dissidenz – und wer lehrt, d.h. wer öffentlich erklärt und sich bekennt, sollte zum Denken und somit zur Abweichung aufrufen, wobei ich Abweichung als etwas schwächer als Widerstand verstehe, vielleicht weniger pathetisch und weniger heroisch aufgeladen.

Die Universität, die unbedingt zum Denken auffordert, ist radikal historisch, was ich mit Walter Benjamin als Bewegung verstehe, bei der der eigene Blick immer auf den zurück liegenden Trümmerhaufen gerichtet ist. Deshalb ist der Begriff des Unbedingten für mich unheilbar beschädigt. Eher möchte ich von einer Universität sprechen, die ihre Bedingungen reflektiert.

Im Jahr 2002 hat der Historiker Michael Wildt das Führungskorps des Reichssicherheitshauptamts untersucht und dafür eine bemerkenswerte Bezeichnung gefunden. Er nennt die führenden Mitglieder von Gestapo, Kriminalpolizei und dem Sicherheitsdienst der SS „Generation des Unbedingten" (Wildt 2002) und bezeichnet damit eine bestimmte Kombination von Weltanschauung und Institution. Die Generation, die in den 1920er Jahren an den deutschen Universitäten studiert hatte, folgte einer historischen Berufung, die ich als Kampf um Reinheit bezeichnen möchte. Sie wurden Weltanschauungstäter im Dienst entgrenzter Gewalt, die sie bereits vor 1933 bspw. an der Tübinger Universität ausübten, indem sie gegen jüdische Professoren agitierten. Sie waren Mitglieder einer „kämpfenden Verwaltung", die unbedingt und bedingungslos das Prinzip der Volksgemeinschaft auf allen gesellschaftlichen Ebenen zur Geltung brachte.

Mit Benjamins Trümmerblick sind somit alle von Derrida angewendeten Begriffe beschädigt und werfen genau die Fragen auf, die die Dekonstruktion einfordert. Es sind die Fragen, die an der Universität zu stellen sind und Fragen, die insbesondere in das Fach Erziehungswissenschaft gehören, insofern sich dieses Fach dem Denken verpflichtet weiß und somit der Infragestellung seiner selbst und damit auch der Sprache und des Sprechens.

Peter Euler macht deutlich, dass die Pädagogik selbst in eine „ausgreifende Vergesellschaftung" involviert ist, die Unmündigkeit produziert, was nicht nur an den Programmatiken des lebenslangen Lernens deutlich wird. Pädagogik ist „Medium" einer reformistischen Lernvergesellschaftung, „weil Bildungsforderungen Existenzangst auslösen, und sie hat sich andererseits kritisch als Movens zur Aufklärung dieser pädagogisch vermittelten Unmündigkeit anzubieten" (Euler 2007, S. 139). Soll die Aufklärung über Unmündigkeit nicht in einem Lamento über verdorbene Bildungsansprüche und aufgegebene emanzipatorische Ideale stecken bleiben, muss sie sich auf die pädagogischen Mittäterschaften beziehen und die Bereitwilligkeit zum Thema machen, mit der Bildungswissenschaftler_innen, Bildungsarbeiter_innen und Bildungspolitiker_innen sich an der vollständigen Integration ihrer Arbeit in die Verwertungsprozesse beteiligen.

Dominierend ist in der Öffentlichkeit eine ausschließlich positive Besetzung des Bildungsbegriffs, durch den Bildung immer Teil der Lösung und nie Teil des Problems zu sein scheint. „Bildung ändert alles" war das Motto einer Plakataktion der Kindernothilfe 2013. Beim ersten Hinschauen wird Zustimmung provoziert und die Einsicht, dass es gut ist, wenn durch Entwicklungszusammenarbeit in Bildung investiert wird. Doch Bildung ändert wenig oder auch nichts, solange das Land geraubt wird, solange die eigene Arbeit auf dem Feld und in den globalisierten Fabrikhallen keinen Lebensunterhalt einbringt, solange Bildungsabschlüsse entwertet und international nicht anerkannt werden. Bildung ändert etwas, wenn sie aufklärt über diese Zusammenhänge. Aber erst, wenn aus dieser Aufklärung eine Veränderung folgt, wird sich substanziell so viel ändern, dass es auch denen nützt, die sich bis heute in Ausbeutungsverhältnissen befinden.

3. Professionskritik in der Pädagogik

Akademisch Lehrende vermitteln erst dann ein kritisches Verständnis für das Studieren der Pädagogik, wenn sie ihre eigene Profession nicht der Kritik entziehen. Sie können sich nicht ungebrochen als Aufklärer_innen über problematische gesellschaftliche Tendenzen positionieren, sondern sollten deutlich machen, wie sie in die Verwertung ihrer selbst und anderer involviert sind. Der kritischen Professionalisierung bedürfen angehende Pädagog_innen genauso wie ihre wissenschaftlich professionalisierten Hochschullehrer_innen. Das Lehren – sei es das akademische Lehren an der Universität oder das unterrichtsbezogene Lehren an der Schule oder das Lehren und Vermitteln in außerschulischen Feldern – kann aber nur kritisch werden, wenn die Lehrenden nicht nur das Wissen, das sie vermitteln, einer Kritik aussetzen, sondern auch ihre eigenen Formen der Vermittlung. Eine Voraussetzung dafür ist die Offenlegung der Ortsbedingungen, also der Verhältnisse, von denen aus akademische Lehre und schulisches Unterrichten sowie außerschulische Bildungsarbeit erfolgen: Wer spricht, lehrt, unterrichtet aus welchen sozialen Positionierungen heraus und wie wirkt sich das auf die Lernenden aus?

Demgegenüber vermitteln die dominierenden Botschaften der „Lehrerprofessionalität" eher eine Selbstsicherheit. Zumindest legen sie eine Rezeption nahe, die Antworten anbietet, anstatt Fragen aufzuwerfen. Das „professionelle Selbst" wird aufgefordert, sich mit Eigenschaften auszustatten, die Handlungssicherheit geben. Die „Domänen der Lehrerprofessionalität" bestehen nach Michael Schratz (2008) aus Reflexions- und Diskursfähigkeit, Differenzfähigkeit, Kollegialität, Professionsbewusstsein, und "personal mastery". Obwohl alle diese Fähigkeiten potenziell die Möglichkeit enthalten, die Bedingungen zu thematisieren, unter denen derartige Fähigkeiten realisierbar sind und auf Grenzen stoßen, können sie doch als Eckpunkte einer unangreifbaren Berufsausstattung aufgefasst werden. Letzteres dominiert tendenziell, weil im Berufsbild von Lehrenden an Schulen die Angst vor Souveränitätsverlust dominiert und den Anwärter_innen bereits früh vermittelt wird. Die Auseinandersetzung mit den sozialen Bedingungen der Schule bezieht sich vorwiegend auf die Schüler_innen und deren Eltern, während der Perspektivenwechsel auf die pädagogisch Handelnden und damit auf sich selbst selten eingeübt wird. Die Anpassung an die mit dem gesellschaftlich dominierenden Lehrer_innenbild verbundene Erwartung, stets souverän aufzutreten und eine überlegene Position einzunehmen, verhindert oder erschwert zumindest tendenziell Selbstreflexion.

Auch die starke Beanspruchung des Begriffs der Reflexivität wirkt dieser dominierenden Tendenz nicht entgegen, wenn dieser an die Stelle des Kritikbegriffs tritt, so als sei es damit möglich, dem Ideologieverdacht (gegen links), der den Kritikbegriff trifft, zu entgehen. Der Reflexionsbegriff wird zu einer Chiffre des Richtigen, die jegliche Negativität abstreift und die Möglichkeit zur Negation und damit zum Oppositionellen tendenziell ausschließt. Für eine dialektische Perspektive auf Erziehung und Bildung halte ich es gerade deshalb für wichtig, den Kritikbegriff nicht durch Reflexivität zu ersetzen. Obwohl ich den Begriff der Reflexivität selbst verwende, möchte ich auf diese Fragwürdigkeit hinweisen, um nicht allzu ungebrochen einen freundlicher daher kommenden Begriff an die Stelle der Kritik zu setzen. Denn Kritik kommt ohne oppositionelle Positionierung nicht aus, Reflexivität unter Umständen schon. Zwischen „Entwicklung und Vermittlung, Kritik und Dekonstruktion" setzt Julia Seyss-Inquart den Begriff der „pädagogischen Professionalisierung" (Seyss-Inquart 2013, S. 14) an. Damit wird ein Ansatz gewählt der pädagogische Berufe nicht in ein Professionsmodell einpasst, sondern einen unabschließbaren Prozess andeutet. In machttheoretischer Hinsicht wird damit ein Raum offen gehalten, der es ermöglicht, auf verschiedene Weise ein professionelles Subjekt sein zu können und sich dabei nicht abzufinden mit den Bedingungen der eigenen Subjektivierung als professionell Handelnde.

4. Bildung zwischen Versprechen, Drohung und Norm

Als ein sozialer Faktor enthält Bildung ein Versprechen und eine Drohung zugleich: Versprochen wird die Möglichkeit des Aufstiegs bei gleichzeitiger Drohung, ohne Bildungsambition und Bildungserfolg ins soziale Abseits zu geraten. Auf eine doppelte Weise wird Bildung zur „Bedingung der Machtausübung" (Heydorn 2004a, S. 187): Wer den Bildungsaufstieg schafft, dem winkt die Macht über andere; und wer sich dem Anspruch unterwirft, der unterliegt einer Bildungsmacht, die über seine Lebenszeit verfügt. Es ergibt sich eine negative Dialektik der Bildung, wenn der eigene Bildungserfolg lediglich dafür eingesetzt wird, die Macht über andere auszuüben, die auf einen selbst ausgeübt worden ist und wird, eine Perpetuierung von Konformität. Es ist ausgesprochen fraglich, ob in der institutionalisierten Bildung heute noch die „dialektische Möglichkeit" (Heydorn 2004b, S. 57) steckt, von der Heinz-Joachim Heydorn in seiner Konzeption des inneren Widerspruchs der Bildung gesprochen hat. Offensichtlich muss es sich bei Heydorns „dialektischer Möglichkeit" um eine positive Dialektik gehandelt haben, die Möglichkeit negativ dialektischer gesellschaftlicher Entwicklungen bleibt ungenannt – vielleicht deshalb, weil auf dem Hintergrund seiner zeitgeschichtlichen Erfahrungen etwas unaussprechbar gewesen ist und nur in Metaphern wie der von der Mündigkeit, die in Wirklichkeit „eine Blutspur" (Messerschmidt

2009, S. 125) sei, zum Ausdruck kommt. Im Unterschied zu dieser mit gutem Grund dramatischen Kennzeichnung stellen sich die inneren Brüche der Mündigkeit heute wesentlich abgekühlter dar, und es handelt sich vielleicht eher um Bruchstellen und Fragilitäten als um Widersprüche.

Als „Cooling out" (Haeberlin/Imdorf/Kronig 2009, S. 130) werden in der Berufspädagogik die Prozesse beschrieben, durch die ambitionierte Berufswünsche enttäuscht werden und sich die Bewerber_innen damit abfinden, eben nicht gut genug zu sein. Diskriminierende Strukturen, auf die sie stoßen, werden nicht mehr als äußere Bedingungen erkannt, sondern nach innen verlagert und transformiert zu einem persönlichen Ungenügen. Das betrifft diejenigen, die eher auf der Seite der Erfolglosen verortet werden. Auf der Erfolgsseite stellt sich ein *Cooling out* in Form der Bereitschaft dar, sich selbst erfolgreich zu managen, woraus kaum etwas anderes als das erfolgreich verwaltete Selbst hervorgehen kann. Die gesellschaftliche Tendenz, Widersprüche unsichtbar zu machen, beschreibt Heydorn als den Versuch, „das dem Bildungsprozess selber innewohnende Spannungsgefüge zu eliminieren" (Heydorn 2004c, S. 158) durch die „Vortäuschung eines einheitlichen Ganzen, in dem Widersprüche ungreifbarer werden" (ebd., S. 160). Dabei suggeriert die Formulierung „Vortäuschung" eine mächtige Instanz außerhalb der Betroffenen. Mit den bildungspolitischen Angeboten für eine positive Identifizierung der Bildungsarbeiter_innen hat sich diese Instanz vervielfacht und dezentralisiert. Die Betreffenden können sich als Agent_innen demokratischer Ziele in der Bildung betrachten und dabei gleichzeitig für ein reibungsloses Funktionieren von Institutionen ohne Gegensätze sorgen.

Wenn Adorno davon spricht, dass Kultur zur Norm geworden ist, zum Wert, der die Herbeiführung „menschenwürdigen Lebens" (Adorno 1972, S. 119) garantieren könnte, dann ist an die Stelle der Kultur heute Bildung getreten. Sie wird als Garant einer guten Zukunft beschworen, von ihr hängt das persönliche Glück ab, und darin ist sie voll und ganz individualisiert und zum persönlichen Besitz degeneriert. Bildung ist zur großen Rettungsmetapher geworden und wird genau dadurch neutralisiert, und zwar umso mehr dort, wo Bildung der Halbbildung kontrastiert wird und als etwas erscheint, das man voll und ganz haben sollte. Kritik ist in dem dominanten Bildungsdiskurs, der allen ein besseres Leben durch Bildung verspricht, kaum noch unterzubringen, während dieser Diskurs selbst jede Menge Anlässe für Kritik liefert.

5. Forschung als situierte Praxis

Bildungsforschung ist zu einer dominierenden Anforderung in der Erziehungswissenschaft geworden und wird dabei gleichzeitig auf ein quantitatives Erforschen von Bildungsdefiziten und Aufstiegsbedingungen verengt. *Forschungsbildung* erscheint demgegenüber wenig effektiv, denn sie ist mit der Mühe verbunden, forschende Haltungen zu entwickeln und auf offene Fragen zu stoßen. Dabei kann der Forschungsprozess selbst zum Gegenstand der Kritik werden, wenn beispielsweise durch die Art von Fragestellungen in Interviews und Fragebögen stereotypisierende Wahrnehmungen nahegelegt werden. Beispielsweise haben sich zwei Student_innen vorgenommen, in einem Forschungsprojekt, das als Leistungsnachweis in ihrem Studium benötigt wird, Kontrollbedürfnisse von Lehrer_innen und deren Angst vor Kontrollverlust zu erkunden. Der methodische Zuschnitt hat sie dabei in eine Richtung gelenkt, in die sie nicht wollten, die sie aber doch eingeschlagen haben, um Ergebnisse zu produzieren. Dafür haben sie eine „Klassenliste" mit den Namen fiktiver Schüler_innen verwendet, um zu überprüfen, inwiefern Namen, die als „ausländisch" eingeordnet werden, zu verstärkten Kontrollbedürfnissen führen. Was sie bei der Herstellung dieser Liste selbst angenommen haben, ist zum Thema unserer Methodendiskussion geworden. Unter dem Ergebnisdruck ist es zur Reproduktion von Differenzzuschreibungen gekommen, die doch gerade im Projekt kritisch beleuchtet werden sollten. Diese Verstrickung eines Forschungsansatzes in das, was kritisch bearbeitet werden soll, könnte selbst ein Forschungsergebnis sein, wenn eine Offenheit für Ergebnisse besteht, die das eigene Vorgehen fragwürdig werden lassen.

In einem Projekt mit Lehramtsstudierenden zur Erforschung ihrer Selbstbilder und Gegenbilder im Kontext von Migration sind Gruppendiskussionen durchgeführt worden, bei deren Auswertung die Beteiligten auf Grenzen der Forschungssprache gestoßen sind, wenn von Datengewinnung und Ergebnissicherung die Rede ist. Schließlich repräsentieren diese Diskussionen keinen Durchschnitt von Sichtweisen, sondern stehen für die jeweiligen Besonderheiten der Diskussionsgruppe. Zugleich sind die jeweiligen Diskussionen selbst als wertvoll für die Beteiligten zu betrachten, die zu einer Auseinandersetzung mit den gegenwärtigen gesellschaftlichen Wirklichkeiten in ihrem künftigen Berufsfeld angeregt worden sind. Wer erforscht hier wen und wer ist Forschungsobjekt? Möglicherweise lässt sich an dieser Stelle vom bildungstheoretischen „Nicht-Ort des Empirischen" (vgl. Breinbauer/Weiß 2011, S. 9) sprechen. Das Empirische wird dabei zu einer utopischen Größe, die relativiert ist von den unabschließbaren Bildungsprozessen derjenigen, die am Forschungsprozess beteiligt sind. In Auseinandersetzung mit einer dominierenden Besetzung der Bezeichnung „Forschungsergebnisse", die den

Forschungsbegriff auf objektivierte und repräsentative Faktoren reduziert, möchte ich von einer *relativierenden Empirie* sprechen. Empirisches Forschen erfolgt in Beziehungen zu den diskursiven Bedingungen, unter denen Forschende ihren Gegenstand betrachten und in Beziehung zu allen am Forschungsprozess Beteiligten.

Zu entwickeln ist eine empirische Praxis, die sich der sozialen Relativität und institutionellen Bedingtheit bewusst ist und diese offen legt, und zwar nicht als zu überwindendes Hindernis für Objektivität, sondern als Kontext, der Wissen situiert. Der soziale Ort Hochschule und der Zusammenhang des Studierens beeinflussen die Art und Weise, wie in den Gruppendiskussionen gesprochen worden ist, was sagbar und unsagbar gewesen ist. Ebenso beeinflusst der soziale Ort der Hochschule die Interpretationsprozesse und das Generieren von Ergebnissen. Der wissenschaftliche Forschungszusammenhang erzeugt spezifische Befangenheiten, die für eine situierte Forschungspraxis anzugeben sind. Diese bestehen zum einen in Terminologien, Ausdrucksweisen und Begriffsrepertoires, zum anderen hängen sie ab von den gesellschaftlichen Positionierungen, die mit wissenschaftlichem Arbeiten und institutionellen Kontexten wissenschaftlicher Tätigkeit verbunden sind. In der feministischen Theorieentwicklung wurde diese Ausrichtung als „standpunktbezogen" (vgl. Harding 1994) charakterisiert und mit „situiertem Wissen" (vgl. Haraway 1996) gekennzeichnet. Entgegen einer sich aller sozialen und kulturellen Bedingtheiten entledigenden, objektivierenden Forschungshaltung wird darin der subjektive, sozial bedingte Standpunkt selbst zum Gegenstand der Reflexion. Nicht von ungefähr ist dieser wissenschaftstheoretische Ansatz in der feministisch orientierten Forschung entwickelt worden, die durch ihren Gegenstand der Geschlechterverhältnisse genuin mit der Problematik binärer Positionierungen, sozialer Hierarchien und Normalitätsordnungen konfrontiert ist. Für die Forschungspraxis kann auf diesem Hintergrund gefragt werden, wie sich Subjektivierungen im wissenschaftlichen Raum auf das eigene Forschen auswirken.

6. Pädagogik studieren im Kontext aktueller Machtverhältnisse

Studierende der Pädagogik befinden sich heute mitten in den Dynamiken einer nach betriebswirtschaftlichen Effizienzkritierien ausgerichteten Bildungssteuerung, von der sie in doppelter Weise betroffen sind: einerseits als Teile der Institution, also der Universität, die sich immer mehr von ihrer Idee entfernt und sich zur Verwaltungsinstanz entwickelt; andererseits als zukünftige Professionelle im Bildungsbereich, der in den letzten Jahren immer mehr zu einem Feld betriebswirtschaftlicher Steuerungspraktiken geworden ist. In dieser doppelten Konstellation wird es für Studierende pädagogischer Fachgebiete umso wichtiger, den gesellschaftspolitischen Kontext ihrer Bildungslaufbahn und ihrer möglichen Berufe zu reflektieren. Im Studium sollten Studierende Gelegenheiten finden, sich damit auseinander zu setzen, was ihre Wahrnehmungen beeinflusst. Schließlich wirken sich die Maßnahmen innerhalb einer aktivierenden unternehmerischen Bildungslandschaft auf die Selbst- und Fremdbilder der Lernenden aus. Im Studium geht es daher nicht darum, in einer distanzierten Pose über problematische gesellschaftliche Entwicklungen aufzuklären, sondern zur Diskussion zu stellen, wie Hochschulen selbst in diese Prozesse involviert sind und welche Möglichkeiten es gibt, kritische Perspektiven zu entwickeln. Wenn Lehrende dabei vermitteln, wie sie sich selbst als Akteur_innen in Verhältnissen neoliberalisierter Bildungssteuerungen wahrnehmen, kann eine Diskussion über den Umgang mit der eigenen Integration in zu kritisierende Verhältnisse eröffnet werden. Statt einer Position der Überlegenheit nehmen Lehrende dabei eine Position des Involviert-Seins ein und stellen Begriffe und Analyseperspektiven für Studierende zur Verfügung, um sich im Studium und im späteren Beruf nicht einfach mit den Gegebenheiten zu arrangieren, sondern die eigenen Handlungsspielräume zu erweitern.

Bildungstheoretisch folgt dieser Ansatz einem in sich widersprüchlichen Bildungsbegriff, mit dem an keinem ungebrochenen Bildungsideal mehr festgehalten werden kann. Auf der Spur einer „Dialektik der Mündigkeit"(Koneffke 1994) steht diesem Bildungsverständnis keine überlegene Position zur Verfügung. Wird Pädagogik mit dieser theoretischen Positionierung gelehrt, so wirkt sich dies auch auf die Beziehung von Studierenden und Lehrenden aus, da beide sich innerhalb dieser Widersprüche wahrzunehmen haben und die kritische Analyse derselben immer auf die Grenzen der eigenen Abhängigkeiten stößt – sei es in der sozialen Positionierung als Studierende oder als Forschende und Lehrende. Beide haben sich mit ihrer Integration in die institutionellen Machtverhältnisse auseinander zu setzen. Studieren und Lehren wird in dieser Perspektive zu einem Prozess der Auseinandersetzung mit dem Kontext des eigenen Handelns und mit dessen Wirkungen auf die Art und Weise, sich in diesem Kontext als Studierende und Lehrende zu begegnen (vgl. Messerschmidt 2011). Kritik bedeutet in der Konsequenz der Anerkennung eigener Integration wesentlich Selbstkritik, und diese wird auch von den Bildungsarbeiter_innen in universitären, schulischen und außerschulischen Feldern verlangt. Sie können sich nicht ungebrochen als Aufklärer_innen über problematische gesellschaftliche Tendenzen positionieren, sondern anstelle dessen deutlich machen, wie sie selbst in die Verwertung ihrer selbst und anderer involviert sind. Erst wenn die beschädigten Positionen der Kritik offen gelegt werden, kann eine Debatte entstehen, bei der keine_r befürchten muss, als nicht ausreichend kritisch und deshalb defizitär entlarvt zu werden.

Wie aber kann eine kritische Praxis im Studium und beim Forschen überhaupt erfolgen, wenn der gesellschaftliche und institutionelle Kontext in der Lage ist, jede Kritik zu vereinnahmen und für hegemoniale Steuerungsprojekte nutzbar zu machen? In seiner Vorlesung im Collège de France 1977/78 kommt Michel Foucault auf eine Ausprägung der Macht zu sprechen, die er mit dem Begriff der *Gouvernementalité* kennzeichnet, um damit einen Typus der Selbstregierung und Selbstregulation zu benennen. Die Gouvernementalität bezeichnet die Gesamtheit von Verfahren, Analysen, Reflexionen, Berechnungen und Taktiken, die es ermöglichen, sich selbst zu lenken und lenken zu lassen (vgl. Foucault 2000, S. 64f.). Die Pädagogik hat sich den Regierungstechniken und Selbstführungsmethoden bereitwillig angenommen, haben sie ihr doch zur Steigerung ihrer gesellschaftlichen Bedeutung verholfen. Es handelt sich um Praktiken, die auf Disziplinierung und Unterwerfung verzichten und stattdessen mit der Bereitschaft zur Selbstführung rechnen. Subjekte werden dabei als Selbstunternehmer angerufen, „als eigenverantwortliche Verwalter ihrer individuellen Potenziale und Ressourcen" (Münte-Goussar 2009, S. 44). Beispielsweise kann das Führen eines Portfolios als eine derartige Selbsttechnologie betrachtet werden. Seine steile Karriere im Bildungsbereich lässt sich damit erklären, dass diese Art der Selbstdokumentation subjektiver Lernprozesse „als eine Abwendung von einer fremdbestimmten Leistungsfeststellung hin zu einer selbstbestimmten Leistungsdarstellung" (ebd., S. 52) erscheint. Die Widersprüche jeder institutionalisierten Bildung können damit, zugunsten einer in den Lernenden verankerten Vorstellung eigenständiger Reflexivität, verdrängt werden. Assoziiert wird eine „neue Lernkultur [...], die auf Partizipation, Transparenz, Authentizität" (ebd., S. 51) aufbaut. Es kommt zur Internalisierung eines unternehmerischen Selbstbildes, in dem Bildung als Investition in die Optimierung der eigenen Möglichkeiten aufgefasst wird. Es wäre zu einfach, darin eine Ökonomisierung von Bildung zu sehen. Vielmehr handelt es sich um die Ausblendung der ökonomischen Bedingungen bürgerlicher Bildung, wodurch deren innerer Widerspruch von Integration und Emanzipation undenkbar wird. Bildung erscheint in den Selbsttechnologien, wie sie neben anderen das Portfolio einführt, als Form der Selbststeuerung bei gleichzeitiger Verkennung der Unvereinbarkeiten von Steuerung und Autonomie. Auf die Selbstbilder von Studierenden hat diese Entwicklung starke Auswirkungen. Es wird für sie ausgesprochen schwierig, eigenes Unbehagen an den Zumutungen des Bildungssystems auszudrücken, wenn alles, was von ihnen verlangt wird, ein freiheitliches Aussehen annimmt, so als ginge es immer nur darum, ihre Selbstbestimmungsfähigkeit zu steigern. Kritik scheint von gestern zu sein, wenn das, was zu kritisieren wäre, stets als Freiheitsversprechen auftritt.

Literatur

Adorno, Theodor W. (1951): Minima Moralia. Reflexionen aus dem beschädigten Leben, Frankfurt a.M.: Suhrkamp.
Adorno, Theodor W. (1997) [1960]: Kultur und Verwaltung. In: ders.: Gesammelte Schriften, Band 8, Frankfurt a.M.: Suhrkamp, S. 122-146.
Adorno, Theodor W.: (1972): Theorie der Halbbildung. In: ders.: Gesammelte Schrift, Band 8: Soziologische Schriften I. Hrsg.: Rolf Tiedemann. Frankfurt a.M.: Suhrkamp, S. 115-121.
Boltanski, Luc/Chiapello, Eve (2001): Die Rolle der Kritik in der Dynamik des Kapitalismus und der normative Wandel. In: Berliner Journal für Soziologie, Band 11, H. 4, S. 459-477.
Breinbauer, Ines/Weiß, Gabriele (2011): Bildungsphilosophie und Bildungsforschung im Gespräch. In: dies. (Hrsg.): Orte des Empirischen in der Bildungstheorie. Einsätze theoretischer Erziehungswissenschaft II. Würzburg: Königshausen & Neumann, S. 9-20.
Czejkowska, Agnieszka (2010): „Wenn ich groß bin, werde ich Humankapital!" Die Crux von Kompetenz, Performanz & Agency. In: Vierteljahrsschrift für Wissenschaftliche Pädagogik, H. 4/Jg. 86, S. 451-465.
Derrida, Jacques (2001): Die unbedingte Universität, Frankfurt a.M.: Suhrkamp.
Euler, Peter (1998): Gesellschaftlicher Wandel oder historische Zäsur? Die „Kritik der Kritik" als Voraussetzung von Pädagogik und Bildungstheorie. In: Rützel, Josef/Sesink, Werner (Hrsg.): Bildung nach dem Zeitalter der großen Industrie. Jahrbuch für Pädagogik 1998. Frankfurt a.M./New York: Peter Lang, S. 217-238.
Euler, Peter (2007): Politische Verantwortung für die Allgemeine Weiterbildung in Konzepten des sogenannten „lebenslangen Lernens": Widersprüche und Neuvermessungen. In: Bierbaum, Harald/Euler, Peter/Wolf, Bernhard (Hrsg.): Naturwissenschaft in der Allgemeinen Weiterbildung. Probleme und Prinzipien der Vermittlung von Wissenschaftsverständigkeit in der Erwachsenenbildung. Bielefeld: Bertelsmann, S. 131-149.
Foucault, Michel (2000): Die Gouvernementalität. In: Bröckling, Ulrich/Krasmann, Susanne/Lemke, Thomas (Hrsg.): Gouvernementalität in der Gegenwart. Studien zur Ökonomisierung des Sozialen. Frankfurt a.M.: Suhrkamp, S. 41-67.
Haeberlin, Urs/Imdorf, Christian/Kronig, Winfried (Hrsg.) (2004): Von der Schule in die Berufslehre. Untersuchungen zur Benachteiligung von ausländischen und weiblichen Jugendlichen bei der Lehrstellensuche. Bern/Stuttgart: Haupt Verlag.
Haraway, Donna (1996): Situiertes Wissen. Die Wissenschaftsfrage im Feminismus und das Privileg einer partialen Perspektive. In: Scheich, Elvira (Hrsg.): Vermittelte Weiblichkeit. Hamburg: Hamburger Edition, S. 217-248.
Harding, Sandra (1994): Das Geschlecht des Wissens. Frauen denken die Wissenschaft neu. Frankfurt a.M.: Suhrkamp.
Heydorn, Heinz-Joachim (2004a): Zum Verhältnis von Bildung und Politik. In: ders.: Studienausgabe, Band 2. Wetzlar: Büchse der Pandora, S. 180-236.
Heydorn, Heinz-Joachim (2004b): Zu einer Neufassung des Bildungsbegriffs. In: ders. Studienausgabe, Band 4. Wetzlar: Büchse der Pandora, S. 56-145.

Heydorn, Heinz-Joachim (2004c): Zum Widerspruch im Bildungsprozess. In: ders.: Studienausgabe Band 4. Wetzlar: Büchse der Pandora, S. 151-163.
Koneffke, Gernot (1994): Zur Dialektik der Mündigkeit. In: ders.: Pädagogik im Übergang zur bürgerlichen Herrschaftsgesellschaft. Wetzlar: Büchse der Pandora, S. 7-19.
Messerschmidt, Astrid (2011): Weiter bilden? Anmerkungen zum lebenslangen Lernen aus erwachsenenbildnerischer und bildungstheoretischer Perspektive. In: DGfE: Kommission Sozialpädagogik (Hrsg.): Bildung des Effective Citizen. Sozialpädagogik auf dem Weg zu einem neuem Sozialentwurf. Weinheim: Juventa, S. 13-24.
Messerschmidt, Astrid (2009): Verdrängte Dialektik. Zum Umgang mit einer widersprüchlichen Bildungskonzeption in globalisierten Verhältnissen. In: Carsten Bünger/Euler, Peter/Gruschka, Andreas/Pongratz, Ludwig A. (Hrsg.): Heydorn lesen! Herausforderungen kritischer Bildungstheorie. Paderborn: Schöningh, S. 121-135.
Messerschmidt, Astrid (2008): Verwicklungen – kritische Bildung und politisches Engagement in neoliberalen Verhältnissen. In: Bünger, Carsten/Mayer, Ralf/Messerschmidt, Astrid/Zitzelsberger, Olga (Hrsg.) (2008): Bildung der Kontrollgesellschaft. Analyse und Kritik pädagogischer Vereinnahmungen. Paderborn: Schöningh, S. 131-143.
Münte-Goussar, Stephan (2009): Portfolio, Bildung und die Ökonomisierung des Selbst. In: Pädagogische Korrespondenz. Zeitschrift für Kritische Zeitdiagnostik in Pädagogik und Gesellschaft, H. 40, S. 44-67.
Schneider, Christian (2010): Besichtigung eines ideologisierten Affekts: Trauer als zentrale Metapher deutscher Erinnerungspolitik. In: Jureit, Ulrike/Schneider, Christian: Gefühlte Opfer. Illusionen der Vergangenheitsbewältigung. Stuttgart: Klett-Cotta, S. 105-212.
Seyss-Inquart, Julia (2013): Professionalisierung pädagogisch denken und kritisch rahmen. In: dies. (Hrsg.): Schule vermitteln. Kritische Beiträge zur Pädagogischen Professionalisierung. Wien: Löcker, S. 13-21.
Wildt, Michael (2002): Generation des Unbedingten. Das Führungskorps des Reichssicherheitshauptamtes. Hamburg: Hamburger Edition.

Die Austreibung der Bildung aus den Bildungswissenschaften

Ludwig A. Pongratz

Um es der Riege von Plagiat-Jägern, die sich wissenschaftliche Publikationen vorknöpfen, leicht zu machen, beginne ich meine Überlegungen mit einem Eingeständnis: Der Titel dieses Beitrags ist abgekupfert von einem Buchtitel, mit dem der Literaturwissenschaftler Friedrich Kittler Anfang der 80er Jahre Furore machte: „Die Austreibung des Geistes aus den Geisteswissenschaften" lautete sein Buch mit dem programmatischen Untertitel „Programme des Poststrukturalismus" (vgl. Kittler 1980). Meine freihändige Transposition dieses Buchtitels nimmt den Terminus ‚Bildungswissenschaften' aufs Korn, der mit bildungstheoretischer Reflexion offensichtlich nicht mehr viel zu schaffen hat. Der semantische Wechsel vom Begriff der ‚Erziehungswissenschaft' hin zu den ‚Bildungswissenschaften' markiert den Übergang zu einem neuartigen normativen Paradigma (vgl. Casale u.a. 2010), dessen Gravitationszentrum gerade nicht mehr die Bildungstheorie, sondern ein psychologisch-empirisch gefasster Lernbegriff bildet.

Auch wenn der Titel dieses Beitrags den Geruch des Plagiats nicht loswird, belasse ich es dabei, denn er fasst die Quintessenz meiner Überlegungen pointiert zusammen. Und diese Quintessenz ist negativ. Was im Verlauf des letzten Jahrzehnts an so genannten ‚Reformen' über uns hereingebrochen ist, entzieht dem, was einstmals ‚Bildung' genannt wurde, zusehends die Grundlage. Will man die Hintergründe dieses Transformationsprozesses beleuchten, liegt es nahe, die Vorgeschichte der Reformen – wenigstens kurz – in Erinnerung zu rufen. Denn die Umbrüche im Bildungssektor vor und nach der Jahrtausendwende fallen nicht einfach vom Himmel.

Genau genommen könnte man Pädagogik als eine Geschichte unablässiger Reformen lesen, vielleicht auch als eine Geschichte gescheiterter Reformen. Denn es sind gewöhnlich die Nachfolgereformen, die ihren Vorläufern attestieren, dass sie zu kurzsichtig, zu überschwänglich, zu dogmatisch, zu ideologisch usw. waren. Das jedenfalls sind die Vorwürfe, die den Reformen der 60er und 70er Jahre im Nachhinein gemacht wurden. Vor allem die konservative, von Kanzler Kohl so bezeichnete ‚geistig-moralische Wende' gegen Ende der 70er Jahre brachte gesellschaftskritische Positionierungen in

Misskredit. Damit war der Weg von den ‚roaring sixties' zu den ‚iron eighties' vorgezeichnet.

1. Von den ‚roaring sixties' zu den ‚iron eighties'

Theoretische Entlastungsangebote

Tatsächlich waren nicht wenige Erziehungswissenschaftler bereit, die ausgerufene ‚geistig-moralische Wende' pädagogisch zu ratifizieren. Zudem wünschte sich eine wachsende Zahl theoriefrustrierter Reform-Praktiker am liebsten eine, wie Euler schreibt, „theorielose Theorie" (Euler 1993, S. 34) oder schlicht: pragmatischen Zuspruch, um mit den Verhältnissen, wie sie nun einmal waren, zurechtzukommen. In dieser Situation konnten systemtheoretisch und konstruktivistisch orientierte Theoriekonzepte ihren vermeintlichen Vorteil effektvoll herauskehren. Sie präsentierten sich als normativ entschlacktes, theoretisches Entlastungsangebot. Mit ihnen ließ sich der Abschied von emanzipatorischen bzw. kritischen Theoriefiguren elegant in Szene setzen, ohne intellektuell anspruchslos daherzukommen. Rückblickend resümierte Diederichsen diesen Umschwung in der Frankfurter Rundschau im Januar 2001 wie folgt: „Die empirischen 68er sind in Deutschland im Verlaufe der 80er Jahre Luhmannianer geworden. Das hält zwar nicht jung aber cool. [...] Nur Luhmann stellte ein theoretisches Angebot dar, mit 68 zu brechen, ohne sich zu fühlen, als sei man hinter 68 zurückgegangen oder gar vollständig reaktionär geworden." (Diederichsen 2001)

So warben führende Erziehungswissenschaftler in den 1980er und 90er Jahren für eine vertrauensvolle Akzeptanz der – von kritischen Pädagogen angeblich verkannten – Möglichkeiten moderner (systemtheoretisch gesprochen: funktional ausdifferenzierter) Gesellschaften. Entsprechend propagierte etwa Heinz-Elmar Tenorth einen funktionalistisch vereinnahmten (in seinen Worten: ‚nüchternen') Pragmatismus. Denn es sei gerade ein pragmatisches Defizit gewesen, das den Niedergang der Kritischen Erziehungswissenschaft der 1960er und 70er Jahre besiegelte. So zumindest sieht es rückblickend auch Dieter Lenzen, der sich gern als Speerspitze einer neoliberalen Bildungsreform präsentiert. Für ihn sind die großen ‚theoretischen Meta-Erzählungen' über Aufklärung, Subjekt, Emanzipation und Bildung definitiv am Ende. Sie hätten schlicht ihre Überzeugungskraft und Bedeutung verloren. Dieser „unübersehbare Referenzverlust" (Lenzen 1995, S. 158), schreibt er, kennzeichne den postmodernen Zustand, in den wir inzwischen eingetreten seien. „Der Bezug auf Emanzipation", folgert zustimmend etwa Jochen

Kade, „kann somit irreversibel nicht mehr die theoretische Einheit" (Kade 1999, S. 534) der Erziehungswissenschaft stiften.

Zweifellos gibt die von verschiedenster Seite vorgetragene Kritik der ‚Emanzipationspädagogik' (vgl. etwa Lenzen 1994, S. 29ff.) Anlass zur kritischen Selbstbefragung, selbst wenn der notorisch erhobene Einwand, Kritische Theorie sei nicht funktional und pragmatisch genug, nicht gerade neu ist. Vielleicht scheiterte die so genannte ‚emanzipatorische Wende' der 60er und 70er Jahre weniger an ihrem pragmatischen Defizit, als an ihrem unreflektierten Idealismus. Zumindest hätte sie diesbezüglich einige Basislektionen in Kritischer Theorie zu rekapitulieren.

Die Kritik von Tenorth, Lenzen u.a. aber geht weiter: Sie erklärt Kritische Theorie bzw. Kritische Bildungstheorie insgesamt zum Auslaufmodell – und genau darin geht sie fehl. Denn die Reflexion gesellschaftlicher Widerspruchslagen, die die Kritische Theorie ins Zentrum ihrer Gesellschaftsanalyse setzt, ist keineswegs überholt. Gerade die gesellschaftlichen Verwerfungen des ersten Jahrzehnts im neuen Jahrtausend führen nachdrücklich vor Augen, wie sehr die Widerspruchsdynamik gesellschaftliche Produktions- und Reproduktionsprozesse weiterhin bestimmt. Die verschärften Krisen lassen sich nur dann zum ‚business as usual' herunterspielen, solange darauf vertraut werden kann, dass die moderne, ‚funktional differenzierte Gesellschaft' genügend Problemlösungskapazitäten bereithält. Dies jedenfalls ist die Botschaft, die Systemtheoretiker wie Luhmann während der 1980er Jahre unermüdlich verkündeten.

Kritik und Krise

Solange es den Anschein hat, als gehe die Reproduktion des Systems trotz aller Krisen ‚autopoietisch' weiter, mag das angehen. Sobald jedoch die Selbstwidersprüche und Folgekosten der Systemreproduktion die Schmerzgrenze und Bewusstseinsschwelle erreichen, geht das Systemvertrauen in die Brüche. Der ‚späte' Luhmann hat sich in den 1990er Jahren dieser Irritation, die die Systemtheorie als ganze betrifft, auf eigene Weise gestellt: Unter der Chiffre ‚Inklusion/Exklusion' dekliniert er die Widersprüche der modernen Gesellschaft noch einmal durch. Genau genommen, so führt Luhmann in seinem lesenswerten Artikel „Jenseits von Barbarei" (Luhmann 1996) aus, kennen funktional differenzierte Gesellschaftssysteme kein Außen mehr, denn sie sind auf Inklusion der Gesamtbevölkerung angelegt:

„Es gibt keine ersichtlichen Gründe, jemanden von der Verwendung von Geld, von der Rechtsfähigkeit oder einer Staatsangehörigkeit, von Bildung oder von Heiraten auszuschließen. Bei prinzipieller Vollinklusion aller entscheiden die Funktionssysteme selbst, wie weit es jemand bringt: ob er Recht oder Unrecht bekommt, ob sein Wissen als wahr anerkannt wird oder nicht, ob es ihm gelingt, im System der Massenmedien Reputation zu gewinnen, also öffentliche Aufmerksamkeit auf sich zu ziehen, wieviel Geld er ausgeben kann usw." (ebd., S. 223).

So weit, so gut; nur will die gesellschaftliche Realität den theoretischen Prämissen partout nicht nachkommen. Dies weckt auch bei Systemtheoretikern Skepsis. Ernüchternd muss Luhmann feststellen: „Funktionale Differenzierung kann, anders als die Selbstbeschreibung der Systeme es behauptet, die postulierte Vollinklusion nicht realisieren. Funktionssysteme schließen, wenn sie rational operieren, Personen aus oder marginalisieren sie so stark, dass dies Konsequenzen hat für den Zugang zu anderen Funktionssystemen." (ebd., S. 228) Bei der Analyse von Exklusionsprozessen zeigt sich immer wieder, dass es viele Fälle gibt, in denen Personen aufgrund ihres Ausschlusses aus einem bestimmten (Teil-)System zugleich auch aus anderen Funktionssystemen herausfallen. Luhmann notiert: „Keine Ausbildung, keine Arbeit, kein Einkommen, keine regulären Ehen, Kinder ohne registrierte Geburt, ohne Ausweis, ohne Zugang zu an sich vorgesehenen Anspruchberechtigungen, keine Beteiligung an Politik, kein Zugang zu Rechtsberatung, zur Polizei oder zu Gerichten – die Liste ließe sich verlängern." (ebd., S. 228)

Für systemtheoretische Ohren mag das irritierend klingen, doch sind die dargestellten gesellschaftlichen Ungereimtheiten keineswegs neu. Wenn es tatsächlich so ist, dass die auf Inklusion gerichteten Funktionssysteme – entgegen ihrer Absicht – massenhaft Exklusionsprozesse hervorbringen, dann ist genau genommen von einer spezifischen Ausprägung der ‚Dialektik der Aufklärung' (vgl. Horkheimer/Adorno 1969) die Rede. Dass diese Widerspruchsdynamik der gegenwärtigen Gesellschaft noch immer ihren Stempel aufdrückt, macht Luhmann auf eigene Weise klar: „Wenn man das, was man so sieht, hochrechnet, könnte man auf die Idee kommen, dass dies die Leitdifferenz des nächsten Jahrhunderts sein könnte: Inklusion und Exklusion." (Luhmann 1996, S. 228) In diesem Jahrhundert leben wir inzwischen.

Weil der Anspruch auf Vollinklusion seinen eigenen Widerpart produziert, muss sich die systemtheoretische Reflexion notwendig der Kritik bedienen bzw. sucht der Systemtheoretiker Luhmann nach einer spezifischen Systemkomponente, die einen kritischen Bezug auf das Ganze der Gesellschaft ermöglicht. Diese paradoxe Aufgabe mutet Luhmann den Protestbewegungen zu. Protestbewegungen werden von Luhmann als ein spezifisches Selbstverhältnis der modernen Gesellschaft interpretiert. Genau genommen bürdet Luhmann den Protestbewegungen damit eine Vermittlungsleistung auf, die verhindern soll, dass das Auseinanderfallen von Inklusions- und Exklusionsprozessen die Systemreproduktion bzw. den Bestand des Systems insgesamt gefährdet. Kritik gewinnt in dieser Überlegung zwar ein eigenes Gewicht; allerdings: nur um den Preis, dass sie in den Horizont der Systemevolution eingeschmolzen wird. Kritik zu üben, liefe so gesehen stets darauf hinaus, der Gesellschaft zu ermöglichen, „noch die stärksten Einwände gegen ihre Reproduktion in den Dienst ihrer Reproduktion zu stellen." (Baecker

1999, S. 40) Doch gibt es dafür keine endgültigen Sicherheiten. Denn in einer dynamischen Gesellschaft lässt sich Kritik nicht einfach an die Kandare nehmen. „Stillstand ist ihr Ruin. D.h. die Kritik ist Mittel der Anpassung und kann dennoch nie in Anpassung beruhigt aufgehen. Pädagogisch ist das objektiviert im Begriff der Mündigkeit." (Euler, 1999a, S. 11f.)

Es geht also nach wie vor um Mündigkeit. Nur lässt sie sich im Zuge der (selbst-)kritischen Wendung von Kritik nicht mehr als positives Telos blank ausweisen (etwa in Form einer Eigenschaft oder eines beständigen Vermögens der Person), sondern sie gewinnt angesichts von kontingenten, differenziellen Selbstverhältnissen einen prozessualen Charakter (vgl. Bünger 2013). Die ‚Kritik der Kritik' – wie Euler diese zugespitzte Problemlage bezeichnet (vgl. Euler 1998) – vermag zwar keine normativen Positionen mit allgemeinverbindlichen Geltungsansprüchen mehr zu generieren (vgl. Schäfer 2011, S. 66ff.), aber sie etabliert unablässig eine aufstörende, ‚kritische Haltung', an der sich das ‚Systemvertrauen' bricht. Eine kritische Pädagogik kann sich daher einfach nicht damit begnügen, ständig ihre Nützlichkeit für die einmal eingeleiteten Reformen unter Beweis zu stellen, ohne sich in gleicher Weise der Herausforderung zu stellen, die Relevanz dieser Reformmaßnahmen bildungstheoretisch auszuweisen (wobei das Nützlichkeitskriterium dabei selbst noch unter Kritik steht).

2. Reformmythen: die Bildungsreform vor und nach der Jahrtausendwende

Nimmt man die Reformmaßnahmen unter bildungstheoretischen Prämissen ins Visier, wird schnell deutlich, wie fadenscheinig ihre Legitimation ausfällt: Als die Hochschulrektorenkonferenz 1996 die „Inkompatibilität der deutschen Studienstrukturen zu dem weltweit dominierenden Modell angloamerikanischen Typs" (HRK 1996, S. 10) anmahnte, befand sie sich bereits ganz im Fahrwasser des Weißbuchs der Europäischen Kommission „Lehren und Lernen – Auf dem Weg zur kognitiven Gesellschaft" (Europäische Kommission 1996). Dieses Weißbuch versuchte, die Zielmarken des europäischen Transformationsprozesses zu umreißen, indem es „drei große Umwälzungen" (ebd., S. 10) prognostizierte: die Globalisierung der Wirtschaft, die Herausbildung einer wissenschaftlich-technischen Zivilisation und die Umwandlung Europas in eine Informationsgesellschaft. Hinter diesen plakativen Zielmarken lugten bereits bare ökonomische Interessen hervor. Denn es ging in erster Linie um Standortsicherung, internationale Wettbewerbsfähigkeit und globale Dominanz. Sollte Bildung im ‚Europa der Bürger' ehedem eine primär partizipatorische Rolle spielen, so wurde sie jetzt vor allem als ökonomisch motivierte Zukunftsinvestition begriffen.

Der Bologna-Prozess, der schließlich ins Rollen kam, resultierte also aus einem ökonomischen und technologischen Anpassungsdruck, der den Mitgliedsstaaten der Europäischen Union im Nacken saß. Der unbedingte Wille, mit diesem Reformprogramm erfolgreich zu sein, lässt Anfragen kaum noch zu, ob die Reform-Logik mitsamt ihren Voraussetzungen, Annahmen und Folgen überhaupt einer kritischen Prüfung standhält. Es etablieren sich Reform-Mythen, die ähnlich den Alltagsmythen funktionieren, wie sie etwa Roland Barthes (vgl. Barthes 1964) analysierte. Solche Reform-Mythen beziehen ihre Überzeugungskraft nicht aus einer kritischen Reflexion der jeweiligen Verhältnisse, sondern aus gemeinsam geteilten, letztlich irrationalen Schemata zur Bewältigung der Realität. Sie stellen Pseudo-Orientierung her, indem sie das Unbekannte auf vermeintlich Bekanntes reduzieren (vgl. Pongratz 1988, S. 300ff.).

Der Mythos vom Normal- bzw. Normstudenten

Den ersten Mythos, der den Bologna-Prozess begleitet, könnte man den ‚Normalitäts-Mythos' nennen, genauer: es handelt sich um den Mythos vom Normal- bzw. Normstudenten. Schaut man sich die Berechnungsgrundlagen von Bachelor-Studiengängen an, dann tritt uns die Figur eines studentischen Vollzeit-Arbeiters entgegen. Der Mythos des Norm-Studenten verwandelt Studierende in Lohnarbeiter im Hochschulbetrieb, die in einer 40-Stunden-Woche unter einem engmaschigen Kontrollnetz vorab definierte Arbeitspensen absolvieren sollen (vgl. Ruhloff 2006, S. 31f.). Dass sich spätestens seit den 1980er Jahren die Arbeitsgesellschaft in einer tief greifenden Krise befindet, dass der immer wieder proklamierten Vollbeschäftigung die Realität längst davon gelaufen ist, dass Vollzeit-Beschäftigungen inzwischen mehr zum Glücks- als zum Normalfall zu werden scheinen – all dies tangiert den Mythos von Norm-Studenten nicht. Studierende werden darauf verpflichtet, ihr Leben an einer arbeitsgesellschaftlichen Fiktion auszurichten.

Dabei ist die Krise der Arbeitsgesellschaft längst nicht mehr eine Frage konjunktureller Auf- und Abschwünge. Konnte man in den 1970er Jahren Arbeitslosigkeit noch im Rahmen von Wachstumsdefiziten diskutieren, so hat sich die Auffassung, Wachstum garantiere Arbeitsplätze, längst als Mythos enttarnt. „'Jobless Growth' ist das Stichwort, das eine neue historische Qualität in der kapitalistischen Entwicklung markiert." (Weiß 2007, S. 93) Es wird offenkundig, dass Erwerbsarbeit in zunehmendem Maße überflüssig wird. Jeremy Rifkin verweist auf Schätzungen, dass von 3 Milliarden arbeitsfähigen Menschen weltweit ein Drittel arbeitslos ist oder kurzarbeitet (vgl. Rifkin 2005, S. 246). Entsprechend konstatiert auch Ulrich Beck eine „Ausbreitung des Prekären, Diskontinuierlichen, Flockigen, Informellen hinter den Fassaden der immer gespenstischer werdenden offiziellen Beschäftigungsstatistik." (Beck 2005, S. 33f.) Es entsteht die Figur des Arbeits-Nomaden, der zwischen verschiedenen Tätigkeiten, Beschäftigungsformen und Ausbildungen hin- und herpendelt.

Wo Unsicherheit zum Normalfall wird, wird die geradlinige Studienkarriere mit erfolgreichem Ausgang tendenziell zur Ausnahme. An die Stelle der Normalbiografie tritt der Zwang, das eigene Leben auf vielfache, immer wieder neue Weise zu organisieren. Der Einzelne wird, wie Beck formuliert, „zum biografischen Planungsbüro seiner selbst. [...] Es kann aber auch sein, dass er ein dilettantischer Situationsbastler bleibt. Oder er scheitert. Oder alles zugleich und nacheinander der Fall ist." (Beck 1996, S. 42)

In dieser Situation kann sich die Universität nicht mehr sicher sein, ob bzw. welche Bedeutung ihrem Studienangebot im ‚biografischen Planungsbüro' der Studierenden zukommt. Die Rolle der Universität changiert zwischen ‚Geisterbahnhof', ‚Aktivitätszentrum' und ‚Rückzugsraum' für sinnstiftende Reflexionen. Die Relevanz eines Studiums bemisst sich mehr als früher an unüberschaubaren Lebensentwürfen, weniger hingegen am rational kalkulierten Output für wechselnde Marktinteressen. Es kann daher durchaus Sinn machen, ein Studium aufzunehmen, auch wenn die Arbeitsmarktlage aussichtslos erscheint; und es kann ebenso Sinn machen, ein Studium abzubrechen, obwohl die Arbeitsmarktlage Perspektiven bieten könnte.

Der Mythos des Norm-Studenten ist zwar wirklichkeitsfremd, doch erzeugt er eine selektive Wirkung. Denn alle, die nicht der ‚Norm' entsprechen (und deren Zahl wächst) werden unter Kuratel gestellt. Da nützt es wenig, auf die ‚Flexibilität' von Studienverläufen und vielfältige (Wieder-)Einstiegsluken ins Bildungssystem verwiesen wird. Statt alles auf wenige Abschlussprüfungen zu konzentrieren – so die gut gemeinte Absicht –, sollen die neuen Studienstrukturen zu einer Verteilung von Prüfungsleistungen über die Studiendauer führen: nichts geht verloren, jeder folgt seinem Lerntempo und jeder kommt früher oder später zum Ziel. De facto aber bleibt der Mythos des Norm-Studenten in Geltung: Wer aus der vorgesehenen Zeitstruktur heraus fällt, bekommt eine Zwangsberatung verpasst; wer sich mehr Zeit als vorgesehen nimmt, gerät in Misskredit (zumindest bei späteren Arbeitgebern). Denn das Studium soll sich rechnen: schnell, effizient, pragmatisch. Damit die Kalkulation nicht aus dem Ruder läuft, muss bei Zeitverlust gegengesteuert werden. Damit sind wir beim zweiten Reform-Mythos angekommen: dem Mythos der Steuerbarkeit von Bildungsprozessen.

Der Mythos der Steuerbarkeit von Bildungsprozessen

Genau genommen begleitet der ‚Steuerungsmythos' nicht nur die jüngste Reformphase, sondern er prägte bereits die Vorgängerreform (auch wenn die damalige Reform sich anderer Steuerungsmechanismen bediente). Egon

Becker und Gerd Jungbluth haben bereits 1972 die damaligen Reformmaßnahmen als ‚technologische Wendung' beschrieben. Ihr Kern bestand – mit ihren Worten – in der „systemorientierten Konstruktion qualifikationserzeugender Lernprozesse" (Becker/Jungbluth 1972, S. 208). Das klingt nach Reform-Chinesisch. Inzwischen hat sich eingebürgert, diese Vorgehensweise als ‚inputorientiert' zu kennzeichnen, während die derzeitige Reformmaßnahmen ‚outputorientiert' ansetzen. Die inputorientierte Reform folgte (nicht anders als zentrale Sektoren der Industrie) der Idee der ‚Taylorisierung': Lernprozesse sollten wie in der industriellen Fertigung in Teilschritte zerlegt und in bestimmten Verlaufsfiguren wieder zusammengesetzt werden. In Frage stand dabei, wie sich die jeweiligen Inhalte auswählen und begründen lassen. Der heftig geführte Streit um Curricula ließ fast in Vergessenheit geraten, was aus den empirischen Ansätzen zur Curriculumreform wurde. Sie versandeten, noch ehe sie recht begonnen hatten: „Das von der Volkswagen-Stiftung hoch dotierte Projekt einer Gesamtrevision des Curriculums endete nach wenigen Jahren, ohne dass ein einziger Lernplan entwickelt, geschweige denn diskutiert und erprobt worden wäre." (Benner 2002, S. 72)

Doch noch in anderer Hinsicht blieb diese Reform hinter ihren hochgesteckten Erwartungen zurück: Die Taylorisierung von Lernprozessen, mit denen ein optimiertes Planungskalkül in den Schulen Einzug halten sollte, folgte ausgesprochen oder unausgesprochen der Vorstellung, Bildungssystem und Produktionssektor ließen sich flexibel aufeinander abstimmen. Diese Abstimmung aber gelingt bis heute nicht – auch wenn die aktuelle Reform den Berufsfeld- bzw. Praxisbezug zur ultima ratio stilisiert. Zugleich propagiert sie eine Gewichtsverlagerung der Steuerungsmedien von staatlichen und normativ-rechtlichen Modellen hin zu pekuniären, entparlametarisierten und kontraktualen Steuerungsformen. Das klingt schon wieder nach Reform-Chinesisch. Im Klartext: Bildungseinrichtungen sollen wie Wirtschaftsunternehmen agieren, gegeneinander in Konkurrenz treten, möglichst effektiv produzieren, Profit erwirtschaften und eine marktdominante Stellung erringen. Dazu aber scheinen traditionell bürokratische Steuerungsmittel (Gesetze, Erlasse oder Vorschriften) wenig hilfreich; Geld, Erfolg oder ‚weiche Führungsformen' besorgen das weitaus besser. So entsteht ein manifester Bedarf an Organisations- und Personalentwicklung, der den Steuerungs-Mythos stets aufs Neue antreibt.

Dabei wandert der Angriffspunkt der Interventionen gleichsam von außen nach innen. Die neueste Reform treibt den Steuerungsimpuls gerade dadurch auf die Spitze, dass sie die Autonomie der Subjekte nicht als Grenze des Zugriffs begreift, sondern ‚Autonomie' selbst noch als Steuerungsmittel einzusetzen versucht. Daher rührt der inflationäre Gebrauch des Begriffs ‚Autonomie'. Die Anrufung der Autonomie wird zum integrativen Bestandteil des Steuerungsmythos. De facto aber geht es gar nicht um Autonomie in einem aufgeklärten Sinn, sondern um eine spezifische neoliberale Regierungstechnik, deren Sinn vor allem darin besteht, Bildungsinstitutionen für ökonomische Interessen besser zugänglich zu machen. Die Anrufung der ‚Autonomie' gewinnt unter diesen Umständen den Charakter einer Erpressung: Wer sie verwirft, verliert sein Existenzrecht in der Tauschgesellschaft. Wer sie annimmt, muss sich verkaufen. Die viel gepriesene Autonomie ist stets die Autonomie des Selbst-Vermarkters oder Selbst-Unternehmers. Sie dient dazu, eine spezifische Haltung aufzurufen, eine kalkulierende Denkungsart, die dem Habitus der Selbstvermarktung entspringt. Studierende sollen sich als ‚unternehmerische Subjekte' verstehen lernen, die mit jedem Lernschritt in sich selbst investieren. Um Fehlinvestitionen zu vermeiden, sind sie aufgerufen, die eigenen Bedürfnisse aufzuspüren, ihr eigenes Lernvermögen zu entdecken und sich um sich selbst zu sorgen. Diese „Sorge um sich" – wie Foucault es nennt (vgl. Foucault 1989) – läuft darauf hinaus, das gesamte eigene Leben als eine Art ‚Unternehmung' zu betrachten; es geht um „die Kapitalisierung des Lebens" (Masschelein/Simons 2005, S. 26) durch Selbstkontrolle, Selbstvermarktung und Selbststeigerung.

Der Mythos der Kausalität von Ressourceneinsatz und Erfolg

Hinter der Aufforderung zu permanenter Selbststeigerung aber lugt ein weiterer Mythos hervor; man könnte ihn den *‚Kausalitätsmythos'* nennen. Er vernebelt die schlichte Tatsache, dass der angestrebte Erfolg weniger denn je gewiss ist. Seine Unvorhersagbarkeit kompensieren Bildungseinrichtungen gemeinhin mit einem Glücksversprechen: ‚Wir bringen dich nach vorne! Wir gehören zur Spitze! Wir sind die beste Versicherung gegen das Risiko des Scheiterns!' Auf diese Weise verwandelt die neuste Reform Universitäten in Trainingszentren für potentielle Selbst-Unternehmer, in ‚Glückritterakademien'. In dieser Wortschöpfung klingen die Anfänge der modernen Pädagogik noch einmal an. Denn unsere gegenwärtigen ‚Glückritterakademien' machen auf sich nicht weniger marktschreierisch aufmerksame als die Ritterakademien und Philantropine des 18. Jahrhunderts.

Moderne ‚Glücksritterakademien' versprechen kostengünstige, qualitativ hochwertige Produktion von Bildung. Dennoch steckt ein Fehler in der Rechnung. Denn die Gewissheit, mit der Schüler und Studierende zu High-End-Produkten entwickelt werden sollen, existiert nicht. Bereits seit Beginn des 20. Jahrhunderts wissen wir aus empirischen Untersuchungen, dass die bildende Wirkung von Institutionen in erster Linie nicht in den organisatorischen Bedingungen - noch nicht einmal im Wissen von Lehrern - zu suchen ist, sondern dass die ‚nature of teaching' den entscheidenden Unterschied macht (vgl. Gonon 2003, S. 294; Wayne/Youngs 2006). Offensichtlich bleibt Bildung an face-to-face-Interaktionen und singuläre, situative Kontexte gebunden. Dies macht es unmöglich, die Ressourcenwirksamkeit von Bildungsinvestitionen hinreichend zu bestimmen. Eine Meta-Analyse von 377

Studien zur ‚Produktions-Funktions-Schätzung' führte zu dem ernüchternden Ergebnis, dass sich eine konsistente Beziehung zwischen „variations in school resources and student performance" (vgl. Hanushek 1997; Radtke 2003, S. 298) nicht finden ließ. Die irritierten Forscher schlossen messerscharf, dass nicht sein kann, was nicht sein darf – und kamen zur Vermutung, irgendwelche Variablen oder Variablen-Konstellationen übersehen zu haben. Viel näher aber liegt der Schluss, dass das, was übersehen wurde, nicht zu sehen ist: nämlich das unveräußerliche Moment subjektiver Selbstkonstitution, die Reflexivität des Subjekts. Eulers breit angelegter Versuch einer Neufassung des Bildungsbegriffs – „Technologie und Urteilskraft" (Euler 1999b) – macht unmissverständlich klar: Jeder Bildungsprozess bedarf der reflektierenden Urteilskraft, einer spekulativen Leistung von Subjekten also, die selbst nicht wieder funktionalisierbar ist.

Der Mythos der Selbsterschaffung des Systems

Die Steuerungslogik der aktuellen Reformmaßnahmen stößt also auf prinzipielle Grenzen. Doch bereiten sie überzeugten Reformern offensichtlich so lange kein Kopfzerbrechen, wie sie glauben, sie könnten jederzeit auf eine Art Kontrastprogramm zurückgreifen: auf den Selbsterschaffungs- bzw. Selbstschöpfungsmythos. Er fungiert gewissermaßen als Kehrseite des ‚Kausalitätsmythos'. Während das eine Mal ‚Autonomie' als Steuerungselement innerhalb einer subtilen Regierungstechnik verstanden wird, wird sie das andere Mal als unvermittelte, ursprüngliche Eigenschaft des Subjekts (oder genauer: eines lernenden ‚autopoietischen Systems') begriffen. Welches Autonomieverständnis jeweils die Führung übernimmt, ist nach konstruktivistischer Auffassung abhängig vom Beobachterstandpunkt. Er erlaube, zwischen Innen- und Außenperspektive des lernenden Systems – in der hier vorgeschlagenen Lesart: zwischen Kausalitäts- und Selbstschöpfungsmythos – zu changieren, mehr noch: beides zugleich zu behaupten: unverfügbare Autonomie und permanente Beeinflussbarkeit. „Die Sichtweise der Beschreibung", so versichern systemische Pädagogen, „legt fest, ob [...] ein System als autonom oder als kontextabhängig (zu betrachten ist). Beides ist im Sinne eines Sowohl-als-Auch richtig." (Barthelmess 2002, S. 67) Während also auf der einen Seite versichert wird, ‚lernende Systeme' seien strukturdeterminiert, d.h. für gezielte äußere Steuerungsimpulse unerreichbar, wird auf der anderen Seite ein subtiles Netz indirekter Steuerungsformen erprobt und empfohlen. Der Grundtenor lautet: Interventionen ‚von außen' sind fragwürdig, ineffektiv und illegitim; Transformationen ‚von innen' sind angemessen, Erfolg versprechend und wünschenswert.

Die Urszene dieser indirekten Interventionsformen ist keine pädagogische, sondern eine kriegerische: Es ist der Fall Trojas mit Hilfe der bekannten List, die Gegner unerkannt (im Bauch des trojanischen Pferdes) in die Stadt zu schleusen. Ganz ungeniert plaudert Willke das Geheimnis systemischer Interventionen aus:

„Im Kern geht es darum, eine für das System externe Intervention so anzusetzen, dass sie sich in das interne Operationsgeflecht des Systems einschleust und innerhalb seiner Operationsweise Veränderungen bewirkt, obwohl das System einer von außen kommenden Intervention Widerstand entgegen setzen würde." (Willke 1999, S. 122)

Mit anderen Worten: Das ‚lernende System' wird ausgetrickst. Damit die Finte glückt, darf sie jedoch nicht als Finte daherkommen. Daher umhüllt sie sich mit dem Sprachnebel der Autonomierhetorik.

Der Selbstschöpfungsmythos wird vor allem dann bemüht, wenn eine ‚Chakka-Mentalität' erzeugt werden soll. Sie attestiert jedem Individuum vorbehaltslos, es fände in sich alle Bedingungen vor, aus denen es seine Freiheit schöpfe. So wird das Urgestein liberaler Ideologie im aktuellen, neoliberalen Reformprozess wieder aufpoliert. Offensichtlich beerbt die systemtheoretische Konzeption des ‚autopoietischen Systems' den liberalen Mythos der Selbsterschaffung und -erhaltung. Doch entpuppt sich der Selbstschöpfungsmythos – damals wie heute – als Schein. Er ist Teil des gesellschaftlichen Verblendungszusammenhangs, an dem die Vernunft insgesamt krankt. „Einstweilen ist Vernunft pathisch", heißt es bei Adorno; „Vernunft wäre erst, davon sich zu kurieren." (Adorno 1966, S. 174)

Dass solche Heilung gelinge, ist der innerste Impuls kritischer Bildung. Ihr Sinn bestünde darin, das Falsche des gesellschaftlichen Zustands mitsamt seinen mythischen Verklärungen zu Bewusstsein zu bringen. Bildung setzt auf Selbstbesinnung: auf Urteilskraft, Einbildungskraft und Widerstandskraft. Die Reformmythen aber haben damit nichts zu schaffen. Sie besiegeln, was der Titel dieses Beitrags auf den Punkt zu bringen versucht: die Austreibung der Bildung aus den Bildungswissenschaften.

3. Ausblick: Zwischen Selbstblockade und Widerstand

Indes: Diese Austreibung will nicht so recht gelingen; oder anders: Sie führt zu Risiken und Nebenwirkungen (über die man nicht Ärzte oder Apotheker befragen sollte, sondern Bildungstheoretiker und -soziologen). Rückt man die Wirkungen der eingeleiteten Reformmaßnahmen ins Zentrum einer kritischen Analyse, so wird immer offensichtlicher, dass angesichts der Ungereimtheiten, mit denen sich die Reform herumschlägt, die Reformmaßnahmen inzwischen selbst zur Disposition stehen. Die ‚Reform der Reform' ist längst angesagt; die Reformlogik insgesamt gerät in Zweifel. Liessmann etwa listet eine ganze Reihe von Unvereinbarkeiten auf, an denen die Universitätsreform laboriert:

"Einerseits soll die Akademikerrate signifikant erhöht werden, andererseits sollen Studienplätze kontingentiert werden; einerseits soll die Qualität der Studiengänge steigen, andererseits sollen sie kostengünstiger werden; einerseits sollen die Universitäten autonom agieren, andererseits müssen sich alle den gleichen Standards beugen; einerseits sollen die Anforderungen erhöht werden, andererseits soll es mehr Absolventen geben; einerseits soll die Mobilität zunehmen, andererseits soll in Mindestzeit studiert werden; einerseits sollen die Grundstudien berufsqualifizierend sein, andererseits sollen sie die Grundlagen für eine weitere wissenschaftliche Ausbildung liefern. Die Liste ließe sich fortsetzen." (Liessmann 2009, S. 9)

Solche Widerspruchslagen halten die Reform in Bewegung. Doch ist kaum zu erwarten, dass die Richtung, die der Reformprozess eingeschlagen hat, sich leicht korrigieren ließe. Folgende drei Tendenzen, die sich vermutlich weiterhin vertiefen und ausprägen werden, scheinen charakteristisch für den Gesamtprozess: die Etablierung einer Zwei-Klassen-Hochschule; die funktionale Zurichtung des Lehrbetriebs unter der Chiffre ‚Berufsorientierung'; und die Entdemokratisierung von Entscheidungsprozessen.

Die Zwei-Klassen-Hochschule

Zum ersten Punkt: Die Hierarchisierung der Hochschullandschaft wurde in den letzten Jahren systematisch vorangetrieben. Rankings und Wettbewerbe um künstlich verknappte Gratifikationen haben die Polarisierung verschärft. Die Ausschreibung von Preisen grassiert. Es gibt gute Gründe, nicht mitzuspielen. Die ‚Exzellenz-Initiative' war ein weiterer Schritt auf dem Weg, die Hochschullandschaft in wenige reiche ‚Klein-Harvards' und viele Arme zu unterteilen. „Mit den ‚Exzellenz-Clustern' wurde auch innerhalb der einzelnen Unis die Möglichkeit einer Polarisierung in einige wenige prominente Forschungsprofessuren (‚Leuchttürme') mit reduziertem Lehrdeputat und ein Mittelfeld von gewöhnlichen Lehr-Professuren geschaffen, dazu ein Unterbau von Hochdeputats-Lehrenden, die weder forschen können noch sollen." (Steinert 2009, S. 192) Selbst wenn man in Rechnung stellt, dass die nächste Reform kommt (weil sie kommen muss), wird sich an der Zwei-Klassen-Universität vermutlich nicht viel ändern. Steinert entwirft dazu folgendes Szenario: Er geht davon aus, dass die Einführung des Bachelor-Abschlusses eh eine „Mogelpackung" (ebd.) war: „Was bisher Vordiplom oder Studienabbruch gewesen war", schreibt er, „sollte damit zum ersten akademischen Abschluss gemacht werden." (ebd.) Die Verschulung des Studiums

„wird gemeinsam mit der Unbrauchbarkeit des BA-Abschlusses dazu führen, dass die ersten Jahre des Studiums als Verlängerung des Gymnasiums und Nachholen dessen, was dort nicht erreicht wurde, fungieren werden. […] Es wird sich also ein Zustand einspielen, in dem der BA ein Verbindungsglied zwischen Gymnasium und Universität, tatsächlich eine Verlängerung des Gymnasiums ist. Man wird damit auch der Tatsache gerecht, dass man selbst mit dem abgeschlossenen BA auf dem Arbeitsmarkt nicht mehr erreichen können wird als bis vor kurzem mit dem Abitur. Aufgabe der nächsten Reform wird es wahrscheinlich sein, den BA auf zwei (statt jetzt gewöhnlich drei) Jahre zu reduzieren. [...] Damit bekommen wir Luft für einen mindestens 3jährigen MA, der wieder zum ersten und eigentlichen Universitätsabschluss wird. Möglicherweise wird die nächste Reform ihn wieder auf vier Jahre verlängern, zumindest faktisch, später dann auch geplant. Damit wäre dann einigermaßen wieder der Zustand hergestellt, den wir mit dem gut funktionierenden und jetzt mutwillig zerschlagenen Diplom und Magister schon hatten." (ebd., S. 200)

Soweit die Überlegungen Steinerts.

Die Zurichtung des Lehrbetriebs

Nun der zweite Punkt: Selbst wenn man den eventuell wachsenden Spielraum des Master-Studiums als Gewinn verbucht, ist damit noch nichts darüber ausgesagt, wie dieser Spielraum inhaltlich gestaltet wird. Es wäre zumindest wünschenswert, wenn an die Stelle feinmaschig reglementierter Studienbedingungen vielfältige informelle Lernkontexte träten, Möglichkeiten, „einfach drauflos zu lesen und zu diskutieren" (Demirovic 2004, S. 505), in kleinen Arbeitsgruppen und Tutorien zu lernen, um eine problemorientierte Studienhaltung aufzubauen. Dazu sind dialogische, prozessorientierte Lernformen in Gruppen, die eine unmittelbare, direkte Begegnung und Auseinandersetzung fördern, unabdingbar.

Das favorisierte E-Learning wird ihnen nicht den Rang ablaufen. Die Aura des Innovativen, die die Technologisierung von Lernprozessen heute wie früher (man denke nur an den Kybernetik-Hype der 60er und 70er Jahre) umgibt, ist nicht weniger fragwürdig, wie die allerorts proklamierte Berufsorientierung. „Als Praxis ist das, was im BA in der Regel angeboten wird, Fassadenkunst und sogar Betrug," schreibt Knobloch, „weil es sowohl den Studierenden als auch den (neuerdings Abnehmer geheißenen) Arbeitgebern etwas suggeriert, das nicht der Fall ist. [...] Wer ein paar ‚berufsbezogene' Kurse an einer Universität absolviert hat, der ist damit keineswegs auf das berühmte Berufsleben vorbereitet. Paradoxerweise wäre eine fachlich und methodisch vertiefte, forschungsnahe Auseinandersetzung mit modellbildenden Gegenständen (in den Philologien, in der Linguistik, in den Sozialwissenschaften etc.) viel praktischer als der populistische Praktizismus der Hochschulen. Nichts ist so praktisch wie eine gute Theorie. Und um zu verstehen, dass gerade das vermeintlich Konkrete im schlimmsten Sinne abstrakt, das Abstrakte an einer methodisch-wissenschaftlichen Hochschulbildung hingegen in der Wirklichkeit sehr konkret ist, muss man ein bisschen Hegel verstehen. Und der wird in den ‚berufsbezogenen Studien' nicht gelehrt." (Knobloch 2009, S. 108f.)

Die Entdemokratisierung von Entscheidungsprozessen

Ob allerdings – und damit sind wir beim dritten Punkt – solche theoriegesättigten, kritischen Bildungsprozesse von den Hochschulleitungen und -verwaltungen flankiert werden, lässt sich mit guten Gründen bezweifeln. Denn Hochschulverwaltungen vertreten (inzwischen ausgestattet mit Instrumenten des ‚Qualitätsmanagements') „nicht mehr die Interessen einer selbstbewussten Universität gegenüber Erwartungen von außen, sondern (übersetzen) solche Erwartungen in interne Ziele." (Radtke 2008, S. 124) Der hochschulinterne Umbau der letzten Jahre hat einen Rückbau demokratischer Strukturen in Gang gesetzt. Die allseits propagierte ‚Abflachung von Hierarchien' hat ihre Kehrseite: eine unverhältnismäßige Ausweitung der Verwaltung (einschließlich externer Akkreditierungs- und Evaluationsagenturen). Der Prozess, so die Einschätzung Steinerts, läuft auf „Präsidialdiktaturen" (Steinert 2009, S. 193) zu. In der Selbstverwaltung von ehedem konnte niemand autoritär auftreten (zumindest nicht auf Dauer). „Präsidenten tun das heute durchaus. Manche pflegen neben einem Mikromanagement durch jetzt mögliche Dauereingriffe in die Entscheidungen der Fachbereiche eine byzantinische Hofhaltung, einen Politikstil des eingeforderten Wohlverhaltens und der demonstrativen Ehrerbietung […]" (ebd., S. 199), resümiert Steinert.

Es wird schwer werden, innerhalb der Hochschule genügend Kräfte zu mobilisieren, um sich der Privatisierung und Entdemokratisierung zu widersetzen. Die Studierenden entfalten zumindest gegenwärtig nicht mehr den Druck, mit dem vor rund vierzig Jahren die Drittelparität erstritten wurde. Und sie können es vermutlich auch nicht, solange die engen Studienstrukturen sie an die Kandare nehmen. Die Professoren wiederum haben sich angesichts des Umbaus der Hochschullandschaft als „umfassend anpassungs- und hinnahmebereit erwiesen." (ebd.) Das mag daran liegen, dass Professoren, wie Steinert schreibt, sich als einzelkämpferische, hochkonkurrente und narzisstische Persönlichkeiten erweisen müssen, um in ihrem Feld zu reüssieren (vgl. ebd.). Der Politikwissenschaftler Bodo Zeuner erklärte diesen Sachverhalt in seiner Abschiedsvorlesung an der FU Berlin im Juli 2007 so:

> „In der Wissenschaft aufgestiegene Menschen, vor allem die Professoren sind […] im Allgemeinen sozial sehr viel dümmer als etwa Fabrikarbeiter, die ziemlich früh durch Erfahrung lernen, dass es ihnen schlechter geht, wenn sie nur für sich ihr Glück versuchen, statt sich zusammen zu schließen: allein machen sie dich ein, lautet die Formel für diese Solidarität. Der Normal-Wissenschaftler macht in seiner Karriere vielleicht noch die Erfahrung, dass er ‚allein eingemacht' wird, aber nicht die Gegenerfahrung, dass sich dagegen Solidarität organisieren lässt." (Zeuner 2007, S. 20f.)

Es ist also einige Skepsis hinsichtlich der Frage angeraten, ob die Hochschule aus ihren eigenen Reihen genügend Widerstand gegen die neoliberale Zurichtung aufbieten kann. Daher gewinnen langfristige, gesamtgesellschaftliche Rahmenbedingungen an Gewicht. So wie die aktuelle Reform der Hochschulen nicht über Nacht über uns hereinbrach und von einem langfristigen neoliberalen Systemumbau getragen war, so wird sich ein demokratischer, kritischer Aufbruch zukünftig auf gesamtgesellschaftliche Transformationen stützen können müssen. Zumindest lassen die aktuellen Krisenerfahrungen vermuten, dass die ‚Privatisierung der Welt' früher als erwartet ihre Grenzen finden wird, dass der Ausverkauf von Gemeingütern (vom Wasser bis zur Alterssicherung, vom Gesundheitswesen bis zur Bildung) mit massiven gesellschaftlichen Verwerfungen erkauft wird. Die Dauerkrise des Systems wird zur Dauerkrise aller, die davon einstmals profitierten. Aus dem Krisenszenario aber könnte eine neue Kraft erwachsen: die Kraft zu theoretischen wie praktischen ‚Grenzgängen', die Kraft, sich an den Grenzen aufzuhalten, dort also, wo die Einbrüche bedrohlich, die Aufbrüche möglich und die Einsichten nötig sind.

Literatur

Adorno, Theodor W. (1966): Negative Dialektik. Frankfurt a.M.: Suhrkamp.
Baecker, Dirk (1999): Wenn etwas der Fall ist, steckt auch etwas dahinter. In: Stichweh, Rudolf (Hrsg.): Niklas Luhmann. Wirkungen eines Theoretikers. Bielefeld: Transcript, S. 35-48.
Barthes, Roland (1964): Mythen des Alltags. Frankfurt a.M.: Suhrkamp.
Barthelmess, Manuel (2002): Pädagogische Beeinflussung als Fremdorganisation. Weinheim: Beltz Deutscher Studienverlag.
Beck, Ulrich (1996): Das „eigene Leben" in die eigene Hand nehmen. In: Pädagogik, H. 7-8/Jg. 48, S. 41-47.
Beck, Ulrich (2005): Was zur Wahl steht. Frankfurt a.M.: Suhrkamp.
Becker, Egon/Jungbluth, Gerd (1972): Strategien der Bildungsproduktion. Frankfurt a.M.: Suhrkamp.
Benner, Dietrich (2002): Die Struktur der Allgemeinbildung im Kerncurriculum moderner Bildungssysteme. In: Zeitschrift für Pädagogik, H. 1/Jg. 48, S. 68-90.
Bünger, Carsten (2013): Die offene Frage der Mündigkeit. Studien zur Politizität der Bildung. Paderborn: Schöningh.
Casale, Rita/Röhner, Charlotte/Schaarschuch, Andreas/Sünker, Heinz (2010): Entkoppelung von Lehrerbildung und Erziehungswissenschaft: Von der Erziehungswissenschaft zur Bildungswissenschaft. In: Erziehungswissenschaft. Mitteilungen der Deutschen Gesellschaft für Erziehungswissenschaft, H. 41, S. 43-66.
Demirovic, Alexander (2004): Wissenschaft oder Dummheit. In: Prokla: Zeitschrift für kritische Sozialwissenschaft, H. 4/Jg. 34, S. 497-514.
Diederichsen, Diedrich (2001): Luhmann mit langem U. In: Frankfurter Rundschau, 17.1.2001.
Euler, Peter (1993): Die neuen Menschenfreunde in der Erziehungswissenschaft. In: Pädagogische Korrespondenz, H. 12, S. 26-34.

Euler, Peter (1998): Gesellschaftlicher Wandel oder historische Zäsur? Die ‚Kritik der Kritik' als Voraussetzung von Pädagogik und Bildungstheorie. In: Rützel, Josef/Sesink, Werner (Hrsg.): Bildung nach dem Zeitalter der großen Industrie. Jahrbuch für Pädagogik 1998. Frankfurt a.M./New York: Peter Lang, S.217-238.

Euler, Peter (1999a): Erziehungswissenschaft unter den Modernisierungsbedingungen radikalisierter Vergesellschaftung. Vortrag, Hamburg. MS (unveröff.), S. 1-18.

Euler, Peter (1999b): Technologie und Urteilskraft. Zur Neufassung des Bildungsbegriffs. Weinheim: Beltz Deutscher Studienverlag.

Europäische Kommission (1996): Weißbuch „Lehren und Lernen – Auf dem Weg zur kognitiven Gesellschaft". Luxemburg.

Foucault, Michel (1989): Die Sorge um sich. Frankfurt a.M.: Suhrkamp.

Gonon, Philipp (2003): Erziehung als Managementproblem: Bildungsinstitutionen zwischen Charisma und Taylorismus. In: Mangold, Max/Oelkers, Jürgen (Hrsg.): Demokratie, Bildung und Markt. Bern u.a.: Peter Lang, S. 281-301.

Hanushek, Eric A. (1997): Assessing the Effects of School Resources on Student Performance: An Update. In: Educational Evaluation and Policy Analysis, S. 141-164.

Hochschulrektorenkonferenz (HRK) (1996): Attraktivität durch internationale Kompatibilität. Berlin.

Horkheimer, Max/Adorno, Theodor W. (1969): Dialektik der Aufklärung. Frankfurt a.M.: Suhrkamp.

Kade, Jochen (1999): System, Protest und Reflexion. In: Zeitschrift für Erziehungswissenschaft, H. 4/Jg. 45, S. 527-544.

Kittler, Friedrich (Hrsg.) (1980): Die Austreibung des Geistes aus den Geisteswissenschaften. Paderborn: Schöningh.

Knobloch, Clemens (2009): Berufsfassaden – der BA als „berufsqualifizierender Abschluss". In: Liesner, Andrea/Lohmann, Ingrid (Hrsg.): Bachelor bolognese. Opladen: Barbara Budrich, S. 95-110.

Lenzen, Dieter (1994): Erziehungswissenschaft – Pädagogik. In: ders. (Hrsg.): Erziehungswissenschaft. Ein Grundkurs. Reinbek: Rowohlt, S. 11-41.

Lenzen, Dieter (1995): Reflexive Erziehungswissenschaft am Ausgang des postmodernen Jahrzehnts. In: Dürr, Walter (Hrsg.): Selbstorganisation verstehen lernen. Frankfurt a.M.: Peter Lang, S. 151-176.

Liessmann, Konrad Paul (2009) Vorwort. In: Liesner, Andrea/Lohmann, Ingrid (Hrsg.): Bachelor bolognese. Opladen: Barbara Budrich, S. 7-10.

Luhmann, Niklas (1996): Jenseits von Barbarei. In: Miller, Max/Soeffner, Hans-Georg (Hrsg.): Modernität und Barbarei. Frankfurt a.M.: Suhrkamp, S. 219-230.

Masschelein, Jan/Simons, Maarten (2005): Globale Immunität – oder: Eine kleine Kartographie des europäischen Bildungsraums. Zürich/Berlin: Diaphanes.

Pongratz, Ludwig A. (1988): Bildung und Alltagserfahrung – Zur Dialektik des Bildungsprozesses als Erfahrungsprozess. In: Hansmann, Otto/Marotzki, Winfried (Hrsg.): Diskurs Bildungstheorie I. Weinheim: Beltz Deutscher Studienverlag, S. 293-310.

Radtke, Frank-Olaf (2003): Die Erziehungswissenschaft der OECD. Aussichten auf die neue Performanz-Kultur. In: Nittel, Dieter/Seitter, Wolfgang (Hrsg.): Die Bildung des Erwachsenen. Bielefeld: Bertelsmann, S. 277-304.

Radtke, Frank-Olaf (2008): Die außengeleitete Universität. In: WestEnd. Neue Zeitschrift für Sozialforschung, H. 1/Jg. 5, S.117-133.

Rifkin, Jeremy (2005): Die H2-Revolution. Frankfurt a.M.: Fischer.

Ruhloff, Jörg (2006): Die Universität ist kein Wirtschaftsbetrieb. In: Frost, Ursula (Hrsg.): Unternehmen Bildung. Die Frankfurter Einsprüche und kontroverse Positionen zur aktuellen Bildungsreform. Sonderheft der Vierteljahrsschrift für wissenschaftliche Pädagogik. Paderborn: Schöningh, S. 31-37.

Schäfer, Alfred (2011): Das Versprechen der Bildung, Paderborn: Schöningh.

Steinert, Heinz (2009): Die nächste Universitäts-Reform kommt bestimmt. In: Liesner, Andrea/Lohmann, Ingrid (Hrsg.): Bachelor bolognese. Opladen: Barbara Budrich, S. 191-202.

Wayne, Andrew J./Youngs, Peter (2006): Die Art der Ausbildung von Lehrern und die Lerngewinne der Schüler. Eine Übersicht über aktuelle empirische Forschung. In: Zeitschrift für Pädagogik, Beiheft 51. Kompetenzen und Kompetenzentwicklung von Lehrerinnen und Lehrern. Weinheim/Basel: Beltz, S. 71-96.

Weiß, Edgar (2007): Die Zukunft der Arbeit und die pädagogische Perspektive auf Arbeitslosigkeit. In: Kirchhöfer, Dieter/Weiß, Edgar (Hrsg): Jahrbuch Pädagogik 2007, Frankfurt a.M. u.a.: Peter Lang, S. 87-116.

Willke, Helmut (1999): Systemtheorie II: Interventionstheorie. Stuttgart: UTB.

Zeuner, Bodo (2007): Die Freie Universität Berlin vor dem Börsengang? Bemerkungen zur Ökonomisierung der Wissenschaft. www.polsoz.fu-berlin.de /polwiss /dokumentation/aktdok/Zeuner-FreieUniversitaetBerlin-AbschVorl-3a.pdf [Zugriff, S. 6.8.2013]

Gegenhegemoniale Impulse – Zu Neuakzentuierungen der Kritik und Forschungsstrategie Kritischer Pädagogik in einer affirmativen Wissenschaftskultur

Armin Bernhard

In Differenz zum Feld des Politischen ist das Gegenhegemoniale in erziehungswissenschaftlicher Perspektive auf einen längerfristigen Prozess abgestellt, der die Bewusstseinsbildung innerhalb und außerhalb des Sektors Wissenschaft vermittels des Instrumentes der Kritik im Sinne einer systematischen gesellschaftlichen Kritik vorantreiben soll. Die Verpflichtung der Erziehungswissenschaft auf gegenhegemoniale Wirkung entspringt dem Einblick in die Prozesse und Strukturen der tiefgreifenden Dehumanisierung der Gegenwartsgesellschaft. Das emanzipative Interesse der Erkenntnis macht die genannte Verpflichtung alternativlos. Gegenhegemonial wirksam zu werden heißt, die kulturelle Vorherrschaft ungeprüfter erziehungswissenschaftlicher, pseudoevidenter und popularpädagogischer Kategorien, Aussagen und Lehrmeinungen der Beurteilung zu unterziehen, die mittelbar oder unmittelbar gesellschaftspolitische Relevanz erhalten, politisches Handeln legitimieren oder anleiten können. Gesellschaftsabhängigkeit, Herrschaftsförmigkeit und ideologische Verführbarkeit von Wissenschaft und Forschung mögen in einem naiven Positivismus keinen systematischen Reflexionsort haben, für die Theoriepraxis Kritischer Pädagogik definieren sie die realitätsmächtigen Ausgangsbedingungen. Auch Kritische Pädagogik ist ihnen unterworfen, sie steht wie jedes andere Paradigma unter dem Risiko der Einschränkung ihrer Souveränität durch Indienstnahme, der Instrumentalisierung wider Willen durch gesellschaftliche Herrschaft. Einzig aus der Dialektik der gesellschaftlichen Zwänge, denen erziehungswissenschaftliche Forschung unterworfen ist, vermag Kritische Pädagogik realitätsgerechte Perspektiven der eigenen Weiterentwicklung zu entwerfen.

I

In seinen hegemonietheoretischen Untersuchungen zur ideologischen Struktur herrschender Gesellschaftsklassen wirft Antonio Gramsci die Frage auf, in welcher Weise die Hegemonie eines herrschenden geschichtlichen Blocks von Seiten einer aufbegehrenden Klasse angegriffen werden könne. In der Identifizierung der Hegemonie und der ihr immanenten ideologischen Struktur als einer real wirksamen antiemanzipatorischen und antirevolutionären Kraft liegt ein Spezifikum des praxisphilosophischen Ansatzes innerhalb der geschichtsmaterialistischen Traditionslinie. Die perennierende Macht gesellschaftlicher Herrschaft basiert auf ihrer Fähigkeit, über Infrastruktur und inhaltlichen Zuschnitt ihrer Ideologie passiven und aktiven Konsens organisieren zu können, der sich grundlegenden, strukturellen Erneuerungstendenzen widersetzt. Die Vorherrschaft über die öffentliche Meinung ist das Ziel von Infrastruktur und Inhalt der Ideologie. Mit einem erweiterten Ideologiebegriff[1] möchte Gramsci ein Modell zur Verfügung stellen, das es erlaubt, die in einer konkreten Gesellschaft tätigen Kräfte differenziert darstellen und einkalkulieren zu können. Dieser analytischen Aufgabe korrespondiert die übergreifende emanzipatorische, denn das intensive Studium der „materiellen Struktur der Ideologie" dient ihrer systematischen Bekämpfung und damit der Erschütterung der Führungskraft der herrschenden Klasse. Der „Geist der Abspaltung" („spirito di scissione") ist auf die Entkräftung und letztlich die Auflösung vorherrschender Ideologie in der gesellschaftlichen Mentalität gerichtet (Gramsci 1991, S. 374).

Die materielle Ideologiestruktur umfasst so unterschiedliche kulturelle Einrichtungen wie Zeitungen, Zeitschriften, Bibliotheken, Schulen, Clubs etc., aber auch sozialräumliche Anlagen und Architektur. Nach Gramscis Ideologiebegriff zählen in unserer Gesellschaft u.a. Fernsehen, digitale Medien, Outfit und Design von Mobiltelefonen, Firmenlogos und Plastikbegriffe zur materiellen Struktur der Ideologie. Wenngleich sie sicherlich nicht den „dynamischsten Teil" der ideologischen Struktur (ebd.) ausmachen, so gehören die Wissenschaften, wissenschaftliche Publikationen und populärwissenschaftliche Produkte zur hegemoniestiftenden Ideologie einer gesellschaftlichen Herrschaftsstruktur. Im historischen Prozess hat die Wissenschaft insbesondere seit dem 18. Jahrhundert erheblich an Bedeutung gewonnen und sie wirkt als Teil der gesellschaftlichen Superstrukturen auf die von den gesellschaftlichen Produktions- und Reproduktionsverhältnissen geschaffene gesellschaftliche Struktur zurück. Wissenschaft stellt sich dabei nie als reine Erkenntnis dar, sie ist eine gesellschaftliche Einrichtung, stets „von

---

1 Die ideologische Struktur enthält Gramsci zufolge alles, „was die öffentliche Meinung direkt oder indirekt beeinflußt oder beeinflussen kann" (Gramsci 1991, S. 374).

einer Ideologie umkleidet", die gesellschaftliche Herrschaftsinteressen in maskierter Form vertritt (ebd., S. 468). Diese Aussage könnte als Panideologismus missverstanden werden, doch ist Wissenschaft nicht durchweg ideologisch, aber ihre Rahmenbedingungen sind nicht in einem ideologiefreien Raum angesiedelt. In dem Maße, wie es einer Wissenschaft gelingt, ihre Umkleidung mit Ideologie zu erkennen, in dem Maße, wie sie selbstkritisch ihre ideologische Durchdringung wahrnimmt und bearbeitet, in dem Maße kann sie auf dem Weg der Erkenntnis vorankommen, ohne sich mit gesellschaftlichen Herrschaftsinteressen zu kontaminieren.

Als Teil der paradigmatischen Struktur der Erziehungswissenschaft ist Kritische Pädagogik in den ideologischen Wirkungszusammenhang der gesellschaftlichen Hegemoniestruktur eingebunden und damit von der ideologischen Umkleidung betroffen. Das kritisch-emanzipative Erkenntnisinteresse steht jedoch zugleich im Widerspruch zur Botschaft der die gesellschaftlichen Verhältnisse in ihrem Zuschnitt, in ihren Organisationsprinzipien und in ihrem Aufbau legitimierenden Ideologie. Der dialektische Hegemoniebegriff Gramscis ermöglicht es, Hegemonie nicht nur als Gebiet der Verbreitung vorherrschender Ideologie, sondern auch als eines ihrer Bekämpfung zu begreifen, als Terrain der Initiative gegen ihr Vordringen in das öffentliche Bewusstsein. Kritische Pädagogik[2] ist gehalten, aus den gesellschaftlichen Zwängen heraus, denen sie unterworfen ist, diesen Widerspruch in ihrer Programmatik, in ihren Forschungsfragen und Forschungsdesigns und in ihrer begrifflich-theoretischen Tätigkeit zu thematisieren und einer Auflösung zuzuführen. Über einen langen Zeitraum herrschte im Kontext Kritischer Pädagogik die These von der Notwendigkeit der Anschlussfähigkeit einer jeden kritischen Theorie der Erziehung, der Bildung und der Pädagogik an die in der wissenschaftspolitischen Debatte virulenten Diskurse vor. Eine Kritische Pädagogik, die diese Anschlussfähigkeit nicht garantiere, gehe das Risiko hoffnungsloser Antiquiertheit ein. Sie beraube sich damit der gezielten Einflussnahme auf die gesellschaftliche Interpretation und Lösung von Erziehungs- und Bildungsproblemen. Nicht reflektiert wurde im Rahmen dieser Orientierung die mit der Einlösung des Theorems von der Notwendigkeit der Anschlussfähigkeit verbundene Gefahr der Depotenzierung der eigenen theoretischen Position, die infolge der Konzessionen an mehrheitsfähige wissenschaftstheoretische Standpunkte erzeugt werden können. Der Schutz kritischer Wissenschaft vor hegemonialer Inkorporierung hat die konzeptionelle Unterscheidung von vorherrschenden Diskursen in Sprache, Begrifflichkeit, in theoretischen und methodischen Zugängen zur Wirklichkeit zur notwendigen Bedingung. Jeder Form der Anähnlerung an den herr-

---

2 Die Kritische Bildungstheorie wird im Folgenden als Teil von Kritischer Pädagogik begriffen, ist also in ihrem Begriff eingeschlossen.

schenden Sprachgebrauch inhäriert das Risiko der Inkorporierung, die Gefahr der Transformation in eine affirmative Wissenschaft, die zur Komplizin der führenden Gesellschaftsklasse wird, deren Projekte jene noch wissenschaftlich rechtfertigt. Soll der aktualen Ideologie des Neoliberalismus und ihrer wissenschaftlichen Derivate und Adaptionen der „Geist der Abspaltung" entgegengesetzt werden, bedarf es nicht nur der Auseinandersetzung mit konkurrierenden erziehungswissenschaftlichen Ansätzen, vielmehr muss die unmissverständliche, kontrastierende Unterscheidung zu affirmativen Zugangsweisen kultiviert werden.[3] Wo es Kritischer Pädagogik nicht aus der Logik der Argumentationsfiguren vorherrschender Auffassungen sich herauszubewegen gelingt, läuft sie Gefahr, dem herrschenden Diskurs einverleibt zu werden, dessen Irritierung und Kritik doch gerade ihre Aufgabe sein muss. Das Prinzip wissenschaftlicher Selbstkritik, unhintergehbares Erfordernis Kritischer Theorie, bedarf der Aktualisierung in Permanenz angesichts der Gefahr ideologischer Kontamination mit dem materiellen Zeitgeist. Die in zahlreichen Fällen zur Realität gewordene Möglichkeit der „Entwaffnung der Kritik" (Boltanksi/Chiapello 2006, S. 213ff.) durch die Einbindung ehemals kritischer (Erziehungs-)Wissenschaftlerinnen und (Erziehungs-)Wissenschaftler in eine weitgehend affirmative Wissenschafts- und Forschungskultur bietet eine herausragende Gelegenheit für aufarbeitende Selbstkritik, in der die für Kritische Theorie typische Verbindung von Gesellschaftstheorie und Psychoanalyse auf Kritische Theorie selbst angewendet würde. Denn der gesellschaftliche Identifizierungs- und Versöhnungsdruck gegenüber „den Wünschen Sanktionsmächtiger" (Heid 2003, S. 71) geht durch die Subjektivität des Wissenschaftlers bzw. der Wissenschaftlerin und bedroht seine bzw. ihre Integrität in Permanenz.[4] Die gesellschaftliche Tiefenwirkung dieses Erosionsdrucks auf Kritik erzeugt die Unmündigkeit der Theorie. Diesen

---

3 Diese Arbeit der Unterscheidung kann dort ausschließlich als Kritik vorgenommen werden, wo Wörter von außen in die wissenschaftliche Arbeit eingeschleust werden, um diese gemäß gesellschaftlicher Herrschaftsinteressen in eine bestimmte Richtung zu lenken. Die Arbeit der Kritik muss dort mit der der Wiederzueignung verknüpft werden, wo die „*einheimischen Begriffe*" (Herbart 1982, S. 21) enteignet wurden, wie es beispielsweise beim Begriff der Bildung der Fall ist.

4 Identifizierungstendenzen, Versöhnungsdruck, Selbstbehauptung, Anerkennungsbedürfnisse etc. sind die psychischen Korrelate gesellschaftlichen Anpassungsdrucks auch auf Seiten kritischer Wissenschaftlerinnen und Wissenschaftler. Diese sozialisierten Mechanismen der psychischen Struktur können in Zeiten massiven gesellschaftlichen Zurückdrängens der Kritik offensichtlich reaktiviert werden und damit zur weiteren Depotenzierung der Kritik beitragen. Dieser Sachverhalt kennzeichnet ein kollektiv verdrängtes Thema Kritischer Theorie und Pädagogik. Edgar Weiß zufolge hat die Entwicklungsgeschichte Kritischer Pädagogik nach dem Abklingen der studentischen Protestbewegung und ihrer nachwirkenden Ausstrahlungskraft zumindest deutlich gemacht, „inwieweit der vormalige ‚Emanzipationswelle' von ernsthaften Absichten und Bemühungen und inwieweit sie von anpassungswilligem Mitläufertum bestimmt gewesen war" (Weiß 2009, S. 311).

Sachverhalt nicht zu theoretisieren, käme nicht nur einem Selbstbetrug, sondern auch einer Selbststrangulation kritischer Theorie der Gesellschaft gleich.

II

Die primäre Arbeit Kritischer Pädagogik ist – naheliegend – die Kritik, Kritik als die systematische Beurteilung der Bedingungen, denen pädagogische Praxis unterworfen ist und deren sie sich vergewissern muss, um sich eine emanzipative Handlungsfähigkeit zu erwerben und zu erhalten. Kritik ist gesellschaftliche Kritik und Kritik an Gesellschaft in einem, Instrument des Einspruchs der Gesellschaft gegen ihre eigene Verfasstheit, solange sie durch unvollkommene Strukturen und Bedingungen bestimmt ist. Als konkrete Gesellschaftskritik ist sie Kritik des alle noch nicht monetarisierten Residuen menschlichen Lebens verschlingenden kapitalistischen Gesellschaftsmodells – der Fortsetzung der „reellen Subsumtion der Arbeitskraft [damit der ganzen Persönlichkeit; Anm. A.B.] unter das Kapital" (Marx 1969, S. 49ff.). Dass die Kapitalismuskritik des Papstes stärker an der Marx'schen Theorie orientiert ist als manche moderate Variante Kritischer Theorie der Gegenwart, sollte nachdenklich stimmen. Jene blamiert die standpunktlose Haltung eines großen Teils der „kritischen Intelligenz". Die Verschiebung der Gesellschaftskritik hin zu einer diffusen poststrukturalistischen Kritik, deren Erkenntniswert im Einzelfall keinesfalls bestritten werden soll, versperrt die erziehungswissenschaftliche Analyseperspektive auf die materiellen Eigentums-, Besitz- und Herrschaftsverhältnisse und produziert im umgekehrt proportionalen Verhältnis zu ihrem militanten Gestus die praktische Folgenlosigkeit von Kritik.[5] Eine Kritik des neoliberalen Kapitalismus allerdings greift zu kurz, berührt sie doch oftmals nicht die Tiefenstrukturen dieses Modells von Gesellschaft, die seine Oberflächenerscheinungen bestimmen. So ist die imperiale Ausrichtung der Europäischen Union (inklusive neu erwachter Großmachtphantasien der BRD[6]) nicht Resultat des Neoliberalis-

---

5 Vgl. kritisch hierzu für das Feld der Sozialen Arbeit Ahorn/Bettinger/Horlacher/Rathgeb 2012.
6 Die Gestaltung der Europäischen Union zum „wettbewerbsfähigsten und dynamischsten wissensbasierten Wirtschaftsraums der Welt" ist laut Lissabon-Erklärung das Ziel der „globalen Strategie" der hier versammelten europäischen Staaten; vgl. Rat der Europäischen Union: http://www.europarl.europa.eu/summits/lis1_de.htm; die BRD ist ein wichtiger Motor dieser globalen Strategie, und längst weicht auch die Position der Zurückhaltung in militärischer Hinsicht einer Position militärischer Stärke Deutschlands, die seinem ökonomischen Gewicht entsprechen soll.

mus, sondern geht vielmehr aus dem Entwicklungsgesetz innerkapitalistischer Konkurrenz hervor (vgl. schon Mandel 1982). Eine aktualisierende Reformulierung des Historischen Materialismus und der Vorkriegsvariante Kritischer Theorie könnte die Arbeit der Kritik instand setzen, in dialektischer Weise die Beziehungen zwischen gesellschaftlichen Tiefenstrukturen und Oberflächenerscheinungen grundlegend zu erhellen.

Als Teil der Erkenntnis- und Wissenschaftskritik Kritischer Pädagogik ist die Ideologiekritik dasjenige Instrumentarium, mit dessen Hilfe eine Wissenschaft immanent auf den Wahrheitsgehalt ihrer Aussagen, aber auch auf ihre „gesellschaftliche Kernbeziehung" hin untersucht werden kann (Hofmann 1969, S. 65). Die ideologiekritische Aufdeckung gesellschaftlicher Herrschaftsinteressen, die sich in der Auswahl von Forschungsfragen, der Konstruktion von Forschungsdesigns und nicht zuletzt selbstverständlich in der Deutung der gewonnenen Forschungsergebnisse identifizieren lassen, ist als Teil wissenschaftlicher Aufklärung über die hegemoniale Sicht auf die gesellschaftlichen Erziehungs- und Bildungsverhältnisse immer noch unentwickelt, aber gleichermaßen unverzichtbar. Die Vernachlässigung erziehungswissenschaftlicher Ideologiekritik schwächt grundlegend die Möglichkeiten von wissenschaftlicher Analyse und gesellschaftspolitischem Eingriff. Schon in der Selektion des Forschungsgegenstands und in der Auswahl der ihm innewohnenden Fragestellungen ist gesellschaftlicher Filter enthalten, der sich aus den politischen Auseinandersetzungen in der Hegemonialstruktur auf dem Boden der materiellen Reproduktionsverhältnisse ergeben hat. Weiterentwicklung und Vertiefung erziehungswissenschaftlicher Ideologiekritik sind die Bedingung der Gewinnung von Einfluss auf die gesellschaftliche Definition der Fragen von Bildung und Erziehung. An Modellen, an denen anzuknüpfen wäre, besteht kein Mangel.

Während von Seiten Kritischer Pädagogik die Auseinandersetzung mit den neoliberalen Bildungsplanungen in einem postfordistischen kapitalistischen Gesellschaftsmodell recht intensiv geführt wird, ist die Beschäftigung mit den eigenen wissenschaftstheoretischen und wissenschaftspolitischen Bedingungen noch weitgehend Entwicklungsland geblieben. Konstitutiv für eine gegenhegemoniale Stoßrichtung Kritischer Pädagogik ist die Ideologiekritik derjenigen Kategorien, die eine Umstrukturierung der erziehungswissenschaftlichen Forschungslandschaft implizieren: Bildungswissenschaften – Bildungsforschung – empirische Bildungsforschung – evidenzbasierte Bildungspolitik etc. Die starke Ausstrahlung der von verschiedenen (neoliberalen) Bildungskonsortien[7] in Umlauf gebrachten, positiv konnotierten Wörter

---

7   Unter einem Bildungskonsortium ist ein mehr oder weniger langfristig zusammengesetzter Zweckverband von marktorientierten Organisationen zu verstehen, die die Bedingungen für eine Vermarktwirtschaftlichung von Bildung herzustellen beabsichtigen. Bekannterweise bezeichnen sich die PISA-Betreiber selbst als „Konsortium". In diesem sind Unternehmen

wie Kompetenz (anstelle von „Qualifikation"), Bildungswissenschaften (anstelle von „Pädagogik"), Bildungsforschung (anstelle von Erziehungsforschung), Diversität (anstelle von Homogenität) etc. verweist auf ein gewaltiges ideologiekritisches Defizit, nämlich das der fehlenden Aufdeckung des Gesellschaftsbezuges dieser Kategorien und ihrer Funktion im Hinblick auf die Durchsetzung ökonomischer und politischer Interessen im Bereich der Bildung. Diese Auseinandersetzung ist u.a. auch deshalb überfällig, weil in der Implementation dieser Begriffe in erziehungswissenschaftliche und bildungspolitische Diskussionszusammenhänge die Enteignung eines Begriffs enthalten ist, der den emanzipatorischen Kern Kritischer Pädagogik charakterisiert. Mit dem Etikett ‚Bildung' versehen, suggerieren diese Bezeichnungen die Existenz einer von einem Bildungsbegriff angeleiteten und orientierten Wissenschaft und Forschung, zugleich evozieren sie unterschwellig die Illusion der Partizipation kritischer Intellektueller an einer moderneren (oder modischeren?) Gestalt erziehungswissenschaftlicher Forschung und Ausbildung.

Bildungswissenschaften und Bildungsforschung kommen, obgleich sie Bildung im Titel tragen, seit Jahrzehnten bereits ohne Bildungstheorie und Bildungsbegriff aus. Dass sich beispielsweise in den Sachregistern der Bildungsreporte des Max Planck-Instituts für Bildungsforschung das Stichwort ‚Bildungsbegriff' bzw. ‚Bildungsverständnis' nicht mehr aufspüren lässt, es insgeheim zum unerwünschten Wort erklärt und damit aus dem historischen Gedächtnis gelöscht wurde, ist symptomatisch für dieses bildungstheoretische Vakuum von Bildungsplanung und -reform. Ein Versäumnis der frühen Ansätze Kritischer Pädagogik scheint sich gegenwärtig fortzusetzen, denn abgesehen von einigen in den damaligen Auseinandersetzungen um Grundprämissen, Ansatzpunkte und Zuschnitt der gesellschaftlichen Bildungsreform in der sozialliberalen Regierungsära bereits angefeindeten Ansätzen kritischer Bildungstheorie wurde in den Zeiten der Bildungsexpansion und Bildungsreform der 1960er und 1970er Jahre die Chance versäumt, ein aus der Tradition bürgerlicher Pädagogik zu reformulierendes kritisches Bildungsverständnis in die Konstituierung von Bildungsforschung einzubringen. Verfügte der „bildungspolitische Traditionalismus" der unmittelbaren Nachkriegszeit (Leschinsky/Naumann 1994, S. 17) immerhin noch über ein, wenn auch traditionalistisch-konservatives Verständnis von Bildung, so wird dieses im Zuge der sozialwissenschaftlich orientierten Bildungsreform fast vollständig aufgelöst. Der bildungspolitische Neoliberalismus der letzten

---

der Testindustrie versammelt, die die Testaufgaben konzipieren und auswerten (vgl. zu den ökonomischen und ideologischen Hintergründen: Jahnke/Meyerhöfer 2006). Weitere Beispiele für derartige Bildungskonsortien sind der *Initiativkreis Bildung der Bertelsmannstiftung*, der *Rat für Kulturelle Bildung der Mercator-Stiftung,* die US-amerikanische Unternehmensberatung *McKinsey & Company*, das *Netzwerk Schule/Wirtschaft* (getragen von der BDA und dem Institut der deutschen Wirtschaft) etc.

zwei Jahrzehnte konnte in das begriffliche Vakuum stoßen, das die sozialwissenschaftliche Wende hinterlassen hatte, konnte die von ihr bereitete begriffliche Tabula rasa im Feld der Bildung nutzen, um eine hegemoniale Bildungsauffassung in der Öffentlichkeit und im gesellschaftlichen Alltagsverstand zu etablieren, die den im Bildungsbegriff enthaltenen Widerspruch bislang erfolgreich domestizieren konnte. Die „linke" sozialwissenschaftlich angelegte Bildungsreform war eine Bildungsreform ohne Bildungsbegriff, damit notwendigerweise technokratischer Natur und in ihrem Scheitern hinsichtlich eines humanitären, bewusstseinsmäßigen gesellschaftlichen Fortschritts vorprogrammiert.

Das Neutrum des Titels gegenwärtig hegemonischer Bildungsforschung, die den Begriff der Erfahrung exklusiv für sich reklamiert, provoziert den Ideologieverdacht. Empirische Bildungsforschung, schon vom bildungspolitischen Gremium des Deutschen Bildungsrates für die Erforschung von Erziehungs- und Bildungsproblemen empfohlen, kommt – und gerade darin liegt ein großer Teil ihres ideologischen Gehalts - einer gravierenden inhaltlich-methodische Engführung erziehungswissenschaftlicher Forschung gleich. Als wissenschaftliche Plattform für eine „evidenzbasierte" Bildungsplanung und Bildungspolitik ist sie von der Intention getragen, ‚neutrales' Steuerungswissen zur Verfügung zu stellen, ohne freilich dessen gesellschaftlichen Verwendungszusammenhang zu reflektieren.[8] Schon in dem um seinen philosophischen Gehalt gebrachten Begriff der Evidenz, die empirische Bildungsforschung für die Bildungsplanung liefern soll, kommt die Beschränktheit dieses Ansatzes zum Ausdruck.[9] Wissenschaftstheoretische Vorklärungen scheinen der empirischen Bildungsforschung ebenso fremd wie die erziehungs- und bildungsphilosophische Prüfung der Ziele bildungspolitischen und pädagogischen Handelns. Hinter den Erkenntnisstand des Kritischen Rationalismus weit zurückfallend, folgt diese Bildungsforschung gesellschaftlichen Herrschaftsinteressen, indem sie die Zielbestimmung ihrer Forschung ignoriert, Neutralität reklamiert und dadurch die vorgelagerte gesellschaftliche Normative aus ihrem Blickfeld verbannt. Innerszientifisch werden Ergebnisse über die eindeutige Wirksamkeit bzw. Unwirksamkeit bestimmter Maßnahmen hervorgebracht (kritisch hierzu: Bellmann/Müller 2011), deren Nutzung dann der Bildungspolitik überlassen bleibt. Evidenzbasiert (im positivistisch verengten Sinne dieses Begriffs) scheint einzig jedoch die Erkenntnis von der Unterwerfung der empirischen Bildungsforschung

---

8   Lapidar heißt es (ein halbes Jahrhundert nach dem Positivismusstreit) bei Leutner: „Empirische Bildungsforschung hat hier [gemeint sind die PISA-Studien; Anm. A.B.] beschrieben, was ist, und Bildungspolitik hat dann entschieden, was getan werden soll. Ich denke, dass diese beiden Bereiche – wissenschaftliche Forschung einerseits und Politik andererseits – konzeptionell sauber auseinandergehalten werden müssen." (Leutner 2013, S. 132)
9   Zur Kritik des Evidenzbegriffs vgl. Sandkühler 2011.

unter das ökonomische Diktat der Erforschung optimaler Humankapitalbildung. In dieser Art von Bildungsforschung werden nicht nur inkommensurable Eigenschaften lebendiger Subjektwerdung und ihrer konstitutiven erzieherischen und bildenden Momente nivelliert, sondern zudem Phantasie und Apperzeptionsvermögen aus dem Forschungsprozess „exorziert" (Adorno 1951, S. 159). In der „Negativen Dialektik" beschreibt Adorno, wie sowohl der Gegenstand wie das Subjekt der Erkenntnis durch den Siegeszug der Quantifizierung in ihren Erkenntnispotentialen grundlegend entmachtet werden. Demgegenüber hat eine kritische Dialektik auf der Wahrnehmung und Wiederherstellung von erkennendem Subjekt und zu erkennendem Gegenstand anzusetzen:

„Differenziert ist, wer an dieser [der Sache; Anm., A. B.] und in ihrem Begriff noch das Kleinste und dem Begriff Entschlüpfende zu unterscheiden vermag; einzig Differenziertheit reicht ans Kleinste heran. In ihrem Postulat, dem des Vermögens zur Erfahrung des Objekts – und Differenziertheit ist dessen zur subjektiven Reaktionsform gewordene Erfahrung – findet das mimetische Moment der Erkenntnis Zuflucht, das der Wahlverwandtschaft von Erkennendem und Erkanntem." (Adorno 1982, S. 55)

Solche Differenziertheit ist im vorherrschenden Wissenschaftsideal nicht mehr vorgesehen, da die Forschung sich gegenüber ihrem konkreten „Gegenstand" insofern indifferent verhält, als sie durch vorgegebene Schablonen (Kompetenzprofile, Bildungsstandards, Messinstrumente) eine abstrahierende Vorselektion erbringt und sich der Besonderheit des zu erforschenden „Objekts" verschließt. An dem der empirischen Bildungsforschung zugrunde gelegten Bildungsverständnis kann die Exklusion des Nichtidentischen in besonderer Weise transparent werden, Resultat der Furcht vor dem, was sich der Messbarkeit zu entziehen droht.

Die quasi naturwissenschaftliche Erforschung der Voraussetzungen und Bedingungen einer optimalen Umsetzung von Humanressourcen in Humankapital ist entfremdeter und entfremdender Vorgang in einem und als solcher von einer gegenhegemonial eingestellten Erziehungswissenschaft zu skandalisieren. Entsprungen aus der in privater Warenproduktion und Lohnarbeit begründeten Entfremdung führt die instrumentell verkürzte Rationalität wissenschaftlicher Forschung diese Entfremdung in Form ihrer Anlage wie in Form ihrer Konsequenzen fort. Weit davon entfernt, ihre Grundlegung in den gesellschaftlichen Arbeitsverhältnissen, damit ihre eigene Entfremdung erkennen zu können, folgt sie den Imperativen ökonomisch begründeter Entfremdung und trägt damit zur theoretischen und praktischen Verdinglichung der Prozesse der Subjektwerdung bei. Sie verdinglicht die „menschlichen Wesenskräfte" (Marx), indem sie sie in verdinglichter Form konstruiert (Kompetenzmodelle) und in der verdinglichten Überprüfung dieser Konstruktion nochmals in ihrer Verdinglichung bestätigt. Zwar hat „die Naturwissenschaft vermittelst der Industrie in das menschliche Leben eingegriffen und es umgestaltet und die menschliche Emanzipation vorbereitet"; gleichzeitig hat sie aber auch die „Entmenschung" perfektioniert (Marx, MEW EB I, S. 543). Denn sie hat in ihrer von der gesellschaftlichen Basis abstrahierenden Denkstrategie die in der Industrie gebannten menschlichen Wesenskräfte in ihrer verkümmerten Gestalt lediglich affirmiert und ist damit nur in ihrer entfremdeten Form „zur Basis des wirklich menschlichen Lebens geworden" (ebd.). Die kompetenztheoretische Reduktion von Kindern und Jugendlichen auf ein Agglomerat ihnen äußerlicher Vermögenssegmente ist Ausdruck dieser entfremdeten und verdinglichenden wissenschaftlichen Forschung.

III

Ideologien sind keine bloßen Hirngespinste, die lediglich der Präsentanz und Repräsentanz einer Weltanschauung dienen, sondern *gesellschaftlich wirksame* Gedankengebilde, die das Handeln von Menschen *praktisch* organisieren sollen, ohne dass die hinter jenen liegenden gesellschaftlichen Herrschaftsinteressen transparent werden. Eine gegenhegemoniale Pädagogik hat ihren Ausgangspunkt in einer Ideologiekritik von Bildungswissenschaften und Bildungsforschung zu nehmen, von Wortschöpfungen, die gegenwärtig Auswahl, Zuschnitt und Design erziehungswissenschaftlicher Forschung definieren. Die Ideologiehaltigkeit dieser Umorientierungen in Forschung und Ausbildung und der sie unterfütternden Begriffsfetische: ‚Evidenzbasierung', ‚Outputorientierung' ‚Qualitätssicherung' etc. liegt auf einer sprachlich-begrifflichen wie auf einer praktisch-organisatorischen Ebene. Die Entmystifizierung dieser eingeschleusten Zauberwörter durch Rückführung auf ihre gesellschaftliche Funktion ist eine zentrale Aufgabe Kritischer Pädagogik: die Kritik der ideologischen Besetzung des erziehungswissenschaftlichen Begriffsspektrums, das einzig und allein der Sicherung der Vorherrschaft ökonomischer Prinzipien in der Ausbildung zukünftiger Lernmanagerinnen und Lernmanager dient.

Eine besondere Bedeutung in der gegenwärtigen Ideologieproduktion im Bereich der Bildung kommt dem Bildungsetikett zu. Die auffällige „Theoriearmut" des Bildungsbegriffs (Blankertz 1976, S. 65) wird durch die Auflösung des im Begriff der Bildung enthaltenen Spannungs- und Widerspruchsverhältnisses zur Theorielosigkeit zu vollenden versucht. Die Ideologiehaltigkeit der gesellschaftlich produzierten Theoriearmut resultiert aus der Unterschlagung der Bedeutungsdimensionen, die in der hochbürgerlichen Fassung des Begriffs der Bildung zum Ausdruck kommen. Nur ein scheinbares Paradoxon liegt in dem Umstand, dass die sozialwissenschaftliche Fachsprache der Bildungswissenschaften und Bildungsforschung in ihrer Selbstetikettierung an einem Wort klebt, dessen Ideologiehaftigkeit sie selbst zu konstatieren nicht müde wird. Ist der Ideologievorwurf an den Bildungsbegriff selbst ideologisch, so steht die Werbung mit einem Begriff, der doch der Ideologiehaltigkeit überführt zu sein scheint, in krassem Widerspruch zu der vom Bildungskonsortium verfolgten Intention. Zwar ist der Begriff der Bildungswissenschaften seit mehreren Jahrzehnten bereits im Umlauf; erst in den 1990er Jahren aber wird er über die Übersetzung des OECD-Begriffs der Learning science gewissermaßen flächendeckend in die erziehungswissenschaftliche Diskussion eingeführt. Diese problematische, aber, so steht zu vermuten, intendierte Transposition ins Deutsche suggeriert ein Anknüpfen an den Bildungsbegriff und ersetzt das Etikett „erziehungswissenschaftlich" durch eine modernisierte Bezeichnung, die die Aura des Bildungsbegriffs dem Schein nach bewahrt. Ihr kommt die Funktion zu, durch Inkorporation des Bildungsetiketts dem antizipierten Einwurf gegen die Auffassung von Lehrerbildung als einer auf funktionales Lernen reduzierten Anwendungswissenschaft präventiv zu begegnen und damit zumindest die passive Zustimmung ‚progressiver' Wissenschaftlerinnen und Wissenschaftler nicht nur aus der Erziehungswissenschaft zu erzeugen.[10] Die Übersetzung ins Deutsche gleicht einem geschickten Trick des „Hegemonieapparates" der führenden Gruppe (Gramsci 1992/4, S. 782), der mit dem zugesetzten Wort der Bildung bei gleichzeitigem Verzicht auf den weniger attraktiven Begriff des Lernens dem neuen Ansatz eine scheinbare Autorität verleiht[11], die aufgrund verpasster Ideologiekritik ihre Aura bislang noch bis in links-emanzipatorische erziehungs- und sozialwissenschaftliche Kreise hinein entfalten kann. Der in Umlauf gebrachten Ideologie der Bildungswissenschaften gelingt es, zumindest den passiven Konsens potentiell kritischer Gruppierungen zu organisieren und damit die Aktualisierung von Protestpotential zu binden.

Die Ersetzung der Erziehungswissenschaft durch die Bildungswissenschaften, in denen die Erziehungswissenschaft nur noch ein additiver Teil ist (neben pädagogischer Psychologie, Bildungssoziologie, Bildungsökonomie, pädagogischer Diagnostik etc.[12]), führt zur Zersetzung der erziehungswissenschaftlichen Fachsystematik, mit ihr verschwindet der Gegenstandsbereich der Pädagogik aus dem Bewusstsein. Die begrifflich-theoretische Arbeit,

---

10 Die Ausscheidung des Erziehungsbegriffs aus der Logotype erziehungswissenschaftlicher Forschung hat ebenso entscheidenden Anteil an der Herstellung des hegemoniestiftenden passiven Konsenses.
11 „Das derzeitige Begriffskonjunkturhoch könnte erklärt werden durch das den Begriffen ‚Bildung' und ‚Wissenschaft' inhärierende symbolische Kapital; zuweilen verspricht man der Disziplin durch Umbenennung in ‚Bildungswissenschaft' steigendes öffentliches Ansehen. De facto forciert der Begriff deren Abschaffung." (Schütte 2011, S. 180)
12 Je nach Hochschule und Fakultät fällt dieses Tableau unterschiedlich aus. Die Bildungswissenschaften sind nichts anderes als eine Integrationswissenschaft zur Vermittlung anwendungsorientierter Kompetenzen.

Grundlage pädagogischen Reflexions- und Urteilsvermögens, soll zugunsten der Ausbildung praktischer Kompetenzen abgebaut werden. Die innere erziehungswissenschaftliche Landkarte, für theoretische Reflexion wie für begründetes pädagogisches Handeln unverzichtbar, bleibt unentfaltet. Pädagogik verkommt zur soziologischen und psychologischen Anwendungswissenschaft, der Lehrberuf zum social engineering.

Zur Aufklärung der Bedingungen, denen ihre eigene Tätigkeit unterworfen ist, gehört die Kritik der Praxis der Organisation und Reorganisation erziehungswissenschaftlicher Studiengänge, insofern deren Zuschnitt, Ausgestaltung und curricularen Bestandteile über die Zukunft des eigenen wissenschaftstheoretischen Ansatzes mitentscheiden. In einem gesellschaftlichen Rahmen, in dem neue bildungs- und hochschulpolitische Akteure auf den Plan treten, ist diese Aufgabe überraschender Weise bislang Desiderat Kritischer Pädagogik geblieben. Wissenschafts- und forschungspolitisch aber ergeben sich aus der Übertragung der Verantwortung für die Studiengänge von den Bundesländern auf eine Akkreditierungsstiftung neue Frage- und Problemstellungen, die für die Bearbeitung der zukünftigen Struktur der Erziehungswissenschaft weichenstellend sein werden. Der Europäische Qualifikationsrahmen, der deutlich an Kapitalinteressen orientiert ist[13], stellt einen wichtigen Referenzpunkt der Akkreditierungsrates dar, der bekannterweise Akkreditierungsagenturen mit der Begutachtung von Studiengängen beauftragt – als Entscheidungsgrundlage für ihre Akkreditierung bzw. Reakkreditierung. Die Analyse dieser neuen Herrschaftsstruktur dürfte nicht unerheblich für eine gegenhegemoniale Tätigkeit Kritischer Pädagogik sein, die These, dass mit diesen „staatsfernen" Einrichtungen[14] die erziehungs- und bildungswissenschaftlichen Ausbildungsgänge geschmeidiger an die wirtschaftlichen Erfordernisse eines entfesselten Kapitalismus angepasst werden können, dürften nicht mehr von der Hand zu weisen sein (vgl. Krautz 2009, S. 148f.).

IV

Kritische Pädagogik kommt nicht umhin, neben der ideologiekritischen Auseinandersetzung mit gegenwärtig hegemonialen Wissenschafts- und Forschungsauffassungen ihr eigenes Theorie-, Wissenschafts- und Forschungs-

---

13 Der Europäische Qualifikationsrahmen soll Arbeitgebern dazu dienen, das Qualifikationsniveau verschiedener Länder Europas differenziert einschätzen zu können; zur Information siehe: Fahle/Hanf 2005.
14 So die Akkreditierungsagentur AQAS auf ihrer Homepage.

profil zu überprüfen und auszuformulieren. Erziehungswissenschaft als gegenhegemoniales Projekt zu begreifen, heißt den Kampf gegen die „Suprematie der Quantifizierung" (Adorno 1982, S. 54) zu intensivieren, aber auch die Auseinandersetzung mit denjenigen Zugängen der qualitativen Sozialforschung, der Hermeneutik, der Phänomenologie zu führen, die Forschung in einem affirmativen Koordinatensystem anlegen. Ungenügend wäre diese Konzentration auf Kritik der inhaltlichen und methodischen Zugänge zur gesellschaftlichen Erziehungs- und Bildungswirklichkeit, wenn sie nicht durch den Entwurf einer eigenen erziehungswissenschaftlichen Epistemologie (Bernhard 2012, S. 363) ergänzt würde, die die hegemoniale Stellung empirischer Bildungsforschung systematisch entkräften könnte. Die Kritik an einer eng gefassten empirischen Bildungsforschung (vgl. Fend 1990; Benner 2013) wäre zu ergänzen durch die Verdolmetschung des spezifischen Beitrages, den Kritische Pädagogik zu einer Bildungsforschung leisten kann, die ihren Namen verdient. Kritische Pädagogik ist gehalten, ihre eigene Auffassung von Bildungsforschung zu bestimmen, ihre Geschichte und Theorie übermittelt ihr ein theoretisch-begriffliches Arsenal, aus dem sie für die Entwicklung eines eigenen Profils von Bildungsforschung schöpfen kann, das das hermetische empirischer Bildungsforschung weit übersteigt.

Fundamentaler Bestandteil gegenhegemonialer Praxis einer Theorie der Pädagogik ist die Intensivierung der Arbeit an der Weiterentwicklung ihrer Terminologie. Denn die Grundbegriffe enthalten nicht nur die Möglichkeit, den Gegenstandbereich der eigenen Disziplin gedanklich abzustecken, sondern ihn auch in den Raum gesellschaftlicher Auseinandersetzungen hinein zu vermitteln. Im Rahmen einer praxisphilosophisch verstandenen Pädagogik sind die erziehungswissenschaftlichen Grundbegriffe zwar Ausdruck theoretischer Abstraktion von konkreten alltagsweltlichen Prozessen; als gedankliche Verallgemeinerung beleuchten sie Grundstrukturen der geschichtlich-gesellschaftlichen Wirklichkeit in pädagogisch gefilterter Perspektive. Sie stellen ein prothesenhaftes gedankliches Instrumentarium zur Verfügung, das die Vielfalt der in der Erziehungs- und Bildungsrealität enthaltenen Phänomene und Probleme vorläufig strukturiert und ordnet, sie damit für das Verstehen und das Handeln verfügbar macht. Aber schon in der abstrahierenden Überführung dieser Phänomene in die Prothesen des Begriffs liegt ein potenziell gegenhegemoniales Moment, insofern diese dazu ermächtigt, eine theoretische Landkarte dieses Gegenstandsbereiches zu entwerfen, deren Besitz erst zu seiner praktischen Verdolmetschung ermächtigt. Die Geringschätzung bzw. Feindseligkeit gegenüber Allgemeiner Pädagogik ist nicht nur in ihrer mangelnden Praxisnähe und in ihrem fehlenden Berufsfeldbezug, sondern u.a. auch in ihrer Fähigkeit der Begriffsbestimmung begründet, ist diese doch in der Lage, den mentalen Pauperismus positivistischer Bildungsforschung in grelles Licht zu setzen. Da Pädagogik ein Krisenphänomen eigener Art darstellt, das stets an den Bedingungen des Misslingens pädagogischer Praxis ansetzt, erschöpfen sich ihre Grundbegriffe niemals nur in analytisch-strukturierenden Eigenschaften, vielmehr tragen sie perspektivisch-entwerfenden Charakter, der die Hermetik bloßer Empirie durchstößt. Als kritische Begriffe verweisen sie auf das Mögliche im Wirklichen, eröffnen sie (verschüttete) Perspektiven, erschließen sie unerkannte Potentiale. Bezogen auf die terminologische Arbeit heißt gegenhegemoniale Praxis von Theorie wesentlich Rückeroberung verlorengegebenen sprachlich-begrifflichen Terrains. *Kritik* und *Wiederzueignung* von Begriffen müssen miteinander korrespondieren. Sie dürfen sich nicht nur auf die Grundbegriffe beschränken, sondern müssen auch die Grundkategorien politisch-pädagogischer Zielperspektiven (Mündigkeit, Selbstbestimmung, Emanzipation, Autonomie) einbeziehen, die in entstellter, funktionalisierbarer Form vom ideologischen Apparat kultureller Hegemonie inkorporiert wurden.

Die Konvergenz von bildungstheoretisch angelegter Erziehungswissenschaft und empirischer Bildungsforschung anzustreben (vgl. Benner 2013, S. 140), scheint angesichts der gegenwärtigen Machtkonstellationen und des aus Sicht der empirischen Bildungsforschung kaum erforderlichen Dialogs mit einer Theorie der Bildung nicht nur unrealistisch. Weil der erfahrungswissenschaftliche Ansatz Kritischer Pädagogik zudem mit dem weit verbreiteten Positivismus empirischer Bildungsforschung nicht vereinbar ist, ist diese Verbindung auch von der Sache her nicht indiziert. Ein Begriff kritischer Erfahrungswissenschaft wäre überhaupt erst wieder zu verdolmetschen, um die vorgebliche Feindschaft Kritischer Pädagogik gegenüber Empirie als Ideologie zu überführen, die einzig und allein auf die Erosion der Legitimationsbasis einer sozialkritisch angelegten Erziehungswissenschaft zielt. Zugleich reicht diese Explikation des Begriffs einer kritischen Erfahrungswissenschaft nicht hin, resultieren die systematischen Verengungen des gegenwärtigen Wissenschafts- und Forschungsbetriebes nicht alleine aus einer auf einem reduktionistischen Erfahrungsbegriff beruhenden Forschung. Eine zusätzliche, unzumutbare Verengung rührt von der willkürlichen Konzentration auf einige Aspekte des erziehungswissenschaftlichen Gegenstandsfeldes her, das die Erforschung des Gesamtbereiches einer Pädagogik der Subjektwerdung unzulässig beschränkt.

Die inhaltliche Verengung des forschenden Zugriffs ist nicht nur in der positivistischen Methodik empirischer Bildungsforschung begründet, sondern darüber hinaus in der eingeschränkten Perspektive auf den Gegenstand erziehungswissenschaftlich-pädagogischer Forschung. Während sich die Anzahl der Bildungsforscherinnen und Bildungsforscher bei gleichzeitigem rapidem Bedeutungsverlust des Bildungsbegriffs beängstigend erhöht, werden andere konstitutive Gegenstände der Pädagogik aus dem Forschungskanon ausgegliedert bzw. marginalisiert.[15] Die Erforschung von elementaren Erziehungsprozessen, von Enkulturations- und Akkulturationsproblemen, von pädagogischen Vorgängen und Beziehungsverhältnissen treten umso mehr in den Hintergrund wie das profitable, reputationssteigernde Untersuchungsfeld der Humankapitalbildung in das Zentrum gerückt wird. Diese paradigmatische Wendung, gesellschaftlich erzwungen, aber auch in vorauseilendem Gehorsam ermöglicht, findet ihre Indizien nicht nur in terminologischen Umdeutungen. Der Fokus der Untersuchungen hinsichtlich der Sozialisation in der frühen Kindheit beispielsweise liegt nicht auf der Erziehung, sondern auf der Bildung („frühkindliche Bildung"). Mit Blick auf Schule stehen Lernprozesse im Zentrum, während die pädagogischen Vorgänge und Beziehungsverhältnisse, die Unterricht doch vorausliegen und ihn mitbestimmen, nur noch randständig wahrgenommen werden. Die Ausgrenzung des Personalen und des Interpersonalen aus dem erziehungswissenschaftlich-pädagogisch Blickfeld (vgl. Krautz/Schieren 2013) ist symptomatisch für die selektive Wahrnehmung des Gegenstands erziehungswissenschaftlicher Forschung. Die prekären Mensch-Welt-Beziehungen, die sich in problematischen Sozialisationsverläufen, belasteten Identitätsfindungsprozessen und psychosozialen Verwerfungen äußern, treten als Forschungsgegenstände hinter den Anpassungs- und Optimierungsversuchen gleichsam zurück, die jene mit produzieren.

Erziehungswissenschaft als gegenhegemoniales Projekt zu begreifen heißt, das eigene Wissenschaftspotenzial für den Aufbau einer kritischen multimethodischen erziehungswissenschaftlichen Forschung zu nutzen, die ihren Gegenstand multiperspektivisch und dem Prinzip der pädagogischen Parteilichkeit verpflichtet untersucht. Als gegenhegemoniales Projekt hat Pädagogik dieser Beschränkung des Forschungskanons eine inhaltliche Öffnung entgegenzusetzen, der ein methodologischer Skeptizismus und Pluralismus gleichermaßen entsprechen muss. Prozesse der Erziehung, der Bildung, pädagogische Vorgänge und pädagogische Konstellationen in einem konkreten gesellschaftlich-geschichtlichen Kontext – sie bilden den inhaltlichen Zugang einer erziehungswissenschaftlichen Forschung und erzwingen geradezu eine mehrdimensionale Herangehensweise. Die Beschränkung auf eine wenn auch bildungstheoretisch begründete und ausgestaltete Bildungsforschung käme einer erheblichen Depotenzierung Kritischer Pädagogik gleich. Pädagogische und Erziehungsforschung sind in den Gegenständen der Pädagogik begründet, und ihre Relevanz dürfte angesichts der prekären Erziehungs- und Unterrichtsverhältnisse gesellschaftspolitisch kaum von der

---

15 Die Selbstetikettierung eines Erziehungswissenschaftlers als Erziehungsforscher würde sicherlich heftiges Hohngelächter hervorrufen, obwohl von der Sache her die Notwendigkeit von Erziehungsforschung sicherlich unstrittig ist, jedenfalls nicht abgeleugnet werden kann.

Hand zu weisen sein. Die in der Theorieanlage Kritischer Pädagogik enthaltene Ablehnung der paternalistischen, erkenntnisverschließenden Haltung empirischer Bildungsforschung gegenüber ihrem Gegenstand muss mit der Wiederaufnahme einer vorschnell ad acta gelegten sozialwissenschaftlichen Handlungsforschung korrespondieren. Sie könnte einer weitgehend ungeerdeten kritischen Bildungsphilosophie eine Erfahrungsbasis zur Verfügung stellen, die für eingreifende Reflexionen unverzichtbar ist. Der inhaltlichen Öffnung darf jedoch nicht lediglich eine Methodenmixtur korrespondieren, die dem Gegenstand angemessen erscheint. Dem mimetischen Umgang mit pädagogischen und pädagogisch relevanten Untersuchungsphänomenen muss ein grundsätzlicher Methodenskeptizismus entsprechen, der sich der inhaltlich verkürzenden Faktoren methodischer Verfahrensweisen, der ideologiekritischen wie der der Handlungsforschung, bewusst bleibt. Jenseits von Agnostizismus und epistemologischem Anarchismus (Feyerabend 1975) angesiedelt, insistiert Kritische Pädagogik auf dem prinzipiellen Vorbehalt gegenüber der menschliche Erkenntnis verzerrenden, szientistischen Methodik. Der Gegenstandsbereich der Pädagogik, aus dem Forschungsfragen generiert werden, bietet das ideale Terrain für einen emanzipativen erziehungswissenschaftlichen Forschungsansatz, der der „Wahlverwandtschaft zwischen Erkennendem und Erkanntem" jenseits von Verdinglichung gerecht zu werden versucht.

V

Ebenso wenig wie der Raum der Hochschule dürften die erziehungswissenschaftlichen Diskurse als das primäre Kampffeld Kritischer Pädagogik zu begreifen sein. Die sich in wissenschaftlichen Debatten und im Rahmen von universitären Ausbildungsverhältnissen ergebenden Friktionen können zwar Anlässe für Bildung erzeugen, doch begrenzt ihr heimlicher Lehrplan gleich einem Automatismus gesellschaftswirksame Prozesse der Emanzipation. Der hohe Energieverbrauch in wissenschaftlichen Scheindebatten ist ein Indiz für die Illusion Kritischer Pädagogik, an der Hochschule den Hebel für die Bedingungen ihrer Praxis ansetzen zu können. Ihre Ferne zu den basalen gesellschaftlichen Konflikten und Auseinandersetzungen ist nicht dem wissenschaftlichen Prinzip der notwendigen theoretischen Distanz zur Alltagspraxis allein geschuldet, die die Bedingungen für deren Überprüfung, Reflexion und Beurteilung allererst herstellt; vielmehr ist diese Ferne mit das Resultat eines insgeheim errichteten und niemals eingestandenen „Sperrkontakts" (Degenhardt 2011, S. 173)¹⁶ der (Kritischen) Theorie der Pädagogik und Bildung gegenüber einer verändernden Praxis, deren Teil Theorie notwendig ist. Das Verhältnis von Theorie und Praxis samt den ihm immanenten Problematisierungs- und Entzündungsverhältnissen gleicht unbetretenem Terrain. Eine Theorie aber, die Mündigkeit als Zentralperspektive nicht nur postuliert, sondern die Reflexion ihrer Realisierung impliziert, ist gehalten, sich selbst in ihrer Mündigkeit zu bewähren, muss die Praxis als Prüfstein und Realisierungsperspektive ihrer eigenen Praxis, der theoretischer Reflexion, ergreifen. In dem Versuch der kollektiven Bewältigung der in der Auseinandersetzung zwischen wissenschaftlicher Disziplin und pädagogischer Profession aufgeworfenen Frage- und Problemkomplexe liegt ein bislang weitgehend unausgeschöpftes Potential an Gegenhegemonie. Nur in der Praxis und als Praxis vermag Theorie praktisch, gesellschaftswirksam zu werden, nicht als abbildhafte Umsetzung von Theorie in die Praxis freilich, sondern als Impuls und Provokation für deren Selbstermächtigung.

Die Rückeroberung preisgegebenen Terrains als Teil gegenhegemonialer Praxis von Erziehungswissenschaft erstreckt sich von der Arbeit an der erziehungswissenschaftlichen Terminologie über die wissenschaftstheoretische Verortung bis hin zu einem eigenständigen, von neoliberalen Anfechtungen unabhängigen Forschungsprofil. Diese Rückeroberung impliziert auch die Notwendigkeit der Selbstbehauptung in vorherrschenden Theoriediskursen, die mehr dem höchst materiellen Zeitgeist folgen, als ihre Protagonistinnen und Protagonisten gerne zugeben.¹⁷ Doch bedarf die wissenschaftsinterne Rekonsolidierung Kritischer Pädagogik der inter-/innerwissenschaftlichen Solidarität ebenso wie der Unterstützung durch die entsprechenden soziopolitischen Kräfte. Ohne politischen Gegendruck zur gegenwärtigen, von mächtigen Konzernen gesteuerten Wirtschafts- und Gesellschaftspolitik wird eine offensive Antwort Kritischer Pädagogik auf die reibungslose und umfassende Indienstnahme der Erziehungswissenschaft nicht zu verwirklichen sein. Auch der Kampf um Begriffe wird nicht in erster Linie in intellektuellen Debatten entschieden, sondern in der praktischen Auseinandersetzung mit der kulturindustriell durchdrungenen Mentalität des Alltagsbewusstseins. Eine nachhaltige Politisierung Kritischer Pädagogik im Sinne einer kritischen Selbstverständigung über die gesellschafts- und wissenschaftspolitischen Ausgangsbedingungen der eigenen Praxis ist erforderlich, um aus der defensiven Situati-

---

16 Ich erlaube mir, einen Begriff aus dem literarischen Werk von Franz Josef Degenhardt für den hier dargestellten Sachverhalt zu verwenden. Der Sperrkontakt ist sicherlich auf vielfältige Faktoren zurückzuführen, die, im Sinne des Prinzips der Selbstkritik, in den Reflexionshorizont Kritischer Pädagogik einzuholen wären.
17 Die Deutsche Gesellschaft für Erziehungswissenschaft bietet sich nicht unbedingt für diese terminologische, wissenschaftstheoretische und forschungsstrategische Rückeroberung und Neuorientierung an.

on der isolationistischen Einigelung herauszukommen. Mit der Entwicklung eines praxisphilosophischen Bildungsverständnisses kann Kritische Pädagogik auf die Kraft ihres ureigenen emanzipatorischen Gegenstands, der Bildung, setzen, auf das, was ihre schönste Form ist, die Irritation und Bezweiflung des Bestehenden, dieses Mal in eigener Angelegenheit. Die Hochkonjunktur des Wortes Bildung enthält die Möglichkeit, ihrem Begriff einen explosiven Inhalt zu geben. Ihre Ergreifung setzt eine Auffassung von *interventiver Intellektualität* voraus, die sich mit der Kultur des Alltagsbewusstseins konfrontiert. Als erziehungswissenschaftliche Bohème bliebe Kritische Pädagogik ortlos. Das wachsende diffuse Unbehagen in den gesellschaftlichen Verhältnissen kann sie zur Basis und zum Motor ihrer Kritik machen. Der kollektive Bildungsprozess, den Kritische Pädagogik in Bewegung zu setzen hat, zielt auf die grundsätzliche Verunsicherung einer brüchigen Alltagsmentalität, deren Trägerinnen und Träger letztlich über Anlage, Zuschnitt und Form von Wissenschaft und Forschung zu entscheiden haben, sollen diese nicht Großkonzernen, Banken und Versicherungen ausgeliefert bleiben.

Literatur

Adorno, Theodor W. (1951): Minima Moralia. Reflexionen aus dem beschädigten Leben. Frankfurt a.M.: Suhrkamp.
Adorno, Theodor W. (1982): Negative Dialektik. Frankfurt a.M.: Suhrkamp, 3. Aufl.
Anhorn, Roland/Bettinger, Frank/Horlacher, Cornelis/Rathgeb, Kerstin (Hrsg.) (2012): Kritik der Sozialen Arbeit – kritische Soziale Arbeit. Wiesbaden: VS Verlag für Sozialwissenschaften.
Bellmann, Johannes/Müller, Thomas (Hrsg.) (2011): Wissen, was wirkt. Kritik evidenzbasierter Pädagogik. Wiesbaden: VS Verlag für Sozialwissenschaften.
Benner, Dietrich (2013): Statement 2: Wohin geht die empirische Bildungsforschung?. In: Müller, Hans-Rüdiger/Bohne, Sabine/Thole, Werner (Hrsg.): Erziehungswissenschaftliche Grenzgänge. Markierungen und Vermessungen. Opladen/Berlin/Toronto: Barbara Budrich, S. 135-144.
Bernhard, Armin (2012): Allgemeine Pädagogik auf praxisphilosophischer Grundlage, Baltmannsweiler: Schneider Verlag Hohengehren.
Blankertz, Herwig (1976): Bildung – Bildungstheorie. In: Wulf, Christoph (Hrsg.): Wörterbuch der Erziehung. München/Zürich: Piper , 3. Aufl., S. 65-69.
Boltanski, Luc/Chiapello, Eve (2006): Der neue Geist des Kapitalismus. Konstanz: UVK.
Degenhardt, Franz Josef (2011): Brandstellen. Werkausgabe, Band 2. Berlin: Kulturmaschinen.
Europäischer Rat: Schlussfolgerungen des Vorsitzes. Lissabon 2000. http://www.europarl.europa.eu/summits/lis1_de.htm. [Zugriff: 26.05.2014].

Fend, Helmut (1990): Bilanz der empirischen Bildungsforschung. In: Zeitschrift für Pädagogik, H. 5/Jg. 36, S. 687-709.
Fahle, Klaus/Hanf, Georg: Der Europäische Qualifikationsrahmen: Konsultationsprozess läuft. http://www.bibb.de/de/21696.htm [Zugriff: 28. 9. 2013].
Feyerabend, Paul (1974): Against Method. Outline of an Anarchistic Theory of Knowledge. London: Humanities Press.
Gramsci, Antonio (1991): Gefängnishefte Band 2. Hamburg: Argument.
Gramsci, Antonio (1992): Gefängnishefte Band 4. Hamburg: Argument.
Heid, Helmut (2003): Domestizierung von Kritik. Legitimationsprobleme des Kritischen im Kontext pädagogisch bedeutsamen Denkens und Handelns. In: Benner, Dietrich/Borrelli, Michele/Heyting, Frieda/Winch, Christopher (Hrsg.): Kritik in der Pädagogik. Zeitschrift für Pädagogik. Beiheft 46, S. 54-74.
Herbart, Johann Friedrich (1982): Pädagogische Grundschriften. Stuttgart: Klett-Cotta
Hofmann, Werner (1969): Universität, Ideologie, Gesellschaft. Beiträge zur Wissenschaftssoziologie. Frankfurt a.M.: Suhrkamp, 4. Aufl.
Jahnke, Thomas/Meyerhöfer, Wolfram (Hrsg.) (2006): Pisa &. Co. Kritik eines Programms. Hildesheim/Berlin: Franzbecker.
Krautz, Jochen (2009): Ware Bildung. Schule und Universität unter dem Diktat der Ökonomie. München: Diederichs, 2. Aufl.
Krautz, Jochen/Schieren, Jost (2013): Persönlichkeit und Beziehung als Grundlage der Pädagogik. In: dies. (Hrsg.): Persönlichkeit und Beziehung als Grundlage der Pädagogik. Weinheim/Basel: Beltz Juventa, S. 7-28.
Leschinsky, Achim/Naumann, Jens (1994): Bildungsexpansion und Modernisierung seit 1945: Zur zeitgeschichtlichen Einbettung bildungspolitischer Trends. In: Arbeitsgruppe Bildungsbericht am Max-Planck-Institut für Bildungsforschung: Das Bildungswesen in der Bundesrepublik Deutschland. Strukturen und Entwicklungen im Überblick. Reinbek: Rowohlt, S. 17-63.
Leutner, Detlev (2013): Statement 1: Empirische Bildungsforschung. In: Müller, Hans-Rüdiger/Bohne, Sabine/Thole, Werner (Hrsg.): Erziehungswissenschaftliche Grenzgänge. Markierungen und Vermessungen. Opladen/Berlin/Toronto: Barbara Budrich, S. 131-133.
Mandel, Ernest (1982): Amerika und Europa. Widersprüche des Imperialismus. Reinbek: Rowohlt.
Marx, Karl (1969): Resultate des unmittelbaren Produktionsprozesses. Frankfurt a.M.: Neue Kritik.
Marx, Karl (1981): Ökonomisch-philosophische Manuskripte. In: Marx Engels-Werke. Ergänzungsband I. Berlin/DDR: Dietz, S. 467-588.
Sandkühler, Hans Jörg (2011): Kritik der Evidenz. In: Bellmann, Johannes/Müller, Thomas (Hrsg.): Wissen, was wirkt. Kritik evidenzbasierter Pädagogik. Wiesbaden: VS Verlag für Sozialwissenschaften, S. 33-55.
Schütte, André (2011): ‚Bildungswissenschaft'. In: Vierteljahrsschrift für wissenschaftliche Pädagogik, H. 1/Jg. 87, S. 180-181.
Weiß, Edgar (2009): Kritische Pädagogik – Notizen zur brüchigen Karriere, verbliebenen Defizienz und unverminderten Aktualität einer „Hauptströmung" der Erziehungswissenschaft. In: Bernhard, Armin/Keim, Wolfgang (Red.): 1968 und die neue Restauration. Jahrbuch für Pädagogik 2008. Frankfurt a.M.: Peter Lang, S. 301-322.

Mut zur Kritik reloaded

Zahira Baumann, Johanna Burkhardt

1. Vorbemerkungen

Das Studium der Pädagogik in Darmstadt ist durch die kritische Bildungstheorie, wie sie hier einst in Forschung und Lehre betrieben wurde, beeinflusst.[1] Den 60. Geburtstag von Peter Euler nehmen wir zum Anlass, um kurz vor unserem Abschied vom Darmstädter Institut für Allgemeine Pädagogik und Berufspädagogik ein Resümee zu ziehen. Dieses muss ein persönliches sein, soll aber vor allem eines sein, das unsere Erfahrungen und Auseinandersetzungen mit kritischer Bildungstheorie aufnimmt. Unser Studium und unsere dabei gewonnene professionelle Auffassung von Pädagogik ist nicht nur von der theoretischen Ausrichtung, sondern auch von den Personen, die am Institut forschen, lehren und studieren geprägt worden. Unsere Magisterarbeiten, auf deren Grundlage dieser Artikel entstanden ist, lassen sich sowohl auf wissenschaftlicher als auch auf persönlicher Ebene als ein Emanzipationsprozess verstehen. Wobei wir Emanzipation nicht als eine Ablösung verstehen möchten, sondern als eine verändernde Weiterentwicklung, die zugleich Einbezug und Abgrenzung von den gewonnenen Erkenntnissen und persönlichen Beziehungen bedeutet.

Zu Beginn unseres Studiums wurden wir vorrangig mit der Tradition kritischer Bildungstheorie im Anschluss an Hans-Jochen Gamm, Heinz-Joachim Heydorn und Gernot Koneffke konfrontiert. Die zunehmende Rezeption poststrukturalistischer Theorien in der pädagogischen Theoriebildung führte nicht nur in der Tradition kritischer Bildungstheorie zu Irritationen, sondern auch in unserem eigenen Wissenschaftsverständnis. Die Auseinandersetzung mit dem Poststrukturalismus, insbesondere den Theorien von Michel Foucault, Jacques Derrida, Judith Butler und Ernesto Laclau gegen Ende unseres Studiums führten zu Fragen, Problemen und Irritationen mit unserem eigenen

---

[1] Der Titel dieses Beitrags wurde in Anlehnung an das Gespräch mit Hans-Jochen Gamm und Gernot Koneffke *Mut zur Kritik* von Ali Cankarpusat und Godwin Haueis gewählt, da dieser Film meist in den Einführungsveranstaltungen des Studiums der Pädagogik in Darmstadt gezeigt wird (vgl. Cankarpusat/Haueis 2007).

Theorieverständnis. Die „postmoderne [...] Toderklärung des Subjekts" (Bünger 2010, S. 315) erschien uns, aus der während unseres Studiums gewonnenen Perspektive auf Pädagogik, undenkbar. Wie sollte nach dem von Foucault postulierten Tod des Subjekts eine auf Emanzipation und Förderung eines kritischen Politik- und Demokratieverständnisses, in Form eines mündigen Subjekts, abzielende Pädagogik möglich sein?

Beschäftigt man sich intensiver mit kritischer Bildungstheorie und poststrukturalistischen Ansätzen, fällt auf, dass sie trotz aller Verschiedenheiten in ihren theoretischen Begründungen auch Gemeinsamkeiten aufweisen. Poststrukturalistische Theorien schließen Herrschaftskritik und die Handlungsfähigkeit des Subjekts nicht aus (vgl. Hartmann 2001, S. 81). Auch der Vorwurf der irrationalen Beliebigkeit poststrukturalistischer Theorien kann als Missverständnis und Fehlinterpretation des poststrukturalistischen Subjektverständnisses identifiziert werden (vgl. Bünger 2010, S. 319). So stellen die poststrukturalistischen Ansätze im Gegenteil eine Ergänzung und Verschiebung der kritischen Theorie des Subjekts (vgl. ebd., S. 321) und keineswegs eine „*abstrakte* Verabschiedung des Subjektbegriffs" (ebd., S. 323, Hervorh. i.O.) als theoretische Figur dar, sondern bieten die Möglichkeit, eine Überprüfung von scheinbar feststehenden Begriffen und Handlungsräumen vorzunehmen (vgl. ebd.).

Die Auseinandersetzung mit der Geschichte kritischer Bildungstheorie macht deutlich, dass die für sie relevanten Themen auch heute noch von großer Brisanz und Aktualität sind. Koneffke mahnt in seinem Aufsatz *Integration und Subversion* die zunehmende Funktionalisierung der Bildung im Rahmen der Bildungsreform bereits 1969 an und auch Gamm bezieht sich in seinen Arbeiten immer wieder auf die bildungspolitische und gesellschaftliche Situation, in der sich Pädagogik als praktische Wissenschaft befindet. Dies sind Aspekte und Eingriffe in die Theorie und Praxis von Erziehungs- und Bildungsfragen, die auch heute die wissenschaftliche Diskussion beschäftigen. Neoliberale Vereinnahmungen und gesellschaftliche Transformationsprozesse haben zur Folge, dass „sämtliche Kompetenzen und insbesondere die personenbezogenen (»soft skills«), wie etwa kreative und reflexive Fähigkeiten [...] in letzter Konsequenz als ökonomisch verwertbare Ressourcen ausgewiesen" (Boenicke 2007, S. 99) werden. „Bildung wird immer mehr zu einer Funktion von Integration, des sich Einfügens und Dazugehörens und ist in Form der Kritik immer weniger präsent" (Messerschmidt 2007a, S. 146).

Die neoliberal gefärbten bildungspolitischen und gesellschaftlichen Veränderungen als auch die poststrukturalistischen Einsprüche sind unseres Erachtens Anlass genug, über kritische Bildungstheorie nachzudenken. Dies nicht nur vor dem Hintergrund des Nutzens kritischer Bildungstheorie, sondern auch vor dem Hintergrund der möglicherweise längst überfälligen Aktualisierung. Dazu sollen Fragen und Problemlagen kritischer Bildungstheorie aufgezeigt und eine Perspektive eingenommen werden, die die kritische Bildungstheorie konstruktiv problematisiert und sich nicht erneut auf eine Gegenüberstellung beider Theorieentwürfe einlässt.[2] Die Einsprüche poststrukturalistischer Theorien verstehen wir nicht als Angriff auf kritische Bildungstheorie, sondern als Inspiration zur erneuten Überprüfung der eigenen Begründungsfiguren.

Dem Selbstverständnis der Pädagogik in Darmstadt – *Mut zur Kritik* – folgend, sollen die Besonderheiten der kritischen Bildungstheorie aus Darmstädter Perspektive dargestellt werden. Geleitet von den Fragen, welche Herausforderungen sich auf Grundlage der verschiedenen Theorien aktuell für eine kritische Bildungstheorie ergeben und was eine kritische Bildungstheorie angesichts neoliberalistischer Vereinnahmungen und gesellschaftlicher Transformationsprozesse heute noch leisten kann, möchten wir im Anschluss drei Thesen zu kritischer Bildungstheorie aufgreifen.

Den Begriff der Kritik verstehen wir als einen Grundbegriff der Pädagogik. Gerade dann, wenn Pädagogik und Kritik im Sinne einer kritischen Bildungstheorie als untrennbar verbunden verstanden werden, muss der Kritikbegriff einer genauen Bestimmung dessen, was er eigentlich meint, unterzogen werden. Eine differenzierte Betrachtung des Begriffes ‚Kritik' wird unseres Erachtens im Kontext kritischer Bildungstheorie oft vernachlässigt (1). Dieser Aspekt wird vor allem dann interessant, wenn eine Vereinnahmung der Kritik für kapitalistische Zwecke zu beobachten ist und Kritik in ihrer Funktion produktiv gemacht wird.

Die Forderung Astrid Messerschmidts lautet darum, dass kritische Bildungstheorie „ihre eigenen Verwicklungen in die kritisierten gesellschaftlichen Strukturen thematisieren" (Messerschmidt 2009a, S. 251) muss. In ihrer Kritik folgt sie der Debatte der postmodernen Subjektkritik, durch die es möglich wurde, das „aufgeklärte Subjektverständnis" (ebd., S. 250) in der Bildungstheorie in Frage zu stellen (vgl. ebd., S. 236). Die Position Astrid Messerschmidts möchten wir an dieser Stelle aufnehmen. Die Frage nach der Perspektive und Position kritischer Bildungstheorie ist auch eine des Selbstverständnisses der Kritiker_innen. Kritische Bildungstheorie hat unseres Erachtens die Reflexion ihrer Perspektive sowie die Verwicklung der Kritiker_innen in die gesellschaftlichen Verhältnisse vernachlässigt (2). Folgt man der Theoriegeschichte kritischer Bildungstheorie, dann ist der Standpunkt, von dem aus Kritik geäußert wird, immer einer, der aus bürgerlicher Mündigkeit hervorgeht (vgl. Messerschmidt 2007b, S. 48). Folglich darf die Perspektive der Kritiker_innen nicht als von den gesellschaftlichen Bedingungen abgelöst verstanden werden. Jede Kritik ist immer im Kontext der bestehenden gesellschaftlichen Strukturen zu sehen und als in diese verstrickt

---

2 Siehe hierzu Bierbaum 2004.

zu verstehen. Das betrifft auch das Subjekt der Kritiker_innen. Dieses muss selbst ein Teil der Kritik sein oder in Beziehung zu den kritisierten Zuständen gesetzt werden und sollte nicht außen vor gelassen werden (vgl. Messerschmidt 2009b, S. 212).

Damit einher geht ein unseres Erachtens besonders wichtiger Aspekt: Kritische Bildungstheorie müsste aufgrund aktueller (poststrukturalistischer) Erkenntnisse ihre eigenen Begründungsfiguren hinterfragen und bereit sein, sich selbst zur Disposition zu stellen um kritisch bleiben zu können (3). Die zum Teil unzureichenden Begründungen von Begriffen wie Vernunft, Freiheit, Bewusstsein, Mündigkeit und die Vorstellung von souveräner Subjektivität (vgl. Schäfer 2009, S. 201) können mit einer sich an poststrukturalistischen Erkenntnissen orientierenden Theorie ergründet werden. Hierbei möchten wir uns insbesondere auf ausgewählte Arbeiten Judith Butlers beziehen. Sie stellt eine dem Poststrukturalismus zuzuordnende Autorin dar, deren spezifische Begründung von Subjektivität eine Möglichkeit der Handlungsfähigkeit für Individuen in Aussicht stellt, die uns gerade unter dem Aspekt einer Aktualisierung der kritischen Bildungstheorie von besonderer Relevanz erscheint. Gleichwohl ergibt sich daraus der Bedarf einer kritischen Rückwendung zu den zentralen Begriffen der kritischen Bildungstheorie, die, konsequent verfolgt, die Frage aufwirft, ob Mündigkeit noch möglich ist und welche Rolle Kritik unter diesen theoretischen Gesichtspunkten spielen kann. Hierbei gilt es die Frage nach einem möglichen Ende der kritischen Bildungstheorie zu stellen und zu erkunden, ob diese ihre Begründungsfiguren selbst nicht „kritisch" hinterfragt hat. Wie kann kritische Bildungstheorie ihre Prämissen nach den vorgebrachten Einsprüchen und Infragestellungen noch aufrechterhalten? Wenn Souveränität nicht möglich ist, was kann dann noch das Ziel einer kritischen Bildungstheorie sein? Eine Bildungstheorie, die sich ausdrücklich als eine kritische versteht, muss sich selbst auch der Kritik stellen bzw. über eine „Kritik der Kritik" (Euler 1998) nachdenken. Das Analysieren, Reflektieren und Aufzeigen der Widersprüche reicht dann nicht mehr aus. Auch die eigenen Verstrickungen in diese Widersprüche müssen thematisiert werden. Der eigenen Beteiligung an den Herrschaftsverhältnissen muss Rechnung getragen werden. Eine kritische Bildungstheorie darf ihre eigene Position nicht als die bessere, auf der richtigen Seite Stehende schönfärben, sondern sollte sich selbst einer radikalen Kritik unterziehen. Ein Schwerpunkt unserer Analyse soll dabei die Subjektkonstitution der kritischen Bildungstheorie sein, da wir uns Elisabeth Sattlers Kritik anschließen möchten, wonach ein „(Selbst-)Verständnis des Menschen als Subjekt [...] [zwar; Anm. Z.B./J.B.] jeder pädagogischen Rezeption explizit eingeschrieben [ist; Anm. Z.B./J.B.]" (Sattler 2009, S. 7), jedoch selten „selbst zentraler Analysegegenstand" (ebd.) wird.

2. Mut zur Kritik – kritische Bildungstheorie aus Darmstädter Perspektive

Die Allgemeine Pädagogik in Darmstadt wird unweigerlich mit den Namen Hans-Jochen Gamm und Gernot Koneffke und in zweiter Generation mit Peter Euler in Verbindung gebracht. Mit der Gründung des Instituts für Allgemeine Pädagogik an der Technischen Universität Darmstadt im Jahr 1967 durch Hans-Jochen Gamm ist in Darmstadt eine explizit gesellschaftskritische Pädagogik etabliert worden. Die Berufung Gernot Koneffkes Anfang der 1970er Jahre machte die Pädagogik in Darmstadt zu einem Ort, an dem Forschung und Lehre einer kritischen Bildungstheorie im Anschluss an Heinz-Joachim Heydorn gelehrt und weiterentwickelt wurden (vgl. Euler 2004, S. 9).

Der theoretische Ansatz und das pädagogische Verständnis in Darmstadt sind durch eine „gesellschafts- und ideologiekritische Perspektive auf Bildungs- und Erziehungsprozesse" (Bernhard/Rothermel 1997, S. 12) charakterisiert. Ausgehend von der Theorie Karl Marx' und der Weiterbearbeitung dieser durch die Kritische Theorie hat sich eine kritisch-materialistische Pädagogik entwickelt, für die vor allem Hans-Jochen Gamm steht (vgl. ebd.; Bernhard 2012a, S. 19). Bei seiner Theorie der Bildung handelt es sich nicht um eine neutrale, sondern um eine explizit gesellschafts- und kapitalismuskritische Perspektive. Eine kritische Bildungstheorie, wie sie von Gernot Koneffke in Forschung und Lehre betrieben wurde, ist für die Pädagogik in Darmstadt ebenso bezeichnend wie die kritisch-materialistische Pädagogik. Seine historisch-systematischen Analysen zur Pädagogik in der bürgerlichen Gesellschaft liefern nicht nur wichtige Aufschlüsse über die gegenwärtige Situation, in der sich Pädagogik befindet, sondern beleuchten auch die Bedingungen ihres Entstehens.

Die Pädagogik in Darmstadt lässt sich der kritischen Bildungstheorie um Heinz-Joachim Heydorn, Hans-Jochen Gamm und Gernot Koneffke zuordnen, die zeitgleich zur kritisch-emanzipatorischen Erziehungswissenschaft um Herwig Blankertz, Wolfgang Klafki und Klaus Mollenhauer entsteht (vgl. Euler 2004, S. 10; vgl. Bernhard 2012b, S. 15). Die Unvereinbarkeit dieser beiden Orientierungen ist nur „ein Beispiel für die Heterogenität der kritischen Erziehungswissenschaft" (Bernhard 2012b, S. 15) in den 1960er und 70er Jahren. Die in Darmstadt beheimatete kritische Pädagogik zeichnet sich durch ihre spezifische Haltung gegenüber Kritik aus. Sie versteht Kritik nicht nur als mit Pädagogik untrennbar verbunden, sondern auch als „höchst legitime, genuin demokratische, daher eigentliche Form gesellschaftlicher und politischer Teilhabe" (Keim/Steffens 2006, S. 13).

Kritische Pädagogik ist ohne die Bestimmung dessen, was Kritik in ihrem Zusammenhang bedeutet und nach welchem Prinzip sie verfährt, nicht sehr gehaltvoll. Aus Perspektive der Darmstädter Pädagogik beschreibt Peter Euler die kritisch-emanzipatorische Erziehungswissenschaft, die innerhalb der Disziplin viel Beachtung fand, als eine, die „der Pädagogik von außen kritische Beine zu machen versuchte" (Euler 2004, S. 19). Die Rezeption der Kritischen Theorie in der kritischen Erziehungswissenschaft sollte eine gesellschaftskritische Perspektive eröffnen. Die Vertreter_innen der kritischen Bildungstheorie haben einen anderen Ansatz gefunden, der Pädagogik eine gesellschaftskritische Funktion zu verleihen. Sie machen Pädagogik nicht erst zu einer gesellschaftskritischen Wissenschaft, indem sie die Gesellschaftskritik der Kritischen Theorie rezipieren, sondern verstehen Pädagogik und Kritik als untrennbar miteinander verbunden (vgl. ebd., S. 9, 19). Diese Einsicht kann als „Credo Darmstädter Pädagogik gelten" (ebd., S. 9f.).

Kritik in der Pädagogik kann als Aufgabe und Funktion in der bürgerlich-kapitalistischen Gesellschaft entschlüsselt werden. Kritik ist nicht nur als Negation der bestehenden Gesellschaft zu verstehen, sondern ist auch für die Reproduktion der bürgerlichen Gesellschaft unerlässlich, welche auf die Selbstständigkeit ihrer Mitglieder angewiesen ist. Daher steht das in Verruf gekommene Postulat der Autonomie geisteswissenschaftlicher Pädagogik in der kritischen Bildungstheorie nicht zwangsläufig zur Diskussion, „weil der bürgerlichen Gesellschaft die pädagogische Dimension prinzipiell eigen ist und die Pädagogik ihrem Auftrag nach gesellschaftskritisch fungiert" (Euler 2004, S. 19). Es geht vielmehr darum, „die Selbstständigkeit der Pädagogik als eine Bedingung ihrer gesellschaftlichen Funktion" (ebd.) anzuerkennen. Aus diesem Grund muss die Autonomie der Pädagogik nicht als von der Gesellschaft abgekoppelt verstanden werden, sondern die Widersprüchlichkeit bürgerlicher Pädagogik selbst macht die kritische Perspektive möglich. Der „widersprüchliche Charakter [...] ist die Bedingung der Wirklichkeit von Kritik in der Pädagogik" (ebd.).

Die Theoriebildung der Pädagogik in Darmstadt ist als Versuch zu deuten, Kritik nicht von außen der Pädagogik einzuverleiben, sondern Kritik als der Pädagogik immanent zu bestimmen. Mit der Bestimmung der Pädagogik in Darmstadt als eine kritische Bildungstheorie ist bereits der Kern der Eigentümlichkeit der Pädagogik in Darmstadt angesprochen. Es geht um die Bestimmung des Verhältnisses von Bildung und Kritik. Dies ist selbst schon als ein eigener Theoriemodus zu begreifen und Bildungstheorie ist für sich selbst längst eine kritische Theorie (vgl. Euler 2003, S. 415f.). Die Darmstädter Pädagogik ist ihrem Selbstverständnis nach eine, die sich alles andere als affirmativ versteht. Sie versteht sich ausdrücklich als eine kritische Pädagogik und positioniert sich in Abgrenzung zu affirmativer Pädagogik, einem traditionellen Wissenschaftsverständnis und der Sozialtechnologie (vgl. Cankarpusat/Haueis 2007, S. 19). Bildung fungiert dabei als der Inbegriff der Kritik (vgl. Euler 2003, S. 416; vgl. Euler 2004, S. 21).

„Die Theorie der Bildung erscheint als ein intellektuelles Organ der Selbstreflexion von Aufklärung und Humanismus, das innerhalb beider und durch sie selbst hervorgebracht und entworfen wird, und zwar als eines, das reflexiv-praktisch angelegt ist und eben deshalb nicht in Philosophie, Sozialwissenschaft oder Politik aufgeht und aufgehen kann. D.h., dass in der Theorie der Bildung Selbstkritik und Sozialkritik notwendig verbunden sind" (Euler 2004, S. 415).

Der Begriff der Bildung ist folglich in doppelter Hinsicht als kritisch zu verstehen. Die Verhältnisbestimmung von Bildung und Kritik wird historisch hergeleitet. Der Begriff der Bildung entwickelt sich über mehrere Stationen in der Geschichte „zur Kategorie bürgerlicher Vergesellschaftung" (ebd., S. 414). Bildung ist aus der Geschichte heraus reflexive Praxis des Werdens des Menschen zum Subjekt seiner Geschichte. Indem Bildung aber zur Kategorie bürgerlicher Vergesellschaftung wird, entwickelt Bildung auch ein kritisches Verhältnis zu sich selbst (vgl. ebd.).

Ist die kritische Bildungstheorie Organ der Selbstreflexion von Aufklärung und Humanismus, dann muss sie auch in der Lage sein in kritische Distanz zur Aufklärung und zum Humanismus zu treten. In einer Gesellschaft, die von Ausbeutung der Lohnarbeitskraft lebt, kann eine Aufklärung nur dann verhältnismäßig betrieben werden, wenn sie über den Tatbestand der Ausbeutung aufklärt (vgl. Cankarpusat/Haueis 2007, S. 21). „Eine Aufklärung, die nicht über sich selbst aufklärt, ist keine" (ebd., S. 22). Daher stellt sich nicht die Frage nach der Kritik der Aufklärung in der Pädagogik, sondern es stellt sich die Frage nach dem Verständnis von Aufklärung (vgl. ebd.).

„Das ist längst getan mit der Dialektik der Aufklärung, mit der Einsicht, dass die Aufklärung die Vernunft in sich selbst gegen sich kehren muss. Der Widerspruch von Bildung und Herrschaft ist die Form, in der die Pädagogik diesen Riss aufnimmt. Was seit Jahrzehnten Bestandteil der Philosophie ist, ist in der Pädagogik durch uns [Gamm und Koneffke; Anm. Z.B./J.B.] jederzeit angewandt worden" (ebd.).

Dies drückt sich sowohl in Heydorns *Über den Widerspruch von Bildung und Herrschaft* (1970) aus, als auch in Koneffkes Bildungswiderspruch von *Integration und Subversion* (1969). Der widersprüchliche Zusammenhang von Bildung und Herrschaft bzw. von Integration und Subversion kann „als die Wirklichkeit von Kritik in der Pädagogik" (Euler 2004, S. 19) bestimmt werden. Damit verliert ein die Pädagogik dominierender Rekurs auf Philosophie, Sozialwissenschaft und Politik an Bedeutung. Kritik ist der Pädagogik an sich eigen und muss ihr nicht erst von außen einverleibt werden.

Das hat unmittelbaren Einfluss auf das Denken, welches sie vermittelt. Sind Kritik und Pädagogik untrennbar miteinander verbunden und durch die bürgerliche Gesellschaft die Aufgabe und die Funktion der Pädagogik bestimmt, dann bedeutet dies auch, dass sie die gesellschaftlichen Entwicklungen beobachten, analysieren und kritisieren muss.

„Eine *Pädagogik des Widerspruchs* hat die Unfähigkeit und die fehlende Zivilcourage dieser Disziplin zu skandalisieren, nicht etwa, um sie lächerlich zu machen, sondern um ihre Würde herzustellen und damit in einem emanzipatorischen Sinne gesellschaftspolitisch handlungsfähig zu werden" (Bernhard o.J., S. 4f., Hervorh. i.O.).

Kritische Bildungstheorie versteht sich als politische Pädagogik. Eine Pädagogik des Widerspruchs hat im Kontext der kritischen Bildungstheorie zwei Bedeutungen. Zum einen ist sie als Pädagogik zu verstehen, die im Widerspruch verhaftet ist. Zum anderen als eine Pädagogik des Widersprechens und des Einspruchs. Die erste Bedeutung deckt sich mit der Verbundenheit von Kritik und Pädagogik, die zweite macht den politischen Charakter aus. Versteht sich Pädagogik als politisch, „beobachtet [sie; Anm. Z.B./J.B.] auf das Genauste, wie die gesellschaftlichen Entwicklungen verlaufen, welche Tendenzen sich in ihr zeigen" (Cankarpusat/Haueis 2007, S. 20) und äußern sich diese als kritische, dann „sieht [die kritische Pädagogik, Anm. Z.B./J.B.] gleichsam in diesen Kräften die Perspektive ihrer Arbeit" (ebd.). Sie versteht sich nicht als eigene politische Partei, die etwa mit Bürgerrechtsbewegungen zusammenarbeitet, sondern als eine Vermittlung politischen Denkens, welches in einem demokratischen Grundgedanken mündet (vgl. ebd., S. 19f.).

Ist Pädagogik Theorie und Praxis von Erziehung und Bildung, dann muss sie im Umkehrschluss auch ihre eigene Funktion hinterfragen. Pädagog_innen finden sich in einem Arbeitsfeld wieder, das dem Grundwiderspruch bürgerlicher Gesellschaft unterliegt. Damit ist einerseits der Anspruch einer kritischen Pädagogik an die Vermittlung von Mündigkeit und Bildung gemeint und andererseits die Erwartungen der bürgerlich-kapitalistischen Gesellschaft, welche die Qualifikation leistungsfähiger Arbeitskraft einfordert. Das Politische der kritischen Pädagogik entwickelt sich gewissermaßen natürlich aus der Gesellschafts- und Wissenschaftskritik, die ihr eigen ist. Bildung als das Mittel von Kritik kann vom Begriff her nicht anders als kritisch gedacht werden. In der gegenwärtigen Situation, in der sich Pädagogik befindet, ist es umso wichtiger in kritische Distanz zu Gesellschaft, Wissenschaft und sich selbst zu treten, damit weder Pädagogik als Disziplin noch Bildung als ihr Inbegriff nur noch in funktionalisierter Form bestehen.

3. Mut zur Kritik reloaded

Eine differenzierte Betrachtung des Begriffes ‚Kritik' wird im Kontext kritischer Bildungstheorie oft vernachlässigt

Kritische Bildungstheorie, nimmt sie sich selbst genau beim Wort, muss sich auch selbst zum Gegenstand ihrer Kritik machen. Wenn eine Aufklärung, die nicht über sich selbst aufklärt, keine ist, dann ist eine Bildungstheorie keine kritische, wenn sie sich nicht selbst Kritik unterzieht. Die Auseinandersetzung mit dem Begriff der Kritik, den wir als einen Grundbegriff kritischer Bildungstheorie verstehen, erfolgt unseres Erachtens nicht konsequent. Begriffe wie beispielsweise Erziehung, Bildung und Mündigkeit werden in der kritischen Bildungstheorie genau bestimmt, sie werden analysiert, reflektiert, differenziert dargestellt und vor allem in einen historischen Zusammenhang gebracht. Der Begriff der Kritik wird dieser genauen Bestimmung dessen, was er eigentlich meint, nicht unterzogen. Dieser Aspekt wird vor allem dann interessant, wenn eine Vereinnahmung der Kritik für kapitalistische Zwecke zu beobachten ist und Kritik in ihrer Funktion produktiv gemacht wird. Dies kann letztlich zur Folge haben, dass möglicherweise nicht mehr einfach zwischen affirmativer und kritischer Pädagogik unterschieden werden kann.

Kritik sei selbst in einen kritischen Zustand gekommen, schreibt Christoph Türcke in seinem Essay *Das Altern der Kritik* (vgl. Türcke 1998, S. 5) und betont, dass wir heute in einer nachkritischen Gesellschaft leben (vgl. ebd., S. 6f.). Nachkritischer Zustand heißt bei Türcke nicht, dass es keine Kritik mehr gibt, sondern dass sie keine Kriterien mehr hat, keinen Ansatzpunkt (vgl. ebd., S. 13). Türcke unternimmt den Versuch das Problem mit der Kritik historisch und philologisch zu klären, um eine zeitgemäße Aufgabe der Kritik zu formulieren (vgl. ebd.). Dabei wendet er sich gegen die Kritiker_innen der Kritik, welche das Ende der Kritik proklamieren und sich in einem „performativen Widerspruch" (ebd., S. 5) verfangen, indem sie das tun, was sie kritisieren: sie kritisieren die Kritik (vgl. ebd.). Dass die Kritik in die Kritik gekommen ist, heißt für Türcke trotzdem nicht auf Kritik zu verzichten.

Aus dem griechischen Verb *krinein* leitet sich der Begriff der Kritik ab, der im Griechischen soviel bedeutet wie entscheiden und beurteilen. Daraus entwickelt sich auch das Substantiv Krisis, was eine Entscheidung, eine entscheidende Wendung bezeichnet und somit eine Entwicklung beschreibt, die eine Entscheidung herbeiführt. Krisis beschreibt einen kritischen Zustand (vgl. Drosdowski 1989, S. 388f.; vgl. Türcke 1998, S. 5). In der Zeit, in der sich Kritik als Begriff etabliert hat, wurde der kritische Zustand immer schon mitgedacht (vgl. Türcke 1998, S. 5). Türcke rekonstruiert die Geschichte der Kritik als die der großen Krisis (vgl. ebd., S. 7). Die „große Krisis" (ebd.), ein Zustand, der die bestehende Vergesellschaftung in Frage stellt, erschütterte die Gesellschaft in ihren Grundfesten, wie es beispielsweise die *Kritik der reinen Vernunft* (Kant 1781), die *Kritik der politischen Ökonomie* (Marx 1859) oder die *Dialektik der Aufklärung* (Adorno/Horkheimer 1947) taten (vgl. Türcke 1998, S. 5f.). Die „große Krisis" (ebd., S. 6) gebe es heute nur noch bedingt „etwa bei der Frage, wie [...] die nächste Wahl, Bewerbung, Krankheit oder Liebschaft ausgeht" (ebd., S. 6f.). Diese Fragen aber stellen nicht das ganze Gesellschaftssystem in Frage, obwohl sie dennoch eine wichtige Bedeutung für die Mitglieder der Gesellschaft haben (vgl. ebd., S. 6). Wird durch Kritik die vorherrschende Vergesellschaftungsform nicht mehr grundsätzlich in Frage gestellt, dann ist dieser Zustand als ein nachkritischer bestimmt.

„Einerseits kann sie [die Kritik; Anm. Z.B./J.B.] nicht so tun, als lägen der Widersinn und das Elend, das der globale Marktzwang mit all seinem Reichtum produziert nicht offen zutage. Sie kann also nicht aufhören. Andererseits kann sie nicht weitermachen wie bisher. Ohne die große Krisis, worin die herrschende Vergesellschaftungsform selbst zur Disposition steht, ist sie vom Nährboden, der sie einst groß und stark machte, abgeschnitten" (Türcke 1998, S. 7).

Kritik ist folglich in einem Dilemma. In Anbetracht der Verhinderung allgemeinen Wohlstands und individueller Entfaltung in der nachkritischen Gesellschaft kann sie nicht aufhören zu kritisieren, muss sich aber eingestehen, dass sie nicht mehr über Kriterien der Kritik verfügt, die eine Veränderung der Gesellschaft herbeiführen könnten (vgl. ebd., S. 7f.). Die zeitgemäße Aufgabe der Kritik sei es, über die Antiquiertheit der bestehenden Vergesellschaftung aufzuklären, denn am Fortbestehen dieser habe auch die Kritik schuld (vgl. ebd., S. 8). Für Türcke kann dies nur eine Konsequenz haben: Kritik müsse in der nachkritischen Gesellschaft nachsitzen, „ihr eigenes Versagen abbüßen, rücksichtslos werden, auch gegen sich selbst und ihre eigenen Erfolgsaussichten, mit einem Wort: in sich gehen" (ebd.). Jede Kritik kann zugleich als belebendes Element des bestehenden Systems umfunktioniert werden (vgl. ebd., S. 10). Die konstruktive Wende der Kritik sei aber kein Anlass mit Kritik aufzuhören, sondern der eigenen Kompromittiertheit müsse Rechnung getragen werden (vgl. ebd.). Kritik muss folglich selbstkritisch werden, sich über ihre eigene widersprüchliche Funktion klar werden. Sie braucht Kriterien, sonst bliebe sie alltägliche und unwissenschaftliche Kritik (vgl. ebd., S. 10, 12). Das Dilemma der Kritik ist eines, das darin gründet, dass jede_r – Wissenschaftler_in oder nicht – kritisiert. Die kritischen Impulse werden in der nachkritischen Gesellschaft nicht zusammengetragen und reflektiert, sondern „der nachkritische Zustand ist [als einer; Anm. Z.B./J.B.] der Entfesselung, Entwertung und Vergleichgültigung der Kritik" (ebd., S. 13) zu charakterisieren. Man könne behaupten, dass Kritik, wird sie grundsätzlich, sich in idealistischen, utopischen Vorstellungen verfängt und sich damit unerreichbare Ziele steckt (vgl. ebd., S. 12). Türcke betont aber, „wenn Kritik *nicht* grundsätzlich werden will, dann braucht sie gar nicht erst anzufangen" (ebd., Hervorh. i.O.). Kritik müsse, um noch in Anspruch genommen werden zu können, sich ihrer eigenen Verstrickung in die bestehende Vergesellschaftung bewusst werden. Nur eine selbstkritische Kritik kann als Kritik noch ernst genommen werden.

Die pädagogische Diskussion im Anschluss an die kritische Bildungstheorie beschäftigt sich ebenfalls mit der Problematik der Kritik. Die Vertreter_innen sind sich im Wesentlichen darüber einig, dass sich angesichts der verändernden gesellschaftlichen Bedingungen auch die Kritik kritischer Bildungstheorie aktualisieren muss. Das Problem der Kritik wird als eines der Kriterienlosigkeit verstanden (vgl. Bernhard 2012b, Euler 2004). Es ist ein Prozess in Gang gebracht worden, der sich durch ein selbstkritisches Nachdenken über kritische Bildungstheorie und Pädagogik auszeichnet. Dieser ist aber kein einheitlicher. Die pädagogische Diskussion begegnet dem Dilemma der Kritik auf unterschiedliche Weisen. Sie unterscheiden sich vor allem darin, welcher Ansatz für die Reformulierung pädagogischer Kritik gewählt wird. Die Suchbewegungen kritischer Theoriebildung sind einerseits dadurch gekennzeichnet, dass sie aus sich selbst heraus neue Ansätze zu finden versuchen, wobei auf dem Widerspruchskonzept bestanden und Bildung als Befreiungsperspektive verstanden wird. Andererseits werden neuere theoretische Erkenntnisse und Konzepte in die Überlegungen mit einbezogen, da eine Aktualisierung aus sich selbst heraus als fragwürdig gilt.

In einem Aufsatz von Alex Demirović aus dem Jahr 2010 zur „Krise des Subjekts [und seinen; Anm. Z.B./J.B.] Perspektiven der Handlungsfähigkeit", geht er darauf ein, wie sich die Forderung nach Autonomie des Subjekts von einer Möglichkeit der Befreiung zu einer unterwerfenden Anrufung gewandelt hat. Dieser Aspekt soll an dieser Stelle aufgenommen und unter der Perspektive einer notwendigen Aktualisierung kritischer Bildungstheorie und im Hinblick auf die neoliberalistische Vereinnahmung von widerständigen Strukturen und Kritik betrachtet werden.

Demirović geht davon aus, dass in Folge neoliberalistischer Entwicklungen, welche „die kapitalistische Gesellschaftsformation transformatorisch verändert" (Demirović 2010, S. 148) haben, die Bedeutung von Autonomie umschlägt, „von einem Wunsch und einer Hoffnung in eine von außen herangetragene Forderung und zu einem Zwang" (ebd., S. 148f.). Die gesellschaftlich von den Individuen geforderte Autonomie deckt sich nicht mehr mit dem Autonomie-Begriff einer kritischen Bildungstheorie, „offensichtlich wird das Verhältnis von bürgerlicher Freiheit und Konformismus neu austariert" (ebd.). Auswirkungen dieser Veränderungen auf Bildungseinrichtungen und für die Pädagogik konstitutive Prozesse wie Kindheit und Ausbildung bleiben nicht aus (vgl. ebd., S. 149). Dies hat Auswirkungen auf die Subjektkonstitution, die spätestens jetzt fraglich wird, da es gerade solche Begriffe wie Autonomie und Freiheit sind, „in denen die Subjekte [...] soziale Gewalt und [...] Zumutungen der Isolierung von anderen, der Privatisierung und herrschaftlichen Aneignung ihres gesellschaftlichen Zusammenhangs, der Konkurrenz, der ‚männlichen' Bewährung erfahren" (ebd., S. 150). Was passiert mit einer Pädagogik, deren Ziel es ist, mündige und autonome Subjekte zu bilden in einer kapitalistischen Gesellschaft, in der „die Subjektivität der Individuen [...] insbesondere als ökonomischer Faktor in den

Blick" (ebd., S. 151) gerät? Wenn Überschreitungen des Systems direkt in das System integriert werden, wie lässt sich damit umgehen?

Die kritische Bildungstheorie hat in der widersprüchlichen Konstitution des bürgerlichen Subjekts dessen Vereinnahmung durch kapitalistische Herrschaftsstrukturen zum Ausdruck gebracht und auch die Vereinnahmung der emanzipatorischen Begriffe durch die Rhetorik des Kapitalismus ist nicht fremd. Das revolutionäre Subjekt, so heißt es bereits bei Heydorn, muss sich immer wieder aufs Neue befreien und darf dabei nicht hinter einmal erreichte Punkte zurückfallen (vgl. Heydorn Bd. 3, S. 295). „Ein revolutionärer Akt genügt nicht, um die Jahrtausende alten Archetypen auszuräumen, mag er die Welt auch erschüttern, Veränderung will in uns selbst über umwälzende Praxis durchlaufen sein" (ebd.). Hier spricht Heydorn einen wichtigen Aspekt an, der die Aktualität kritischer Bildungstheorie ausmacht und der darin besteht, die immanenten Widersprüche der kapitalistischen Gesellschaft und das darin enthaltene Potential von Widerstand aufzuzeigen (vgl. Borst 2003, S. 182). Dabei wird deutlich, dass es kritisch-materialistischer Bildungstheorie gerade nicht darum geht eine Geschichte „fortschreitender befreiender Humanisierung" (Messerschmidt 2007b, S. 46) zu erzählen, sondern dass sie „von der inneren Widersprüchlichkeit bürgerlicher Bildung handelt" (ebd., S. 47).

Eine Überwindung des kapitalistischen Ansatzes „durch das Bündnis von Bildung und Revolution" (Heydorn Bd. 3, S. 295), ist, folgen wir Demirović, ein Trugschluss, der auf einem Festhalten an einem traditionellen Subjektbegriff beruht, nach dem sich das Individuum über Bildung humanistischen Zielen unterordnet. Es handelt sich hierbei um ein „konstitutive[s] Problem pädagogischer Theoriebildung" (Boenicke 2000, S. 72), da sich das moderne Subjekt in der „Differenz von individueller Freiheit und subjektiver Rationalität" (Schäfer 1996, S. 277) befindet und somit seine Subjektivität in einer unverfügbaren Individualität begründet liegt, aus der wiederum der Freiheitsanspruch des Subjekts gewonnen wird.

Bezieht man die Subjekttheorie Butlers in diese Betrachtung ein, lässt sich dieses konstitutive Problem anders bewerten, da es nicht mehr um eine identitätslogische Schließung des Widerspruchs geht, sondern vielmehr darum, Differenzen aufzuzeigen, offenzuhalten und anzuerkennen. In Bezug auf die kapitalistische Vereinnahmung der Anrufungen nach Autonomie könnte dies bedeuten, zu reflektieren, dass emanzipatorische Anrufungen nicht oppositional zur Macht entstehen, sondern aus dieser hervorgehen. Dies kann erklären, warum und wie neoliberalistische Diskurse emanzipatorische Forderungen annehmen und übernehmen. Da nach Butler das Subjekt aus der Akzeptanz der Tatsache, dass es nicht der Souverän seiner Handlungen ist, seine Handlungsfähigkeit schöpft, bedeutet dies nicht, dass wir uns einer quasi äußerlichen Macht ergeben, sondern in der widersprüchlichen Situation befinden, selbst an der Erzeugung von Zwängen beteiligt zu sein, die wir eigentlich aufheben wollen. Diese Tatsache als Grundlage einer Reflexion gesellschaftlicher Verhältnisse zu betrachten, spielt insbesondere für das Selbstverständnis von Pädagogik und Pädagog_innen eine wichtige Rolle.

Kritische Bildungstheorie hat die Reflexion ihrer Perspektive sowie die Verwicklung der Kritiker_innen in die gesellschaftlichen Verhältnisse vernachlässigt

Bildung im Anschluss an Heydorn als widersprüchlich zu denken, birgt Messerschmidt zufolge immer die Gefahr, sie „in zwei voneinander trennbare Bestandteile zu zerlegen" (Messerschmidt 2009a, S. 249). Der „für die Bildungstheorie grundlegende Widerspruchsgedanke droht immer dann verloren zu gehen, wenn Bildung als das Wahre, Schöne und Gute idealisiert und wenn sie für die Bedürfnisse des Marktes funktionalisiert wird" (Messerschmidt 2011, S. 81). Diese Verkennung ist jedoch nicht Ausdruck einer „Fehllektüre [...], sondern eher als Ausdruck eines Ringens um die Möglichkeit kritischer Bildung und als Ausweis auch meiner eigenen Schwierigkeiten, kritische Bildungstheorie zu betreiben" (Messerschmidt 2009a, S. 239) zu verstehen. Es ist eine Reflexion der subjektiven Perspektive der Kritiker_innen von wichtiger Bedeutung, welche in der kritischen Bildungstheorie jedoch selten thematisiert wird (vgl. Messerschmidt 2009c, S. 141). Messerschmidt betont, es handle sich dabei um eine gefährliche Fragestellung, „denn sie könnte die Antwort provozieren, dass es eine allzu eingeschränkte und allzu privilegierte Perspektive ist und dass sie sich als ungeeignet erweist für eine kritische Praxis in den gegenwärtigen gesellschaftlichen Verhältnissen" (ebd.).

Die Problematisierung der subjektiven Verwicklung der Kritiker_innen in das Kritisierte kommt erst mit der Rezeption postmoderner, subjekt- und identitätskritischer Theorien auf (Messerschmidt 2009a, S. 236). Das Subjekt der Kritiker_innen wurde und ist bisher in der Pädagogik nicht berücksichtigt. Es wird in keine Beziehung zu den kritisierten Verhältnissen gesetzt und auch nicht selbst angezweifelt (vgl. Messerschmidt 2009b, S. 212). Im Selbstverständnis kritischer Pädagogik wird ein authentisches Vernunftsubjekt dargestellt, „das sich in der Figur des unabhängig die Verhältnisse kritisierenden Kritikers widerspiegelt" (ebd.). Die Kritik Messerschmidts bezieht sich im Wesentlichen darauf, dass sich kritische Pädagogik nicht auf eine kritische Auseinandersetzung mit den eigenen Wahrheitsansprüchen eingelassen hat, die im Zuge subjekt- und identitätskritischer Theorien für pädagogische Fragen relevant geworden sind. Sie stellt fest, dass sich „die Mehrheit pädagogischer Theoretiker_innen kaum auf die Irritationen der Subjektkritik" (Messerschmidt 2009a, S. 230) eingelassen haben und kritische Pädagogik auf ein Kritikverständnis beschränkt wird, das kein Nachdenken über die „eigenen Vorstellungen von Subjektivität und Autonomie" (Messerschmidt

2009b, S. 213) erfordert. Es wird weiterhin auf das Möglichwerden des autonomen Subjekts durch emanzipative Erziehungsprozesse gesetzt (vgl. Messerschmidt 2009a, S. 230).

So lässt sich auch die kritische Bildungstheorie selbst einer Kritik unterziehen, da sie ihre eigenen Ansprüche nicht einzuhalten vermag und „an einem aufgeklärten Subjektverständnis" (ebd., S. 250) festhält, „ohne sich auf die Infragestellung einzulassen, die durch feministische und postkoloniale Einsprüche gegenüber dem Subjekt der Bildung erfolgt sind" (ebd., S. 250f.). Diese Kritik wollen wir an dieser Stelle weiter verfolgen und versuchen unter Einbezug der Subjekttheorie Judith Butlers produktiv für eine kritische Bildungstheorie werden zu lassen. Butlers Verabschiedung des „Täter[s] hinter der Tat" (Butler 1991, S. 209) verweist darauf, dass es ihr zufolge kein selbstbestimmtes Subjekt gibt. Sie negiert im Anschluss an Foucault das moderne Subjekt als eine unmögliche Konstruktion, hält jedoch am Begriff des Subjekts fest, indem sie das Subjekt als ein diskursiv hervorgebrachtes wieder auferstehen lässt. Die von ihr dargestellte Figur des Subjekts existiert nur auf einer sprachlichen Ebene, sie ist die „sprachliche Gelegenheit des Individuums" (Butler 2001, S. 15). Dieses Subjekt wird durch die paradoxe Figur der Subjektivation gebildet, in der sich das Subjekt gleichzeitig diskursiv erzeugten Normen unterwirft und diese hervorbringt. Somit befindet sich das Subjekt immer in der Abhängigkeit von Diskursen, die es durch Wiederholung von Normen zugleich selbst hervorbringt. Das bedeutet, dass das Subjekt nie ganz über sich selbst verfügen und sich auch nicht ganz selbst erfassen kann. Butler zufolge gibt es deshalb kein souveränes Subjekt.

Mit der Erkenntnis, dass die Unterwerfung des Subjekts nicht von souveränen Subjekten, sondern von einem Diskurs ausgeht, wird die Rolle der Pädagog_innen verschoben. Sie können nicht diejenigen sein, die dem Subjekt zur Handlungsfähigkeit verhelfen, sondern sind vielmehr selbst in die Machtstrukturen verstrickt und bringen diese durch ihr eigenes Handeln, auch und gerade unbewusst, wieder hervor. Gerade pädagogische Institutionen und mit ihnen die Pädagog_innen sind demnach in die Hervorbringung und vor allem Wiederholung gesellschaftlicher Normen verstrickt. Da es jedoch auch keinen Widerstand außerhalb der Normen geben kann, muss schließlich das Bewusstsein über diese Verstrickungen zu einer Öffnung der symbolischen Ordnung des Pädagogischen führen. Man kann also davon ausgehen, dass das Subjekt der kritischen Bildungstheorie durch Herrschaftsbedingungen hervorgebracht wird und es ihm, will es handlungsfähig bleiben, nicht möglich ist sich von diesen zu befreien, um eine souveräne Position der Kritik einzunehmen. Diese Erkenntnis wirft die Frage auf, wie Kritik konstituiert ist und ob eine Gesellschaftskritik überhaupt von einem souveränen Standpunkt aus möglich sein kann und soll.

Mit den gesellschaftlichen Transformationen haben sich die theoretischen Voraussetzungen sowohl des Subjekts, als auch die der Kritik grundlegend geändert. Wie gezeigt, kann kritische Bildungstheorie weder das Ziel haben, autonome Subjekte zu bilden, noch kann sich Kritik aus der distanzierten Reflexion ergeben. Vielmehr ist das Subjekt als ein in diskursive Strukturen zutiefst verstricktes und von diesen konstitutiv abhängiges zu betrachten.

Eva Borst zufolge zielt kritische Bildungstheorie nicht auf die Bildung eines autonomen Subjekts ab, sondern hat ein Subjekt im Blick, „das immer schon unterworfen ist und sich im Zustand des Unterworfenseins dergestalt selbstermächtigt" (Borst 2003, S. 177), dass es, trotz der Begründung in der Abhängigkeit „nicht in völliger Determination aufgeht" (ebd.). Durch das methodische Vorgehen der kritischen Bildungstheorie wird ihr zentraler Bezugspunkt das widersprüchliche „moderne bürgerliche Subjekt" (ebd.), das „ebenso Produkt der Aufklärung wie auch deren Widerlegung ist" (ebd.).

„Die Praxis der Kritik, von der Butler spricht, nimmt dabei eine dialektische Form an, weil sie sich nicht nur gegen die Norm selbst richtet, sondern stets auch gegen das Subjekt, das durch diese Normen erst zu dem wird, was es ist" (Borst 2004, S. 250).

Die kritische Reflexivität des Subjekts der kritischen Bildungstheorie ergibt sich somit nur aus den Normen, die es konstituieren, die ihm aber auch die Möglichkeit geben, sich über diese Normen hinaus zu entwickeln (vgl. ebd., S. 249f.). Kritik kommt dabei als eine Praxis in den Blick, die aus der Sache, die sie kritisiert, heraus argumentieren muss und deshalb immer ihren eigenen Gegenstand zur Disposition stellt. Aus dieser Perspektive wird es für kritische Bildungstheorie möglich, sich einer immanenten Kritik zu stellen und zu fragen, auf welchen Ausschlüssen ihre Begründung beruht.

Kritische Bildungstheorie müsste aufgrund aktueller (poststrukturalistischer) Erkenntnisse ihre eigenen Begründungsfiguren hinterfragen und bereit sein, sich selbst zur Disposition zu stellen um kritisch bleiben zu können

Kritische Bildungstheorie und die Pädagogik in Darmstadt sind im Kontext ihrer Zeit zu sehen. Astrid Messerschmidt beschreibt dies als zeitgeschichtlich bedingte Bildungspraxis (vgl. Messerschmidt 2007b, S. 152). Dies ist unseres Erachtens eine wichtige Perspektive auf die kritische Bildungstheorie. Ihre Entstehungszeit sind die 1960er Jahre und damit eine Phase des Wiederaufbaus, der Neuorientierung und Reflexion der Vergangenheit. Das ist auch den Schriften Gamms und Koneffkes zu entnehmen. Es ist eine Zeit des Umbruchs und des Aufbruchs innerhalb der Gesellschaft. Dies betrifft auch immer die pädagogische Theorie und Praxis. Eine Kritik an der kritischen Bildungstheorie ist deshalb nicht missverstehen. Wird Bildungstheorie Kritik unterzogen, dann im Sinne einer Aktualisierung, einer Anpassung an die heutigen Bedingungen von Gesellschaft, Politik und Ökonomie.

Kritische Bildungstheorie generiert ihre Erkenntnisse aus der Geschichte, daher erfordern neue Verhältnisse und Strukturen ein erneutes Nachdenken.

Kritische Bildungstheorie ist sozusagen selbst Teil der Geschichte, nicht in dem Sinne, dass sie Geschichte sei, sondern zeitgeschichtliche Bildungspraxis, über deren Rekurs Erkenntnisse für die Gegenwart ermittelt werden können.

Wir leben in einer Zeit, die durch Innovationsdruck, Schnelllebigkeit und Wettbewerbsstreben geprägt ist. Es ist eine Ökonomisierung aller Lebensbereiche festzustellen, was sich auch in Bildungsinhalten und Lehr-Lernbeziehungen niederschlägt. Bildungsinhalte sind nicht mehr auf eine umfassende Allgemeinbildung ausgelegt, sondern auf Kompetenzerwerb mit dem Ziel vorhandene Wissensbestände problemorientiert anwenden zu können (vgl. Boenicke 2007, S. 98). Wer heute ernsthaft über Bildung nachdenkt, der kommt nicht umhin, sich mit dem Begriff der Selbstbestimmung auseinanderzusetzen. Seit den Freiheitsgedanken der Aufklärung stehen Selbstbestimmung und Autonomie im Fokus der Pädagogik. Der Anspruch an die Selbstbestimmung und Autonomie des Menschen sollte nicht an Aktualität verlieren. Sie ist Schutz vor Unterwerfung, Unterdrückung und Ausnutzung. Auch und gerade in der heutigen Zeit. Eine kritische Bildungstheorie und Bildungspraxis ist hierfür unerlässlich. Angesichts veränderter gesellschaftlicher und ökonomischer Bedingungen und neuer theoretischer Erkenntnisse stellt sich die Frage, wie kritische Bildungstheorie heute noch produktiv sein kann.

Kritische Bildungstheorie ist mit neuen Theorieentwürfen konfrontiert, denen sie kaum standhalten kann, Kritik hat weitestgehend ihre Anknüpfungspunkte verloren und wird für wirtschaftliche Zwecke produktiv gewendet. Wie könnte das Projekt *kritische Bildungstheorie* heute aussehen?

Die kritische Bewertung des Begriffs der Kritik und der Begründung von Subjektivität durch Butlers Position lässt auch ein Überdenken anderer Begründungsfiguren der kritischen Bildungstheorie notwendig erscheinen. Peter Euler argumentiert auf der Ebene der kritischen Bildungstheorie, wenn er feststellt, dass ein „vernünftiges Allgemeines" (Euler 1995, S. 209) zumindest gedacht werden muss, um „das pädagogische Verständnis der Subjektwerdung" (ebd.) zu ermöglichen und „metaphysische Bestimmungen wie Freiheit und Gerechtigkeit" (Euler 2011, S. 56) demzufolge eine „kritische Funktion" (ebd.) haben, der Kampf um Befreiung aber „aus den treibenden Kräften der Herrschaftsgesellschaft" (ebd., S. 57) hervorgeht und sich seiner Wirkung nicht bewusst sein kann. Wir sehen hier einen Anknüpfungspunkt, da Euler an dieser Stelle die Bestimmungskategorien von kritischer Bildungstheorie hinterfragt. Er geht darauf ein, dass diese Begriffe umkämpft und somit nicht rein, sondern in Herrschaftsstrukturen verwickelt und von diesen eingenommen sind. Auch das „vernünftige Allgemeine" (Euler 1995, S. 209), das Euler zufolge notwendigerweise unterstellt werden muss, um eine Vorstellung von Befreiung zu ermöglichen, ist eine diskursiv hervorgebrachte Kategorie und somit nicht unabhängig von hegemonialen Bedeutungssystemen. Diese Darstellung von Widerstand lässt sich mit Butlers Auffassung verknüpfen, dass Handlungsfähigkeit eine „kontingente und zerbrechliche Möglichkeit ist, die sich inmitten konstituierender Bedingungen auftut" (Butler 1993, S. 128). Für Kritik bedeutet das, dass sie dem „Diskurs-/ und Machtsystem, dessen Behauptungen sie zu beurteilen sucht, immanent ist; das heißt, dass die Praxis der ‚Kritik' in eben diese Machtbeziehungen, die sie zu beurteilen sucht, einbezogen ist" (Butler 1993, S. 130). Demnach ist das ‚kritische Subjekt' in Strukturen eingebunden und die von ihm hervorgebrachte Kritik in erster Linie „eine Handlung der Macht" (ebd.), die nur der Möglichkeit nach widerständiges Sprechen darstellt. Dies bedeutet aber nicht, dass es nach Butler nicht wert ist zu versuchen, widerständig zu handeln (vgl. Butler 2006, S. 254).

Butlers Ausarbeitungen folgend geht es also auf bildungstheoretischer Ebene darum, die gesellschaftlichen Bedingungen, in die Pädagogik verstrickt ist, zu analysieren und dabei Widersprüche aufzuzeigen. Nicht jedoch um diese zu schließen, sondern um diese offen zu halten und die Möglichkeit zu eröffnen, neue Bereiche des Sag- und Denkbaren einzuschließen. Um dies zu ermöglichen, benötigt man nicht die Figur eines souveränen Subjekts, sondern muss ein reflektiertes Subjekt gedacht werden, das sich seiner vielfältigen Verstrickungen und der Unmöglichkeit, letzte Instanz seiner Handlungen zu sein, bewusst ist. Außerdem benötigt dieses Subjekt den Mut, trotz des Bewusstseins über seine eigene Abhängigkeit, seine Subjektivität durch „kritisches" Handeln zu riskieren.

„Ethik erfordert, dass wir uns eben dort aufs Spiel setzen, in diesen Momenten des Unwissens, wo das, was uns bedingt und uns vorausliegt, voneinander abweicht, wo in unserer Bereitschaft, anders zu werden, als dieses Subjekt zugrunde zu gehen, unsere Chance liegt, menschlich zu werden, ein Werden, dessen Notwendigkeit kein Ende kennt" (Butler 2003, S. 144).

4. Neue Wege gehen

Kritische Bildungstheorie muss, will sie die Widersprüchlichkeit gesellschaftlicher Entwicklungen thematisieren, aktuellen gesellschaftlichen Transformationsprozessen offen gegenüber treten. Dabei darf sie sich nicht darauf beschränken, diese von außen zu kritisieren, sondern muss zugleich immer ihre eigenen Verstrickungen in Machtstrukturen reflektieren. Kritische Bildungstheorie kann keinen Ausweg aus den widersprüchlichen gesellschaftlichen Verhältnissen bieten, sondern sie muss versuchen genau in diesem Widerspruch einen Weg der Bildung zu finden, ohne diese dabei zu idealisieren oder zu dekonstruieren. Es geht demnach nicht um ein Auflösen der Widersprüche, sondern diese sollen bewusst offen gehalten und reflektiert werden. „Die Einsicht in den Widerspruch, dem man nicht nur unterliegt, sondern der man ist" (Koneffke 2006, S. 38f.) ist entscheidend. Hierzu gehört auch, dass die eigene Position im Diskurs reflektiert werden muss, sowohl auf der theoretischen Ebene der Wissenschaft als auch auf der subjektiven Ebene der Wissenschaftler_innen. Dies ist kein einfaches Unterfangen, da die Verstrickung in widersprüchliche Verhältnisse nicht aufzuheben ist. Diese Erkenntnis sollte jedoch nicht zu einer Aufgabe von kritischer Bildungstheorie führen, sondern als Herausforderung gesehen werden, diese immer weiter zu denken und zu aktualisieren. Somit können wir unseres Erachtens abschließend auf Elisabeth Sattlers Frage nach einem „Zu-Ende-Kommen oder Weiter-machen?" (Sattler 2009, S. 135) begründet antworten: „Weitermachen!".

Literatur

Bernhard, Armin/Rothermel, Lutz (1997): Einleitung. In: Bernhard, Armin/Rothermel, Lutz (Hrsg.): Handbuch Kritische Pädagogik. Weinheim: Deutscher Studien Verlag.
Bernhard, Armin (2012a): Der geschichtsmaterialistische Ansatz in Pädagogik und Erziehungswissenschaft. In: Gamm, Hans-Jochen: Pädagogik als humanes Erkenntnissystem. Hohengehren: Schneider, S. 11-31.
Bernhard, Armin (2012b): Kritische Pädagogik. Entwicklungslinien, Korrekturen und Neuakzentuierungen eines erziehungswissenschaftlichen Modells. In: Adam, Horst/Schlönvoigt, Dieter: Kritische Pädagogik. Fragen – Versuch von Antworten. Manuskripte, S. 13-31.
Bernhard, Armin (o. J.): Materialistische Pädagogik – Hans-Jochen Gamms erziehungswissenschaftlicher Ansatz eines kritisch-humanistischen Materialismus. Unveröffentlichtes Manuskript.
Boenicke, Rosemarie (2000): Bildung, absoluter Durchgangspunkt. H.-J. Heydorns Begründung einer kritischen Bildungstheorie. Weinheim: Deutscher Studien Verlag.
Boenicke, Rosemarie (2007): Vom Bildungsbürger zum Wissensarbeiter. In: Bierbaum, Harald/Euler, Peter/Feld, Katrin/Messerschmidt, Astrid/Zitzelsberger, Olga (Hrsg.): Nachdenken in Widersprüchen. Wetzlar: Büchse der Pandora, S. 93-102.
Borst, Eva (2003): Anerkennung der Anderen und das Problem des Unterschieds. Perspektiven einer kritischen Theorie der Bildung. Baltmannsweiler: Schneider.
Borst, Eva (2004): Anerkennung als Praxis der Kritik. Thesen zu einer kritischen Theorie der Bildung. In: Vierteljahrsschrift für wissenschaftliche Pädagogik, H. 2/3, 2004, S. 248-266.
Bünger, Carsten (2010): Politische Bildung nach dem ‚Tod des Subjekts'. In: Lösch, Bettina/Thimmel, Andreas (Hrsg.): Kritische politische Bildung. Ein Handbuch.Schwalbach: Wochenschau Verlag, S. 315-325.

Butler, Judith (1991): Das Unbehagen der Geschlechter. Frankfurt a.M.: Suhrkamp.
Butler, Judith (1993): Für ein sorgfältiges Lesen. In: Benhabib, Seyla/Butler, Judith/Cornell, Drucilla/Fraser, Nancy: Der Streit um Differenz. Feminismus und Postmoderne in der Gegenwart. Frankfurt a.M.: Fischer, S. 122-132.
Butler, Judith (2001): Psyche der Macht. Das Subjekt der Unterwerfung. Frankfurt a.M.: Suhrkamp.
Butler, Judith (2003): Kritik der ethischen Gewalt. Frankfurt a.M.: Suhrkamp.
Butler, Judith (2006): Haß spricht. Zur Politik des Performativen. Frankfurt a.M.: Suhrkamp.
Cankarpusat, Ali/Haueis, Godwin (2007): Mut zur Kritik. Gernot Koneffke und Hans-Jochen Gamm im Gespräch über die Darmstädter Pädagogik. In: Bierbaum, Harald/Euler, Peter/Feld, Katrin/Messerschmidt, Astrid/Zitzelsberger, Olga (Hrsg.): Nachdenken in Widersprüchen. Wetzlar: Büchse der Pandora.
Demirović, Alex (2010): Krise des Subjekts – Perspektiven der Handlungsfähigkeit. Fragen an die kritische Theorie des Subjekts. In: Demirović, Alex/Kaindl, Christina/Krovoza, Alfred: Das Subjekt – zwischen Krise und Emanzipation. Münster: Westfälisches Dampfboot, S. 147-172.
Drosdowski, Günther (1989): Duden Etymologie. Herkunftswörterbuch der deutschen Sprache.. Mannheim: Bibliographisches Institut & F. A. Brockhaus AG, Stichwort: kritisch bzw. Krise.
Euler, Peter (1995): Das Subjekt zwischen Hypostasierung und Liquidation. Zur Kategorie des Widerspruchs für die modernitätskritische Revision der Erziehungswissenschaft. In: Euler, Peter/Pongratz, Ludwig (Hrsg.): Kritische Bildungstheorie. Zur Aktualität Heinz-Joachim Heydorns. Weinheim: Deutscher Studien Verlag, S. 203-221.
Euler, Peter (1998): Gesellschaftlicher Wandel oder historische Zäsur? Die „Kritik der Kritik" als Voraussetzung von Pädagogik und Bildungstheorie. In: Jahrbuch für Pädagogik. Frankfurt a.M.: Peter Lang, S. 217-238.
Euler, peter (2003): Bildung als „kritische" Kategorie. In: Zeitschrift für Pädagogik, H. 3/Jg. 49, S. 413-421.
Euler, Peter (2004): Kritik in der Pädagogik: Zum Wandel eines konstitutiven Verhältnisses der Pädagogik. In: Pongratz, Ludwig/Nieke, Wolfgang/Masschelein, Jan (Hrsg.): Kritik der Pädagogik – Pädagogik als Kritik. Opladen: Leske + Budrich.
Euler, Peter (2011): Konsequenzen für das Verhältnis von Bildung und Politik aus der Kritik Postmoderner Postpolitik. In: Reichenbach, Roland/Ricken, Norbert/Koller,Hans-Christoph (Hrsg): Erkenntnispolitik und die Konstruktion pädagogischer Wirklichkeiten. Paderborn: Ferdinand Schöningh, S. 43-60.
Foucault, Michel (1992): Was ist Kritik? Berlin: Merve.
Hartmann, Jutta (2001): Bewegungsräume zwischen kritischer Theorie und Poststrukturalismus. Eine Pädagogik vielfältiger Lebensweisen als Herausforderung für die Erziehungswissenschaft. In: Fritzsche, Bettina/Hartmann, Jutta/Schmidt, Andrea/Tervooren, Anja (Hrsg.): Dekonstruktive Pädagogik. Erziehungswissenschaftliche Debatten unter poststrukturalistischen Perspektiven. Opladen: Leske + Budrich, S. 65-84.

Heydorn, Heinz-Joachim (2004): Werke in 9 Bänden. Studienausgabe. Hrsg. v. Heydorn, Irmgard/Kappner, Hartmut/Koneffke, Gernot/Weick, Edgar. Wetzlar: Büchse der Pandora.

Keim, Wolfgang/Steffens, Gerd (2006): Bildung und gesellschaftlicher Widerspruch. Frankfurt a.M.: Peter Lang.

Koneffke, Gernot (1969): Integration und Subversion. Zur Funktion des Bildungswesens in der spätkapitalistischen Gesellschaft. In: Das Argument, H. 54/Jg. 11, S. 389-430.

Koneffke, Gernot (2006): Einige Bemerkungen zur Begründung materialistischer Pädagogik. In: Keim, Wolfgang/Steffens, Gerd (Hrsg.): Bildung und gesellschaftlicher Widerspruch. Frankfurt a.M.: Peter Lang, S. 29-44.

Messerschmidt, Astrid (2007a): Immanente Gegensätze. Nachdenken über eine selbstkritische Bildungstheorie mit Gernot Koneffke. In: Bierbaum, Harald/Euler, Peter/Feld, Katrin/Messerschmidt, Astrid/Zitzelsberger, Olga (Hrsg.): Nachdenken in Widersprüchen. Wetzlar: Büchse der Pandora, S. 145-154.

Messerschmidt, Astrid (2007b): Von der Kritik der Befreiung zur Befreiung von Kritik? Erkundungen zu Bildungsprozessen nach Foucault. In: Pädagogische Korrespondenz, H. 36, S. 44-59.

Messerschmidt, Astrid (2009a): Weltbilder und Selbstbilder. Bildungsprozesse im Umgang mit Globalisierung, Migration und Zeitgeschichte. Frankfurt a.M.: Brandes und Apsel.

Messerschmidt, Astrid (2009b): Zwischenräume. In: Kubac, Richard/Rabl, Christine/Sattler, Elisabeth (Hrsg.): Weitermachen? Einsätze theoretischer Erziehungswissenschaft. Würzburg: Königshausen & Neumann, S. 208-217.

Messerschmidt, Astrid (2009c): Verwicklungen – kritische Bildung und politisches Engagement in neoliberalen Verhältnissen. In: Bünger, Carsten/Mayer, Ralf/Messerschmidt, Astrid/Zitzelsberger, Olga (Hrsg.): Bildung der Kontrollgesellschaft. Paderborn u.a.: Ferdinand Schöningh, S. 131-143.

Messerschmidt, Astrid (2011): Bildung in Widersprüchen – aktuelle Anfragen und Anknüpfungen an Kritische Bildungstheorie. In: Spannring, Reingard/Arens, Susanne/Mecheril, Paul (Hrsg.): Bildung – Macht – Unterschiede. Innsbruck university press, S. 81-117.

Sattler, Elisabeth (2009): Die riskierte Souveränität. Bielefeld: Transcript.

Schäfer, Alfred (1996): Das Bildungsproblem nach der humanistischen Illusion. Weinheim: Deutscher Studien Verlag.

Schäfer, Alfred (2009): Hegemoniale Einsätze. Überlegungen zum Ort der Kritik. In: Bünger, Carsten/Euler, Peter/Gruschka, Andreas/Pongratz, Ludwig A. (Hrsg.): Heydorn lesen! Herausforderungen kritischer Bildungstheorie. Paderborn u.a.: Schöningh, S. 193-214.

Türcke, Christoph (1998): Das Altern der Kritik. In: Pädagogische Korrespondenz, H. 22, S. 5-13.

Natur, Wissenschaft, Bildung

Jutta Breithausen

> *Die Geschichte erklärt weder das natürliche Universum vor ihr noch die Schönheit über ihr. So hat sie sich dafür entschieden, diese nicht zu kennen. Wo Platon noch alles umfasste, den Widersinn, die Vernunft und den Mythos, besitzen unsere Philosophen nur noch den Widersinn oder die Vernunft, weil sie die Augen vor dem übrigen schließen. Der Maulwurf meditiert.(Albert Camus)*

1. Naturwissenschaften als Marginalien im bildungstheoretischen Diskurs

Die Bedeutung der Naturwissenschaften für den Bildungsprozess ist eine in der gegenwärtigen Allgemeinen Erziehungswissenschaft nur randständig behandelte Forschungsfrage (vgl. Euler/Bierbaum 2005). Zwar lässt sich seit geraumer Zeit in einigen Teildisziplinen, etwa der Frühpädagogik oder der Schulpädagogik, eine Konjunktur naturwissenschaftlich ausgerichteter didaktischer Maßnahmen feststellen. Hiermit wird jedoch primär auf bestehende oder zukünftige Ausbildungsbedarfe zu antworten versucht. Exemplarisch hierfür können Einrichtungen wie das „Haus der kleinen Forscher" genannt werden: „Bei Kindern schon früh die Begeisterung für Naturwissenschaften, Mathematik und Technik wecken und damit einen Beitrag zur Nachwuchssicherung in diesen Bereichen leisten, das ist Ziel der Initiative ‚Haus der kleinen Forscher' die 2006 gegründet wurde." (BMBF 2014). Dieser Programmatik gegenüber kann vermerkt werden, dass von der ‚Nachwuchssicherung' im Bereich einer gesellschaftlich nicht weniger dringlichen Kritik- und Urteilsfähigkeit kaum etwas zu lesen ist. Träumte Heinz-Joachim Heydorn noch von einem Bildungsverständnis, das die Versöhnung von Naturwissenschaften und Humanismus zugunsten eines menschenwürdigen Zusammenlebens umfasste (vgl. Heydorn 1974), sah Herwig Blankertz die Naturwissenschaft als Medium der Kritikfähigkeit, integralen Bestandteil einer emanzipatorischen Erziehung und als „Prüfstein der Demokratie" hochtechnisierter Gesellschaften (vgl. Blankertz 1972), wird gegenwärtig die gesellschaftliche Relevanz naturwissenschaftlicher Bildung enggeführt auf deren wirtschaftlichen Ertrag und – mit einer bildungstheoretischen Rolle rückwärts – die

Positionierung in internationalen vermeintlichen Lernerfolgs-Rankings in den Blick genommen (so TIMSS). Weitestgehend unbedacht bleiben damit Fragen nach alternativen Möglichkeiten der gesellschaftlichen Bedeutsamkeit naturwissenschaftlicher Bildung, die etwa in ihrem aufklärerischen Potenzial über die fortschreitende Wissens-Degeneration in der sogenannten ‚Wissensgesellschaft' oder in der Offenlegung überdauernder Halbwahrheiten postmoderner Gesellschaften bestünden. Damit geht einher, dass nicht nur die Naturwissenschaften gefangen sind im Korsett ihrer Verwertbarkeit, sondern dass auch das Verständnis von Bildung zunehmend in dieses Korsett gezwängt wird. In der aktuellen bildungstheoretischen Diskussion fokussiert die Kritik an der Verwertbarkeit primär darauf, dass die Erziehungswissenschaft methodisch den Verfahren der Naturwissenschaften angeglichen wird (vgl. u.a. Casale 2011). In der damit verbundenen Hervorhebung der Differenz zwischen Natur- und Geisteswissenschaften werden ihre mögliche Beziehung zueinander oder die Bedeutung einer nicht a priori auf Verwertung zielenden Naturwissenschaft kaum thematisiert. Von den Theorien und Ansätzen der Allgemeinen Erziehungswissenschaft, in denen die Frage nach dem Verhältnis von Naturwissenschaften und Bildung aufgegriffen wird, stellen diejenigen eine Ausnahme dar, die die Bedeutsamkeit der Naturwissenschaften für einen umfassenden Bildungsprozess hervorheben und – mehr oder weniger explizit – ihre Gleichwertigkeit mit anderen Gegenständen anerkennen (vgl. u.a. Ballauff 1970, Blankertz 1972, Heydorn 1974).

Ausdrücklich eingebettet in den aktuellen Kontext einer kritischen Bildungstheorie jenseits der Verwertungslogik sind die Naturwissenschaften in den Forschungen Peter Eulers. Das spiegelt sich unter anderem in einem vom Hessischen Kultusministerium geförderten Forschungsprojekt in den frühen 2000er Jahren, das in Zusammenarbeit mit dem hessischen Volkshochschulverband und dem Institut für Allgemeine Pädagogik und Berufspädagogik der Technischen Universität Darmstadt durchgeführt wurde. Hierin erheben Peter Euler und Harald Bierbaum Einspruch gegen eine Bestimmung der Naturwissenschaft als „Skandalon in der Bildungslandschaft" (Euler/Bierbaum 2005, S. 309) und monieren den Vorrang geisteswissenschaftlicher Themen gegenüber naturwissenschaftlichen. Die Autoren legen dar, „warum und inwiefern gerade Naturwissenschaft ein Gegenstand der allgemeinen Erwachsenen- und Weiterbildung" sein sollte (ebd.). Die Antwort darauf, *warum* Naturwissenschaft ein Gegenstand der Erwachsenenbildung sein solle, wird im Rahmen dieses Forschungsprojekts vornehmlich aus dem empirischen Befund gewonnen, dass allen Schulbildungsbemühungen zum Trotz die Kenntnis naturwissenschaftlicher Zusammenhänge bei einem Drittel der untersuchten Erwachsenen defizitär sei und dem Stand „voraufklärerischen Denkens" entspreche (ebd., S. 310). Hierauf wird im Folgenden nicht näher eingegangen werden, wenngleich sich die Frage aufdrängt, ob etwa bei jenem untersuchten Personenkreis die Kenntnisse philosophischer, künstlerischer oder spezifisch pädagogischer Gegenstände demgegenüber weniger mangelhaft seien, oder mit anderen Worten: ob damit das hier angesprochene ‚Bildungsdefizit' ein exklusiv naturwissenschaftliches ist. Dessen ungeachtet möchte ich ansetzen bei den Begründungen der Autoren, *inwiefern*, das heißt unter welchen Voraussetzungen und mit welchen Erwartungen die Naturwissenschaften als allgemein bildender Gegenstand anzuerkennen sind. Dazu wird zunächst angeknüpft an die von Peter Euler an anderer Stelle erinnerte Differenz zwischen Wissen und Verstehen als den zwei Zugangsweisen zur Naturwissenschaft und dem daraus resultierenden Verhältnis zu Bildung in einem kritisch-emanzipatorischen Verständnis (vgl. Euler 2013, 2014). Mit dieser Unterscheidung wird ein spezifischer Begriff des Verstehens verdeutlicht, welcher im Kontext der geschichtlichen Genese der Naturwissenschaften pointiert wird, und der die insbesondere durch Wilhelm Dilthey etablierte Trennung von Erklären und Verstehen als jeweils exklusives Charakteristikum der Natur- bzw. der Geisteswissenschaft brüchig werden lässt.[1] An diesen zentralen Gedanken Eulers anknüpfend werden anhand zweier ausgewählter geschichtlicher Positionen deren mögliche Bedeutung für eine aktuelle Deutung von Verstehen extrahiert. Aus ihnen lässt sich die Frage nach dem Verhältnis von Naturwissenschaften und Bildung auch über Unterrichtsinhalte und didaktische Probleme hinaus neu stellen. Vom anschließenden Resümee darf keine eindeutige Beantwortung der Frage erwartet werden. Das mag jedoch nur für diejenigen Leser eine Enttäuschung sein, die sich von der Täuschung einer Eindeutigkeit der Wissenschaften vereinnahmen lassen.

2. Zur Differenz von Erklären und Verstehen

Tendenzen, Richtungen und Konjunkturen im erziehungswissenschaftlichen Diskurs treten in der Regel nicht als isolierte Phänomene auf. Es ist folglich wenig erstaunlich, dass die Vernachlässigung der Frage nach einer nicht engführenden Bedeutung der Naturwissenschaft für den Bildungsprozess nicht nur im Zusammenhang mit dem Verlust ihres weiterreichenden Horizontes steht, sondern auch in Relation zum Verlust eines nicht auf Verwertung zielenden Begriffs von Bildung gesehen werden muss. Als einer der Gründe für diese Verluste, zusammenlaufend im Verschwinden des Allge-

---

[1] Auf die Kritik Gadamers, dass Dilthey letztlich mit der jeweils spezifischen Auffassung von Natur- und Geisteswissenschaften den Vorrang der naturwissenschaftlichen Methode befördert, soll nachfolgend nicht eingegangen werden; vgl. hierzu Gadamer 1975, insbesondere S. 2-5.

meinen respektive der Sachlichkeit (vgl. u.a. Adorno 1966/2003, Gruschka 2009, Euler 2014), kann der Differenzverlust zwischen Erklären und Verstehen genannt werden (vgl. Borrelli 2010, Euler 2013). Michele Borrelli sieht in seinem Aufsatz vom ‚Ende der Bildung und dem Untergang der abendländischen Paideia' die Gründe für die Differenzierung von Erklären und Verstehen im Aufkommen des modernen neuzeitlichen Wissenschaftsverständnisses, welches sich etabliert habe mit der von Kant getroffenen Dreiteilung der Vernunft in eine theoretische, praktische und ästhetische (vgl. Borrelli 2010, S. 12). Kant und seinen Nachfolgern sei es nicht gelungen, die einmal vollzogene Unterscheidung der Vernunftarten wieder zu einer Einheit zusammenzuführen. Die von Kant betonte Unabhängigkeit der Vernunft sei mit dem Wandel der Wissenschaften von ihrer ontologisch-metaphysischen Auslegung hin zu einer empiristischen verloren gegangen. In der Diskursethik Karl-Otto Apels sieht Borrelli die Möglichkeit eines einheitlichen Vernunftverständnisses, sie stelle jedoch eine isolierte Position dar. Ohne dies hier genauer auseinanderzufalten, scheint die These Borrellis nachvollziehbar, dass im Konkurrieren der Vernunftarten nur eine die Regentschaft übernommen habe (vgl. ebd., S. 12) und inzwischen auch das Bildungssystem dominiere. Im Unterschied zu Borrellis pessimistischer Schlussfolgerung vom ‚Tod der abendländischen Bildung' engagiert sich Peter Euler in Anlehnung an Martin Wagenschein für eine Abkehr vom Dualismus von Natur- und Geisteswissenschaften, da beide „als Resultate der Geschichte gelten und folglich beide auch verstehbar sind. Die Erklärungen der Naturwissenschaften beziehen sich zwar auf Gegenstände der Natur, aber die Erklärungen sind nicht Natur, sondern Resultate der Geschichte, sind also Produkte der menschlichen Kultur, also auch verstehbar" (Euler 2014, S. 313). Was heißt nun ‚verstehbar'?

An die Stelle der Einsicht in Sachzusammenhänge trete heute in dominanter Weise, so Peter Euler, das Antrainieren gewünschter Verhaltensweisen (vgl. ebd., S. 311f.). Abstrakte psychologische Lerntheorien erwiesen sich als ignorant gegenüber der Differenz von Erklären und Verstehen[2]. Die Preisgabe dieser Differenz falle zusammen mit der Preisgabe des Bildungsanspruchs im institutionalisierten Lernen zugunsten allumfassender Anpassung. Verstehen ziele demgegenüber auf die „Ermöglichung eines begründeten Erschließens von gesellschaftlichen und kulturellen Sachverhalten" (ebd., S. 312).

---

2 Diesen Gedanken weiter verfolgend könnte bezweifelt werden, ob es überhaupt noch um Erklären geht, oder ob nicht vielmehr die auf Motivation und Selbststeuerung setzenden Lehrmethoden eine neue Form des Behaviorismus darstellen. Der inzwischen auch empirisch nachgewiesene zunehmende Niveauverlust von sogenannten Bildungsstandards (vgl. u.a. Klein 2010, Gruschka 2009) könnte jedenfalls indizieren, dass die Erfüllung der Lernziele weniger vom Erklären abhängen als von der Vermittlung von Techniken der Reproduktion des ‚Gelernten'. Vgl. hierzu auch Euler 2013, S. 489.

Weder die a priori gesetzte Trennung von Erklären und Verstehen noch die Aufhebung der Differenz zugunsten des Erklärens führen die Naturwissenschaften aus der bildungstheoretischen Sackgasse. Wie könnte eine Aufhebung des Differenzbewusstseins im Hegel'schen Sinne dazu beitragen, dem Verhältnis von Naturwissenschaft und Bildung gerecht zu werden?

3. Historische Anknüpfungen

Die hier zu erörternde Frage oder Verhältnisbestimmung scheint ein seit den Anfängen der Pädagogik virulentes Problem aufzugreifen.[3] Umso dringlicher scheint mir die von Peter Euler erinnerte Unterscheidung von Erklärung und Verstehen. Mit seinem Einsatz für ein Bewusstsein dieser Differenz geht zugleich die Forderung einher, sich der geschichtlichen Konstellationen zu vergewissern, ohne sich bei einer bloßen historischen Rekonstruktion zu beruhigen. Erst die Genese der geschichtlichen Bedingungen ermögliche es, historische Entwicklungen, auch die der Naturwissenschaften, zu verstehen. Dabei sei die zentrale pädagogische Aufgabe die Anregung zum subjektiven In-Beziehung-Setzen zum Wissen, um dieses umfassend verstehen und in Folge auch beurteilen zu können (vgl. Euler 2014, S. 313, 317). Die Aktualität dieser Forderung wird später noch einmal erörtert werden. Wenden wir zunächst den Blick zurück auf diejenige prominente Bildungstheorie, in der vor rund 200 Jahren die individuelle Auseinandersetzung mit den Gegenständen eine zentrale Stellung einnahm.

Die im Bildungsverständnis Wilhelm von Humboldts maßgebliche individuelle Kräfteentwicklung zu einem Ganzen ist an die Kriterien „höchste" und „proportionierlichste" gebunden. Dazu bedarf es der Freiheit des Menschen als „unerlaßliche Bedingung" und der „Mannigfaltigkeit" der Gegenstände und Situationen, an denen der Mensch im Bildungsprozess seine Kräfte entfalte (vgl. Humboldt 1792/1985, S. 5). Dieser Prozess, dessen Ziel stets die Höherentwicklung sei, wird umschrieben als freieste und regste „Wechselwirkung" zwischen Individuum und Welt, in der sich nicht allein der Mensch als Weltgestalter zeige, sondern von der Welt auch etwas ihn Bildendes, nämlich die Einsicht in die Grenzen menschlicher Möglichkeit der Formgebung, erfahre: „Denn nur die Welt umfasst alle nur denkbare Mannigfaltigkeit, und nur sie besitzt eine so unabhängige Selbständigkeit, daß sie dem Eigensinn unsres Willens die Gesetze der Natur und die Beschlüsse des

---

3   Ich denke hier bspw. an die Überlegungen Platons zur Propädeutik, nach der die mathematischen Disziplinen notwendige Vorstufen der philosophischen Bildung sind (vgl. Politeia, 7. Buch).

Schicksals entgegenstellt" (Humboldt 1793/1985, S. 26). Die Unabhängigkeit der Welt und der Natur und damit auch der natur-wissenschaftlichen Gesetzmäßigkeiten scheinen demzufolge eine unverhältnismäßige, da in Ganzheit und Allheit nicht mehr begründbare Willentlichkeit des Menschen in ihre Schranken zu weisen. Mit dem Anspruch der Wahrung der Ganzheit als Kennzeichen von Bildung ist keineswegs die Illusion verbunden, die Mannigfaltigkeit unter Kontrolle zu bringen oder vollständig erfassen zu können. Ganzheit kann vielmehr verstanden werden als Frage nach dem übergreifenden Zusammenhang, wenn man so will: nach dem Sinn und der Bedeutung. Ausgeschlossen wird damit jedwede Auseinandersetzung mit Welt auf vorab definierte Zwecke zu begrenzen, wie z.B. auf die Verwertbarkeit. Natur ist hier als Teil der Welt ebenso Gegenstand möglicher Bildung wie andere Gegenstände. Ihr beschränkend wirkender Charakter schützt vor völliger Weltermächtigung, was für eine Bestimmung des Verhältnisses zwischen Naturwissenschaften und Bildung essentiell scheint. Interessant ist in diesem Zusammenhang, dass Humboldt der unbelebten Natur zwar eine gleichmäßige und ewig unveränderliche Gesetzmäßigkeit unterstellt, aufgrund der „Eigenthümlichkeit der Kraft und der Bildung" des freien und „eigengebildeten" Menschen dieser leblosen Natur aber durchaus einen sinnlichen, individuell affizierenden Existenzmodus zuschreibt. Denn, so Humboldt, der selbsttätig gebildete Mensch trage „gleichsam sich selbst in sie hinüber, und so ist es in höchstem Verstande wahr, daß jeder eben in dem Grade Fülle und Schönheit außer sich wahrnimmt, in welchem er beide im eigenen Busen bewahrt" (vgl. Humboldt 1792/1985, S. 6). Die Reziprozität von wiederkehrenden Naturphänomenen, die aufgrund der Empfänglichkeit des Menschen in diesem ein Gefühl hervorrufen und ihn veranlassen, in dieser naturgegebenen Gesetzmäßigkeit besondere Qualitäten zu erkennen (Schönheit, Vollkommenheit), findet ihre Analogie in der Verschmelzung von Idee (Form) und Gefühl (Materie), denn: „je ideenreicher die Gefühle des Menschen, und je gefühlvoller seine Ideen, desto unerreichbarer seine Erhabenheit" (ebd., S. 7).

Ohne hier den weiteren expliziten curricularen Hinweisen oder Indizien nachzugehen, die sich aus den Schriften Humboldts zur Organisation des Schulwesens und der höheren wissenschaftlichen Anstalten anführen ließen, scheinen Natur, die Erkenntnis ihrer Regeln und damit die Wissenschaften von der Natur als Gegenstände im Bildungsprozess deutlich verankert zu sein. Eine ausdrückliche Unterscheidung zwischen Erklären und Verstehen liegt in der Bildungstheorie Humboldts nicht vor. Mit Blick auf die Einsprüche gegen ein Aneinanderreihen und bloßes Sammeln von Wissen zugunsten der Einbindung in einen umfassenden (Sinn-)Zusammenhang und mit dem Plädoyer für die Unabschließbarkeit der Forschung (vgl. Humboldt 1809-10/1985), mit dem Hinweis auf die Geschichtlichkeit des Daseins (u.a. in Humboldt 1793/1985) und insbesondere mit den Prinzipien der Individualität und der Selbsttätigkeit als Leitkategorien von Bildung, lässt sich, ohne sich den Vorwurf der Spekulation einzuhandeln, behaupten, dass ein bloßes Erklären, sei es auch noch so umfassend, dem Bildungsideal Humboldts grundlegend widersprechen muss. Diesem Bildungsideal gemäß geht es demgegenüber darum, „das zerstreute Wissen und Handeln in ein geschlossenes, die bloße Gelehrsamkeit in eine gelehrte Bildung, das bloß unruhige Streben in eine weise Thätigkeit zu verwandeln." (Humboldt 1793/1985, S. 27). Diese Verwandlung wird nicht auf der Ebene des Erklärens vollzogen.

Ein Verstehen im Sinne der Überführung des bloß Gewussten in den weiteren Zusammenhang ist in der Bildungstheorie Humboldts ein Prozess, der unweigerlich an Sprache gebunden ist. Im Verstehen als gedanklichem Durchdringen erfolge zugleich die Artikulation des Durchdrungenen, und zwar nicht als unbedachte Produktion oder Imitation von Lauten, sondern als Akt, das Wahrgenommene auf den Begriff zu bringen. Dieser zunächst subjektive und in Einsamkeit vollzogene Akt erhalte erst seine umfassende Bedeutung, seine Objektivität, in der Mitteilung an und der Erwiderung durch andere Menschen. Alles Sprechen sei ein „Anknüpfen des einzeln Empfundenen an die gemeinsame Natur der Menschheit" (Humboldt1835/1985, S. 92), oder in anderen Worten mit Humboldt ausgedrückt: an ihre ewig unveränderliche Vernunft. In der Wechselwirkung von Sprechen respektive Artikulation und Verstehen (nicht: Zuhören!) erschließen sich auch die Gesetzmäßigkeiten der Natur, und zwar ohne dass es dabei auf vorausgehende Erklärungen ankäme. Im Nachdenken über die Mannigfaltigkeit der Naturerscheinungen, so Humboldt, werde eine „unsrer Geistesform zusagende Gesetzmäßigkeit" entdeckt, und

„abgesondert von dem körperlichen Daseyn der Dinge, hängt an ihren Umrissen, wie ein nur für den Menschen bestimmter Zauber, ihre Schönheit, in welcher die Gesetzmäßigkeit mit dem sinnlichen Stoff einen uns, indem wir von ihm ergriffen und hingerissen werden, doch *unerklärbar* bleibenden Bund eingeht. Alles dies finden wir in analogen Anklängen in der Sprache wieder, und sie vermag es darzustellen. Denn mit der Gesetzmäßigkeit der Natur ist die ihres eignen Baues verwandt, und indem sie durch diesen den Menschen in der Thätigkeit seiner höchsten und menschlichsten Kräfte anregt, bringt sie ihn auch überhaupt dem Verständnis des formalen Eindrucks der Natur näher, da diese doch auch nur als eine wenngleich *unerklärliche* Entwicklung geistiger Kräfte betrachtet werden kann" (ebd., S. 96f., Hervorhebung J.B.).

Ausgesprochen und zugleich in ihrer Gesamtheit von der konkreten Situation unabhängig, korrespondiert die Sprache der jeweils erkannten und zugleich unerschöpflichen Ganzheit der Natur. Sprache und Natur sind in ihrer Entwicklung unabschließbar, denn obwohl beide Regeln folgen, bergen sie in sich die Möglichkeit des Auftretens unerklärbarer Erscheinungen (vgl. ebd., S. 99f.) und ihre Wechselbeziehung, ausgedrückt durch die auf den Begriff bringende Artikulation, kann nicht mechanisch von außen bewirkt werden. Der mittels der Empfindung erfasste ‚Zauber' der Natur, der auf das Denken zurückwirkt und sprachlich als Gesetzmäßigkeit sich darstellt, ist eine besondere Form des Verstehens, welche nicht auf vermittelten Erklärungen, sondern auf *unmittelbarer* Einsicht beruht. Eine solche Einsicht, die dem Zauber ‚Form' gibt und die Idee der Gesetzmäßigkeit mit dem ästhetischen Eindruck, der ‚Materie' verbindet, muss dann das Verstehen der Natur nicht an ihre totale Entzauberung preisgeben.

In dieser besonderen Verhältnisbestimmung von gesetzmäßigen Naturerscheinungen und sprachlich vermittelter Bildung, von der sinnliche und ästhetische Aspekte ebenso wenig ausgeschlossen werden wie die Frage nach einem übergreifenden Zusammenhang (Sinn), liegt keine Vorliebe für einen metaphysischen oder nostalgischen Begriff von Bildung. Sie zeigt eine alternative Denkweise auf, die auch nach dem Scheitern des bürgerlichen Bildungsbegriffs und allen Widersprüchlichkeiten zum Trotz Möglichkeiten eines umfassenden Verstehens eröffnet. Durch die rasante Entwicklung, die die Naturwissenschaften in den letzten 200 Jahren genommen haben, hat eine solche Denkweise ihre bildungstheoretische Relevanz nicht eingebüßt – sie wieder ins Bewusstsein zu rufen und zu aktualisieren scheint vielmehr dringlich.

Ein geschichtlich jüngerer Ansatz, die weiter greifende Bedeutung der Naturwissenschaften und ihr Verhältnis zu Bildung zu berücksichtigen, soll im Folgenden skizziert werden. Aus der bildungstheoretischen Diskussion des 20. Jahrhunderts möchte ich an die Schriften Theodor Ballauffs erinnern, in denen *Sachlichkeit* als zentrale Maßgabe von Bildung eine differenzierte Sicht auch auf die Naturwissenschaft und auf das Verhältnis der Wissenschaften untereinander sowie auf ihre Bedeutung für den Bildungsprozess nahe legt. In den 1950er Jahren formuliert er in einem eigens diesem Thema gewidmeten Band mit dem Titel „Philosophie im mathematischen und naturwissenschaftlichen Unterricht", an dem Fachlehrer aus den Disziplinen Mathematik, Physik, Chemie und Biologie beteiligt sind, wie folgt: „Man ist sich einig darin, daß die übergroße Aufgabenfülle des Fachunterrichts wie die Zersplitterung in eben diese Mannigfaltigkeit und ihre Gegensätzlichkeit eine philosophische Besinnung notwendig macht" (Ballauff 1958, S. 7). Das zöge als Konsequenz nicht schon einen eigenständigen Philosophieunterricht nach sich, sondern häufig nur die Überführung philosophischer Fragen in den naturwissenschaftlichen Fachunterricht, zum Beispiel Logik und Erkenntnistheorie als Gegenstände des Mathematikunterrichts. Obwohl man wüsste, dass man damit beiden Fächern nicht gerecht werden könnte, werde daraus „das für die höhere Schule überhaupt mögliche und wünschenswerte Maß" abgeleitet (ebd., S. 7). Lange vor der Diskussion um Kompetenzbeschreibung und Formulierung von Standards deutet sich hier eine Scheinlösung an, nach der man sich des Problems einer Verhältnisbestimmung zwischen Naturwissenschaft und (philosophischer) Bildung durch dosierte Mischung nach dem

Kriterium der Praktikabilität entledigt. In der Folge drängt sich die Frage auf, ob es hierbei tatsächlich um Verstehen der einzelnen Wissenschaften geht.

Demgegenüber schlägt Ballauff vor, den Philosophieunterricht an den Beginn des Fachunterrichts zu stellen. Dies sei nicht nur historisch zu begründen „sondern auch durch die systematische Bindung der Wissenschaften an die Philosophie, sei es nun durch die Begründung der Wissenschaftlichkeit selbst in der Philosophie *(Aristoteles, Descartes)*, sei es durch den immer von der Philosophie ausgehenden Impuls zur Selbstkritik und Infragestellung der Wissenschaft." (ebd., S. 7f., Hervorh. i.O.). Es überrascht wohl kaum, dass Ballauff unter den verschiedenen Möglichkeiten der Verbindung oder Integration von Philosophieunterricht und Fachunterricht diejenige favorisiert, die den eigenständigen Philosophieunterricht als Eröffnung und Begründung wissenschaftlicher Fragen versteht. „Man wird der höheren Schule beides wünschen: *die philosophische Vertiefung des Fachunterrichts und den umgreifenden Unterricht in Philosophie*, der das philosophische Problem als solches zu bedenken gibt, zugleich aber auch der auf- wie abschließenden Bedeutung der philosophischen Probleme für die fachwissenschaftlichen Fragenkreise inne werden lässt." (ebd., S. 8, Hervorh. i.O.).

Auch wenn es hier so scheint, als habe die Philosophie Vorrang vor anderen Fächern, weist Ballauff in seiner späteren „Skeptischen Didaktik" auf eine besondere Denkungsart hin, welche zwar bestimmte Gegenstandsbereiche und Sachfragen als verbindlich für jeden Unterricht annimmt, jedoch ausdrücklich nicht von Vormachtstellungen spezifischer Fächer ausgeht. Dabei stünde generell zur Disposition, ob die Auseinandersetzung mit spezifischen Inhalten eines eigenen Faches überhaupt bedürfe. Darin scheint nach Ballauff keine grundsätzliche Notwendigkeit zu liegen, vielmehr gehe es darum, einen Zusammenhang zwischen den Gegenständen und ihren Zugangsweisen zu stiften. In Bezug auf Unterricht, der sich nicht in der Vermittlung von Lernbarem erschöpft, sondern einen Gedankengang erschließend und begründend durchläuft, fordert Ballauff: „Er wird erklären in der Ableitung aus Ursachen oder deuten in der Rückstellung in Sinnzusammenhänge. Das besagt keinen Unterschied zwischen ‚Natur'- und ‚Geisteswissenschaften' […] Alles Erklären muss geklärt haben, wovon die Rede ist; es muss eine Frage, ein Thema abzuklären suchen oder über einen Fall, ein Problem Aufklärung geben." (Ballauff 1970, S. 90). Die hier formulierten Ansprüche an Erklären lösen die Abgrenzung gegenüber Verstehen auf. Die von Ballauff betonte ‚Gleichheit' der Wissenschaften liegt darin, dass es in jeder Wissenschaft immer um eine erweiterte Einsicht in sachliche Zusammenhänge geht.

In diesem Sinne ist auch Eulers Begriff des Verstehens als Erschließen sachlicher Zusammenhänge zu deuten. Mit der Auflösung der Kategorien Erklären und Verstehen bietet sich eine Alternative, die, im Unterschied zum von Borrelli diagnostizierten Differenzverlust zugunsten von Erklären, mit dem Einsatz für ein umfassendes Verstehen an der Möglichkeit von Bildung festhält.

4. Abschließendes Plädoyer

Noch einmal soll die Bedeutung der Genese als umfassende Überschreitung der bloßen geschichtlichen Rekonstruktion betont werden. Mit der Analyse der Herkunft scheint überhaupt erst die Neugestaltung der Zukunft möglich zu werden, oder mit Ballauff gesprochen: „,Klassische' Kulturen und Zeiten können immer nur Beispiele hergeben, niemals als Vorbilder angesetzt werden. Historisch ist eine isomorphe Abbildung bzw. Übertragung nicht möglich und nicht wünschenswert, weil sie die Selbständigkeit des neu aufkommenden Gedankengangs lähmt." (Ballauff 1970, S. 110). Darin eingeschlossen ist, dass neu aufkommende Gedanken durchaus zuvor Gedachtes und Verschüttetes frei legen können, um die Regenten der Gegenwart zu entthronen. Mit Bezug auf die Frage nach dem Verhältnis von Naturwissenschaft und Bildung wären zum Beispiel die in hier nicht einzeln aufzuzählenden pädagogischen Aufsätzen, Sammelbänden, Monographien, Handbüchern und Lexika immer wieder formulierten Thesen von der Emanzipation der Naturwissenschaften aus der Vormachtstellung der Philosophie seit dem Beginn der Neuzeit, von ihrer Verselbständigung in Folge der Aufklärung und von ihrer allumfassenden Dominanz auch in der Erziehungswissenschaft, skeptisch zu betrachten. Die Folgen der sogenannten ‚realistischen Wende', kumulierend in der aktuellen Vormachtstellung der ‚Empirischen Bildungsforschung', wären zwar nicht grundsätzlich zu bestreiten, aber auch nicht als unabänderliche Fakten anzuerkennen. Die Kritik an den verbreiteten Auffassungen würde, im Ausgang vom bereits Gedachten, die Sicht auf Alternativen eröffnen, die weder das Ende der Bildung proklamieren noch die Naturwissenschaften als Gegenstand der Bildung ausschließen.

Dass der Frage nach dem Verhältnis von Naturwissenschaft und Bildung eine exponiertere Stellung im aktuellen erziehungswissenschaftlichen Diskurs eingeräumt werden sollte, scheint mir daher nicht nur im mangelnden Verstehen begründet zu liegen, das (u.a.) aus der Abwehrhaltung der Bildungstheorie gegenüber naturwissenschaftlichen Problemen resultiert. Denn kontrastierend steht dem die zunehmende ‚Verwissenschaftlichung' der Pädagogik durch die Dominanz naturwissenschaftlicher Methoden gegenüber, die jede nicht operationalisierbare und messbare Form von Sachlichkeit im Keim erstickt (vgl. u.a. Breithausen 2011). Wo das Prinzip der Sachlichkeit leitend ist, sind tiefer greifendes und sinngebendes Verstehen und Einsicht in das Allgemeine von Begriffen und Zusammenhängen erlaubt und möglich (vgl. Adorno 1966/2003). Subjektiv erfasst, vorläufig gültig, sprachlich vermittelt, ästhetisch wahrnehmbar und zeitgebend sind nur einige wenige Attribute, die durch das heute sich durchsetzende evidenz- und effizienzbasierte Raster der Wissenschaften fallen. Der bildungstheoretische Einsatz Peter Eulers steht dem kritisch gegenüber. Anregen möchte ich dazu, zunächst die These von den Naturwissenschaften als ‚Skandalon der Bildung' um die antithetische Forschungsfrage zu ergänzen, inwiefern *Bildung zum Skandalon der Naturwissenschaften* geworden ist. Eine anschließende Bildungsaufgabe müsste dann darin bestehen, jedwede Skandalisierungen zugunsten von Sachlichkeit aufzulösen.

Literatur

Adorno, Theodor W. (1966/2003): Negative Dialektik. Jargon der Eigentlichkeit. Frankfurt a.M.: Suhrkamp.
Ballauff, Theodor (1958): Philosophieunterricht und philosophische Vertiefung des Unterrichts. In: Ders. (Hrsg.): Philosophie im mathematischen und naturwissenschaftlichen Unterricht. Heidelberg: Quelle und Meyer, S. 7-16.
Ballauff, Theodor (1970): Skeptische Didaktik. Heidelberg: Quelle und Meyer.
Blankertz, Herwig (1972): Kollegstufenversuch in Nordrhein-Westfalen – das Ende der gymnasialen Oberstufe und der Berufsschule. In: Die Deutsche Berufs- und Fachschule, H. 1/Jg. 68, S. 2-20.
BMBF (2014): Haus der kleinen Forscher. http://www.bmbf.de/de/12184.php [Zugriff: 27.03.2014]
Borrelli, Michele (2010): La fine della Bildung e della Paideia occidentale. Hommage an Jörg Ruhloff. In: Borrelli, Michele/Breithausen, Jutta/Caputo, Francesca (Hrsg.): Polylogikon Paedagogikon Wuppertal. Hommage an Jörg Ruhloff per il suo settantesimo compleanno. Topologik. Rivista Internazionale di Scienze Filosofiche, Pedagogiche e Sociali. No. 8. Cosenza: Pellegrini, S. 9-16.
Breithausen, Jutta (2014): Bildung und Sachlichkeit. In: Zeitschrift für Pädagogik, H. 2/Jg. 60, S. 271-285.
Breithausen, Jutta (2011): (Nicht-)Orte von Sachlichkeit in Empirie und Bildungstheorie. In: Breinbauer, Ines Maria/Weiß, Gabriele (Hrsg.): Orte des Empirischen in der Bildungstheorie. Würzburg: Königshausen und Neumann, S. 35-44.
Camus, Albert (1954/2013): Hochzeit des Lichts. Heimkehr nach Tipasa. Impressionen am Rande der Wüste. Aus dem Französischen übersetzt von Peter Gan und Monique Lang. Mit einem Nachwort von Mirko Bonné. Hamburg, Zürich: Arche.
Casale, Rita (2011): Zur Abstraktheit der Empirie – Zur Konkretheit der Theorie. Anmerkungen über die versäumte Auseinandersetzung mit den Folgen des Positivismusstreits. In: Breinbauer, Ines Maria/Weiß, Gabriele (Hrsg.): Orte des Empirischen in der Bildungstheorie. Einsätze theoretischer Erziehungswissenschaft II (S. 45-60). Würzburg: Königshausen & Neumann.

Dilthey, Wilhelm (1894/1924): Die geistige Welt. Einleitung in die Philosophie des Lebens. Gesammelte Schriften, Band V. Leipzig, Berlin: Teubner.

Euler, Peter (2014): Historische Zugänge zum Verstehen der Naturwissenschaften als notwendige Bedingung der „Fach-Lehrer-Bildung". In: Leser, Christoph et al. (Hrsg.): Zueignung. Pädagogik und Widerspruch. Opladen, Berlin: Barbara Budrich, S. 309-326.

Euler, Peter (2013): Verstehen als pädagogische Kategorie. Voraussetzung subjektiver Fach- und Sacherschließung am Beispiel der Naturwissenschaften. In: Vierteljahrsschrift für wissenschaftliche Pädagogik, H. 4/Jg. 89, S. 484-502.

Euler, Peter/Bierbaum, Harald (2005): Naturwissenschaften – Skandalon in der Bildungslandschaft. Ein Beitrag zur Neubestimmung des Bildungs- und Naturwissenschaftsverständnisses in der Erwachsenenbildung. In: Hessische Blätter für Volksbildung, H. 4/Jg. 55, S. 309-319.

Gadamer, Hans-Georg (1975⁴): Wahrheit und Methode. Grundzüge einer philosophischen Hermeneutik. Tübingen: J.C.B. Mohr (Paul Siebeck).

Gruschka, Andreas (2009): Erkenntnis in und durch Unterricht. Empirische Studien zur Bedeutung der Erkenntnis- und Wissenschaftstheorie für die Didaktik. Wetzlar: Büchse der Pandora.

Heydorn, Heinz-Joachim (1974): Überleben durch Bildung. Umriß einer Aussicht. In: Ders.: Ungleichheit für alle. Bildungstheoretischen Schriften, Band 3. Frankfurt a.M.: Syndikat, S. 282-301.

Humboldt, Wilhelm von (1792/1985): Wie weit darf sich die Sorgfalt des Staates um das Wohl seiner Bürger erstrecken? In: Menze, Clemens: Wilhelm von Humboldt. Bildung und Sprache. Hrsg. von Theodor Rutt. Paderborn: Schöningh. 4. Aufl., S. 5-18.

Humboldt, Wilhelm von (1793/1985): Theorie der Bildung des Menschen. In: Menze, Clemens: Wilhelm von Humboldt. Bildung und Sprache. Hrsg. von Theodor Rutt. Paderborn: Schöningh. 4. Aufl., S. 24-28.

Humboldt, Wilhelm von (1809-1810/1985): Über die innere und äußere Organisation der höheren wissenschaftlichen Anstalten in Berlin. In: Menze, Clemens: Wilhelm von Humboldt. Bildung und Sprache. Hrsg. von Theodor Rutt. Paderborn: Schöningh, S. 118-126.

Humboldt, Wilhelm von (1835/1985): Natur und Beschaffenheit der Sprache überhaupt. In: Menze, Clemens: Wilhelm von Humboldt. Bildung und Sprache. Hrsg. von Theodor Rutt. Paderborn: Schöningh. 4. Aufl., S. 89-100.

Klein, Hans Peter (2010): Die neue Kompetenzorientierung. Exzellenz oder Nivellierung? Journal für Didaktik der Biowissenschaften, H. 1/Jg. 1, S. 15-26.

Vretska, Karl (Hrsg.) (1982²): Platon: Der Staat (Politeia). Stuttgart: Reclam.

II. Bildungsforschung als kritische Empirie

Wann ist die Bildungsforschung eine kritische?

Andreas Gruschka

I

Mit meinem Beitrag werde ich an eine Reflexion von Herwig Blankertz darüber anschließen, was ‚kritische Erziehungswissenschaft' sei, indem ich an sie erinnere, sie erweitere und aktualisiere. Anders als 1979 Blankertz reagiere ich mit meiner Frage, wann Bildungsforschung eine kritische ist, einschränkend und spezifizierend auf die gegenwärtig wie als Erbe der Pädagogik auftretende ‚Empirische Bildungsforschung'. Die Wissenschaftslage hat sich gegenüber 1979 gründlich verändert. Die Frage nach dem Kritischen ist aber noch nicht erledigt.

Blankertz, zu jener Zeit von diversen Anthologisten[1] und Wissenschaftsforschern zu einem der Hauptvertreter der kritischen Erziehungswissenschaft ernannt, hatte mit dem Etikett ‚kritische Erziehungswissenschaft' seine Schwierigkeiten. Das lag daran, dass er sich weder zu einer entsprechenden Schule bekennen konnte, noch gar das Oberhaupt einer solchen sein wollte. Ihm erschien die Zuschreibung als ein Zuviel an zweifelhafter Ehre. Während seiner akademischen Bildung hatte er zwei Quellen philosophischen Denkens zu einer Verbindung zu bringen versucht, nämlich den Kritizismus Kants und die geisteswissenschaftliche Auslegung der historischen Vernunft. Promoviert hatte er in Göttingen bei einem der Schulhäupter der geisteswissenschaftlichen Pädagogik, bei Erich Weniger, mit einer Arbeit über den in Göttingen verpönten Neukantianismus. Er habilitierte danach beim Neukantianer Wolfgang Ritzel mit einer geisteswissenschaftlich ideengeschichtlichen Untersuchung über ‚Berufsbildung und Utilitarismus'. Nach dem „Ausgang der Epoche" der geisteswissenschaftlichen Pädagogik öffnete sich Blankertz wie seine Göttinger Kollegen der Frankfurter Schule, er vielleicht am deutlichsten dabei dem Denken Adornos. Deren Rezeption vor allem als positives Zitat genügte jenen Wissenschaftsbeobachtern bereits, um aus der Göttinger eine

---

[1] In diesem Beitrag wird ausschließlich die ‚männliche' Schreibweise verwendet; zumal die Begriffe an vielen Stellen eher ‚Funktions-' und ‚Rollen'-Bezeichnungen darstellen und der Sache nach alle Geschlechter inbegriffen sind.

Frankfurter Schule der Pädagogik und, wie das damals leichtsinnig geschah, ein Paradigma namens ‚kritische Erziehungswissenschaft' zu machen. Blankertz rückte das in seinem Text behutsam zurecht. Vor allem distanzierte er sich von dem möglichen Eindruck, mit herablassender Überheblichkeit würde man sich als kritischer Pädagoge denen überlegen fühlen, die weniger kritisch oder gar unkritisch seien. Die Auszeichnung der Wissenschaft als kritische hatte in der damaligen Zeit einen gewissen „Kampfwert", deswegen aber nicht schon einen ‚Erkenntniswert'. Für Blankertz ermöglichte sie keinen sinnvollen Unterschied: Denn wer wolle eine unkritische Pädagogik vertreten? Und seien danach alle anderen nicht kritisch?[2]

Selbst die von Blankertz zitierte Unterscheidung in kritische und traditionelle Theorie im Sinne Horkheimers werde leicht irreführend, verweise die traditionelle doch nicht auf das Aufgeben von Kritik, sondern verstehe und organisiere diese im Medium der Wissenschaft lediglich anders. Kritik als Movens der Theorie komme nicht erst mit der kritischen Theorie in die Welt. Zu bestimmen gelte deswegen allein deren Weise der Kritik.

Manche Gegner der ‚kritischen Erziehungswissenschaft' erklärten und brandmarkten deren Vertreter zu Gesellschaftsveränderern. Was diese im Gegenzug wohl auch deswegen nicht als Adelstitel empfanden. Die Gegner attackierten zugleich die Usurpation der Kritik mit dem Hinweis darauf, kritische Erziehungswissenschaft' verwechselte normativ-ideologisch motivierte Ideologiekritik mit wissenschaftlicher Kritik. Dem Exponenten dieser Position, Wolfgang Brezinka, galt als positiver Bezugspunkt in der Wissenschaft und ihrer Theorie nicht etwa eine konservative Gesellschaftstheorie oder eine Form traditioneller Theorie, sondern der Popper-Albertsche ‚Kritische Rationalismus'. Brezinka sah sich mit seiner eigenen Vereinnahmung der analytischen Wissenschaftstheorie dieser Schule selbst als Verfechter wissenschaftlicher Kritik und kritischer Wissenschaft. Womit wiederum er seine Version jener merkwürdigen, letztlich polemischen Polarisierung ausdrückte.

Blankertz legte deswegen an Brezinka die Rückfrage nahe: Sollte man deswegen bei den anderen Positionen von einem unkritischen Rationalismus oder einem kritischen Irrationalismus sprechen? Auch mochte er die von Brezinka geforderte Arbeitsteilung von kritisch-rationalistischer Forschung

---

2   Wie als lächerliche Wiederholung wirkte eine Fußnote, die mir Dietrich Benner gewidmet hat. Er erinnert sich an eine gemeinsam mit mir durchgeführte Begutachtung einer Arbeit eines meiner ‚Schüler'. Der erfand die Unterscheidung in „Kritische und kritische Pädagogik", um die Schriften seines ‚Meisters' groß geschrieben von denen anderer kritischer Geister zu unterscheiden, darunter die Arbeiten von Benner. Ich hatte das in meinem Gutachten gemaßregelt und u.a. damit eine schlechtere Note gerechtfertigt. Benner wollte sich anders erinnern und erzählte in seiner Fußnote genau das Gegenteil. Das sei eben meine überhebliche Lehrmeinung gewesen. Manche Geschichten sind einfach zu schön und passend, um unwahr sein zu können.

und pragmatischer Pädagogik nicht mitvollziehen, sondern insistierte auf dem Zusammenhang theoretischer Reflexion und ihrer Gebundenheit an vorgängige Praxis.

Brezinka erkannte als das Motiv ‚Kritischer Theorie' ein Heilsversprechen: die Forderung eines ‚Reichs der Freiheit' jenseits der kapitalistischen Gesellschaftsformation. Die „Pädagogik der neuen Linken" verabschiede sich mit ihrer Parteinahme für diese ‚Frankfurter Schule' von der Überprüfbarkeit der wissenschaftlichen Geltung ihrer Aussagen. Mit ihrer denunzierenden Kritik an ‚Verhältnissen' werde sie selbst zur Ideologie. Auf diesen Angriff ließ sich mit Bezug auf das Vorbild des großen Streites bekanntlich siegreich mit dem Schlagwort ‚Positivismus' antworten.

Das in den frühen 1970er Jahren gepflegte Lagerdenken erschwerte es, die Pädagogik als Erziehungswissenschaft neu zu begründen. Auch half es nicht dabei, das Fach zu einer forschend erschließenden Disziplin weiterzuentwickeln. Auch darum ging es Blankertz 1979, als er, nachdem der Pulverdampf verflogen war, die Klärung der Rolle der Kritik in der pädagogischen Wissenschaft unternahm.

Nicht zuletzt mit Kant war Blankertz davon überzeugt, dass Kritik an den Voraussetzungen, Implikationen und Konsequenzen des wissenschaftlichen Tuns nicht etwa dieses reflexiv ergänzt, sondern es selbst zu bestimmen hat. Das verweist sowohl auf die erkenntnistheoretischen wie die wissenschaftstheoretischen Grenzen und Bedingtheiten objektivierender Erkenntnis als auch auf die gesellschaftlich bedingten Interessen an Fragen, Problemlösungen und ihren Folgen. Wissenschaft erschien ihm als die elaborierte Gestalt des problematisierenden Vernunftgebrauchs. In diesem Sinne gäbe es Wissenschaft nur als kritische oder man bewege sich bereits außerhalb der Wissenschaft.

Die basale Identifikation mit einem reflektierenden Kritizismus führte Blankertz denn doch zur Rechtfertigung des Adjektivs ‚kritisch' im doppelten Sinne: als das Entfaltungsprinzip der Wissenschaft als auch das der Geltungsprüfung ihrer Aussagen. Damit bestand ein innerdisziplinärer Differenzpunkt. Denn die jeweils in der Pädagogik ausgewiesenen Positionen bemühten sich nicht unbedingt um den Ausweis eigener Geltung. Auf der einen Seite standen und stehen materiale Pädagogiken in der Tradition der ‚natürlichen Systeme', die Theorie vor allem zur Rechtfertigung von praktischen Überzeugungen einsetzen. Hier geht es um die Ableitung des richtigen Tuns aus obersten Sätzen, deren Status dogmatisch, d.h. nicht aus Gründen der Wissenschaft gelten soll. Damit entziehen sie sich der Kritik, kennen nicht einmal notwendig den Operator immanenter Kritik. Auf der anderen Seite stehen formale Bestimmungen der Wissenschaft, die als Regeln und Verfahren der Forschung die Geltung ihrer Aussagen sicherstellen sollen. In der anerkannten Kunstlehre steckt das Prinzip der Kritik. Was aus ihr folgt, gilt. Kritik wird technologisch mittels Verfahrensrationalität eingehegt. Wo diese aber in eine herrschende Lehre umschlägt, wird Forschung als Betrieb leicht blind für das, was er tut. Darauf ist zurückzukommen.

Die instrumentelle Ausformung der Kritik als Verfahrensrationalität der Forschung enthielt, und das war der Kern der Positivismuskritik, nur eine halbierte Rationalität. Hinzutreten musste für Blankertz eine objekttheoretisch gebundene Perspektive auf die Kritik, eine der substanziellen Beziehung auf die eigene Sache der Pädagogik jenseits der Methodologiedebatten. Das bedeutete für Blankertz wohl nicht ganz den Adorno'schen ‚Vorrang des Objekts', aber doch die Überzeugung einer ‚Dignität der Praxis vor aller Theorie' und Forschung. Die versuchte Blankertz mit den viel zu wenig beachteten Hinweisen auf die „europäische Bildungstradition": die „Eigenstruktur der Pädagogik als Erziehung zur Mündigkeit" freizulegen. Aufgabe der Wissenschaft sollte es für ihn sein, diese Eigenstruktur nicht nur zu beschwören, sondern sie in ihrem widersprüchlichen Verhältnis von Anspruch und Wirklichkeit in der Realität auszulegen. Das erschien ihm letztlich als der entscheidende Prüfstein für eine kritische Position, dass sie nämlich aufzuklären vermag, wie das, was Pädagogik in Besinnung auf ihre Aufgabe und innere Logik zu sein behaupten muss, in Beziehung steht zu dem, was sie wirklich ist. Was das für eine genuin pädagogische Forschung bedeutet, ging Blankertz spät während seiner Beteiligung an der Bildungsgangforschung zur Kollegschule auf (vgl. Blankertz 1982).

Das Prinzip der Kritik an der Pädagogik galt ihm schließlich nicht allein als Aufgabe der Wissenschaft. Denn Pädagogik hat er in theoretischer Reflexion immer auch als Praxis und diese als Mediatisierung der Kritik verstanden. Erzieherisch pointierte er das als die Ermöglichung des Widerspruchs gegen die dem Zögling gegenüber vorgetragene Intentionalität. Bildungstheoretische Pädagogik zielt überall auf die Befähigung zu Urteil und Kritik durch das, was ich heute als ‚Verstehen' pointiere. Erzieherisch verlangt das die unbedingte Verweisung des Schülers/Studenten auf seine Hingabe an die Sache.

Der Sinnzusammenhang der pädagogischen Praxis konvergiert so mit dem der wissenschaftlichen Aufklärung über Praxis. Beide haben offen zu sein für den Widerspruch im eigenständigen Vernunftgebrauch. Diszipliniert wird der Streit durch die Logik des besseren Arguments. Beide Bereiche des Pädagogischen sind teleologisch verpflichtet auf die Erhaltung, ja Ermöglichung einer lebenswerten Welt durch Bildung und sie kennen die Arbeit an der Erkenntnis um ihrer selbst willen. Ausgedrückt wird diese im Forscherhabitus, der um seine gesellschaftliche Verantwortung weiß.

Sie sehen: Es lohnt sich, nachzulesen und auszulegen, was Blankertz, der vor ziemlich genau 30 Jahren so jäh aus dem Leben gerissen wurde, vor der großen Veränderung der Pädagogik zur forschenden Erziehungswissenschaft, die heute sich ‚empirische Bildungsforschung' nennt, zu bedenken gegeben hat.

II

Die Lage des Faches hat sich gründlich verändert. Vertreter wie Herwig Blankertz besitzen in ihm keine führende Stimme mehr. Eine wissenschaftstheoretische Selbstbesinnung lässt sich im Fach nicht mehr beobachten. Für solche Sinnbestimmung scheint keine Zeit und kein Interesse zu bestehen, solange es im Fach doch darum geht, das eigene Geschäft blühen zu lassen. Es expandiert ungebrochen mit der Pädagogisierung aller Lebensbereiche. Wenn alles pädagogisch wird, so wird die Frage schier kontraproduktiv, was da jeweils noch pädagogisch der Fall sein soll. Es kann gegenwärtig keine Rede davon sein, dass die Erziehungswissenschaft die pädagogischen Grundtatbestände umfassend bearbeiten würde, weder theoretisch noch empirisch. Die ‚empirische Bildungsforschung' tut faktisch so, als ob alle Fragen der Methodologie geklärt wären, es zu ihr keine methodische und methodologische Alternative gäbe und es allein darauf ankomme, die Instrumente immer weiter auszufeilen und expansiv anzuwenden. Die Psychometrie kennt keinen Vorrang des von ihr erforschten je besonderen Objektes, sondern nur den der Methode, die als solche bereits das Objekt ‚operationalisiere'. Sie liefert die Instrumente zur Vermessung aller psychischen Ereignisse, also auch die in der Pädagogik. Zwischen der und anderen Bereichen des Verhaltens macht sie keinen grundsätzlichen Unterschied. Die ‚empirische Bildungsforschung' erforscht ganz und gar nicht Bildung, ja alle Grundbegriffe dieser Empirie richten sich erst gar nicht auf die Eigenstruktur der Erziehung. Diese Forschung kommt ohne pädagogisches Vokabular aus.

Mit ihren ‚Studien' haben die Forscher längst wieder an den Beratungstischen der Politik Platz genommen und diktieren nicht nur die Agenda für die Förderung des eigenen Forschungsbetriebes, sondern auch die der Politik, denn aus ihm leitet sich wie organisch die notwendige Bildungsreform ab. Forschung wird faktisch von der Beobachterin zur Gestalterin. Brezinkas Arbeitsteilung wird auf diese Weise herrlich ironisiert. „Normative Empirie" nennt das Lutz Koch, eine wunderbarere *contradictio in adjecto*.

Diese Lage macht es erforderlich, danach zu fragen, unter welchen Bedingungen Bildungsforschung noch im Blankertzschen Sinne eine kritische sein kann. Was kann sie uns über die Wirklichkeit mitteilen, wenn sie mit ihren Diagnosen und Befunden sich für die Sache der Pädagogik gar nicht mehr interessiert, selbst wenn sie sie mit ihren Aussagen faktisch kritisiert? Damit wird es notwendig, Begriff und Sache „Bildungsforschung" zueinander in Beziehung zu setzen, um danach sagen zu können, in welcher Weise die Forschung als eine kritische gelten kann.

Mit der Monografie „Pädagogische Erforschung als Erforschung der Pädagogik" (2011) habe ich diesen Zusammenhang hoffentlich hinreichend ausgeführt und geklärt. Bis heute warte ich auf eine Reaktion aus der ‚empirischen Bildungsforschung', aber auch unser traditionell kritisches Lager schweigt beredt. Viele ärgern sich über die „Machterschleichung" (Ruhloff) der ‚empirischen Bildungsforschung', aber noch forciert keiner eine systematische Reflexion darüber, was die der Pädagogik angemessene Empirie wäre. Während sich die „empirische Bildungsforschung" affirmativ zum eigenen Label verhält, wird das Affirmierte ihren Gegnern bereits zum Index des Unkritischen. In diesem Kreise werde ich für meine Kritik an der ‚empirischen Bildungsforschung' und meine Alternative manche Sympathie erwarten können. Die aber lebt weniger von konkreter Argumentation in Sachen Methodologie, dafür mehr von der Teilhabe an einem Überzeugungsboden der Kritik.

III

Bevor ich im abschließenden Teil auf das Kritische der Bildungsforschung zurückkomme, möchte ich von meiner Teilhabe am Streit um die rechte Bildungsforschung absehen und zur distanzierten Beobachtung wechseln. Zurückzublicken ist auf die Karriere der Kritik in der Pädagogik. Wohl anders als hinsichtlich empirischer Forschung haben sich hier Experten der Kritik versammelt.

In den Jahren und an den Orten, in denen Peter Euler mit der wissenschaftlichen Pädagogik in Berührung kam, war die kritische die selbstverständliche Weise der Zuwendung zur Sache. Peter beerbte die heroischen Zeiten der Kritik zusammen mit einer Außenseiterposition: der kritischen Bildungstheorie. Diese Spielart der Kritik verstand sich als der einzige nichtopportunistische Standpunkt. Demgegenüber nutzte das Fach in seiner Breite Kritik durchweg konstruktiv zur Teilnahme an der Reform: das schon damals vorrangige Geschäft der aufblühenden Erziehungswissenschaft. Diese Bindung der Kritik an die Konstruktion wurde in jenen allgemeinen Jahren des Kritischen selten als Problem pointiert. Auch deswegen wurde Heydorn, der Unangepasste, als Misston im Konzert des Reformismus wahrgenommen.

Der rechnete Heydorn dank der leicht missverständlichen Bezeichnung „der Konservative als Revolutionär" zu einem Teil der versprengten Reste der Reaktion bzw. der Verweigerung. Heydorn plädierte doch tatsächlich rettend für das humanistische Gymnasium und bekämpfte die Gesamtschule als das Instrument, „Ungleichheit für alle" herzustellen. Die falsche Zuordnung wurde spätestens klar, als aus der Zunft heraus der Aufruf zum „Mut für Erziehung" gegen das Kritisieren laut wurde. Deren Vertreter blieben Randfiguren, denn es gehörte sich noch weiter einige Zeit, emanzipativ sein zu wollen.

Diese Lage hat sich heute deutlich verändert. Geht man die Unterstützer der ‚Frankfurter Einsprüche' von 2005 durch oder die Mitglieder der ‚Gesellschaft für Bildung und Wissen (GBW)', so wird deutlich, dass Heydorns Figuren der Kritik an der kritisch-konstruktiven Reform heute Linke wie Konservative eint. Wolfgang Klafki, Jörg Ruhloff, Gernot Koneffke, Dietrich Benner, alle früheren kritischen Faktionen, wie auch Ludwig von Friedeburg und Hans Maier traten den Einsprüchen bei. Allein die Modernisierer und empirischen Bildungsforscher blieben draußen. Die einen, weil sie mit dem jeweils Neuen notorisch das Bessere verbinden, die anderen, weil sie von der selbsthergestellten Optimierungshoffnung leben.

Damit fließen die diversen Quellen der Kritik vor 50 Jahren nun zusammen. Das Alleinstellungsmerkmal: Adorno/Horkheimer oder Habermas hat ausgedient. Skeptizismus, Praxeologie, Phänomenologie, Materialismus, aber auch Systemtheorie, Psychoanalyse entbinden oder ermöglichen eine ganz ähnlich kritische Haltung zur herrschenden kritisch-konstruktiven Umstellung der Verhältnisse in der Pädagogik. Die Klassiker und die vor der Reform der 1960er Jahren noch herrschende Pädagogik der Göttinger Schule, die einmal der Affirmation, Idealisierung, Verdrängung und Empirieferne überführt war – wie es etwa der Schüler Mollenhauer ausgeplaudert hatte –, kann heute in vielerlei Hinsicht als theoretischer Hintergrund für die Kritik an den Umstellungen und realen Verhältnissen dienen. Die große Koalition der Kritik ist wohl eine der Parteinahme für die „europäische Bildungstradition", die gegenwärtig ganz anders und schärfer wohl auf dem Spiel steht als zu den Zeiten von Heydorns stärkster Resonanz. Kritik ist also heute Sammelpunkt der Opposition. Das war vor 50 Jahren ganz anders.

Mit der Vergemeinschaftung unter der Fahne der Kritik befand sich das Fach damals in einem wohligen Klima der Überhebung über die Praxis. Mit der entsprechenden Grundeinstellung kostete es nur wenigen wirklich etwas, kritisch zu sein. Kritik bestand in der allgemeinen Distanz gegenüber dem, was als überkommene Praxis der Fall war. Die galt als zurückgeblieben, unaufgeklärt, ungerecht und mindestens stark reformbedürftig. Und nur wenigen, die wollten, wurde verwehrt, ihren Beitrag zur Verbesserung zu leisten. Die meisten kritisch Konstruktiven lebten von der Bereitstellung stattlich staatlicher Mittel. Die oft lauthals verkündete Systemkritik galt eher als schick, denn als Versprechen auf Systemwandel. Der damals in Büchern verbreitete Antikapitalismus der „Strategien der Bildungsproduktion" oder der „Politischen Ökonomie des Ausbildungssektors" machte sich mit revolutionärer Rhetorik stark. Bei den meisten war Antikapitalismus mehr eine Einstellung als ein theoretisches oder politisches Konzept. Das scheint sich heute nicht anders darzustellen, auch wenn der Antikapitalismus heute weitgehend ohne Marx auskommt.

Bei genauerem Hinsehen und aus der historischen Distanz entpuppt sich manches, was damals kritisch gemeint war, heute eher als naiv und bloß gut gemeint. Die Reform lieh sich die Rechtfertigung oft von denen, die von außen auf die Pädagogik blickten. Wer mit dem Denken pädagogisch auf's Ganze ging, indem die Pädagogik von innen als das bekanntlich Unwahre bewertet wurde, entschwand schnell in die praktische Negation der Alternativ- oder Antipädagogik. Für eine Theorie der Erziehung blieb diese Kritik weitgehend unfruchtbar. Die Abwehr der Antipädagogik fiel dem Mainstream der Kritik auch deswegen leicht, weil er nicht die Pädagogik als solche treffen wollte, sondern allein ihre falsche Ausdrucksgestalt, die mit Reform in Ordnung gebracht werden sollte.

Beim Lesen der alten konstruktiven Texte fällt vor allem der angeberische Ton auf, das wohlfeil Durchblickerhafte und die distanzlose Sicherheit, die das Wissen um das Bessere ihren Vordenkern verlieh. Daran hat sich wohl wenig geändert.

Die in jener Zeit einsetzende sozialwissenschaftliche Wende im Reflexionssystem der Pädagogik, die mit einer ungeheuren Expansion des Faches einherging, empfahl und empfand sich bereits mit Rückgriff auf die Sozialisationsforschung, Begabungsforschung, Lernforschung usf. als kritisch. Dabei paarte sich die von Bernfeld eingeklagte Tatsachengesinnung mit der umstandslos praktischen Negation der aufgefundenen Tatsachen. Selbst die damals zu lesenden frühen Heroen der US-Amerikanischen Psychometrie wurden hierzulande rezipiert als Ratgeber dafür, wie das Bildungssystem gerechter, weil erfolgreicher zu machen wäre. Beides ging ineinander über als gewünschte Bildungsbeteiligung und als Suche nach dem rechten didaktischen Weg etwa des ‚mastery learnings', jener Bloomschen Erfindung, die ins Deutsche mit dem Slogan übertragen wurde ‚Alle Schüler schaffen es!'; es bedarf dazu nur der rechten Lehrweise.

Hinzutraten früh die Avangardisten des institutionellen und organisationellen Qualitätsmanagements. Der so importierte Verbesserungswille hielt sich kräftig am Leben. Die Gruppe um Rolff sprach 1974 vom ‚Strategischen Lernen' in der Klassenschule wie vordem von der ‚demokratischen Leistungsschule', und zeigten, dass das immer schon vor allem als Modernisierungsformel verstanden sein wollte. Sie hielten bis zum Finale ihrer möglichen beratenden akademischen Wirkung als „Planungsboys" (Heydorn) durch, mal mit diesem, mal mit jenem: kritischer Medienbildung, Organisationsentwicklung oder Schulleiterbildung.

Dagegen verblasste früh die Pädagogik, die sich mit Kritischer Theorie aufgemacht hatte, aus der geisteswissenschaftlichen Pädagogik herauszutreten und selbst zu einer kritischen zu werden und die den demokratischen Aufbruch der Brandtära als Chance betrachtete, die pädagogischen Verhältnisse gründlich zu demokratisieren, durch Bildungsexpansion und materiale Chancengleichheit, durch Erziehung zur Mündigkeit und durch gesellschaftskritische Curricula. Mit dem Stocken der halbherzig ins Werk gesetzten

Reform wurde sie im Wortsinne frustriert. Das Scheitern der Reform heftete sich an deren theoretische Begründung.

Das ähnliche Schicksal war bald auch der sozialwissenschaftlichen Fraktion der kritischen Aufklärung beschieden. Das aufgewiesene Problem war als gesellschaftliches eben nicht einfach mit besserer Pädagogik zu bearbeiten. Sozialisation blieb zwar als Krisendiagnose weiterhin ein Interesse hervorrufender Hintergrund und sie wurde von da an bevorzugt auf Risikogruppen ausgelegt. Aber mit Soziologie ließ sich wenig politische Beratung und Intervention begründen.

Die sich mit der Bildungsreform formierende empirische Bildungsforschung, die es vor allem als Begleitforschung zu Ämtern und Aufträgen brachte, konnte den Auftrageber in den 1970er bis Anfang der 1980er Jahre in der Regel nicht mit Erfolgsmeldungen beglücken. Weder die Gesamtschule noch die Kollegschule bewiesen vom Out-Put her betrachtet, dass sie die überlegenen Schulformen waren. Alles war ungleich komplizierter und differenzierter. Wenn der Unterschied der Leistungen innerhalb einer Schulform größer sein konnte als der zwischen den Schulformen, so wurde damit deutlich, dass es zukünftig eher um innere Reform als Qualitätsverbesserung gehen müsse.

Eine Bildungsforschung, die nicht die erhofften guten Nachrichten verbreiten konnte, wurde danach nicht mehr staatlich nachgefragt. Nicht umsonst ist dieses auch die Phase, in der nach dem rasanten Zugewinn das Fach in seine erste gravierende Rekrutierungskrise geriet. Man baute kräftig zurück, jedenfalls wurde es für die Generation derjenigen, die in den 1980er Jahren als nächste kritische Generation zu Stuhle drängte, erst eng, dann aussichtslos und erst als es mit dem realen Sozialismus Schluss war, wurde ironisch wieder Platz geschaffen für einige der westlichen Erben der Kritik. Drei von ihnen sind heute hier.

Mit dem zwischenzeitlich eingetretenen Bedeutungsverlust der Erziehungswissenschaften als der einmal führenden Modernisierungsdisziplin trat eine Art Wartezeit für das Fach ein. Dynamisch ging es weiter mit der Bildungsexpansion, der aber sah die Bildungspolitik mehr oder weniger hilflos zu. Schon mit dem Ende der Brandtära kündete sich die Fiskalkrise an. Parteiübergreifend setzte sich die Meinung durch, dass bei einer fortdauernden Bildungsexpansion deren Deckung durch die öffentlichen Haushalte nicht mehr zu erreichen sein würde. Das Ende der Fahnenstange wurde sichtbar. In dieser Zeit wird die Kritik an der Pädagogik kurzfristig erstmals von einer Disziplin oder Zunft formuliert, die als eine der kommenden Universalmittel eingekauft wurde, um der Dynamik des ‚Immer mehr für immer weniger' Einhalt zu gebieten. Unternehmensberatungen beerbten die Bildungsforscher und Berater, indem sie als Controlling zu zeigen versuchen, welche Verschwendung von Mitteln im System zu beobachten sei. Als neues Denken wurde ausprobiert, wie zukünftig mit gegebenen oder weniger

Mitteln zu besseren Ergebnissen gekommen werden könne. Damit war der Weg für eine nachhaltige Anleitung zur Selbstverbesserung beschritten, der bis heute fortwirkt und vielleicht jetzt erst seinen Höhepunkt erreicht hat.

Bald haben auch Pädagogen den neuen Jargon übernommen und den Umgang mit den Tools gelernt. Sie wurden wieder Akteure der Reform, nun als Moderatoren der ‚Lernenden Organisation', der Organisationsentwicklung und des Qualitätsmanagements mit solchen schönen Instrumenten wie Schulprogrammarbeit und Schulinspektion. Auch wenn man bei solchen Mitteln der Verbesserung deren technokratische Ausformung nicht übersehen kann, so ist doch deren Motiv ein kritisches. Es setzt an an der Differenz zwischen der Aufgabe des Schulsystems und ihren Ergebnissen sowie den intermittierenden inneren Abläufen. Damit war und bleibt es verbunden mit dem Motiv der heroischen Zeit der Kritik.

IV

Das kann man – und damit komme ich zur gegenwärtigen ‚empirischen Bildungsforschung' zurück – auch für diese feststellen.

Im Sinne des Reformismus als Optimierung sind ‚large scale assessement', Wirkungsmodellierung, Vergleichsstudien, quasi-experimentelle Designs der Unterrichtsverbesserung oder evidenzbasierte Einsichten in das, ‚worauf es im positiven wie negativen Sinne ankomme', Mittel und Orte der Kritik. Wirkungsforschung operiert im Kontext einer widersprüchlichen Situation, der nämlich, dass vom System andere Prozesse und Ergebnisse erwartet werden und auch mit Rückgriff auf nicht genutzte Möglichkeiten zu erwarten wären, als sie empirisch vorliegen. Das wäre erst anders, wenn die beschreibende wie auch die schließende Statistik von Testergebnissen gelesen werden müsste als Wiedergabe gegebener und nicht anders möglicher Tatsachen und Wirkungszusammenhänge. Dann wäre Kritik an mangelnder Effektivität unbegründet, sie stünde im Gegensatz zur Tatsachengesinnung und produzierte Wunschdenken. Empirische Forschung wäre so der Ausweis von Notwendigkeiten. Schulleistungen wären nicht durch bestimmte Variablen wie gewünscht zu verbessern.

In beiden Hinsichten übt die Forschung Kritik, einerseits an unzureichender und verbesserungsfähiger Praxis, andererseits auch an falschen und in die Irre führenden Erwartungen. Diese Fassung der Empirie spielt in der Konjunktur der Optimierungsempirie keine große Rolle. Sobald aber jene mit ihren Verbesserungsideen und -ankündigungen Schiffbruch erlitten haben wird, kann sie als realistische erneut ihr Haupt erheben.

Beiden Erklärungen von Tatsachen korrespondieren Wirkungsunterstellungen in der Praxis. Lehrern, deren Klassen in Tests besser abschneiden als die von Kollegen, rechnen sich dieses positiv zu, womit sie umgekehrt das negative Resultat den anderen als deren Wirkung zuweisen. Die mögen darauf reagieren, indem sie auf die strukturellen Bedingungen verweisen, die ein anderes besseres Ergebnis verunmöglichen. In beiden Fällen wird kausal gedacht und auch damit Kritik geübt.

Wie sehr die Kritik durch die Kritikerwartungsrichtung bestimmt wird, macht eine historische Erinnerung deutlich. Mit ihr lassen sich junge Bildungsforscher schnell irritieren. Bis in die frühen 1960er Jahre hinein wurde die teils extreme Selektivität des Gymnasiums als Ausdruck natürlicher Begabungsunterschiede verstanden. Dass vom führenden Gymnasium der Stadt schon mit dem Quartaabitur mehr als ein Drittel der überhaupt durch die Aufnahmeprüfung gekommenen Schüler wieder ins niedere System zurückgeschickt wurde, und dass am Ende nicht selten nur die Hälfte bis ein Drittel das Abitur erreichte, ließ sich als Erfolg der Einrichtung verbuchen. Sie hatte allen eine Chance gegeben, die sie aufgenommen hatte, aber dann stellte sich eben heraus, wer wirklich für die Schulform geeignet war. Wer das kritisierte, und das kam selten vor, der hatte nicht verstanden, was Begabung als eine Tatsache bedeutet, die durch Pädagogik nicht aus der Welt geschaffen werden kann.

Ein Schulleiter, der heute so argumentieren und handeln würde, geriete schnell unter Druck. Die Schule hat sich anzustrengen, dass solches Scheitern nicht mehr vorkommt oder zumindest eingeschränkt wird. Ein solches Ergebnis hat sie als Kritik an ihrer Praxis zu verstehen. Das wiederum lässt sich damit kritisieren, dass das Vermeiden des Scheiterns erkauft werde mit der Nivellierung der Leistungen der Schüler. Das spiegelt sich in den Modi der Kritik der gegenwärtig dominierenden empirischen Bildungsforschung.

Es lässt sich einiges dafür vorbringen, dass die Optimierungsempirie am Ausgang ihrer Epoche steht. Immer wieder damit konfrontiert zu werden, dass man nicht erreicht, was man doch erreichen können sollte, die mangelnde Handlungsrelevanz vieler Vergleichsdaten und die politische Unbrauchbarkeit der Befunde, werden dazu führen, dass die Kritik – egal wie berechtigt sie ist – nicht mehr nachgefragt wird. Dann wird wohl nicht die Suche nach dem Verhältnis von Notwendigkeit und Kontingenz aufblühen, wie es Kausalitäten suchende Empiriker vertreten, sondern eher die Empirie der Interventionsstudien. Denn mit diesen kann nicht nur demonstriert werden, dass man viel zur Verbesserung der Verhältnisse tut, sondern dass man auch positive Resultate vorweisen kann. Lehrer werden mit einem didaktischen Treatment trainiert, das bestimmte Effekte des schulischen Unterrichts zu steigern erlauben soll. Die Tests mit Kontrollgruppen ergeben regelmäßig eine positive Wirkung eines ‚besser als'. Diese empirische Bildungsforschung lebt dann davon, dass sie Kritik in Gewinne übersetzt.

V

Was wäre dagegen eine kritische Bildungsforschung?
Die empirische Bildungsforschung misst nach Maßgabe eines Kriteriums gelingender Vermittlung und Aneignung aus, inwiefern die Praxis erreicht, was von ihr sich mit ihm erwarten ließe. Sie fixiert dies als Wirkungsmodell so, dass es möglich wird anzugeben, in welche Richtung die Stellschrauben angezogen oder gelockert werden, bzw. neue Mechanismen eingesetzt werden müssen, damit mehr von dem eintritt, was man bewirken will. Damit wird die Frage anhängig, ob sie misst, was zu messen sie beansprucht und ob sie erklärt, was sie erklären will. Weil pointiert gesprochen davon nicht ausgegangen werden kann, bleibt die Analyse wie die Kritik der Sache äußerlich, auf die sie sich beziehen. Das Instrument wie das Ergebnis bleiben letztlich ein Artefakt der Forschung. Soll es Kompetenzen messen als die vom Unterricht verlangten Ergebnisse, so muss sie die Ziele erfassen, die für den Unterricht gelten und das Können der Schüler erheben. Das geschieht nicht. Will sie die rechte Unterrichtsweise aufgreifen, so müssen die Variablen das treffen, was in der Praxis das Geschehen wesentlich bestimmt. Wo das nicht geschieht, wird die Praxis auf das Prokustesbett der Instrumente gelegt. Es gilt dann der böse Satz, dass aus der Forschung nur herauskommt, was in sie hineingesteckt wurde. Das entwertet nicht vollständig den Ertrag solcher Forschung, aber es relativiert ihn doch soweit, dass sich die Suche nach Alternativen aufdrängt.
Die Bildungsforschung wusste einmal um die Begrenztheit solcher Operationen, und es fällt nicht schwer, mit Rückgriff auf Roth, Winnefeld oder Weinert die eingeschränkte Zuständigkeit der pädagogischen Psychologie für das pädagogische Geschehen zu betonen. Von diesen Skrupeln weitgehend frei agiert die heutige ‚empirische Bildungsforschung' mit der Devise: was nicht passt, wird passend gemacht; geht nicht, gibt's nicht!
Kritik darf nicht nur treffen, sie muss auch zutreffen. Das setzt voraus, mit Hilfe von theoretischer Reflexion und Wirklichkeitshermeneutik zu bedenken, wie die Sache bestimmt ist, die es zu erforschen gilt und welche Methoden dieser Sache angemessen wären. Danach hat die Analyse das zu objektivieren, was in der Praxis selbst als eigener Anspruch erhoben wird, wie auch das, was in der Logik der Praxis geschieht, um diesem Anspruch praktische Geltung zu verschaffen. Dann geht es aber nicht einfach darum, eine Differenz quantitativ auszumessen zwischen dem mit dem Erhebungsinstrument modellierten Anspruch und der Wirklichkeit von Leistungen der Schüler und Lehrer. Vielmehr ist es dann notwendig zu erklären, wie es dazu kommt, dass der in der Praxis selbst emergierte, je spezifische Anspruch an Erziehung und Bildung durch eben diese Praxis unterboten wird. Kritik wird dann eine immanente, und als solche ist sie gebunden an die Aktstruktur der

Praxis. Es geht dann um den Unterricht, der ermöglichen soll, dass etwas Bestimmtes von den Schülern verstanden und beherrscht wird, um die erzieherischen Modi der Herstellung einer entsprechenden Lernbereitschaft und Arbeitsweise, schließlich um die didaktischen Transformationen des Gegenstandes in einen Unterrichtsinhalt und eine zu ihm führende Methode der Bearbeitung (vgl. Gruschka 2013). Mit all dem geht es um die Klärung der bei der Aneignung und Zueignung auftretenden Probleme. Damit wird Pädagogik als Unterrichten von innen her erschlossen. Ihm wird kein ihm fremder oder auch nur von außen kommender Maßstab gegenübergestellt, sondern derjenige, der in spezifizierender Form aus der Eigenstruktur der Erziehung emergiert.

Dass diese nicht als eine in sich ruhende autonome Sphäre behandelt werden kann, versteht sich von selbst. Die Kritik kann deswegen nicht beliebig internalisiert werden. Aber ihre wohlfeile Externalisierung wird mit jeder Erschließung des anders möglichen Verlaufes des Unterrichtens ebenso abweisbar. Wir haben es dann mit Unterschieden in der Gegenstandsbestimmung der Kritik zu tun. Bildungsforschung, die sich auf den Unterricht als dem Ort der Vermittlung und Aneignung von Bildung bezieht, muss aber das Unterrichten als pädagogische Aktstruktur trennen von der schulischen Rahmung, der das Unterrichten folgt, ebenso von den sozialisatorischen Voraussetzungen der Schüler.

Die Kritik an der Wirklichkeit des Unterrichtens wird als Aufweisen des anders möglichen Ablaufes konstruktiv. So wird sie aber erst wahrgenommen, wenn sie sich dafür interessiert, wie ist, was ist und wirkt, was wirkt, und doch verändert werden kann, damit mehr Schüler zu besseren Resultaten ihrer Bildung und Erziehung kommen. In dieser pädagogischen Sachhaltigkeit entfaltet die Forschung ihr kritisches Potenzial.

Literatur

Blankertz, Herwig (1979): Kritische Erziehungswissenschaft. In: Schaller, Klaus (Hrsg.): Erziehungswissenschaft der Gegenwart. Prinzipien und Perspektiven moderner Pädagogik. Bochum: Kamp, S. 28-45.

Blankertz, Herwig (1982): Rekonstruktion der geisteswissenschaftlichen Lehrplantheorie am Ausgang der Curriculumeuphorie. In: Siegener Hochschulblätter 5/1982, S. 18-29.

Gruschka, Andreas (2011): Pädagogische Forschung als Erforschung der Pädagogik. Eine Grundlegung. Opladen: Budrich.

Gruschka, Andreas (2013): Unterrichten – eine pädagogische Theorie auf empirischer Basis. Opladen: Budrich.

Qualitative Migrationsforschung als Bildungsforschung: Standortbestimmungen zwischen Reflexion, (Selbst-)Kritik und Politik[1]

Paul Mecheril, Nadine Rose

Obwohl Migrationsphänomene – seit in einer politisch sinnvollen Weise von ‚Deutschland' gesprochen werden kann – immer schon von grundlegender Bedeutung für diesen Kontext gewesen sind, wird Migrationsforschung im deutschsprachigen Raum systematisch erst seit etwa 20 Jahren betrieben. Davor dominieren Ansätze, die in eher pragmatischer und kurzfristiger Einstellung an der Lösung praktischer Probleme interessiert sind. Etwa ab Mitte der 1990er Jahre wandelt sich aber der pädagogisch-erziehungswissenschaftliche Bezug auf das sich konstituierende Themenfeld ‚Migration und Bildung' in eine Forschungsperspektive, die nicht allein an Erkenntnissen interessiert ist, die primär praktischen Verwertungsinteressen dienen[2]. Allerdings entwickeln sich diese ‚grundsätzlichen Erkenntnisse' auch weiterhin in Abhängigkeit von erkenntnispolitischen Konjunkturen; so kann im Zuge der öffentlichen und (forschungsförderungs-)politischen Aufmerksamkeit, die die Ergebnisse der so genannten Schulleistungsstudien erfahren haben, seit einigen Jahren von einem überwiegenden Interesse der Forschung an ‚Sprache' und ‚Schulleistungen' im Themenfeld ‚Migration und Bildung' gesprochen werden.

Insbesondere die Forschung zu Schule, Sprache und formellen Schulleistungen in Deutschland hat einen bemerkenswerten Aufschwung erfahren. Aufschwünge (und Abschwünge) sowie die Art und Weise der Thematisierung von Migrationsphänomenen verweisen allgemein auf die politische Dimension des Forschungsfeldes. ‚Migration' ist ein stark politisiertes The-

---

1 Der Beitrag ist zuerst erschienen in: Ackermann, Friedhelm/Ley, Thomas/Machold, Claudia/Schrödter Mark (2012) (Hrsg.): Qualitatives Forschen in der Erziehungswissenschaft. Wiesbaden: Springer VS, S. 115-134. Der Wiederabdruck erfolgt mit Genehmigung der 'Springer Science and Business Media'.
2 Diese Veränderung verdankt sich auch der Entwicklung der *Interkulturelle Pädagogik* genannten pädagogischen Subdisziplin ab Mitte der 1990er Jahre, die sich mit Bildungsprozessen und -strukturen unter Bedingungen migrationsgesellschaftlicher Differenzverhältnisse befasst

ma, da es in der Diskussion um das Thema Migration immer auch um die Frage geht, wie und wo ein (nationalstaatlicher) Raum seine symbolischen Grenzen festlegen will und welcher Umgang innerhalb dieser Grenzen mit Differenz, Heterogenität und Ungleichheit angemessen ist (vgl. Mecheril u.a. 2010). Man kann deshalb grundsätzlich sagen: Migration problematisiert Grenzen. In der Regel sind dies eher nicht die konkreten territorialen Grenzen, sondern die symbolisch-kulturellen Grenzen, die natio-ethno-kulturelle Zugehörigkeiten definieren. Diese konstitutive politische Dimension des Gegenstandes wirkt insofern auf das akademische Feld, in dem Migrationsforschung betrieben wird, als Forschungsprojekte und Untersuchungen Ergebnisse produzieren, die immer – gewollt oder nicht – mit politischen Aussagen verbunden sind. Zudem hat sich Migrationsforschung in Deutschland als Reaktion auf die gesamtgesellschaftliche Wahrnehmung von Migration als „Problem" und in starker Abhängigkeit von politischen Förderperspektiven als Auftragsforschung entwickelt (vgl. Bukow/Heimel 2003).

Weil Migration ein gesamtgesellschaftlich bedeutsames und umkämpftes Thema ist, das die grundlegende Frage, wer ‚wir' sind und wer ‚wir' sein wollen, berührt, werden Beiträge der Migrationsforschung immer auch von einer politischen Öffentlichkeit aufgegriffen, diskutiert und verwertet; zum Teil beteiligt sich die Migrationsforschung auch explizit an den öffentlichen Debatten, versteht ihre Beiträge gar als sozialpolitische Orientierungsangebote.

Nachfolgend soll im Einzelnen verständlich gemacht werden, warum und in welcher Weise Standortbestimmungen zwischen Reflexion, (Selbst-)Kritik und Politik für die Migrationsforschung insgesamt und für die qualitative Migrationsforschung im Besonderen wichtig waren, aber auch weiterhin und grundsätzlich eine wichtige Herausforderung darstellen. Zunächst werden wir erläutern, dass die unumgängliche Problematisierung der forschungsleitenden Begriffe qualitativer Migrationsforschung in einer spezifischen Weise aus der Logik qualitativer Forschung resultiert (1). Im Anschluss daran werden diesem reflexiven Grundzug neuerer qualitativer Migrationsforschung verpflichtete Forschungsarbeiten exemplarisch vorgestellt und diskutiert: eine ethnographische (2) und eine biographiewissenschaftliche (3) Studie. Vor dem Hintergrund der hier deutlich werdenden reflexiven Forschungspraxen plädieren wir in einer Art Fazit für eine kritische Selbstreflexion qualitativer Migrationsforschung, die die Situiertheit ihrer Erkenntnisproduktion systematisch berücksichtigt (4).

1. Qualitative Migrationsforschung als reflexiv-selbstkritischer Ansatz

In der Einleitung ist bereits angesprochen geworden, inwieweit insbesondere die wissenschaftliche Beschäftigung mit Migration nicht allein Erkenntnisse zur Folge hat, sondern diese Erkenntnisproduktion aus gesellschaftlichen Verhältnissen resultiert und auf diese Einfluss nimmt – also als spezifische Form der Herstellung privilegierten Wissens („Wahrheit") über den jeweils zur Frage stehenden und konstruierten Gegenstand angesehen werden muss (z.B. die Annahme von Sprachdefiziten so genannter Schüler_innen mit Migrationshintergrund). Angesichts der (politischen) Folgen wissenschaftlicher Erkenntnisproduktion konzentrieren wir uns in dem vorliegenden Beitrag auf reflexive Ansätze. Als reflexive Ansätze wollen wir hier solche empirischen Untersuchungen im Bereich qualitativ-interpretativer Forschung verstehen, die eine explizit gesellschaftstheoretisch fundierte Sensibilität gegenüber ‚Normalitäten' oder ‚Fraglosigkeiten' zum Ausgangspunkt ihrer forschenden Beschäftigung machen und ein kritisch-befragendes Verhältnis zu diesen entwickeln. Reflexive Ansätze untersuchen, thematisieren und problematisieren gerade solche Voraus-Setzungen, die in anderen Ansätzen als selbstverständlich und fraglos gelten – so beispielsweise die vermeintlichen Sprachdefizite von Schüler_innen mit Migrationshintergrund oder, grundlegender noch, die in einem bestimmten kulturell-politischen (Sprach-, also Diskurs-)Raum selbstverständliche Unterscheidung zwischen Schüler_innen, denen ein ‚Migrationshintergrund' zugeschrieben wird, von Schüler_innen, für die dieser Status nicht gilt. Wenn mit Hilfe reflexiver Ansätze ‚Normalitäten' in kritischer Perspektive erschlossen werden können, so ist damit allerdings nicht notwendig eine Entscheidung für oder gegen ein qualitatives oder quantitatives Vorgehen impliziert.

Die angesprochene reflexive Haltung wird jedoch durch das wissenschaftstheoretische Grundverständnis qualitativer Forschung bereits nahe gelegt, das mit Wilson (1979) als interpretatives Paradigma bezeichnet werden kann. Ausgangspunkt der Analyse von sozialem Handeln sind hier Interpretationsleistungen und Sinngebungsprozesse von Individuen und Gruppen. Thomas Wilson unterscheidet grundsätzlich zwischen einem interpretativen und normativen Paradigma in den Sozialwissenschaften, um Präferenzen für unterschiedliche Menschenbilder und Vorstellungen über menschliche Handlungsfähigkeit zu charakterisieren. Er geht davon aus, dass Vertreter_innen des normativen Paradigmas einem Menschenbild anhängen, das Menschen als reaktiv in der Auseinandersetzung mit gesellschaftlichen Symbolsystemen betrachtet; ihr Handeln ist von Norm- und Rollenvorgaben abhängig. Demgegenüber vertritt das interpretative Paradigma ein Men-

schenbild, das das Handeln von Menschen an die Grundlage situativer Interpretationen und Erkenntniszuschreibungen bindet (vgl. Wilson 1979).
Im Rahmen des interpretativen Paradigmas werden Menschen als interaktive Wesen begriffen. Der symbolische Interaktionismus als einflussreiche methodologische Spielart des interpretativen Paradigmas geht davon aus, dass Menschen „ihr Handeln planen und steuern können, weil sie die sie umgebende und ständig sich wandelnde Welt mit Sinn versehen und interpretieren können" (Helle 1977, S. 98). Harold Blumer formuliert, dass die Menschen „in einem unermesslichen Interaktionsprozeß eingefangen [sind], in dem sie ihre sich entwickelnden Handlungen aneinander anpassen müssen. Dieser Interaktionsprozeß besteht darin, daß sie den anderen anzeigen, was sie tun sollen, und indem sie selbst das von anderen Angezeigte interpretieren" (Blumer 1973, S. 101). Diese Grundposition des symbolischen Interaktionismus bzw. des interpretativen Paradigmas kann anhand dreier, ebenfalls von Blumer formulierten, Prämissen spezifiziert werden:

„Die erste Prämisse besagt, daß Menschen ‚Dingen' gegenüber auf der Grundlage der Bedeutungen handeln, die diese Dinge für sie besitzen. (...) Die zweite Prämisse besagt, daß die Bedeutung solcher Dinge aus der sozialen Interaktion, die man mit seinen Mitmenschen eingeht, abgeleitet ist oder aus ihr entsteht. Die dritte Prämisse besagt, daß diese Bedeutungen in einem interpretativen Prozeß, den die Person in ihrer Auseinandersetzung mit den ihr begegnenden Dingen benutzt, gehandhabt und abgeändert werden" (ebd., S. 81).

Die allgemeine Aufgabe interpretativer Forschung besteht vor diesem Hintergrund also darin, die veränderlichen und kontextrelativen Prozesse der Sinnstiftung und Bedeutungsaushandlung von bzw. zwischen Individuen in den Blick zu bekommen, sie zu beschreiben und auf den Begriff zu bringen. Unterscheiden lassen sich dabei drei grundsätzliche Perspektiven mit, so Uwe Flick (1999, S. 29ff.), unterschiedlicher Reichweite: Zunächst solche, die stärker auf den subjektiven Sinn und dessen Rekonstruktion ausgerichtet sind, solche, die sich auf die Prozesse der Herstellung von sozialen Wirklichkeiten beziehen und schließlich solche, die die kulturelle Rahmung dieser sozialen und subjektiven Wirklichkeiten zu rekonstruieren suchen.

Da ein forscherischer Zugang zu der zur Frage stehenden sozialen Wirklichkeit sowie ihre Interpretation und Aneignung durch Individuen aber nicht unmittelbar erfolgen kann – zumindest dann nicht, wenn die Analyse sozialer Verhältnisse von sozialen Wesen betrieben wird und nicht von Göttern –, sondern notwendig selbst interpretativ vermittelt ist, wird die Frage danach, wie Menschen ihre Welt interpretieren und interaktiv herstellen, selbst nur vermittelt über sozialwissenschaftliche Auslegungen und Deutungen zugänglich. Im Anschluss an Alfred Schütz (1971) lässt sich die Aufgabe von Sozialwissenschaftler_innen folglich als diejenige charakterisieren, die lebensweltlichen Konstruktionen ersten Grades – die der Akteure also – so erschließen, dass Sozialwissenschaftler_innen auf ihnen ihre Konstruktionen zweiten Grades – also Konstruktionen über die lebensweltlichen Konstruktionen der Akteure – begründet aufbauen können (vgl. Schütz 1971, S. 7). Insbesondere im Anschluss an Schütz und diese Prämisse wird verständlich, dass es qualitativer Sozialforschung im engeren Sinne vordringlich „um eine Logik des Entdeckens, d.h. der Generierung von Hypothesen bis hin zu gegenstandsbezogenen Theorien im Forschungsprozess, und damit der Zurückstellung von Hypothesen zu Beginn der Untersuchung" geht (Rosenthal 2008, S. 13).

In dem Augenblick, in dem sich die sozial- und erziehungswissenschaftliche Forschung als Konstruktion zweiten Grades versteht, als *Interpretation von Interpretationen*, wird die Reflexion auf die Voraussetzungen der Auslegung der Auslegungen oder die kontingenten Bedingungen der Deutung der Deutungen unumgänglich. Die reflexive und kritische Wendung auf die eigenen nicht nur methodischen, sondern auch wissenschaftstheoretischen und womöglich auch erkenntnispolitischen Voraus-Setzungen ist, wie gesagt, eher in der qualitativen Forschung beheimatet, auch wenn sie auf diesen Ort nicht beschränkt sein muss. Darauf verweist auch die Entwicklung in der deutschsprachigen Migrationsforschung: Während diese zunächst vermehrt geleitet war von Ansätzen, die als kulturalisierende und auch ethnisierende Defizitbeschreibungen verstanden werden müssen, hat sie mehr und mehr zu einer Perspektive gefunden, in der die Nutzung insbesondere der die Forschungen anleitenden Begriffe (kritisch) beobachtet und beschrieben wird (vgl. Geisen 2007). Einerseits erhält damit subjektorientierte Migrationsforschung einen Aufschwung, so dass insgesamt qualitative Methoden an Bedeutung gewinnen (vgl. z.B. Apitzsch 2006, Ricker 2003, Bukow/Heimel 2003). Andererseits erfährt die Frage nach dem gesellschaftlichen Umgang mit und die gesellschaftliche Herstellung der ‚Migrant_innen' eine stärkere Berücksichtigung, so dass die Frage nach den strukturellen und gesellschaftlichen Voraussetzungen, die den migrationsgesellschaftlichen Rahmen schaffen, in dem Interaktionen stattfinden und Erfahrungen gemacht werden, vermehrt in die Analysen mit einbezogen wird. Diese Veränderung kann als Entwicklung (zu) einer (selbst-)reflexiven Migrationsforschung verstanden werden.

In Bezug auf den Einsatz und die Nutzung der Kategorie ‚Kultur' kann diese Problematisierung der die Forschung anleitenden Begriffe, also die reflexive Wende in der deutschsprachigen Migrationsforschung exemplarisch verdeutlicht werden. Während in weiten Teilen der Migrationsforschung von der „kulturellen Differenz" der zu Beforschenden mehr oder minder unreflektiert ausgegangen wurde (und z.T. noch wird), finden wir die Frage nach der Bedeutung von „Kultur" heute auch deutlich anders formuliert: „Will man […] etwas über ‚Kultur' und ihre Verwendung in sozialen oder pädagogischen Prozessen herausfinden, kann man die konstruktivistische Position eines Beobachters zweiter Ordnung einnehmen und die Frage stellen, in welchen Kontexten und wie überhaupt von Kultur die Rede ist" (Nassehi 1997, S. 186). Es geht somit um die ‚Beobachtung von Beobachtungen', also darum zu beschreiben, „in welchen Situationen ‚Kultur' als Unterscheidung oder Legitimation benutzt wird und was damit bewirkt wird" (Diehm/Radtke 1999, S. 66). Vor diesem Hintergrund sind Forschungsarbeiten entstanden, die zum Beispiel untersuchen, wann Pädagoginnen und Pädagogen mit welchen Wirkungen in schulischen Kontexten auf die Deutungskategorie „Ethnizität" zurückgreifen (vgl. Gomolla/Radtke 2002; Weber 2003a, Weber 2003b).

In der Entwicklung der erziehungswissenschaftlichen Migrationsforschung kann insofern eine Zunahme von solchen Untersuchungen verzeichnet werden, die sich stärker mit Handlungs- und Deutungsweisen bildungsinstitutionell situierter Akteure befasst. Gleichzeitig gerät in den 1990er Jahren auch das „seine Identität aktiv gestaltende und entwickelnde Individuum stärker in den Fokus der [Migrations-] Forschung" (Geisen 2007, S. 35): „Intellektuelle Migrantinnen" (Gutierrez Rodriguez 1999) und „bildungserfolgreiche bikulturelle Jugendliche" (Badawia 2002) werden thematisiert; dabei rücken Voraussetzungen ihrer Handlungsfähigkeit und aktiven Lebensgestaltung unter Bedingungen von Ausgrenzung und Diskriminierung stärker in den Vordergrund. Mit der Verschiebung des Interesses und der Aufmerksamkeit innerhalb der deutschsprachigen Migrationsforschung werden defizitorientierte Aussagen über erwachsene und jugendliche Migrationsandere (Mecheril u.a. 2010) zunehmend von differenzierten und kritischen qualitativen Analysen abgelöst. So lässt sich für die neuere erziehungswissenschaftliche Migrationsforschung qualitativ-interpretativer Orientierung nicht mehr unmittelbar von einem „straffen Zusammenhang zwischen wissenschaftlicher Ausrichtung und öffentlichem Diskurs" (Bukow/Heimel 2003, S. 19) sprechen – wie Bukow und Heimel ihn für die deutschsprachige Migrationsforschung noch bis in die 1990er Jahre hinein nachzeichnen. Es gilt nunmehr viel eher ein fragendes und distanziertes Verhältnis im Hinblick auf dominante öffentliche Wissensbestände, Semantiken und unhinterfragte Interessen. So zeichnen sich heute viele Forschungsarbeiten durch ihr Bemühen aus, Analysekategorien, Erklärungsmuster, aber auch Fragestellungen und Untersuchungsinteressen intensiv zu problematisieren, um nicht bereits in der Anlage der Untersuchung nach wie vor dominante defizitorientierte, ethnisierende, kulturalisierende Bilder über Migrant_innen zu reproduzieren. Wir möchten dies an zwei Beispielen, einer ethnographischen und einer biographiewissenschaftlichen Arbeit verdeutlichen, die beide auf die sozialen Herstellungsprozesse abheben, aufgrund derer junge Menschen als (ethnisierte) ‚Andere' der Gesellschaft, in der sie leben, hervorgebracht werden.

2. Ethnographische Migrationsforschung: Wie werden ‚Andere' interaktiv erzeugt?

Eine forschungspraktische Möglichkeit mit der Problematik von kulturalisierenden und ethnisierenden Zuschreibungen umzugehen, besteht darin, Kulturalisierungen im Rahmen von Migrationsforschung nicht länger forschungspraktisch zu reproduzieren (vgl. die frühe Kritik: Bukow/Llayora 1988), sondern vielmehr ethnisierende oder kulturalisierende Praxen selbst zum Gegenstand der Forschung zu machen. Hierin kommt die Erkenntnis zum Ausdruck, dass „der Prozess der Ethnisierung [...] nicht bei den Migrant(inn)en statt[findet], sondern in der Gesellschaft" (Nohl 2001, S. 17). Studien, die auf die situierte Erzeugung der „ethnisch-kulturell" Anderen aufmerksam machen, nutzen häufig ethnographische Zugänge.

Der spezifisch ethnographische „Erkenntnisstil" (Hirschauer/Amann 1997, S. 8) ist auf den ersten Blick einer Art methodischen Naivität verpflichtet. Er kann als entdeckender Erkenntnisstil charakterisiert werden, weil er seinen Ausgang an einer „'unmethodischen' Ausgangsfrage" (ebd., S. 20) nimmt, wie sie Clifford Geertz bündig formuliert hat: „What the hell is going on here?" (vgl. Geertz 1983). Eine soziologische „Ethnographie der eigenen Kultur" – wie Hirschauer/Amann sie vorschlagen – richtet ihren Blick folglich auf Selbstverständliches und Gewöhnliches, auf die ‚normalen' alltäglichen Abläufe und Interaktionsroutinen, eine *anthropology at home*. Ein solches Vorgehen, bei dem bislang weitgehend Vertrautes und Selbstverständliches einer wissenschaftlichen Betrachtung zugeführt werden soll, setze allerdings voraus, die zu betrachtenden Phänomene erst methodisch auf Distanz zu bringen, sie gewissermaßen zu „befremden" (vgl. Hirschauer/Amann 1997, S. 12). Vor diesem Hintergrund zielt ethnographische Forschung weniger auf Erklärungen oder das Verständnis der betrachteten Phänomene ab, sondern vielmehr auf ihre Explikation, ihre begrifflich gefasste Entfaltung.

Die ethnographische Untersuchung zu „Heterogenität im Schulalltag" (Weber 2003) widmet sich der Frage von Ethnisierung und Vergeschlechtlichung in der Schule: In der Studie steht die Frage im Zentrum, wie „allochthone Schülerinnen" im Setting der gymnasialen Oberstufe interaktiv und diskursiv als ‚weibliche Andere' erzeugt werden. Mit Blick auf die Bildungschancen als „türkisch" wahrgenommener Mädchen bemüht sich die Arbeit empirisch darüber aufzuklären, welche Bilder die Lehrkräfte von diesen Schüler_innen haben, welche herkunfts- und geschlechtsbezogenen Zuschreibungen die Schüler_innen erhalten und welche bildungsbiographischen Folgen dies für die Schüler_innen hat (vgl. Weber 2003a, S. 9ff.). Mit Hilfe von Interviews mit „bildungserfolgreichen allochthonen Schülerinnen" der gymnasialen

Oberstufe, ihren jeweiligen Lehrkräften und Schulleitungen werden die Perspektiven der Beteiligten erhoben und gewissermaßen gegeneinander gelesen. Das Hinzuziehen umfangreicher Beobachtungen von Interaktionssituationen in einzelnen Klassen im Zusammenspiel mit den Interviews dient schließlich dazu, „das Wechselspiel im Klassenzimmer von herkunfts- und geschlechtsbezogenen Selbst- und Fremdzuschreibungen zwischen LehrerInnen und allochthonen SchülerInnen zu rekonstruieren" (Weber 2005, S. 71).

Am Beispiel einer Klausur aus dem Gemeinschaftskundeunterricht zum Thema „Deutsche und ihre Ausländer", die dem umfangreichem Datenmaterial entnommen ist, lässt sich dieses Gegeneinanderlesen exemplarisch verdeutlichen: Die empirische Rekonstruktion zeigt, dass und wie in den Klausuraufgaben und der Unterrichtsgestaltung eines Gemeinschaftskunde-Lehrers nicht nur eine „strikte Abgrenzung gegenüber MigrantInnen" (Weber 2003a, S. 231), sondern eher noch eine persönliche Abwehrhaltung zum Ausdruck kommt. So definiert Herr E. „Ausländer" in seinem Unterricht deutlich mit Bezug auf eine spezifische Referenz: „wir" bzw. „unser Land", und legt damit auch den Schüler_innen eine ebensolche Haltung nahe, z.B. wenn sie aufgefordert werden, folgende Klausurfragen zu beantworten: „3. Erläutere ausführlich, warum die meisten dieser Ausländer ausgerechnet zu uns nach Deutschland kommen wollen. 4. Verdeutliche klar die Problematik, die sich dadurch für unser Land und seine Bewohner ergibt. 5. Welche Vorwürfe erheben Deutsche berechtigterweise gegen einen Großteil ihrer Ausländer?" (ebd.).

Anhand von Interviewsequenzen lässt sich zeigen, dass der Lehrer selbst seine Unterrichtspraxis und die Behandlung der „Ausländer"-Thematik als grundsätzlich gelungen bewertet (vgl. ebd., S. 232ff.). Allerdings merkt er selbst an, dass die Unterrichtsreihe am Wirtschaftsgymnasium reibungslos abgehalten werden konnte, es jedoch an der Handelsschule im Rahmen der gleichen Unterrichtsreihe Widerspruch gegeben habe. Als Begründung für diesen Unterschied führt der Lehrer im Interview die unterschiedliche Zusammensetzung in den Klassen an, wobei er die Proteste als geschlechtsspezifisches Phänomen der in dieser Klasse gehäuft vorzufindenden „türkischen Jungen" interpretiert, die nach Ansicht des Lehrers – wie Weber interpretativ rekonstruiert – „aufgrund einer besonderen häuslichen Geschlechtererziehung generell dazu [neigen], sich lautstark bemerkbar zu machen" (ebd., S. 233). In dem Interviewausschnitt wird so vor allem deutlich, dass der Lehrer diese Proteste der Jungen als Proteste um des Protests willen, zudem als Ausdruck kultureller Identität, einstuft, wodurch er ihnen einen Bezug auf die Inhalte seiner Unterrichtsreihe, damit dem Status einer ernsthaften Stellungnahme und Kritik, letztlich die Legitimität abspricht[3].

Die Perspektive einer befragten, als „türkisch" bezeichneten, Schülerin – Figen –, die an dieser Unterrichtsreihe teilgenommen hatte, zeigt, inwiefern „sie unter der Einseitigkeit der Perspektive des Lehrers gelitten habe" (ebd., S. 235) und dass sie sich unter Druck gesetzt fühlte, im Rahmen der Klausur die problematische Abwertung von „Ausländern", die der Lehrer propagiert hatte, selbst zu wiederholen. Anhand einer Interviewsequenz wird rekonstruiert, wie die Schülerin zunächst dem Lehrer zu widersprechen sucht, indem sie z.B. in den Unterricht das Gegen-Argument einbringt, „Deutschland braucht Ausländer" (ebd., S. 236). Allerdings wird sie vom Lehrer darauf hingewiesen, dass dieser Beitrag an eine andere Stelle gehöre, zudem wird sie von einigen Mitschülern ausgelacht und von einem Mitschüler offen diskriminiert („geh doch in dein eigenes Land", ebd., S. 237). Figen beantwortet schließlich die Klausuraufgaben im Sinne des vom Lehrer Geforderten und muss ihre Einwände gegen dessen Position zunehmend aufgeben. Dass Figen dies als Zwang interpretiert, der für ihre Situation in der Klasse und in dem durch die Klasse symbolisierten gesellschaftlichen Raum signifikant ist, spricht sie im Interview an: „Also manchmal denkt man wirklich so wie die, das ist so schrecklich" (ebd., S. 241).

In der Verschränkung von Lehrer- und Schülerin-Perspektive wird rekonstruierbar, wie sich die Sichtweise des Lehrers auf das Thema Migration als einzig legitime Sichtweise im Klassenzimmer durchsetzt, d.h. wie diese Sichtweise ihre Dominanz beansprucht und behauptet[4]. Es wird auch verständlich, wie eine Schülerin, die als „türkisch" markiert ist, schließlich zu Aussagen über „Ausländer" gelangt, „die sie als selbst-stigmatisierend erlebt" (ebd., S. 242). In der Perspektiven-Verschränkung gelingt es, die (re)produktive Dynamik der gymnasialen Oberstufe in ihrem oftmals hilflosen Umgang mit Heterogenität in der Schule herauszustellen: „SchülerInnen reagieren mit Verweigerung auf Ethnisierungsprozesse, LehrerInnen sind enttäuscht und deuten die Reaktionen der Jugendlichen wiederum ethnisierend, indem sie ihnen mangelndes Interesse vorwerfen, sich zu integrieren" (Weber 2003b, S. 252). Im Ergebnis werden die defizitorientierten Annah-

---

3   Im Sinne einer qualitativen, auf allgemeine Optionen verweisenden Verallgemeinerung könnte man hier sagen: Lehrer_innen steht in gesellschaftlichen Situationen wie in Deutschland, die dies diskursiv ermöglichen, die Deutungskategorie „kulturelle/ethnische Identität" zur Verfügung, die sie nutzen können, um beispielsweise geäußerte Kritik zu verwandeln in einen Ausdruck der Kultur. Diese Verwandlung ermöglicht, dass Lehrer_innen sich mit dem inhaltlichen Gehalt der Kritik nicht mehr auseinandersetzen müssen.

4   Zur Methodenwahl notiert Weber: „Die Erhebungsmethoden des Projektes orientieren sich an einem ethnographischen Vorgehen mit einer Kombination von Interviews, Beobachtungsprotokollen, Feldnotizen und Dokumentenanalyse" (Weber 2003b, S. 243).

men der Schulverantwortlichen über Schüler_innen, die als solche mit „Migrationshintergrund" gelten, wieder(holt) bestätigt und mit Einschätzungen über die mangelnde Eignung von einem Teil dieser Schüler_innen für die gymnasiale Oberstufe quittiert, die schließlich in ihren Ausschluss von dieser Schulform münden.

Die in der Studie dokumentierten und interpretierten Stellungnahmen von Lehrkräften im Hinblick auf Schüler_innen, die als „zugewanderte" oder „mit Migrationshintegrund" gelten, weisen zusammengenommen – so Webers Analyse – auf eine soziale Praxis der Distinktion im gymnasialen Zweig der Schule hin: Von Lehrkräften werden rhetorische Figuren bemüht, die zur Plausibilisierung dafür dienen sollen, dass „die Teilhabe an höherer Bildung von Anpassungsleistungen an legitime Lebensstile abhängig" (Weber 2005, S. 78) sei, die allerdings nur ein Teil der Schüler_innen erbringe, die als natio-ethno-kulturell irgendwie und diffus andere Schüler_innen gelten. Die schulinternen Diskurse werden dominiert von Annahmen über die Verweigerung von Integrationsleistungen, ungeeignete Lernvoraussetzungen, unzureichende Vorbereitung für die gymnasiale Oberstufe sowie die Bilder der Modernitätsdifferenz oder Kulturdifferenz dieser Schüler_innen (Weber 2003b, S. 249f.). Diese schulinterne Perspektive wird von Weber als eurozentrisch charakterisiert, in der symbolisches Kapital zum Einsatz komme, das ‚eigene' Kapitalien als legitime und ‚andere' Kapitalien als nicht-anerkennungsfähige bewertet. Dieser Vorgang der symbolischen Abwertung oder Entwertung der Kapitalien von ‚anderen' Schüler_innen münde in eine Logik, in der die Verantwortung für die Unterrepräsentation dieser Schüler_innen am Gymnasium diesen wiederum selbst bzw. ihren inadäquaten ‚kulturellen Eigenheiten' angelastet werden könne.

Die ethnographische Untersuchung zum Umgang der Schule mit Heterogenität dokumentiert somit nicht nur die dominante Eigendynamik aus ethnisierender Abwertung durch Lehrkräfte und den Widerstands- und Rückzugsstrategien der Schüler_innen, sie verdeutlicht vor allem, wie die Schüler_innen – gerade unter Verkennung ihrer konkreten Sichtweisen, Gefühle und Lebenslagen – im Schulsystem beständig als ‚Andere' erzeugt werden.

3. Biographiewissenschaftliche Migrationsforschung: Wie werden Subjekte zu ‚anderen' Subjekten?

Biographische Kategorien und Schemata sind Produkte gesellschaftlicher und institutioneller Normierungen. Biographische Arbeit und die Herstellung einer Biographie kann hierbei als aktiver Prozess „der Verarbeitung, in dem

Vergangenes und Zukünftiges, Erfahrung und Erwartung, Retrospektion und Prospektion ineinandergreifen" (Dausien 2000, S. 121f.) gefasst werden. Biographien stellen besondere, einmalige narrative Konstruktionen dar und zugleich sind sie Exemplare einer kulturellen Normalität – in dieser Spannung werden sie in der erziehungswissenschaftlichen Biographieforschung als Selbst- und Welterzeugungen untersucht. Da ‚Biographie' eine spezifische und moderne Antwort auf die historisch komplexer werdende Herausforderung der Vergesellschaftung darstellt und unter Bedingungen von Migration Vergesellschaftung zunehmend zu einer Aufgabe wird, die in besonderer Weise mit der riskanten Aufforderung zur Gestaltung der eigenen Geschichte verknüpft ist, war die Biographieforschung vom Beginn ihrer Entstehung mit Beginn des 20. Jhr. auch und insbesondere Migrationsforschung (vgl. Apitzsch 2006).

Auf der Basis von Biographien können Aussagen über die Deutungs-, Interpretations- und Aneignungsprozesse getroffen werden, für die maßgeblich die Frage hilfreich ist, nicht allein *was*, sondern *wie* etwas im Rahmen biographischer Erzählungen dargestellt wird (vgl. Schütze 1987). Hierbei legt ein biographieforscherischer Zugang sein Augenmerk auf die (Art und Weise der) Aktivität der sozialen Akteure. Damit sind diese nicht nur aktiv an der Herstellung ihrer sozialen Wirklichkeit beteiligt, sie werden vielmehr in ihrer Auseinandersetzung mit gesellschaftlichen Strukturen explizit als handlungsfähige Subjekte verstanden. Wolfgang Fischer-Rosenthal und Gabriele Rosenthal bestimmen deshalb als Anspruch der sozialwissenschaftlichen Biographieforschung die Rekonstruktion sowohl der „sozialen Wirklichkeit" als auch der „Erfahrungs- und Erlebniswelten" der sozialen Akteure (Fischer-Rosenthal/Rosenthal 1997, S. 411f., vgl. auch Rosenthal 2008). Bettina Dausien unterstreicht diesen Anspruch biographischer Forschung noch, wenn sie konstatiert, in der biographieforscherischen Konzentration auf das Subjekt und seine biographische Arbeit drücke sich keine gesellschaftstheoretische Ignoranz der Biographieforschung aus, vielmehr ermögliche der biographieforscherische Zugang „die Subjektfrage *als* Frage gesellschaftlicher Verhältnisse zu stellen" (Dausien 2006, S. 27). Dem liegt ein Verständnis von Biographien zugrunde, wonach Biographien sowohl als individuelle, einmalige narrative Konstruktionen zu begreifen sind, aber auch als Erzähl-Formate, die kulturellen Konventionen folgen und insofern auch kulturelle Normalitäten zum Ausdruck bringen und bestärken (vgl. Dausien/Mecheril 2006). Die biographischen Perspektive ist hierbei in besonderer Weise für die Rekonstruktion von Prozessen der Fremdheitszuschreibung bedeutsam: Gerade weil sozialwissenschaftliche Biographieforschungsansätze auf den sozialen Akteur als Individuum fokussieren und ihm als Subjekt dabei ein hohes Maß an Handlungsfähigkeit im Umgang mit gesellschaftlichen Strukturen zugestehen, wird die spezifische Sicht der Subjekte zur Geltung gebracht und eine Perspektive, die Individuen als Spielbälle gesellschaftlicher oder auch situativer Ereignisse und Bedingungen konzipiert, eher vermieden. Damit ist biographische Forschung grundsätzlich in der Lage, ‚andere' Geschichten in ihrer Normalität zur Anerkennung zu bringen, die die dominanten Diskurse über die ‚Anderen' durch abweichende Diskurse der zu Anderen gewordenen und gemachten selbst herausfordern[5]. Biographische Forschung, die nach Fremdheitszuschreibungen fragt, ist dabei auf die Rekonstruktion der Prozesse und ihrer Voraussetzungen bezogen, die das lebensgeschichtliche Werden als ‚fremde/r Andere/r' und dessen Bedeutung aus der Perspektive der ‚Anderen' erläutern. Zugleich versteht und untersucht Biographieforschung hierbei ‚die Sicht der Subjekte' als gesellschaftlich vermittelten Zusammenhang, in dem ‚Gesellschaft' in mehrer Hinsicht reproduziert, aber auch gestaltet, problematisiert und im Hinblick auf alternative Formen der Lebensführung erkundet wird.

Die biographiewissenschaftliche Untersuchung „Differenz-Bildung" (Rose 2010) widmet sich der Frage von Fremdheitszuschreibungen gegenüber Jugendlichen in Schule und Alltag: Im Zentrum steht dabei die Frage, welche Differenz- und Zugehörigkeitserfahrungen männliche Jugendliche aus Einwandererfamilien machen und welche biographischen Konsequenzen – insbesondere im Hinblick auf die Selbstpositionierungen der Befragten – sich aus Zuschreibungen als ‚fremde Andere' ihnen gegenüber ergeben. Die rekonstruierten Praxen der Selbstpositionierung werden dann in bildungstheoretischer Perspektive daraufhin befragt, ob sie resignifizierend[6] wirken und insofern Bildungsprozesse anregen. Um beiden Fragen nachgehen zu können, wurden narrative biographische Interviews mit männlichen Jugendlichen aus Einwandererfamilien daraufhin analysiert, inwieweit und wie die Jugendlichen darin als Migrationsandere gezeigt bzw. gebildet werden. So lässt sich im Rahmen dieser Studie ebenfalls die Dynamik von natio-ethno-kulturellen Selbst- und Fremdzuschreibungen in Schule und Alltag rekonstruieren, allerdings werden durch die biographiewissenschaftliche Perspektive die subjektiven Deutungen von Differenzerfahrungen und der gleichfalls subjektive Umgang mit ihnen stärker hervorgehoben und eher die lebensgeschichtliche Prozesshaftigkeit eines schrittweisen, mehr oder weniger ausgeprägten Prozesses thematisiert, in dem man zum ‚fremden Anderen' wird.

Am Beispiel einer Szene aus der Grundschule, die dem umfangreichen Datenmaterial zweier Fallstudien entnommen ist, lässt sich die „Differenz-

---

5 Im anglophonen Raum werden Erzählungen insbesondere in der *oral history* in ihrer Funktion als „testimonial", als Zeugnis, dafür genutzt, „stories of the marginalized" zugänglich zu machen und die Geschichtsschreibung gewissermaßen durch ‚Geschichten von unten' zu differenzieren (vgl. Beverly 2003).

6 Der Begriff der „Resignifizierung" wird im Anschluss an Judith Butler verwendet (vgl. Rose/Koller 2012).

Bildung" als für diesen Fall spezifische Dynamik zwischen Fremd- und Selbst-Positionierung exemplarisch zeigen.

„Aber, aber (.) eins/ eins kann ich niemals vergessen, weil es war wirklich/ wir haben so'n Theaterstück gehabt. [I: mmh] Krippenkind, also Krippenspiel. [I: mmh] Und dann braucht man vier Hirten (.) drei Könige (.) das Kind (.) Mutter, Vater und vier Hirten waren natürlich/ türlich vier Ausländer! [I: Ja-a] Und dieser eine Satz: „Arme Hirten sind wir." Das/ das habe ich immer noch nicht/ damals schon hab ich schon gedacht, also das kann doch nicht sein. Drei Könige, drei Deutsche. [I: leises lachen] Aber vier Hirten, waren vier Ausländer! [I: mmh] Ich fand die Lehrerin total nett, (Frau S.*) hieß sie. [I: mmh] Aber das, das kann ich ihr niemals verzeihen, [I: mmh] das/ das geht nicht." (Rose 2010, S. 217).

In der biographischen Erzählsequenz geht es um die Erinnerung an die Schulzeit und daran, dass zur Weihnachtszeit in der Grundschule ein Krippenspiel zur Aufführung gebracht werden soll. Im Rahmen des Krippenspielarrangements werden spezifische Positionierungen der als „Ausländer" klassifizierten Kinder in der Klasse vorgenommen: Es scheint ganz selbstverständlich, dass es bestimmte Kinder sind, die dadurch zu bestimmten Kindern werden, die im Krippenspiel die Rolle der „armen Hirten" besetzen und sich in einer spezifischen Weise in Szene gesetzt und auf eine Position verwiesen finden. Dass dabei im schulischen Rahmen stereotype Bilder von ‚Anderen' bemüht und (re)präsentiert werden, fällt nur einem unzufriedenen Darsteller auf. So werden die Kinder im schulischen Spiel in den Rollen von tiernahen Hirten, die den Königen und den Göttlichen, kontrastieren, gewissermaßen hineingerufen als unterprivilegierte Minderheitenangehörige. Das schulische Krippenspielarrangement kann deshalb analytisch als eine Praxis der Normalisierung von Prozessen des Zu-Anderen–gemacht-Werdens, der Ver-Anderung charakterisiert werden, die diese Schüler – für alle sichtbar – als ‚Andere' ausstellt:

„Die Repräsentation einzelner markierter Kinder als ‚arme Hirten' buchstabiert somit die [Fremd-]Positionierung der betroffenen Kinder als Migrationsandere aus; sie bestätigt sie als ‚Andere' innerhalb einer Gesellschaft mehrheitlich Sesshafter und Besitzender, indem sie sie als ‚Andere' undifferenziert gleich erscheinen lässt und zudem ihren unterprivilegierten Status […] normalisiert" (ebd., S. 223f.).

Die zugehörige Interviewsequenz verdeutlicht neben den situativen Aspekten der Szene auch deren biographische Bedeutsamkeit Aus der biographischen Erzähldarstellung, explizit aufgrund der moralischen Aufladung der Szene („das kann ich ihr niemals verzeihen") lässt sich schließen, dass diese Erfahrung für den Erzählenden ihre spezifische Qualität als Diskriminierungserfahrung gewinnt. Die Lehrerin erweist sich als wenig reflektiert im Hinblick auf die Reproduktion von Dominanzverhältnissen in der Migrationsgesellschaft, da sie den als ‚ausländisch' identifizierbaren Teil ihrer Schüler_innen in besonders passend erscheinenden Rollen präsentiert und repräsentiert. Dafür wird ihr die moralische Verantwortung für diese, aus der Sicht des Erzählenden, unvergessliche Szene zugeschrieben. Deutlich wird an den Interpretationen aber auch die Subtilität solcher Diskriminierungspraxen, weil sie in ihrer Wirkung vor allem für diejenigen spürbar sind, die diskriminiert werden (vgl. Frankenberg 1996, S. 55).

In der analytischen Rekonstruktion wird die Darstellung dieser Diskriminierungserfahrung trotz aller situativen Ohnmacht des Hirten-Darstellers aber auch als Ausdruck von Handlungsfähigkeit bewertet, insofern diese Diskriminierungserfahrung in der retrospektiven Erzähldarstellung mit erzählerischen Mitteln skandalisiert wird (vgl. Rose 2010, S. 219). Als interessant erweist sich dabei, inwiefern diese Diskriminierungserfahrung und der Umgang des Skandalisierens ihren Widerhall auch in einer biographischen Positionierung des erzählten „Ich" findet. Mit Blick auf die gesamte Erzähldarstellung lässt sich herausarbeiten, wie die lebensgeschichtlich zunehmend bedeutsame Selbst-Positionierung dieses „Ich" als „Ausländer" und die damit verbundene Strategie des Herausstreichens der Differenz als ‚Anderer' genutzt wird, um – gewissermaßen von der Position eines ‚authentischen' Sprechers aus – erfahrene und allgemeine Diskriminierungspraxen gegenüber „Ausländern" sichtbar und retrospektiv skandalisierbar zu machen.

4. Was „die Anderen" die Migrationsforschung lehren

Sobald die Thematisierung der Interpretationsgebundenheit der (eigenen) wissenschaftlichen Tätigkeit stärker in den Blick rückt, wird hervorgehoben, dass das, was (Migrations-)Wissenschaftler_innen sehen, sagen und schreiben, von dem sozialen, historischen und kulturellen Ort beeinflusst ist, an dem sie sich befinden. In den Sozialwissenschaften kann diese Einsicht keineswegs als neu oder gar originell gelten. Jedoch steht, so schreibt Donna Haraway, „das, was WissenschaftlerInnen zu tun glauben, oder von ihrer Tätigkeit erzählen, mit dem, was sie wirklich tun, nur in einem recht losen Zusammenhang." (Haraway 1995, S. 74) Worauf Haraway hinweist, ist die deutliche Kluft zwischen der wissenschaftstheoretischen Rhetorik und dem konkreten wissenschaftlichen Tun. Insbesondere im Rahmen von Migrationsforschung bedarf die Reflexion der „Interpretation der Interpretation" eines Bezugs auf die Machtvermitteltheit der Interpretation erster wie zweiter Ordnung. Mit Blick auf die deutschsprachige Forschung im Bereich Migration kann festgestellt werden, dass die systematische Reflexion der sozialen und gesellschaftlichen Eingebundenheit des jeweiligen Untersuchungsprozesses auf der Ebene von Entdeckungs-, Begründungs- und Verwertungszusammenhang, die Reflexion der politisch-historischen Positioniertheit des sprechenden und schreibenden wissenschaftlichen Subjekts nach wie vor eher ein Desiderat als eine selbstverständliche Praxis darstellt.

In bestimmten Spielarten qualitativer Forschung, vor allem solchen, die Impulse aus den Debatten und Erwägungen der Cultural/Postcolonial Studies aufnehmen, findet sich aber eine kritische Zuspitzung des in den vorherigen Abschnitten angesprochenen reflexiven Selbstverständnisses. Die wissenschaftliche Analyse migrationsgesellschaftlicher Verhältnisse ist grundsätzlich gefährdet, gesellschaftlich gegebene Unterscheidungsschemata zu bekräftigen, in denen machtvoll unterschieden und epistemische Gewalt (Spivak 2008) ausgeübt wird. In Ansätzen, die durch Cultural und Postcolonial Studies inspiriert sind, wird der sozialen Kontextualisierung von Erkenntnisproduktion eine explizite Aufmerksamkeit zuteil. Sie verweisen darauf, dass Wissenschaft, die über „die Anderen" (etwa „die Migranten") Auskunft gibt, immer gefährdet ist, nicht nur vorherrschende Bilder über die Anderen weiter zu tragen und zu verfestigen (z.B. „Sprachdefizite"), sondern mehr noch einen Beitrag zur Weiterschreibung gewöhnlich machtvoller Unterscheidungen („Menschen mit Migrationshintergrund") zu leisten. In diesem Zusammenhang sind auch im deutschsprachigen Raum Forschungsarbeiten vorgelegt worden, die Praxen des Othering in den Mittelpunkt ihres migrationsforscherischen Interesses stellen und nach den (beispielsweise biographischen) Konsequenzen dieser Ver-Anderungs-Prozesse fragen (vgl. bspw. Gutierrez Rodriguez 1999). Im englischsprachigen Raum hat sich der Begriff „Othering" durchgesetzt als Bezeichnung für Prozesse, in denen von einer als unmarkiert und unproblematisch geltenden Sprecher_innenposition (‚white', auch: ‚western-heterosexual-male') aus das ‚Andere' beschrieben und beurteilt wird (vgl. Lutz 2001, S. 221). Othering kennzeichnet Mechanismen, durch die, von einer hegemonialen Position aus, die Anderen, in diesem Fall, jene, die als mit Migrationshintergrund gelten, als solche zunächst definiert, dann untersucht, sodann diagnostiziert werden. Diese Untersuchungen und Diagnosen sind im Rahmen einer Wissensproduktion angesiedelt, die immer gefährdet ist als Herrschaftswissen, vermittelt nicht zuletzt durch pädagogische Institutionen und Handelnde, in Bezug auf die Anderen angewandt zu werden. Gleichsam im Sinne einer Negativ-Folie erlaubt Othering den Sprechenden von einer in der Unmarkiertheit der epistemischen und sozialen Privilegien wirkenden Dominanzposition sich selbst als zivilisiert, rational und normal zu entwerfen (vgl. Hall 1994). Im Anschluss an Edward Said (1979) ließe sich weiter präzisieren, dass Othering als spezifische Thematisierung, Beforschung und wissenschaftliche Repräsentation der ‚Anderen' als ‚Andere' verstanden werden kann, mit deren Hilfe die ‚Anderen' gerade erzeugt und festgelegt werden. So beschreibt Said Orientalismus als westlich produzierten Komplex aus diskursiven Praxen und materiellen Artefakten in Bezug auf den Orient:

"Taking the late eighteenth century as a very roughly defined starting point Orientalism can be discussed and analyzed as the corporate institution for dealing with the Orient – dealing with it by making statements about it, authorizing views of it, describing it, by teaching it, selling it, ruling over it: in short, Orientalism as a Western style for dominating, restructuring, and having authority over the Orient. ... [This book] tries to show that European culture gained in strength and identity by setting off against the Orient as a sort of surrogate and even underground self." (Said 1979, S. 3).

Die dominanten Diskurse über und mit ihnen verbundene Praktiken des Handelns gegenüber den ‚Anderen' können dann – wie selbstverständlich – ihre vermeintliche Bestätigung auch in den Selbstbeschreibungen und -thematisierungen dieser ‚Anderen' im Blick auf sich als ‚Andere' finden, einen Umstand, den Frantz Fanon die „Internalisierung des Selbst als Anderes" nennt (Fanon 1980). Othering kann insofern als explizit kritischer Begriff verstanden werden, „der Praxen bezeichnet, die Andere als positive, also sinnlich erkennbare, als einheitliche und kommunizierbare Phänomene konstituieren und den oder die Andere(n) als Andere festschreiben und damit, in gewisser Weise, beständig verfehlen" (Broden/Mecheril 2007, S. 13). Mit dem Begriff „Othering" wird folglich eine Differenzierungspraxis bezeichnet, die in der hegemonialen Fassung des ‚Anderen' nicht nur implizit eine Selbstvergewisserung vollzieht, sondern den ‚Anderen' als ‚Anderen' festschreibt, essentialisiert und grundlegend aus dem ‚Eigenen' herausdefiniert.

Vor dem Hintergrund einer grundsätzlichen Problematisierung von Otheringprozessen erweist sich sozialwissenschaftliches Tun im Allgemeinen und migrationswissesnchaftliches Tun im Besonderen auf seine Situiertheit und Perspektivität verwiesen, so dass dieses als Handeln mit (Re-)Präsentationswirkung(en) charakterisiert werden muss. Migrationsforschung wird unzureichend verstanden, wenn sie als Unternehmung begriffen wird, die sagt, was der Fall ist oder was nicht der Fall ist; vielmehr – wir modifizieren eine Formulierung von Jürgen Habermas (1988, S. 32) – sagt Sozialwissenschaft etwas über jemanden zu jemandem, so dass letzterer versteht, was gesagt wird. Migrationsforschung arbeitet in ihrer vorherrschenden Form häufig einer Repräsentation der ‚Anderen' als ‚Andere' zu. Gerade deshalb soll hier als unhintergehbarer Standard von Migrationsforschung bezeichnet werden, konkrete Praxen zu pflegen und Strukturen zu schaffen, um über die Voraussetzungen und Konsequenzen des Repräsentierens in der migrationswissenschaftlichen Forschung selbst nachzudenken.

Mit der Kritik an solchen Sozialwissenschaftskonzepten, welche in ihrer Praxis den unsichtbaren und allseitigen, gleichsam göttlichen Blick pflegen, wird die Notwendigkeit der Angabe offenkundig, *von welchem Ort aus gesehen und gesprochen wird*. Wenn wir vor diesem Hintergrund das Verhältnis qualitativer Migrationsforschung und selbstkritischer Reflexion oder selbstreflexiver Kritik als unauflösbar bezeichnen, weil der historische Apparat der Migrationsforschung sozusagen wie ein Unbewusstes strukturierende Bilder und Begriffe der Anderen hervorbringt, deren Markierung und Aufhebung gleichsam das Ziel der Selbstreflexion bilden, dann verstehen wir Kritik hier in erster Linie nicht als eine mechanische Praxis der Erwiderung, nicht als argumentative Zurückweisung, sondern eher als eine grundsätzliche Haltung. Es geht darum, sich migrationswissenschaftlich in einer Weise auf die Bilder und Darstellungen des ‚Eigenen' und des ‚Anderen', auf ‚Identität' und ‚Differenz' zu beziehen, dass die Einschränkungen, die mit ihnen assoziiert sind, gemindert und modifiziert werden. Die Daueraufgabe einer solchen Kritik der dominanten Repräsentationsverhältnisse umfasst hierbei das Ansinnen, die Repräsentationsfrage (Wer spricht über wen?; vgl. Mecheril 1999) überhaupt als bedeutsame Frage in die (migrations-)wissenschaftliche Praxis einzubringen und die Thematisierung von konkreten Repräsentationsverhältnissen (Wer spricht wann und wo mit welcher Legitimation, wie und mit welchen Wirkungen über wen?) zu ermöglichen. Migrationsforschung, die um die epistemischen Machtverhältnisse weiß, in die sie verstrickt ist und die sie reproduziert, wird sich selbst gegenüber skeptisch bleiben, und darin die prekäre Ausgangsbedingung ihres prekären Sprechens finden.

Literatur

Apitzsch, Ursula (2006): Biographieforschung und interkulturelle Pädagogik. In: Krüger, Hans-Hermann/Marotzki, Winfried (Hrsg.): Handbuch erziehungswissenschaftliche Biographieforschung. Opladen: Leske + Budrich, S. 471-486.
Badawia, Tarek (2002): Der dritte Stuhl. Eine Grounded Theory-Studie zum kreativen Umgang bildungserfolgreicher Immigrantenjugendlicher mit kultureller Differenz. Frankfurt a.M.: IKO.
Beverly, John (2003): Testimonio, Subalternity, and Narrativ Authority. In: Denzin, Norman/Lincoln, Yvonna: Strategies of Qualitative Inquiry. Sage, S. 319-335.
Berger, Peter/Luckmann, Thomas (1969): Die gesellschaftliche Konstruktion der Wirklichkeit. Frankfurt a.M.: Fischer.
Blumer, H. (1973). Der methodologische Standort des Symbolischen Interaktionismus. In: Arbeitsgruppe Bielefelder Soziologen. Alltagswissen, Interaktion und soziale Wirklichkeit. Bd I. Reinbek: Rowohlt, S. 80-146.
Broden, Anne/Mecheril, Paul (2007): Migrationsgesellschaftliche Re-Präsentationen. Eine Einführung. In: dies. (Hrsg.): Re-Präsentationen. Dynamiken der Migrationsgesellschaft. Düsseldorf: IDA-NRW, S. 7-28.
Bukow, Wolf-Dieter/Heimel, Isabel (2003): Der Weg zur qualitativen Migrationsforschung. In: Badawia/Hamburger/Hummerich (Hrsg.): Wider die Ethnisierung einer Generation. Beiträge zur qualitativen Migrationsforschung. Frankfurt a.M.: IKO, S. 13-40.
Bukow, Wolf-Dieter/Llaryora, Roberto (1988): Mitbürger aus der Fremde. Soziogenese ethnischer Minoritäten. Opladen: Westdeutscher.

Dausien, B. (2000). „Biographie" als rekonstruktiver Zugang zu „Geschlecht". Perspektiven der Biographieforschung. In: D. Lemmermöhle, D. Fischer, D. Klicka & A. Schlüter (Hrsg.): Lesarten des Geschlechts. Zur De-Konstruktionsdebatte in der erziehungswissenschaftlichen Geschlechterforschung. Opladen: Leske + Budrich.

Dausien, Bettina (2006): Geschlechterverhältnisse und ihre Subjekte. In: Bilden, Helga/Dausien, Bettina (Hrsg.): Sozialisation und Geschlecht. Theoretische und methodische Aspekte. Opladen: B. Budrich, S. 17-44.

Diehm, Isabell/Radtke, Frank-Olaf (1999): Erziehung und Migration. Eine Einführung. Stuttgart: Verlag W. Kohlhammer.

Fanon, Frantz (1980): Schwarz Haut, weiße Masken. Frankfurt a.M.: Syndikat

Fischer-Rosenthal, Wolfram/Rosenthal, Gabriele (1997): Warum Biographieanalyse und wie man sie macht. In: Zeitschrift für Soziologie der Erziehung und Sozialisation. Heft 4. Weinheim, S. 405-427.

Flick, Uwe (1999): Qualitative Forschung. Theorien, Methoden, Anwendung in Psychologie und Sozialwissenschaften. Hamburg: Rowohlt.

Frankenberg, Ruth (1996): Weiße Frauen, Feminismus und die Herausforderung des Antirassismus. In: Fuchs, Brigitte (Hrsg.): Rassismen und Feminismen. Differenzen, Machtverhältnisse und Solidarität zwischen Frauen. Wien: Promedia, S. 51-66.

Geertz, Clifford (1983): Dichte Beschreibungen. Beiträge zum Verstehen kultureller Systeme. Frankfurt a.M.: Suhrkamp.

Geisen, Thomas (2007): Der Blick der Forschung auf Jugendliche mit Migrationshintergrund. In: Riegel, Christine/Geisen, Thomas (Hrsg.): Jugend, Zugehörigkeit und Migration. Subjektpositionierung im Kontext von Jugendkultur, Ethnizitäts- und Geschlechterkonstruktionen. Wiesbaden: VS, S. 27-59.

Gomolla, Mechthild/Radtke, Frank-Olaf (2002): Institutionelle Diskriminierung. Die Herstellung ethnischer Differenz in der Schule. Wiesbaden: VS.

Guitiérrez Rodríguez, Encarnacion (1999): Intellektuelle Migrantinnen. Subjektivitäten im Zeitalter der Globalisierung. Opladen: Leske + Budrich.

Habermas, J. (1988). Moralbewußtsein und kommunikatives Handeln. Frankfurt a.M.: Suhrkamp.

Hall, Stuart (1994): Der Westen und der Rest. Diskurs und Macht. In: ders.: Rassismus und kulturelle Identität. Hamburg: Argument, S. 137-179.

Haraway, D. (1995). Die Neuerfindung der Natur. Primaten, Cyborgs und Frauen. Frankfurt a.M./New York: Campus.

Helle, H.J. (1977). Verstehende Soziologie und symbolische Interaktion. Stuttgart: Teubner.

Hirschauer, Stefan/Amann, Klaus (1997): Die Befremdung der eigenen Kultur. Zur ethnographischen Herausforderung soziologischer Empirie. Frankfurt a.M.: Suhrkamp.

Lutz, Helma (2001): Differenz als Rechenaufgabe: über die Relevanz der Kategorien Race, Class und Gender. In: dies./Wenning, Norbert: Unterschiedlich verschieden. Differenz in der Erziehungswissenschaft. Opladen: Leske + Budrich, S. 215-230.

Mecheril, P. (1999). Wer spricht und über wen? Überlegungen zu einem (re-)konstruktiven Umgang mit dem Anderen des Anderen in den Sozialwissenschaften. In

W. Bukow & M. Ottersbach (Hrsg.). Die Fundamentalismusdebatte. Opladen: Leske + Budrich, S. 231-266.

Mecheril, Paul/Castro-Varela, Maria do Mar/Kalpaka, Annita/Dirim, Inci/Melter, Claus (2010): Migrationspädagogik. Weinheim/Basel: Beltz.

Nohl, Arnd-Michael (2001): Migration und Differenzerfahrung. Junge Einheimische im rekonstruktiven Milieuvergleich. Opladen: Leske + Budrich.

Ricker, Kirsten (2003): Migration, Biographie, Identität. Der biographische Ansatz in der Migrationsforschung. In: Badawia, Tarek/Hamburger, Franz/Hummerich, Merle (Hrsg.): Wider die Ethnisierung einer Generation. Beiträge zur qualitativen Migrationsforschung. Frankfurt a.M: IKO, S. 53-66.

Rose, Nadine (2010): Differenz-Bildung. Zur Inszenierung von Migrationsanderen im schulischen Kontext. In: Broden/Mecheril (Hrsg.): Rassismus bildet. Bildungswissenschaftliche Beiträge zur Normalisierung und Subjektivierung in der Migrationsgesellschaft. Bielefeld: Transkript, S. 209-233.

Rose, Nadine/Koller, Hans-Christoph (2012): Interpellation – Diskurs – Performativität. Sprachtheoretische Konzepte im Werk Judith Butlers und ihre bildungstheoretischen Implikationen. In: Ricken, Norbert/Balzer, Nicole (Hrsg.): Judith Butler. Pädagogische Lektüren. Wiesbaden: VS Verlag, S. 75-94.

Rosenthal, Gabriele (2008): Interpretative Sozialforschung. Eine Einführung. Weinheim/München: Juventa.

Said, Edward W. (1979): Orientalism. Vintage: New York.

Schütz, Alfred (1971): Wissenschaftliche Interpretation und Alltagsverständnis menschlichen Handelns. In: Gesammelte Aufsätze I, Den Haag: Nijhoff, S. 3-54.

Spivak, Gayatri C. (2008): Can the subaltern speak? Postkolonialität und subalterne Artikulation. Wien: Turia + Kant.

Weber, Martina (2003a): Heterogenität im Schulalltag. Konstruktion ethnischer und geschlechtlicher Unterschiede. Opladen: Leske + Budrich.

Weber, Martina (2003b): Ethnisierungsprozesse im Schulalltag: AkteurInnen zwischen Struktur und Eigensinn. In: Badawia, Tarek/Hamburger, Franz/Hummerich, Merle (Hrsg.): Wider die Ethnisierung einer Generation. Beiträge zur qualitativen Migrationsforschung. Frankfurt a.M.: IKO, S. 242-253.

Weber, Martina (2005): Ethnisierung und Männlichkeitsinszenierungen. Symbolische Kämpfe von Jungen mit türkischem Migrationshintergrund. In: Riegel, Christine/Geisen, Thomas (Hrsg.): Jugend, Zugehörigkeit und Migration. Subjektpositionierung im Kontext von Jugendkultur, Ethnizitäts- und Geschlechterkonstruktionen. Wiesbaden: VS, S. 309-323.

Wilson, Thomas (1979): Theorien der Interaktion und Modelle soziologischer Erklärung. In: Arbeitsgruppe Bielefelder Soziologen (Hrsg.): Alltagswissen, Interaktion und gesellschaftliche Wirklichkeit. Band 1: Symbolischer Interaktionismus und Ethnomethodologie. Reinbek: Rowohlt, S. 54-79.

Pädagogische Bildungsforschung im Horizont des Kritischen – eine Annäherung

Ulla Klingovsky

Entwirft man als sich kritisch verstehende Pädagogin ein empirisches Forschungsprogramm, ist man mit allerlei offenen Fragen und problematischen Vorüberlegungen konfrontiert. Üblicherweise müsste ein solcher Entwurf sich in einem von zwei Polen begrenzten Spannungsfeld entfalten. Dabei könnte er sich entweder an erklärenden Ursache-Wirkungszusammenhängen orientieren und folglich an verwertbaren Resultaten interessiert sein oder alternativ an einem rekonstruktiven und verstehenden Zugang, mit dem Ziel, den „individuellen Formen der Verarbeitung gesellschaftlicher und subjektiver Erfahrungen" (Ehrenspeck 2010, S. 164) nachzugehen. In beiden Fällen würde ein identifizierendes Vorverständnis von ‚Bildung' bzw. von ‚Bildungsprozessen' problematisch, das immer dann notwendig scheint, wenn ihre Realisierungsmodi beforscht werden sollen. Ungeklärt bleibt darüber hinaus, was eigentlich das genuin ‚Pädagogische' einer Forschungsarbeit ausmachen könnte, die nicht lediglich Effekte, Wirkungen oder Resultate von als ‚pädagogisch' attribuierten Institutionen oder Situationen als Gegenstand der Analyse wählt. Schließlich stellt sich die Frage nach dem Erkenntnisinteresse einer pädagogischen Bildungsforschung, will sich diese weder der Optimierungslogik eines Steuerungswissens unterwerfen noch bei einem verstehenden, erhellenden Zugang zum Gegebenen beruhigen.

Für Peter Euler müsste eine pädagogische Bildungsforschung wohl eine „notwendig unbestimmte Veränderungsfunktion enthalten, die wiederum einem Verbesserungsimperativ verpflichtet ist" (in diesem Band). Es müsste dies eine Forschung sein, die das Gegebene zwar als empirisch Mögliches anerkennt, aber zugleich die darin erzeugten Widersprüche aufklärt und „die sich im System und gegen es sich entwickelnden Vergesellschaftungsformen" bzw. „das Unmenschliche im herrschenden Allgemeinen" (Euler 1995, S. 217) erforscht und einer Kritik zuführt. Sie müsste, will sie eine kritische Bildungsforschung sein, notwendig in Gesellschaftskritik umschlagen.

Allerdings enden die Fragen nicht an dieser Stelle. Wenn das Gegebene (noch) nicht das empirisch Mögliche darstellt, Bildung aber auf die Realisierbarkeit unbestimmter Möglichkeiten zielt, die es pädagogisch ebenso zu erforschen gilt, wie die Bedingungen, die dieser entgegenstehen, dann wird

„gerade die Unbestimmtheit des Gegenstands zum Ausgangspunkt der Frage gemacht, wie man sich ihm denn methodisch zu nähern vermag" (Schäfer 2006, S. 89f.).

Mit diesen Fragestellungen sind die Umrisse der nachfolgenden methodologischen Reflexion angedeutet, die notwendig scheint, um nicht nur das Verhältnis von Bildungstheorie und Empirie, sondern insbesondere die Bedingungen einer Bildungsforschung im Horizont des Kritischen zu erhellen und die damit der grundlegenden Absicht folgt, pädagogische Denkformen empirisch forschend erweitern zu wollen. Hierzu werden Bildungsprozesse zunächst als das Werden von Selbstverhältnissen vorgestellt, um in einem zweiten Schritt methodologische Perspektivierungen mit Blick auf das Werden im sozialen Raum vorzunehmen. Abschließend wird anhand eigener ethnografischer Erkundungen im Tempelhofer Feld einerseits die zu entwickelnde Theoriefolie veranschaulicht, anderseits die Heuristik vor dem Hintergrund herausfordernder Wahrnehmungsoberflächen auch weiter befragt.

1. Bildung als das Werden von Selbstverhältnissen

Um die Unbestimmtheit von Bildung zum Ausgangspunkt einer Annäherung an das empirische Mögliche zu machen, erscheint es lohnenswert, eine von dem heterogenen Feld poststrukturalistischer Kritik inspirierte Forschungsperspektive einzunehmen. Diese zielt zunächst auf das Aufdecken des spezifischen Netzes von Kräfteverhältnissen, das jene Selbstverständlichkeiten hervorgebracht hat, die sich uns als Gegebenes darstellen (vgl. van Dyk 2012, S. 189). Sie beabsichtigt all jene Beobachtungsdimensionen zu eröffnen, die sich mit der Hervorbringung und Konstituierung von empirischen Subjekten im sozialen Raum – also mit der Frage, wie Individuen sich zu Subjekten bilden bzw. gebildet werden – beschäftigen.

Die Problematisierung dieses Werdens der Subjekte kann als „wahlverwandte theoretische Geste" (Stähli 2000, S. 7) unterschiedlicher poststrukturalistischer Theorieangebote betrachtet werden. Subjektivierungsprozesse werden hierbei v.a. im Anschluss an die Arbeiten Michel Foucaults (2000) und Judith Butlers (2001) in ihrer relationalen Doppelstruktur, d.h. im Hinblick auf die Gleichzeitigkeit von Subjektkonstituierung und -unterwerfung zum Gegenstand. Die Frage der Hervorbringung von Selbstverhältnissen im Modus der Unterwerfung scheint nicht nur deshalb interessant, weil damit theoretisch fundiert das Unbehagen gegenüber der für die Geschichte des christlich-westlichen Abendlandes zentralen Vorstellung einer objektiv gegebenen, vom erkennenden Subjekt unterschiedenen, geschichtlich oder natürlich begründeten Wahrheit oder Vernunft artikuliert werden könnte. Vielmehr ist diese Perspektive insbesondere dadurch fruchtbar, dass sich mit ihr auf spezifische Weise das Gesellschaftliche im Individuellen entdecken lässt, „das im Persönlichen verborgene Unpersönliche, das tief ins Besondere eingegangene Allgemeine" (Bourdieu/Wacquant 1996, S. 74). Werden ‚Selbstführung und Fremdführung' dabei als produktives Wechselverhältnis analysiert oder – in der anerkennungstheoretischen Formulierung Butlers – indem Individuen ihre Existenz im Rahmen von Kategorien vollziehen und erschließen, die dieser vorausgehen (vgl. Butler 2001, S. 24f.), eröffnet sich dem pädagogischen Denken ein Raum, in dem das pädagogisch immer widersprüchliche Verhältnis von Allgemeinem und Besonderen (vgl. Euler 1995, S. 209f.) neu, d.h. jenseits problematischer Letztbegründungen konturiert werden könnte. Die Aufmerksamkeit einer pädagogischen Erforschung dieses Werdens richtete sich auf die im Zuge von immer hegemonialen Kontingenzschließungen aus der gesellschaftlichen Ordnung exkludierten Subjektivitäten und Existenzweisen, auf das Verworfene jenseits der majoritären Norm „Mensch-männlich-weiß-Stadtbewohner-Sprecher einer Standardsprache" (Deleuze 1980, S. 27). In dem Moment, da das Allgemeine aufgrund seiner Kontingenz brüchig, problematisch und fragwürdig wird, sensibilisieren poststrukturalistische Ansätze dafür, wie die das Sag- und Denkbare formierenden Machtverhältnisse in die Subjektwerdung von Menschen eingelassen sind, und entlarven „die Grausamkeiten, durch die Subjekte produziert und differenziert werden" (Butler 1991, S. 131). Es wäre dies der Versuch, in dem empirisch Gegebenen die Spuren einer diskursiven Strukturierung des Sozialen auszumachen, den Raum möglicher Selbstverhältnisse und Identifikationen zu vermessen und das darin ‚Verworfene' und (noch) nicht zur Geltung gebrachte Andere sichtbar zu machen. Ein solches Forschungsprogramm würde nicht nur die pädagogisch bedeutsame Ungleichheit sozialer Positionen, sondern das ‚Spiel' der Positionierung selbst zum Gegenstand der Kritik machen.

2. Methodologische Perspektivierungen für den forschenden Blick auf das Werden im sozialen Raum

Das kritische Forschungsinteresse eines solchen Vorhabens richtet sich auf die Genese von Selbstverhältnissen in sozialen Räumen, Körpern und Praktiken. Es beabsichtigt den Aufschluss von sozialen Figurationen und Subjektivierungsweisen und nimmt dabei räumliche und materielle Aspekte sozialer Praxen in den Blick (vgl. Langer/Richter/Friebertshäuser 2010, S. 7f.). Vor dem Hintergrund einer „poststrukturalistischen Praxisanalyse" (Wrana 2012,

S. 185) ist die pädagogische Analytik von Lern- und Bildungsverhältnissen im sozialen Raum bestrebt, praxistheoretische und poststrukturalistische Perspektiven zu verbinden. Um sich den „objektiven" (Bourdieu) oder „diskursiven" (Foucault) Bedingungen eines solchen Subjekt-Werdens anzunähern ist zunächst der Raum zu bestimmen, der die Untersuchung rahmt. Es scheint dabei besonders interessant, einen Raum zu erkunden, der einen pädagogischen Nicht-Ort darstellt, weil sich in ihm das Pädagogische eben gerade (noch) nicht institutionalisierte. Die Suche nach den empirischen Möglichkeiten des Pädagogischen beginnt an einem gänzlich unpädagogischen Feld. Die Wahl fiel auf das ‚Tempelhofer Feld'.[1] Der ehemalige Flughafen Berlin-Tempelhof bietet die außergewöhnliche Möglichkeit, einen sozialen Raum zu analysieren, der keinerlei pädagogische Strukturierung aufweist, ein unbestelltes Feld, dem es in gewisser Weise an ‚Lernen' und an ‚Bildung' mangelt. Um den Blick für das genuin Pädagogische der Forschungsaktivität zu schärfen, ist gerade die fehlende pädagogische Strukturierung des ‚Tempelhofer Feldes' bedeutsam. Es entsteht hier die Frage, was an einem pädagogischen Nicht-Ort das pädagogisch Bedeutsame sein könnte.[2]

Die Erforschung empirischer Möglichkeiten an diesem pädagogischen Nicht-Ort entlastet sich zunächst von der historischen Schwere, einen Bildungsbegriff mit sich führen zu müssen, dessen Unbestimmtheit jede empirische Bestimmung einzuholen scheint. Deshalb beginnt die pädagogische Analyse mit der Betrachtung von Lernverhältnissen im sozialen Raum. Erst in einem zweiten Schritt soll gefragt werden, welche Bildungsmöglichkeiten denkbar wären, denn „Selbstverständnisse und Weltkonzepte kann man erlernen [...]. Sie sind als Gegebenheiten zu verstehen, zu denen man sich

---

1 Die sog. ‚Tempelhofer Freiheit' bildet seit der Schließung des Flughafens im Oktober 2008 mit einer Größe von 302 Hektar die größte innerstädtische Freifläche der Welt. Im Mai 2010 wurde es für die Öffentlichkeit zugänglich gemacht. Seitdem ist es nicht nur ein hoch geschätzter Ort für die Freund_innen öffentlicher Freiräume, sondern auch ein Objekt der Begierde für alle, die sich auf der Suche nach innerstädtischen Baugrundstücken befinden, allen voran die Berliner Senatsverwaltung – und somit ein kulturell umkämpftes, hoch politisches Feld.

2 Die konstitutive Ver-‚ortung' von Lern- und Bildungsverhältnissen ist ein grundlegender Gegenstand pädagogischer und erziehungswissenschaftlicher Reflexionen. Die räumliche Gestaltung institutionalisierter Bildungsorte (Schulgebäude, Klassenzimmer, Hörsäle und Weiterbildungseinrichtungen) ist eng mit der Institutionalisierung professioneller pädagogischer Interaktionen verbunden. Seit den 1990er Jahren wird nun in wachsendem Maße eine (Neu)Vermessung von Lern- und Bildungsverhältnissen gefordert. Gleichzeitig steht eine systematische Rezeption vorhandener Raumkonzepte für die Pädagogik erst am Anfang (vgl. Reutlinger 2009), wenn auch schon erste Arbeiten hierzu entstanden sind (z.B. Löw/Ecarius 1997; Hoffmann/Westphal 2007). Auch innerhalb der Erwachsenenbildung bildet sich erst in den vergangenen Jahren eine verstärkte raumtheoretische Sensibilität (z.B. Fürst 2002; Kraus 2010; Nolda 2006).

noch einmal verhalten muss, wenn von Bildung die Rede sein soll" (Schäfer 2009, S. 47). Dieses Abgrenzungsargument bleibt gleichsam ‚schwach', verbleibt doch das Verhältnis von Lernen und Bildung noch nicht hinreichend bestimmt. In der vermeintlichen ‚Schwäche' allerdings scheint das Potential einer vertiefenden Reflexion zu liegen.

Versteht man Lernen weder psychologisch, noch konstruktivistisch oder kognitionstheoretisch als individuellen Erkenntnisakt, sondern zunächst lediglich als etwas ‚empirisch' Beobachtbares, richtet ein poststrukturalistisch informierter Blick die Aufmerksamkeit auf den Zusammenhang von Selbstverhältnissen und sozialen Praktiken. Eine ethnografische Praxisanalyse beginnt mit der Beobachtung von Lernverhältnissen im sozialen Raum und damit zunächst mit der Frage, auf welche Weise sich das ‚Lernen' als räumlich und körperlich situiertes Tun strukturiert bzw. performativ hervorgebracht wird. Dabei soll dieses Tun, wie in der ethnografischen Forschung üblich, zum einen ‚befremdet' (Hirschauer/Amann 1997) werden, es soll ungewöhnlich und kontingent erscheinen. Dieses dann unvertraute Tun soll anschließend durch eine (Re)Kontextualisierung in einem komplexeren Bedeutungszusammenhang neu begriffen werden. Das ‚Lernen im sozialen Raum' ist dann nicht einfach gegeben und vorhanden. Das Ziel der ‚Befremdung' der gegebenen Selbstverständlichkeiten bedeutet einen Akt der Dekontextualisierung, ein Herausreißen aus dem vertrauten Umfeld des scheinbar immer schon Verstandenen. Aus dieser Perspektive bleibt nachfolgend zu fragen, wo ein kritischer Bildungsbegriff seinen Anknüpfungspunkt in einer mit seiner Hilfe auch ‚definierten' Wirklichkeit findet: Es ist dies die Frage danach, wo es in der notwendig kategorialen Reflexion von Lernverhältnissen Anknüpfungspunkte gibt für die Eruierung ‚empirischer' Möglichkeiten von so etwas wie Bildung. Neben der „Befremdung" erfolgt die Wahl ethnografischer Beobachtungsmethoden insbesondere vor dem Hintergrund der methodologischen Grundannahme, die sich aus dem Interesse an Praktiken und ihrer diskursiven Strukturierung speist. Will man individuelle Intentionen, Gründe, subjektive Theorien und mentale Konzepte rekonstruieren, fragt man am besten die beteiligten Akteur_innen. Praktiken hingegen haben eine andere Empirizität: Sie sind in ihrer räumlichen und körperlichen Situiertheit mit Hilfe von teilnehmender Beobachtung, Feldnotizen und Protokollen, Sammlung und Analyse von verschiedenen Dokumenten, Fotografie und Videografie vollständig öffentlich beobachtbar (vgl. Hirschauer 2004, S. 73). Diese ethnografische Praxisanalyse macht es sich folglich zur paradoxen Aufgabe, etwas zur Sprache zu bringen, was nicht Sprache ist und zugleich ohne sie nicht artikulierbar.

Zudem geht sie im Anschluss an Foucaults Überlegungen zu diskursiven Praxen (vgl. Foucault 1981) davon aus, dass in und mit diesen Praktiken Beziehungen zwischen Gegenständen, Subjektivitäten und Materialitäten aufgegriffen, hergestellt und aktualisiert werden, mögliche Positionen im

Raum bezogen und besetzt und Zuschreibungen und Adressierungen vorgenommen werden. Damit wird die Performativität der Praktiken betont, die Möglichkeitsräume und Effekte in dieser Praxis produziert und damit die „Wahrheit" der Dinge und der Subjekte herstellt (Foucault 1981, S. 126). Eine poststrukturalistische Praxisanalyse untersucht demnach Praktiken in ihren Funktionsweisen. Die analytische Gegenüberstellung von „den Diskursen" und „den Praktiken" wird dabei nicht nur aufgeweicht, sondern systematisch zu überwinden gesucht (vgl. Wrana 2012, S. 197).[3]

Die Faszination, eine praxeologische und eine poststrukturalistische Perspektive für die Erforschung des ‚Lernens im sozialen Raum' zu verbinden, besteht zweifelsohne in ihrem doppelt reflexiven Zug: Lern- und Bildungsverhältnisse nicht vom isolierten Individuum aus betrachtet werden, sondern als relational. Einerseits wird das Subjekt dieser Verhältnisse folglich in besonderem Maße auf eine Weise thematisch, „die es konstitutiv von der Ordnung des Sozialen und nicht ihr gegenüber gebildet versteht" (Jergus 2010, S. 15). Diese geordnete Strukturierung befähigt die Einzelnen dazu, in sozialen Räumen angemessen zu handeln. Andererseits setzt die Entwicklung dieser Selbstverhältnisse auch die Anerkennung von ‚Spielregeln' jener sozialen Räume voraus, in denen sich „Körper von Gewicht" (Butler 1997) entwickeln und damit Handlungs- und Gesellschaftsfähigkeit erlangen. Lern- und Bildungsverhältnisse werden aus dieser Perspektive nicht als individuelle Tätigkeit reflektiert, sondern als kontextuell und historisch situiertes Geschehen, als performative Praktik(en) im Vollzug, die sozial gerahmt und diskursiv geordnet sind.

Die kulturelle Praxis als Bedingung der Möglichkeit von Subjektbildungsprozessen im sozialen Raum zu analysieren, fokussiert gerade die Heterogenität und Heteronomie der diskursiven Praktiken, mittels derer Wahrnehmungen, Aussageformen und Denk- und Handlungsperspektiven hervorgebracht werden. Verändert sich eine Kultur einschließlich ihrer hegemonialen Differenzierungsweisen, ändern sich Lern- und Bildungsverhältnisse sowie die sie konstituierenden Selbstverhältnisse. Vor diesem Hintergrund scheint es wenig hilfreich, eine ontologische Qualität des Lernens und ein bestimmtes ‚Wesen' von Bildung identifizieren zu wollen. Ressourcen und Möglichkeiten scheinen unter den Beteiligten sehr ungleich verteilt und werden von den Versuchen, Lernen und Bildung als ‚anthropologisches Datum' zu betrachten, lediglich verschleiert (vgl. Meyer-Drawe 1996, S. 57). Im Anschluss an Judith Butler geraten Lern- und Bildungsverhältnisse weniger als Transformation eines einzelnen Subjekts im Hinblick auf seine persönlichen Selbst- und Weltverhältnisse in den Blick, als viel-

---

3 Auch Antje Langer betrachtet etwa Ensembles von diskursiven Praktiken und Körperpraktiken. Dabei sind die diskursiven Praktiken aber ebenso wenig körperlos wie die Körperpraktiken nicht-diskursive sind (vgl. Langer 2008).

mehr als Subjektivierungspraktiken, die es empirisch aufzuklären gilt. Lern- und Bildungsverhältnisse werden dann weniger als individuelles, denn als politisches Projekt verstanden (vgl. Rose 2012, S. 123). Die Politizität[4] dieses Unterfangens geht über das individuell Mögliche hinaus, indem es an den Rändern des allgemein Möglichen operiert und sich bemüht, dessen Nahtstellen offenzuhalten. Dieser Einsatz ist nicht ausschließlich einer Emphase für das Unabgeschlossene und Kontingente geschuldet, es geht ausdrücklich nicht um die Affirmation der konstitutiven Dynamik und Verschiebung um ihrer selbst willen, sondern um das darin angelegte Potenzial, spezifische hegemoniale Verfestigungen von Normativität(en) kritisch zu durchkreuzen. Butler selbst formuliert ihren Anspruch, sich des poststrukturalistischen Denkens zu bedienen und es im Zuge der Ausrichtung auf spezifische Anliegen zu politisieren:

„Was mich politisch bewegt und wofür ich Raum schaffen will, ist der Moment, in dem ein Subjekt – das kann eine Person oder ein Kollektiv sein – ein Recht oder einen Anspruch auf ein lebenswertes Leben geltend macht, obwohl eine solche Rechtsgrundlage noch nicht besteht, obwohl eine eindeutig ermächtigende Konvention noch nicht gegeben ist" (Butler 2009, S. 354)

In diesem Sinne geht es in post-fundamentalistischen Ansätzen des Poststrukturalismus nicht darum, jegliche Normativität(en) zu überwinden, sondern vielmehr darum, den repressiven Charakter von Letztbegründungen zu problematisieren (vgl. van Dyk 2012, S. 199).

In der Durchsicht der bislang ausgeführten methodologischen Perspektivierungen für den forschenden Blick auf das Werden im sozialen Raum wird die Politizität von Selbstverhältnissen akzentuiert und die ethnografische Annäherung über eine poststrukturalistische Praxisanalyse vorgeschlagen. Diese drängt auf die Erhellung pädagogischer Möglichkeiten von Kritik an empirischen Gegebenheiten und weiß zugleich um ihre implizite Normativität, allerdings ohne angeben zu können, wie das Spiel der Wahrheit anders zu spielen wäre (vgl. Foucault 1993).

3. Ethnografische Erkundungen im Tempelhofer Feld

Zur Veranschaulichung dieser methodologischen Perspektivierungen soll zunächst ein paradigmatisches Beispiel herangezogen werden, mit dem Aspekte einer poststrukturalistischen Praxisanalyse und des mit ethnografi-

---

4 Den Begriff der Politizität entnehme ich der Untersuchung von Carsten Bünger, der mit dem Begriff die Ambivalenz zu bestimmen versucht, die das Verhältnis von Bildung und sozialer Ordnung durchzieht (vgl. Bünger 2013, S. 17).

schem Blick erkundeten sozialen Raums verdeutlicht werden können. In einem zweiten Schritt öffnet ein weiteres Beispiel den Blick für jene offenen Fragen, die die theoretische Konzeptualisierung weiter anreichern können.

Das ‚Tempelhofer Feld' ist in besonderer Weise ein sozialer Raum, in dem die vielfältigen Bewegungspraxen des Sports und der populären Kultur – vom Streetball-Spielen über Skateboard-Fahren bis hin zu Techno-Skaten und Kite-Surfen zu beobachten sind. Die Freizügigkeit des sozialen Raums, seine Weite sowie seine Platzierung inmitten einer pulsierenden Großstadt bilden die Grundlage zur Formierung, Bildung und Stilisierung von Selbst-Verhältnissen, die die Hoffnung auf eine individuelle Existenz im öffentlichen Raum immer wieder aufs Neue erzeugen, nähren und bewahren. Sichtbar wird hier, wie die Akteur_innen im Rückgriff auf ein breit gefächertes Angebot an Körperbildern und Bewegungsformen an der ästhetischen Stilisierung ihres Körpers arbeiten und sich bemühen, angesehene Verhältnisse zu ihrem Körper zu entwickeln.

Robert Schmidt analysiert die vielen neuen Bewegungskulturen am Schnittpunkt von Sport und Popkultur (vgl. Schmidt 2003) als Praxisformen körperlicher Aufführungen. Dabei macht er v.a. riskante Bewegungen des Gleitens und Rollens, des Schwebens, Springens und Fliegens aus, deren Umsetzung auf hochtechnologische Sport- und Spielgeräte angewiesen ist. Auch im Tempelhofer Feld steht im Zentrum beobachtbarer Aktivitäten die Schwerkraft: Die Füße verlassen den Boden, der Körper hebt ab, der Raum wird turbulent gemacht. Waghalsige, oft virtuose Bewegungen des Drehens mit hoher Geschwindigkeit, des Kurvens und Kreisens, veranschaulichen einen Gestus der Wandelbarkeit und scheinbaren Schwerelosigkeit. Diese Aufführungen verweisen zugleich auf den Körper als Lern- und Erlebnisfeld sowie als visuelle Schaufläche für sich selbst und andere. Diese historisch bedeutsamen ‚Inszenierungen' des Selbst sind auf den spezifischen Raum ebenso angewiesen, wie sie ihn auf bestimmte Weise hervorbringen, ‚neu' erscheinen lassen. Sie nutzen vorhandene Artefakte und zugleich scheint der Reiz darin zu bestehen, diese zu verändern und zu transformieren. In diesen ‚Inszenierungen' ist eine „individual-expressive Körpermodellierung" (Reckwitz 2006, S. 570) zu beobachten, die scheinbar darauf zielt, den Körper in riskante Bewegungen zu versetzen und von einem Gefühl aktiver Erfahrung gesteuert wird. Es wird eine individualisierte Offenheit und vor allem eine Risikobereitschaft lesbar, die einer routinisierten Gradlinigkeit und traditionellen Bodenverhaftetheit entgegensteht, die z.B. in Alltagsbewegungen, aber auch in vielen herkömmlichen Sportarten zu beobachten ist.

Vieles deutet darauf hin, dass die in den neuen informellen Bewegungskulturen sich abzeichnenden Selbstverhältnisse einer permanenten ‚spielerischen' Um- und Neugestaltung des Selbst auf durchaus widersprüchliche Subjektivierungspraktiken der Gegenwart verweisen. Sie implizieren eine flexible Wandlungsfähigkeit ebenso wie den Wunsch und das Begehren,

Grenzzonen von Normalität „auszuloten" bzw. kreativ mit dem Erlernten zu experimentieren. Riskante Bewegungen und das Aufs-Spiel-Setzen des Körpers korrespondieren mit einer hybriden Subjektkultur, in der das Subjekt sein inneres Erleben trainiert, um körperliche Strukturen und Prozesse zum Gegenstand einer gestaltenden Arbeit an sich selbst und damit auch der Wahl zwischen Optionen zu machen. Der souveräne Körper avanciert zum selbstregierten Projekt. Seine Ernährung, seine sportliche Bewegung, seine sichtbaren Formen werden zum Gegenstand kontingenter Entscheidungen und dienen vor allem der Hervorbringung einer eigenen „Fitness", in der Körper und Geist in Bewegung und vor Passivität bewahrt bleiben. Im Kontext dieser Bewegungskultur verliert der Sport (zunächst) seine Leistungsorientierung und Wettkampfausrichtung und bezeichnet eine „primär selbstreferentielle Praktik, in welcher das Subjekt – auch gegen die Zumutungen des Sozialen und der Routinisiertheit – in ‚Einsamkeit' ein privilegiertes Verhältnis zu seinen ‚inneren Erfahrungen' herstellt" (ebd.).

Die Hervorbringung von Selbstverhältnissen innerhalb dieser Bezeichnungspraxis ist notwendig auf eine Abgrenzung und Differenzsetzung angewiesen. Das kulturelle ‚Andere' der beschriebenen hybriden Subjektkultur ist dann nicht nur der hässliche oder korpulente Körper, sondern vor allem der Körper, der seine riskanten Selbsterfahrungsmöglichkeiten unterdrückt und sich einer souveränen Steuerung untauglich erweist. Mit der Etikettierung dieses ‚Anderen' einher geht der Verweis auf eine mangelnde Souveränität im Umgang mit sich selbst, auf einen Mangel an Fähigkeit und Bereitschaft, die körperliche Grundlage für subjektive Selbstregierung zu schaffen.

Kennzeichen von Lern- und Bildungsverhältnissen innerhalb dieser Bewegungskulturen ist es dann, sich selbst als ‚jemanden' hervorzubringen, der auf Differenzproduktionen verwiesen bleibt, die niemals neutral sind und wiederum vorhandene Strukturierungen aufrufen. In diesem Sinne stellt ‚Subjektivitation' sich auch nicht als Ergebnis eines einmaligen Ereignisses dar, sondern vielmehr als die performative Herstellung von Selbst-Verhältnissen vermittels der Konstruktion und Positionierung dieses ‚Anderen'. Eine praxisanalytische Ethnografie fragt, auf welche Weise sich Praktiken realisieren und welche begrenzenden und anregenden Effekte sie erzeugen. Sie nähert sich derart einem modus operandi, dem Vollzug von Praktiken, als einer konkrete, sich ereignenden Performanz (vgl. Göhlich, Engel, Höhne 2012, S. 160). Mit einer poststrukturalistischen Praxisanalyse wird es möglich, die Produktivität von Macht und die sich ereignende Performanz miteinander zu relationieren (vgl. Ott/Langer/Rabenstein 2012, S. 180).

Die Performativität des Subjektivationsgeschehens wird im Folgenden und mit einem zweiten Beispiel auf eine andere Weise wiederum befragt. Mit Blick auf einen weiteren Ausschnitt der ethnografischen Erkundungen im Tempelhofer Feld soll die skizzierte theoretische Heuristik herausgefordert werden. Die Akzentverschiebung betrifft die Hervorbringungsthematik und wird im Hinblick auf jene Diskurse, Macht- und Selbsttechniken, die für die Konstitution und die theoretische Anreicherung von Lern- und Bildungsverhältnissen bedeutsam werden könnten, relevant.

Es ist allenthalben bekannt, dass im Diskurs um das lebenslange, informelle Lernen eine Aneignungsperspektive intensiviert wird, die den verwertbaren Outcome von Lern- und Bildungsprozessen fokussiert. Die Bedeutungszunahme dieser Perspektive mag den Entwicklungen im Rahmen postfordistischer Arbeitsverhältnisse geschuldet sein, in denen Kompetenzbiografien, die flexibel an die Erfordernisse der Erwerbsarbeit angepasst werden sollen, die ‚Employability' sichern (vgl. Klingovsky 2013). Mit der Kompetenz gewinnt ein Konzept an Bedeutung, das auf Handlungs- und Anpassungsfähigkeit zielt und auf die Bedeutung von Machbarkeit und der Dominanz des Möglichen verweist. Schon bei der einfachen Frage, wie es zu diesen positiven Bewertungen kommt und welche Performanzen als kompetentes Handeln bewertet werden, wird mit Blick auf das Tempelhofer Feld die hegemoniale Rahmung des Sag- und Sichtbaren innerhalb des gegenwärtigen Lern- und Bildungsdiskurses offensichtlich: Die Menschen, die auf dem Tempelhofer Feld täglich Leergut einsammeln, kommen darin nicht vor. ‚Bettler_innen' werden üblicherweise in der Lernforschung nicht zum Gegenstand, es werden ihnen keine Kompetenzen zugeschrieben, ihren Fähigkeiten kein Wert beigemessen. Will man nun nicht allzu plakativ das offensichtlich ‚Andere' als Marginalisiertes und damit per se pädagogisch Bedeutsames aufrufen, stellt sich die Frage, was vor dem Hintergrund der entwickelten Theorieperspektive mit Blick auf diese Akteur_innen aller Altersgruppen –, die auf dem Tempelhofer Feld alltäglich zu beobachten sind, wenn sie verstohlen über das Gelände streifen, meist dort, wo zuvor anderen Menschen mitgebrachte Flaschen und Dosen konsumierten – interessant werden könnte.

Zunächst bleibt festzustellen, dass diese Menschen, die auf dem Feld Pfandflaschen einsammeln und die Besucher_innen um „eine kleine Spende" bitten, Aufschlüsse im Hinblick auf die Frage nach den Möglichkeiten von Lern- und Bildungsverhältnisse erwarten lassen. Stephan Sting weist beispielsweise in seinem Beitrag ‚Überleben lernen' darauf hin, dass Menschen unter den Bedingungen von Ausgrenzungserfahrungen ein Bewältigungshandeln entwickeln, das einer eigenen Logik folgt (vgl. Sting 2007, S. 182). Es stellt eine kontextgebundene ‚Lösung' dar, die die Frage evoziert, inwiefern auch diese auf Lern- und Bildungsverhältnisse verweist, obwohl sie kaum etwas mit dem zu tun hat, was mit Bildung als Möglichkeit „uns in unserem Menschsein zu verbessern, die in uns ruhenden Möglichkeiten zu verwirklichen, eine bestimmte Haltung zur Welt einzunehmen […] kluge und begründete Entscheidungen fällen zu können und in der Lage zu sein, unser Leben nach vernünftigen Gesichtspunkten führen zu können" (Dörpinghaus 2009, S. 5) zu tun zu haben scheint. Darüber hinaus bleibt zunächst unklar, ob und wenn ja inwiefern es sich nun beim offensichtlichen Erlernen einer Tätigkeit, die der alltäglichen Existenzsicherung dient und damit ebenfalls auf Praktiken der Subjektwerdung verweist, um einen pädagogisch bedeutsamen Sachverhalt handelt.

Die Pfandflaschensammler_innen, die wachsam jede Lücke nutzen, die sich in bestimmten Situationen der dauerhaften (Ab)Wertung („die Armen'), der Verweigerung einer eigenständigen Handlungsfähigkeit („ausgebeutete Opfer') und exkludierender Zuschreibungen auftut, entwickeln eine Fähigkeit, die Marion Thuswald als „Überlebenskompetenz" (Thuswald 2010, S. 74) bezeichnet. Die Praktiken im sozialen Raum verweisen auf die Notwendigkeit, unter prekären Bedingungen eine Normalität herzustellen und einen Alltag zu etablieren, mit dem die eigene Handlungsfähigkeit in Ungewissheit erhalten und die persönliche Integrität bewahrt werden kann (vgl. ebd.). Dass unter Bedingungen von Ausgrenzung und Abwertung durchaus ‚erfolgreich' gelernt werden kann, verweist möglicherweise nicht nur im Sinne Holzkamps auf die Unterscheidung zwischen defensiven und expansiven Lernbegründungen (vgl. Holzkamp 1993, S. 190), sondern auf die widersprüchliche performative Hervorbringung von Lernverhältnissen im sozialen Raum.

Schließlich wird die wechselseitige Bedingung spezifischer Subjektivierungsweisen im sozialen Raum relevant, denn in diesem Sinne können Praktiken der sozialen Etikettierung und Positionierung analysiert werden. Die Präsenz von Armut im öffentlichen Raum wird häufig als Provokation wahrgenommen. Im Tempelhofer Feld sind die Pfandflaschensammler_innen geduldet, kaum wahrgenommen, beschämt ignoriert. Gleichzeitig nehmen sie sich Raum und verkörpern eine gesellschaftliche Armut, deren ‚Bewältigung' ebenfalls gelernt sein will. Über die Beobachtung der Adressierungs- und Positionierungspraxen müssten folglich jene sozialen Relationen erhellt werden, die über verbindende, abgrenzende, ein- und ausschließende Praktiken situationsübergreifende Strukturierungen des sozialen Raums reproduzieren und neu hervorbringen. Hierzu wären „nicht (nur) die Vollzüge individueller Akteur_innen, sondern vor allem die Bezugnahme der Akteur_innen untereinander und auf gemeinsames Drittes sowie die zeitlich-räumliche Verortung der Praktiken" (Göhlich/Engel/Höhne 2012, S. 153) zu beschreiben. Es wäre dies der Versuch, die strukturierte Regelmäßigkeit von sozialen ‚Spielen' als empirisch konkretisierbare Konstellationen zu rekonstruieren und zu beleuchten, wie die Akteur_innen – durch die ‚gewaltlose Gewalt' symbolischer Verkennung und Anerkennung – dazu veranlasst werden ‚mitzuspielen'.

4. Abschließende und ausblickende Überlegungen

Die methodologische Suchbewegung, deren Intention das Aufspüren der Möglichkeiten einer sich kritisch verstehenden, genuin pädagogischen Bildungsforschung ist, soll hier nicht still gestellt werden. Sie bezeichnet vielmehr einen Anfang, der von einem poststrukturalistisch informierten Unbehagen gegenüber einer sich in Machtverhältnisse verstrickenden (auch pädagogisch unterstützten) optimierenden Arbeit an sich selbst ausgeht und dem pädagogischen Versprechen auf ‚vernünftige' Bildungsmöglichkeiten eine empirisch genährte Skepsis entgegenbringt. Derart dekonstruierend scheint es gleichwohl allzu verführerisch, die Kritik an der Pädagogik antifundamentalistisch anzusetzen und jegliche Grundierung zu verwerfen. Es ist der Konflikt um partielle Gründungsversuche, den es weiterzutreiben gilt. Es sollte darum gehen, das scheinbar Befreiende und Rationale als das Zwingende und Regulierende zu betrachten und das scheinbar Notwendige und Alternativlose als das kulturell Kontingente zu analysieren (vgl. Reckwitz 2008, S. 294). Eine kritische pädagogische Bildungsforschung müsste Anschlüsse für eine Kritik der bestehenden Ordnungen aufspüren und zugleich auf eine Sichtbarmachung von Brüchen und Abweichungen, von Verworfenem und Anderen – und damit für das Nicht-Hegemoniale – zielen.

Dabei bestünde der Ausgangspunkt einer pädagogischen Bildungsforschung im Horizont des Kritischen nicht darin, Lern- oder Bildungsprozesse zu identifizieren oder deren Verlauf (in der Ausgestaltung kulturell bestimmter Erfahrungsräume) zu eruieren. Vielmehr würde zunächst die kategoriale Fassung der pädagogischen Sachverhalte ‚Lernen' und ‚Bildung' offen gehalten, eben weil die theoretische Perspektive dessen Bestimmung als prekären Vorgang der Konstitution des Sozialen mitführt. Über eine empirische Analyse von Subjektivierungsweisen und ihrer Strukturierung eröffnete sich im besten Fall der Blick auf die Frage nach den pädagogischen Möglichkeiten des ‚Lernens' und der ‚Bildung'. Eine Bedingung wäre es, sich dem ‚Pädagogischen' aus einer befremdeten Haltung zu nähern, um aus den Erkenntnissen über das empirisch Gegebene im sozialen Raum einen Horizont des Möglichen zu konturieren, denn „nicht die Existenz von Gegenständen außerhalb unseres Denkens wird bestritten, sondern die ganz andere Behauptung, daß sie sich außerhalb jeder diskursiven Bedingung des Auftauchens als Gegenstände konstituieren können." (Laclau/Mouffe 1991, S. 158)

Damit wird auch die systematische Verhältnisbestimmung von Lernen und Bildung aufgeworfen. Mit der Frage, wie das Subjekt differentiell in den Spannungsverhältnissen seiner Lernaktivitäten verhaftet ist, sind wir hinsichtlich der kategorialen Bestimmung von ‚Bildung' oder der ‚Bedeutung des Lernens für Menschen im sozialen Raum' verunsichert und zur weiteren Arbeit aufgefordert.

Literatur

Bourdieu, Pierre/Wacquant, Loïc J.D. (1996): Reflexive Anthropologie. Frankfurt a.M.: Suhrkamp.
Bünger, Carsten (2013): Die offene Frage der Mündigkeit. Studien zur Politizität der Bildung. Paderborn u.a.: Ferdinand Schöningh.
Butler, Judith (1991): Das Unbehagen der Geschlechter. Frankfurt a.M.: Suhrkamp.
Butler, Judith (1997): Körper von Gewicht. Frankfurt a.M.: Suhrkamp.
Butler, Judith (2001): Psyche der Macht. Das Subjekt der Unterwerfung. Frankfurt a.M.: Suhrkamp.
Deleuze, Gilles (1980): Kleine Schriften. Berlin: Merve.
Dörpinghaus, Andreas (2009): Bildung. Plädoyer wider die Verdummung. Forschung und Lehre, Supplement, H. 9/Jg. 16, S. 3-14.
Ehrenspeck, Yvonne (2010): Philosophische Bildungsforschung: Bildungstheorie. In: Tippelt, Rudolf/Schmidt, Bernhard (Hrsg.): Handbuch Bildungsforschung. Wiesbaden: VS Verlag für Sozialwissenschaften, S. 155-169.
Euler, Peter (1995): Das Subjekt zwischen Hypostasierung und Liquidation. Zur Kategorie des Widerspruchs für die modernitätskritische Revision von Erziehungswissenschaft. In: Euler, Peter/Pongratz, Ludwig (Hrsg.): Kritische Bildungstheorie. Zur Aktualität Heinz-Joachim Heydorns. Weinheim: Dt. Studien-Verlag, S. 203-221.
Foucault, Michel (1981): Archäologie des Wissens. Frankfurt a.M.: Suhrkamp.
Foucault, Michel (1993): Freiheit und Selbstsorge. Gespräch mit Michel Foucault am 20. Januar 1984. In: Becker, Helmut/Wolfstetter, Lothar/Gomez-Muller, Alfred/Fornet-Betancourt, Raúl (Hrsg.): Freiheit und Selbstsorge. Frankfurt a.M.: Materialis, S. 7-28.
Foucault, Michel (2000): Power. New York: The New Press.
Fürst, Dietrich (2002): Region und Netzwerke. Aktuelle Aspekte zu einem Spannungsverhältnis. DIE – Zeitschrift für Erwachsenenbildung, H. 1/Jg 2002, S. 22-23.
Göhlich, Michael/Engel, Nicolas/Höhne, Thomas (2012): Szenen und Muster. Zur pädagogischen Ethnographie von Organisationen im Kontext der Grenzüberschreitung. In: Friebertshäuser, Barbara/Kelle, Helga/Boller, Heike/Bollig, Sabine/Huf, Christina/Langer, Antje/Ott, Marion/Richter, Sophia (Hrsg.): Feld und Theorie. Herausforderungen erziehungswissenschaftlicher Ethnographie. Opladen u.a.: Barbara Budrich.
Hirschauer, Stefan (2004): Praktiken und ihre Körper. Über materielle Partizipanden des Tuns. In: Hörning, Karl H./Reuter, Julia (Hrsg.): Doing Culture. Neue Positionen zum Verhältnis von Kultur und sozialer Praxis. Bielefeld: transcript, S. 73-91.
Hirschauer, Stefan/Amann, Klaus (Hrsg.) (1997): Die Befremdung der eigenen Kultur. Zur ethnographischen Herausforderung soziologischer Empirie. Frankfurt a.M.: Suhrkamp.
Holzkamp, Klaus (1993): Lernen. Subjektwissenschaftliche Grundlegung. Frankfurt a.M./New York: Campus.

Jergus, Kerstin (2010): Liebe ist... Artikulationen der Unbestimmtheit im Sprechen über Liebe. Eine Diskursanalyse. Bielefeld: transcript.
Klingovsky, Ulla (2013): Lebenslanges Lernen im Postfordismus. Zur Transformation von Begründungsfiguren des Lehrens und Lernens. In: Magazin erwachsenenbildung.at, H. 18, S. 06.2-06.10.
Kraus, Katrin (2010): Aneignung von Lernorten in der Erwachsenenbildung. REPORT. Zeitschrift für Weiterbildungsforschung, H. 2/Jg. 33, S. 46-55.
Laclau, Ernesto/Mouffe, Chantal (1991): Hegemonie und radikale Demokratie. Zur Dekonstruktion des Marxismus. Wien: Passagen.
Langer, Antje (2008): Disziplinieren und Entspannen. Körper in der Schule – eine diskursanalytische Ethnographie. Bielefeld: transcript.
Langer, Antje/Richter, Sophia/Friebertshäuser, Barbara (2010) (Hrsg.): (An)passungen. Körperlichkeit und Beziehungen in der Schule – ethnographische Studien. Baltmannsweiler: Schneider Verlag Hohengehren.
Langer, Antje/Ott, Marion/Rabenstein, Kerstin (2012): Integrative Forschungsstrategien – Ethnographie und Diskursanalyse verbinden. In: Friebertshäuser, Barbara/Kelle, Helga/Boller, Heike/Bollig, Sabine/Huf, Christina/Langer, Antje/Ott, Marion/Richter, Sophia (Hrsg.): Feld und Theorie. Herausforderungen erziehungswissenschaftlicher Ethnographie. Opladen u.a.: Barbara Budrich.
Löw, Martina/Ecarius, Jutta (1997) (Hrsg.): Raumbildung Bildungsräume. Über die Verräumlichung sozialer Prozesse. Wiesbaden: Springer Fachmedien.
Mecheril, Paul/Witsch, Monika (2006): Cultural Studies, Pädagogik, Artikulationen. Einführung in einen Zusammenhang. In: dies. (Hrsg.): Cultural Studies und Pädagogik. Kritische Artikulationen. Bielefeld: transcript, S. 7-19.
Meyer-Drawe, Käte (1996): Tod des Subjekts – Ende der Erziehung. Zur Bedeutung postmoderner Kritik für Theorien der Erziehung. Pädagogik, H. 7-8/Jg. 48, S. 48-57.
Nolda, Sigrid (2006): Pädagogische Raumaneignung. Zur Pädagogik von Räumen und ihrer Aneignung. Beispiele aus der Erwachsenenbildung. Zeitschrift für qualitative Bildungs-, Beratungs- und Sozialforschung, H. 2/Jg. 7, S. 313-343.
Reckwitz, Andreas (2006): Das hybride Subjekt. Eine Theorie der Subjektkulturen von der bürgerlichen Moderne zur Postmoderne. Weilerswist: Velbrück Wissenschaft.
Reckwitz, Andreas (2008): Kritische Gesellschaftstheorie heute. Zum Verhältnis von Poststrukturalismus und Kritischer Theorie. In: Reckwitz, Andreas: Unscharfe Grenzen. Perspektiven der Kultursoziologie. Bielefeld: transcript, S. 283-299.
Reutlinger, Christian (2009): Bildungslandschaften – raumtheoretisch betrachtet. In: Böhme, Jeanette (Hrsg.): Schularchitektur im interdisziplinären Diskurs. Territorialisierungskrise und Gestaltungsperspektiven des schulischen Bildungsraums. Wiesbaden: VS Verlag für Sozialwissenschaften.
Rose, Nadine (2012): Subjekt, Bildung, Text. Diskurstheoretische Anregungen und Herausforderungen für biographische Forschung. In: Miethe, Ingrid/Müller, Hans-Rüdiger (Hrsg.): Qualitative Bildungsforschung und Bildungstheorie. Opladen/Berlin/Toronto: Barbara Budrich, S. 111-126.
Schäfer, Alfred (2006): Bildungsforschung: Annäherungen an eine Empirie des Unzugänglichen. In: Pongratz, Ludwig A. (Hrsg.): Bildungsphilosophie und Bildungsforschung. Bielefeld: Janus, S. 86-107.

Schäfer, Alfred (2009): Bildung. In: Opp, Günther/Theunissen, Georg (Hrsg.): Handbuch schulische Sonderpädagogik. Bad Heilbrunn: Klinkhardt, S. 44-53.

Schmidt, Robert (2003): Pop – Sport – Kultur. Praxisformen körperlicher Aufführungen. Konstanz: UVK.

Stähli, Urs (2000): Poststrukturalistische Soziologien. Bielefeld: transcript.

Sting, Stephan (2007): Überleben lernen. In: Göhlich, Michael/Wulf, Christoph/Zirfas, Jörg (Hrsg.): Pädagogische Theorien des Lernens. Weinheim/Basel: Beltz, S. 176-189.

Thompson, Christiane (2011): Praktiken der Bildungstheorie und Bildungsforschung. In: Breinbauer, Ines M./Weiß, Gabriele (Hrsg.): Orte des Empirischen in der Bildungstheorie. Würzburg: Königshausen & Neumann, S. 140-156.

Thuswald, Marion (2010): Betteln, Kompetenz und Stadtkultur – Zuerst kommt die Moral, dann kommt das Fressen. In: Dies. (Hrsg.): Urbanes Lernen. Bildung und Intervention im öffentlichen Raum. Wien: Löcker, S. 67-82.

van Dyk, Silke (2012): Poststrukturalismus. Gesellschaft. Kritik. Über Potenziale, Probleme und Perspektiven. In: PROKLA, H. 167/Jg. 42, Nr. 2, S. 185-210.

Wrana, Daniel (2012): Diesseits von Diskursen und Praktiken. Methodologische Bemerkungen zu einem Verhältnis. In: Friebertshäuser, Barbara/Kelle, Helga/Boller, Heike/Bollig, Sabine/Huf, Christina/Langer, Antje/Ott, Marion/Richter, Sophia (Hrsg.): Feld und Theorie. Herausforderungen erziehungswissenschaftlicher Ethnographie. Opladen u.a.: Barbara Budrich.

Zum Verhältnis von Positionalität und Kritik. Übersetzen und Parodieren

Jens Oliver Krüger, Sabrina Schenk

Bildungsforschung als kritische Empirie betreiben zu wollen, verlangt eine Verständigung darüber, wie der kritische Einsatz empirischer Forschung selbst gefasst werden könnte. Für die in der Tradition der Kritischen Theorie stehenden Ansätze Kritischer Pädagogik liegt es nahe, einen solchen kritischen Einsatz mit Hilfe des Begriffs einer an Parteilichkeit gebundenen Intervention zu beschreiben – oder, wie es Peter Euler für Heinz-Joachim Heydorn formuliert: „Die Kritik [...] verlangt aus innerer Konsequenz den Umschlag in Engagement, in politisches Handeln zur Verbesserung der menschlichen Angelegenheiten." (Euler 2009, S. 40)

Für empirische Forschung bedeutet dies (mindestens) eine doppelte Herausforderung: Zum Ersten hat sie sich wiederkehrend mit dem Standpunkt zu beschäftigen, der den Status ihrer Kritik begründen soll. Zum Zweiten steht empirische Forschung nicht jenseits des Geschehens, mit dem sie sich beschäftigt, sondern besitzt selbst einen interventionellen Charakter: Sie schreibt sich buchstäblich ins Geschehen ein. Um diesen Sachverhalt ansprechbar zu machen, verwenden Masschelein und Wimmer die Metapher des „Einsatzes" (Masschelein/Wimmer 1996, S. 7). Sie arbeiten heraus, dass in der Rede von einem ‚Einsatz' semantisch dreierlei aufgehoben sei: der Sinn eines Anfangs (z.B. von Spielern innerhalb eines Orchesterkonzerts); der Sinn eines Spieleinsatzes (z.B. bei einer Wette oder einem Spiel) und das Engagement für ein zu erreichendes Ziel. Die Rede von Einsätzen erscheint insofern geeignet, das Verhältnis von Positionalität und Kritik des Forschenden in der empirischen Forschung als Problemhorizont präsent zu halten, das nicht selten als unumgängliches, aber nach Möglichkeit methodisch zu kontrollierendes Problem perspektiviert wird. Eine Forschung, die sich selbst hingegen der Parteilichkeit verschreibt, scheint um die Institutionalisierung einer spezifischen (kritischen) Positionalität als Ausgangspunkt ihrer Forschung nicht umhin zu können.

Eine Spur Darmstädter Theorietradition aufnehmend soll im Folgenden zunächst ein solches Verständnis von Positionalität kritisch-intervenierender Parteilichkeit anhand der Schriften Hans-Jochen Gamms herausgearbeitet werden. In einem zweiten Schritt wird auf die spezifische Problematik von

Positionalitäten in empirisch forschenden Standpunkttheorien hingewiesen und in einem dritten Schritt werden sodann – im Fokus auf das Übersetzen und Parodieren – zwei unterschiedliche Modi der Problembearbeitung aufgerufen. Ein Fazit formuliert Ausblicke.

1. Positionalität als parteiliche Kritik

Im Akt der Kritik hat Adorno die „produktive Einheit der Geschichte der Philosophie" (Adorno 1963, S. 15) gesehen und auf dieser Weiterführung auch bestanden: „Ist Philosophie noch nötig, dann wie von je als Kritik, als Widerstand gegen die sich ausbreitende Heteronomie [...]" (ebd., S. 17). Peter Euler hat die systematische und historische Untrennbarkeit von Pädagogik und Kritik als „Credo Darmstädter Pädagogik" (Euler 2004, S. 10) ausgemacht. „Mut zur Kritik" ist entsprechend auch ein Interview aus dem Juni 2004 mit Hans-Jochen Gamm und Gernot Koneffke überschrieben.[1] Gleich die erste Antwort Gamms führt ein, was *Kritik* ihm bedeutet: die „Absonderung von der bisherigen Tradition", um nach 1945 „eine eigene Position zu erringen" (Gamm in Cankarpusat/Haueis 2007, S. 14). Das Medium dazu bildet die Aufarbeitung der *Geschichte*, vor allem der zum Zeitpunkt seines Rufs nach Darmstadt 1967 erst kurz zurückliegenden Geschichte des Nationalsozialismus. Diese ‚eigene Position' sollte in die Ausarbeitung einer *Politischen Pädagogik* münden, die für sich ein „kritisches Mandat gegenüber Staat und Gesellschaft" in Anspruch nimmt, d.h. „Kritik an den gesellschaftlichen Zuständen" (Haueis in ebd., S. 16) übt. Gamm und Koneffke entwickeln in der weiteren Folge ihrer Antworten den inneren Zusammenhang von Kritik, Geschichte und Politik folgendermaßen: Zum „Aufgraben der Geschichte" (Gamm in ebd., S. 16) als einem Politikum[2] kommt hinzu: „Geschichte und Kritik sind korrespondierende Begriffe" (Gamm in ebd., S. 17). Hierin bündeln sich bereits die Gedanken, dass der einzelne Mensch immer schon ein gesellschaftlich vermitteltes Wesen ist und die Geschichte selbst eine menschliche Schöpfung. In einer kritischen Päda-

---

[1] Das Interview wurde von Ali Cankarpusat und Godwin Haueis geführt und findet sich als Videodatei unter http://www.kritische-bildungstheorie.de/documents/Gamm_Koneffke_ Mut_zur_Kritik.wmv.

[2] Gernot Koneffke hat anderorts darauf hingewiesen, dass „Geschichtsschreibung von ihren politisch-pädagogischen Implikationen und Konsequenzen auch nicht zu trennen" (Koneffke 1990, S. 139) sei. Seine dortige Auseinandersetzung mit den Reaktionen innerhalb der Pädagogik auf Hans-Jochen Gamms Forschungen über Kontinuität pädagogischer Karrieren vor und nach dem Krieg und die Formen der Beteiligung pädagogischer Professoren am Faschismus wäre gleichermaßen ein Beleg dieser These an der eigenen Disziplin.

gogik sind deshalb Aufklärung von Selbstaufklärung, Kritik von Selbstkritik nicht zu trennen, weil „das, als was wir den nachwachsenden Generationen gegenübertreten, ganze Schichten sedimentierter Geschichte sind", „die in uns selber aufgegraben werden muss" (Koneffke in ebd., S. 18). Ein kritisches Instrumentarium, das nun einerseits zur Aufarbeitung der (eigenen) Geschichte taugen soll und andererseits auch an die Gegenwart angelegt werden kann, setzt „einen festen, kritischen Haltepunkt" (Gamm in ebd., S. 19) voraus.

Diese systematische Bedeutung eines Haltepunkts der Kritik könnte der dialektischen, materialistischen Perspektive zukommen, auf der Gamm eine „kritisch-politische" Pädagogik begründet wissen wollte (vgl. Gamm 1972, S. 15). Bereits in deren älterem Entwurf lässt Gamm keinen Zweifel daran, wie eng diese Perspektive der Kritik an die „von Marx und Engels geleistete Gesellschaftskritik im Sinne des historischen und dialektischen Materialismus" gebunden ist, um ihre Voraussetzungen, „die Nahtstelle von politischen und ökonomischen Determinanten der Erziehungswissenschaft" (ebd., S. 28), reflektieren zu können. Diese Nahtstelle bildet das Konstituens der „Kritisch-Politischen Pädagogik" – und späteren „Materialistischen Pädagogik" (vgl. Gamm 1994; Gamm 1983, S. 81) – in ihrer praktischen Ausrichtung auf die „Humanisierung der Gesellschaft" (Gamm 1972, S. 51), d.h. auf die „Emanzipation der Menschen" (ebd., S. 26). Vor allem deshalb ist die Aufarbeitung der (nationalsozialistischen) Geschichte ein Politikum: Weil bisherige Forschungen unfähig waren, vor diesem Hintergrund „die wahren Ursachen des Faschismus in den ökonomischen Bedingungen des Kapitalismus aufzudecken" (ebd., S. 43). Diese Aufklärungsleistung soll eine materialistische Perspektive erbringen und allein darin eben auch sichern, dass sich Auschwitz nicht wiederhole. Dies erfordert Interventionen, denn vordem ist Auschwitz *nicht* verhindert worden. An eben dieser Voraussetzung hängt theoriearchitektonisch gesehen auch die Unterstellung der Möglichkeit von Mündigkeit als Voraussetzung von Emanzipation. Das Abgleiten dieser Konzepte in einen Idealismus (in ‚Ideen' oder ‚Ideale') verhindert ihre dialektische Wendung: Sie sind als möglich vorauszusetzen, weil sie sonst gar nicht wahr werden könnten (d.h. als hypothetische, nicht kontrafaktische oder metaphysische Unterstellungen).[3] Ob sie aber ‚wahr' werden, ist an die

---

3   Im Interview formuliert Koneffke diese Dialektik für den Begriff der Mündigkeit so: „Dass Mündigkeit entstehen kann, setzt voraus, dass es sie bereits gibt." und: „Mündigkeit ist also immer die Voraussetzung dafür, sich zu realisieren." (Koneffke in Cankarpusat/Haueis 2007, S. 24)

konkrete emanzipatorische Praxis solidarischer Akteure gebunden (vgl. Cankarpusat/Haueis 2007, S. 19f.).[4]

Gamm selbst hat den Auftrag kritischer Intervention für seine materialistische Pädagogik zunächst im Gedanken ihrer grundsätzlichen, politischpädagogischen Strategie der „Parteilichkeit" festgehalten (vgl. Gamm 1972, S. 52ff.). Sie scheint wesentlich an eine „Solidarität auf dem Hintergrund von *Klassenbewußtsein*" (ebd., S. 71; Hervorh. i.O.) gebunden zu sein, insofern gegen „das kapitalistische Gesetz der Dissoziierung [...] nur eine Koalition aller Pädagogen ein wirksames soziales Gegengewicht" (ebd., S. 50) sei, um den Demokratisierungsprozeß der Gesellschaft voranzutreiben.[5] Dazu darf Pädagogik nicht den „Charakter der Beliebigkeit" (ebd., S. 51) annehmen, wenn sie sich nicht in Abstraktionen verlieren und selbst zum ideologischen Instrument der Herrschaftssicherung werden will, bspw. indem sie „sich von einer *Außensteuerung* abhängig macht" (ebd., S. 132; Hervorh. i.O.). Die Parteilichkeit von Pädagogik ist konkret und praktisch gedacht im „politischstrategischen Erkenntniszusammenhang" (ebd.), und sie zielt auf die konkrete Praxis des Parteiergreifens durch den Pädagogen (hier der Lehrer in der Schule):

> „Diese Parteinahme vollzieht sich in zwei Schritten: im Bewußtmachen der nicht durch Anlage, sondern durch Gesellschaft bedingten unterschiedlichen Ausstattung der Schülerrolle und im Bereitstellen eines Instrumentariums, mit dem der Kampf gegen die undemokratischen Strukturen aufgenommen werden kann, die solche Behinderungen verursachen" (ebd., S. 57).

Die damit umrissene Praxis einer parteilichen Pädagogik definiert zum einen eine klare Aufgabe des Pädagogen, „die Schüler nicht an ideale Begriffe zu fesseln, sondern sie kämpferisch für das in ihrer Gesellschaft konkret geschehende Unrecht zu erschließen und sie zu ermutigen, sich mit den Ausgebeuteten solidarisch zu erklären" (ebd., S. 62). Zum anderen definiert sie ein klar bestimmtes Objekt dieser Pädagogik: „Regulierender Bezugspunkt pädagogischer Parteilichkeit aber ist die *Arbeiterklasse*" (ebd., S. 61; Hervorh. i.O.), das bedeutet eine „Parteinahme für die Unterprivilegierten" (ebd., S. 59; vgl. auch Gamm 1983, 57). Der Kontext dessen, was die kritische Intervention

---

4   Andernorts spricht Gamm deshalb in diesem Sinne über die „konkrete Utopie" (Gamm 1982, S. 65; 170ff.). Zu deren empirischer Fruchtbarkeit (allerdings ohne Bezug auf Gamm) vgl. Schenk 2013.

5   Der Gedanke der Solidarität ist aus systematischer Sicht konstitutiv für die Begründung einer Materialistischen Pädagogik, die ihre Aufgabe der „Menschheitserziehung" und ihr „konstruktives Vermögen in Hinsicht auf das Zustandekommen der *Gattung*" (Gamm 1983, S. 14; Hervorh. i.O.) als radikal innerweltliche Aufgabe jenseits religiös-metaphysischer Bestimmungen begreift. In der jüngeren Begründung der Materialistischen Pädagogik (vgl. Gamm 1983) gewinnt der Begriff der Solidarität ein größeres Gewicht gegenüber dem der Parteilichkeit (vgl. Gamm 1972).

dieser Pädagogik bestimmt, findet sich in der Chiffre „Parteilichkeit als Bildungsprinzip" (ebd., S. 53ff.) gefasst.[6] Ein solcher ‚Mut zur Kritik' an der Geschichte und an den gesellschaftlichen Zuständen (auch und gerade in sich selbst) erfordert das Aushalten des Widerspruchs von Emanzipation und Herrschaft, der man selbst *ist*. Er erfordert ebenso eine Leistung praktischer Pädagogik und eines praktischen pädagogischen Handelns: eine *Ermutigung*, die kompensatorische Stabilisierung (vgl. Gamm in Cankarpusat/Haueis 2007, S. 20). Kritik bedeutet hier insofern also auch eine Aufforderung an Pädagog_innen, nicht nur die Widersprüche der Gesellschaft stellvertretend zu deuten, sondern selbst „aktiv im Widerspruch zu leben" (Koneffke in ebd., S. 23). Sie erscheint hier als Intervention im Sinne eines situationsgebundenen „Standhalten[s] im Dasein" (Gamm in ebd., S. 22f.), einer „selbstverantwortlichen und gesellschaftsverantwortlichen Haltung" (Koneffke in ebd., S. 24), die innerhalb der Widersprüche zu gemeinschaftlichem Handeln findet.

Die Verschränkung von Gesellschaft und Individuum, von Kritik und Selbstkritik, im Medium der Geschichte bildet folglich die Grundlage materialistischer Wirklichkeitsanalyse:

„Das Thema Materialismus und Pädagogik stellt nicht nur theoretische Ansprüche; immer schließt es auch die Auseinandersetzung des argumentierenden Subjekts mit seiner eigenen Lern- und Erziehungsgeschichte ein, erfordert die Analyse der politischen Situation. Nur durch Verschränkung objektiver und subjektiver Verhältnisse lässt sich ein Fortschritt an Erkenntnis erwarten." (Gamm 1983, S. 74; vgl. auch Koneffke 1990, S. 143)

Diese materialistische *Erkenntnisposition* (vgl. Gamm 1983, S. 21) verbürgt den Haltepunkt ihrer Kritik demnach in gesellschaftstheoretischen ‚Großbegriffen'; z.B. im Telos, „zum Emanzipationsprozeß der Gattung anzuleiten" (ebd., S. 69).[7]

In ihrer Praxis der Parteilichkeit fallen deshalb Kritik und Intervention zusammen: „Parteinahme ist radikale Behauptung eines *richtenden Standortes*, von dem aus es nicht länger möglich ist, die Verhältnisse zu tolerieren, nur weil sie bestehen [...]" (Gamm 1972, S. 60; Hervorh. i.O.). Das ‚Gesetzbuch' des Richters ist die klassische Humanitätsidee als „gemeinsames Resultat der Denkbewegungen des Bürgertums an der Wende vom 18. zum

---

6   Eben diese hier eingeforderte Konkretion und Aufklärungsarbeit hat Gamm u.E. in den weiteren Kapiteln selbst zu leisten versucht, bspw. durch die Analyse der aktualen Voraussetzungen des Lehrer-Schüler-Verhältnisses in Bezug auf die Lehrerautorität oder auf die Bedeutung von Strafe (vgl. Gamm 1972, S. 65ff.) oder der Analyse der Gutachten bspw. des Deutschen Bildungsrates über die Lernziele in der Gesamtschule (vgl. ebd., S. 85ff.) oder des Deutschen Ausschuß für das Erziehungs- und Bildungswesen (vgl. ebd., S. 99ff.).
7   Eine Wissenschaft in diesem Sinne versteht sich als kollektiver Prozess mit gesellschaftlicher Bindung, die letztlich auf eine ethische Praxis der gesellschaftlichen Verantwortlichkeit hinausläuft (vgl. Gamm 1983, 132).

19. Jahrhundert. Damals ist der menschheitliche Prospekt entfaltet worden, der bewältigte Geschichte verhieß, die Versöhnung von Individualität und Societät anlegte, den endlich zu sich selbst gelangenden Menschen meinte" (vgl. Gamm 1983, S. 81). Konsequenterweise sieht sich diese materialistische Perspektive auch in der Tradition einer fortzuführenden universalistischen Betrachtungsweise (vgl. ebd., S. 185; 196) und eines historisch-universalen Auftrags (vgl. ebd., S. 58; 81f.). Ein solcher Auftrag mit den damit verbundenen Hoffnungen wäre von heute aus als das Erbe einer Materialistischen Pädagogik zu sehen, von dem Gamm selbst gesehen hat, dass es sich im kollektiven Prozess und in die Zeitgenossenschaft hinein dialektisch vermitteln muss, wie jede Wissenschaft: „sich selbst der Zeitgenossenschaft darzustellen, zum Nach-Denken einzuladen, den Erkenntnisstand zur Disposition zu stellen" (ebd., S. 37). Eine Tradition in gesellschaftliche Prozesse zwischen Anspruch, Einspruch, Widerspruch und Zuspruch zu verlegen und mit der Offenheit von Geschichte und Prozessualität von Gesellschaft zu begründen (vgl. ebd., S. 99f.), heißt auch, von einer Veränderlichkeit von Traditionen auszugehen.

In der Gegenwart wird die Frage nach der kritischen Intervention – im Anschluss an Heinz-Joachim Heydorn und Gernot Koneffke – über die Chiffre der *„gelebten Kritik"* fassbar, die „in Engagement, in politisches Handeln zur Verbesserung der menschlichen Angelegenheiten" (Euler 2009, S. 40; Hervorh. i.O.) umschlage. Pädagogik ist insofern die bewusst gestaltete Praxisform dieser Kritik, in der sich Bildung vollziehen kann als „der theoretische Begriff für die Einheit allgemeiner und individueller Geschichte, in der beide als Gemachte und Machbare in einem widersprüchlichen Konstitutionsverhältnis existieren" (ebd., S. 42). Der Begriff der Bildung bezeichnet bei Euler den „Ort der Auseinandersetzung" (ebd., S. 52), der (wie bei Gamm) auf den Prozess der Tradierung verpflichtet bleibt, also auf seine dialektische Vermittlung in die Zeitgenossenschaft hinein. Für die zeitgenössische Pädagogik dieser Tradition steht nun aber die Frage nach dem „Ort der Kritik" (ebd., S. 52) im Mittelpunkt. Lebendige Kritik muss *selbstkritische Kritik* sein, und „sich falscher Selbstsicherheit im Begreifen und Verstehen der jeweils neuen Wirklichkeit" (ebd.) enthalten. Der ‚kritische Haltepunkt' Gamms hat demnach seine Fraglosigkeit eingebüßt; die gesellschaftlichen Großkategorien müssen einer Re-Vision unterzogen werden, d.h. anders gefüllt werden, um als orientierende Perspektiven noch greifen zu können. Wenn die Option kritischer Intervention dabei beibehalten und die postmodern-postpolitische Gefahr ihrer Degradierung zu „einem radikal kritischen Gestus politischer Interventionslosigkeit" (Euler 2011, S. 45) vermieden werden soll; rückt für das „Weiterdenken kritischer Bildungstheorie" dann „das Verhältnis von Begriffsbildung und Engagement" (Euler 2009, S. 52) in das Zentrum der Überlegungen. Deren Ausgangsproblem ist die These, „dass die Notwendigkeit der Kritik am bestehenden Zustand und die daraus sich ergebende Handlungsperspektive kein zwingendes Verhältnis mehr bilden, wenn sie es je taten" (ebd., S. 52).[8] In der Konsequenz wird von Euler auch die Figur der „gelebten Kritik" durch die der „Kritik der Kritik" abgelöst, die sich letztlich um Fragen nach dem Ort der Begründung, dem Standpunkt und der Legitimation von Kritik dreht (vgl. ebd., S. 53; Messerschmidt 2009, S. 132).[9]

2. Zur erkenntnispolitischen Positionalität von Forschung

Die selbstkritische Frage nach dem Ort der Kritik – nach ihrer Positionalität – stellt sich konsequenterweise dort, wo der Haltepunkt von Kritik verlorengegangen und ihre Parteilichkeit deshalb problematisch geworden ist.[10] Sie ist nach dem Verlust gesellschaftstheoretischer Großkategorien für die Epistemologie von Standpunkttheorien im Allgemeinen brisant geworden, wie Michel Meuser das bspw. für die Geschlechterforschung anhand des Verlusts der Kategorien von „Mann" und „Frau" konstatiert. Die geschlechtlich definierten Standorte galten hier als Haltepunkte einer „mit den Begriffen der Parteilichkeit, Betroffenheit und Empathie" (Meuser 2010, S. 83) verbundenen Kritik an der auf diese Weise unterscheidbaren gesellschaftlichen Privilegierung bzw. Marginalisierung bestimmter Standorte. Meuser hält dazu fest: „Auch wenn die Weise, in der die Standpunkttheorien die Problematik der unaufhebbaren Standortverbundenheit des Denkens aufnehmen, nicht zu überzeugen vermag, bleibt die damit verbundene methodologische Herausforderung bestehen" (ebd., S. 87). Die Frage nach dem Standort der Kritik entwirft Meuser als Herausforderung, die „Standortverbundenheit einer jeglichen Perspektive zu rekonstruieren" (ebd.). Programmatisch geht es dann darum, dass man „verschiedene Standorte zueinander analytisch ins Verhältnis setzt, ohne einen von ihnen epistemologisch zu privilegieren. Erst die Rekonstruktion möglichst aller Perspektiven in ihrer wechselseitigen Bezo-

---

8   Eine solche Loslösung markiert den historisch-universalen Auftrag als problematisches Erbe für die von Euler betonte Eigenheit des Theorietyps Bildungstheorie, wo diese „sich als ein intellektuelles Organ der Selbstreflexion der in Vernunft zu begründenden Verbürgerlichung der Gesamtgesellschaft" (Euler 2011, S. 46) formieren sollte.
9   Eine intensive Auseinandersetzung mit dieser Neuausrichtung der Kritischen Bildungstheorie durch Peter Euler und Astrid Messerschmidt findet sich bei Richard Kubac (Kubac 2013, S. 51ff.).
10 Alex Demirovic stellt diese „Wendung im Verhältnis zur Kritik" (Demirovic 2008, o.S.) mit Foucault historisch für die 1960er Jahre fest. Die praktisch gewordene Kritik hat nunmehr die Pflicht, sich durch Selbstreflexion vor dem eigenen Dogmatismus zu bewahren, wie Peter Euler ergänzt (vgl. Euler 2004, S. 12).

genheit eröffnet ein umfassendes Gegenstandsverständnis" (ebd.). Den Gegenstand als Effekt der Relationalität unterschiedlicher Perspektiven zu konzipieren, spricht gegen eine solche Parteilichkeit, die sich einem in bestimmter Weise verstandenen Gegenstand schon zugeschlagen haben muss, um in dessen Interesse ihre Forschungen anzustellen. Im Übergang von eher selbstreferenziellen feministischen Standpunkttheorien zur empirischen Erforschung von Geschlechterverhältnissen wird von Meuser „zwischen einem Entdeckungs-, einem Begründungs- und einem Verwertungszusammenhang unterschieden" (ebd., S. 99). Die Selbstkritik des eigenen Standortes wird dabei methodologisch gewendet und als Aufforderung verstanden, den „Entdeckungszusammenhang zu methodisieren" (ebd.), dem sich Theorien verdanken.

Eine andere Relationierung der Positionalität des Forschenden mit dem Anspruch der Kritik findet sich in einer Arbeit Kerstin Palms. Ebenfalls im Kontext der Geschlechterforschung plädiert sie für eine „Revision des bisherigen Kenntnisstandes" und für eine „Neuformulierung von biologischen Hypothesen und Theorien" als eine von zwei Strategien „zwischen Reflexion und Intervention" (Palm 2008, S. 843). Neben der immanenten Ebene einer intervenierenden Selbstkritik werde „die biologische Theoriebildung und Praxis" auch durch die in den Sozial- und Kulturwissenschaften durchgeführte Wissenschaftsforschung „einer epistemologischen und historischen Analyse unterzogen, um die bedeutungszuweisenden Prozesse bei der Entstehung von Körpertheorien in ihrem Zusammenhang mit gesellschaftlichen Machtverhältnissen kenntlich zu machen" (ebd.). Beide Richtungen der Kritik lassen sich – so Palm – jedoch nicht wirkungsvoll miteinander verbinden: „Wie sich eine sozial- und kulturwissenschaftliche *Reflexion*, d.h. eine elaborierte theoretische Metaebene, mit einer biologischen *Intervention*, d.h. einer handlungsorientierten empirischen Forschung, ertragreich verbinden könnte, ist bis heute eine noch weitgehend ungelöste Frage" (ebd.; Hervorh. i.O.). Im Folgenden entfaltet Palm das breite Feld von Positionen, in denen sich biologische Wissenschaft vollzieht. Markant scheint dabei die offensichtliche Politizität dieser Forschung dort, wo Palm am Beispiel die Vergeschlechtlichung biologischer Objekte und Prozesse aufzeigt (vgl. ebd., S. 845ff.). Palm weist auf die Positionalität jeder wissenschaftlichen Forschung hin, die auf ihrem theoretischen Feld eine Intervention darstellt, wo sie Forschungsobjekte oder -methoden neu justiert. Insofern sich diese Justierungen formgebend auf die jeweils betriebene Wissenschaft (hier: die Biologie) auswirken, stehen sie auch in einem (reflexiv aufzuarbeitenden) Wechselverhältnis mit den gesellschaftlichen Auffassungen über ihre Gegenstände.[11]

---

11 Das beunruhigende Problem der Auftrennung zwischen kritischer Wissenschaft bzw. theoretischer Reflexion und politischem Engagement bzw. ‚parteilicher Intervention' bringt ähnlich für die Kritische Bildungstheorie auch Carsten Bünger in einem Email-Gespräch

Die beiden kurz skizzierten Beispiele sollten zeigen, dass sich empirische Forschungszugänge der Gegenwart in ein Antwortverhältnis zu der methodologischen Anforderung an Wissenschaft bringen lassen, die Gamm darin sieht, „ihre eigenen Lösungswege und Resultate beständiger Kritik durch alle auszusetzen" (Gamm 1972, S. 109). Für eine materialistische Wirklichkeitsanalyse hatte er deshalb die Forderung nach einer „*sozialen Metalogik*" (ebd.; Hervorh. i.O.) aufgestellt. Entsprechend der herrschaftskritischen Justierung dieser Analysepraxis zielte sie bei ihm – ohne sich dabei als Kritik leer zu laufen – auf die Aufarbeitung der „Verschränkung von Interessen, Bedürfnissen und politischer Praxis" (ebd.) im wissenschaftlichen Forschungsprozess. Gegenwärtig wird – ohne herrschaftskritische Intentionen im materialistischen Sinn – u.E. eine ähnliche Perspektive unter dem Stichwort ‚Erkenntnispolitik' verhandelt (vgl. Reichenbach u.a. 2011). Die gemeinsame Intention dieser Diskussionen scheint dabei in der Verpflichtung der Wissenschaft auf einen offensiven Umgang mit ihrer eigenen Angreifbarkeit zu liegen.[12] Die eigene Angreifbarkeit zu institutionalisieren – d.h. das prekäre Verhältnis von Positionalität und Kritik –, stellt für empirische Forschungsansätze eine Herausforderung dar. Soll sie fruchtbar werden, kann sie sich weder in der bloßen Abwehr noch sich in der selbstreferenziellen Befragung oder im beliebigen Austausch von Positionalitäten erschöpfen. Im Folgenden soll auf zwei Modi des Umgangs mit dem prekären Verhältnis von Positionalität und Kritik hingewiesen werden, die unserer Ansicht nach für Heuristiken einer kritisch zu fassenden empirischen Bildungsforschung anregende Perspektiven eröffnen: die Übersetzung und die Parodie.

---

mit Harald Bierbaum zur Sprache. Erstere führten zu einem „kritischen Habitus", der eine verändernde Praxis gerade suspendiere, *indem* über deren Ermöglichungsbedingungen und Effekte reflektiert werde (vgl. Bierbaum/Bünger 2007, S. 158f.). Seine Lösung fällt analog zu Palms Antwort aus: Indem die Kritische Bildungstheorie als ein *Praxisfeld* wissenschaftlicher Theoriebildung bestimmt wird, ist es gleichzeitig auch als Feld kritischer Intervention definiert (vgl. ebd., S. 163). Wie sich das Verhältnis von Reflexion, Kritik und der engagierten/intervenierenden Verbesserung menschlicher Angelegenheiten auf diesem Feld darstellt, wäre u.E. jedoch in beiden Fällen selbst eine in empirischen Untersuchungen zu beantwortende Frage.

12 In Gamms Worten: „Damit würde in die Wissenschaftsdidaktik ein Moment eingebracht, das als Faktum einer aktuellen *Angreifbarkeit* charakterisiert werden soll. In die methodologische Reflexion einer Disziplin geriete damit die Auflage, ihre scheinbar sichersten Resultate aus einem sozialen Kontext her wieder angreifbar zu machen [...]" (Gamm 1972, S. 109; Hervorh. i.O.)."

3. Positionalität und Kritik

Übersetzen

In mehreren Beiträgen jüngeren Datums bietet Christiane Thompson jeweils unterschiedliche Konfigurationen an, in denen die Übersetzung als ein gemeinsamer Ort für Bildungstheorie und Bildungsforschung denkbar wird (vgl. Thompson 2011a). Dieser Ort lässt sich bspw. von einem philosophisch aufgearbeiteten Methoden-Begriff her lokalisieren, der sich auf eine Haltung bzw. Forschungspraxis – „attitude or conduct" (Thompson 2012, S. 239) – bezieht, weil ‚Methode' immer auch eine bestimmte Form der Selbstbeziehung als unabdingbare Voraussetzung der Wissensgenerierung meint. Die theoretische und die empirisch forschende Zugangsweise zum Phänomen von Bildung lassen sich insofern – über den Modus ihrer jeweiligen Übersetzung ineinander – miteinander vereinbaren.[13] In anderer Funktion – zur Vermittlung in die Zeitgenossenschaft – wird eine Idee des Übersetzens auch bei Gamm ins Spiel gebracht:

> „Der naive politische Systembezug war und ist für die Pädagogik unvertretbar, sofern sie sich bewusst hält, dass sie als eine praktisch-philosophische Disziplin die Idee des Guten im Kontext jeweiliger Geschichte interpretieren und der Zeitgenossenschaft verdolmetschen muß." (Gamm 1983, S. 95)

Was zum Wohle aller zu tun ist, eröffnet sich einer materialistischen Wirklichkeitsanalyse nicht als Offenbarung, sondern in der Arbeit an der Geschichte. Diese bleibt auf positional verpflichtete Übersetzungen angewiesen.

Üblicherweise (und schon bei Luther) verfängt sich das Problem der Übersetzung in der Alternative zwischen der „Treue" zum zu übersetzenden Original (das auf diese Weise riskiert, u.U. nicht verstanden zu werden) und dessen „Verfremdung", deren Verstehen sich vom Entstehungskontext des Originals u.U. sehr weit entfernt, mit diesem mithin wenig zu tun hat (vgl. Stolze 2008, S. 20ff.). Für eine auf die Analyse der Geschichte angewiesene materialistische Wirklichkeitsanalyse könnte das bedeuten, dass die historischen Umstände eine eigene Logik aufweisen, die sich zum einen von der Gegenwart her nicht ohne weiteres erschließen lässt, und zum anderen sich in der Applikation auf die Gegenwart, in der Interpretation ihrer Bedeutung für diese, nicht reibungslos fügt. Das betrifft auch die Möglichkeit einer treffsi-

---

13 Thompson entwickelt diesen – eng mit Derridas Dekonstruktion als einer Lektürepraxis – verbundenen Gedanken der Forschung als einen der praktischen Arbeit an sich selbst und an den Grenzen der eigenen Erfahrung (vgl. Thompson 2009). Wie untrennbar Denken mit Praktiken verflochten ist, die es formen und in denen es überhaupt Gestalt gewinnen kann, macht Thompson bspw. an den Praktiken des Unterstreichens, Nachdenkens und Schreibens deutlich (vgl. Thompson 2011b).

cheren Unterscheidung zwischen Wissenschaft und Ideologie, wie Tobias Klass sie an Althussers Begriff von Philosophie herausgestellt hat: Diese war mit Lenin als „Eingriff (Intervention)" einer ideologiekritischen Praxis bestimmt, der sich „theoretisch in der Formierung definitiver Kategorien, praktisch in der Funktion dieser Kategorien" (Klass 2014, S. 122; FN 11) vollziehen sollte, d.h. als Unterscheidung zwischen Wissenschaft und Ideologie. Wo die Möglichkeit zur Intervention auf Kritik verwiesen bleibt – weil sie ‚kritische Intervention' sein soll –, könnte man mit Alex Demirović noch einen zweiten Einwand geltend machen: „Das Streben nach Freiheit durch Kritik führt nicht zur Freiheit, sondern ist ein Adjustierungsmechanismus, der zu den notwendigen Normalisierungsprozessen in der kapitalistischen Gesellschaft beiträgt, […]." (Demirović 2008, o.S.)

Kritik kann gegen ihren Selbstanspruch potenziell nicht nur als Sand, sondern gerade auch als Motor im Getriebe fungieren – für eine kapitalismuskritische materialistische Wirklichkeitsanalyse ist das auch ein bedrängendes Problem der theoretischen Praxis. Sie handhabt es in Form der dialektisch gedachten Figur des Widerspruchs, in der bspw. ‚Integration und Subversion' als Ambivalenzen von Kritik in ihren historischen Ausprägungen sichtbar gemacht werden können (vgl. Bierbaum/Bünger 2009) – ein guter Grund dafür, sich nicht der von Astrid Messerschmidt festgestellten Flucht aus dem Widerspruchsdenken anzuschließen (vgl. Messerschmidt 2009, S. 122). Das Bedrängende dieses theoretischen Problems (und der theoretischen Praxis) ist in den auf Gesellschaftsveränderung zielenden politisch-praktischen Einsätzen der (Kapitalismus-)Kritik unmittelbar virulent (vgl. dazu die strategischen Vorschläge von Mouffe 2008).

Einer empirisch zu wendenden (Bildungs-)Forschung drängen sich diese Fragen nun vor allem als methodologische Probleme auf: Wo das, was ‚die Wirklichkeit' ist, überhaupt erst zum Gegenstand der Befragung wird, steht die Antwort aus, wie für diese eine ‚kritische Intervention' auszusehen hätte. In der von Klass angesprochenen Wendung von Althusser zu Rancière ließe sich das Problem der Methode so formulieren: Wo Theorie (z.B. von einem festen Haltepunkt der Kritik her) immer schon weiß, aus welchen Gründen wo und wie zu intervenieren sei, schafft sie sich eigentlich ihre ‚Armen' erst, „um an ihnen die Macht ihres Wissens, und damit die Berechtigung ihrer gehobenen Stellung in der Gesellschaft demonstrieren zu können" (Klass 2014, S. 123). Stattdessen gehe es aber gerade darum, die „Orte der Rede und der Macht" (ebd., S. 125) neu zu verteilen, und dadurch die Orte der Macht nicht als Theoretiker selbst zu beanspruchen, sondern sie an die Gesellschaft zurückzugeben. Die bestehenden Orte der Rede und Macht seien dafür zunächst einmal anzugreifen und zu verwirren, um sie neu auf- und verteilbar zu machen. Die Arbeit „an den durch die Rede vorgenommenen Auf- und Zuteilungen des sinnlichen Wahrnehmbaren, das ist die erste Aufgabe einer revidierten theoretischen Praxis" (ebd., S. 126). Der Forschende kann dann nicht mehr von seinem Wissen über Fakten ausgehen (z.B. von Ungleichheit), sondern muss gerade ein „déplacement" erzeugen, das Möglichkeiten schafft für eine „Desidentifikationsarbeit" der politisch Kämpfenden – z.B. durch das „Inszenieren und Aneignen einer Identität, die nicht die ihre ist" (ebd., S. 129) –, durch die der existierende Raum politischer Identitäten rekonfiguriert werden kann. Es sei an dieser Stelle hinzugefügt, dass sich dafür aber zunächst das theoretische Nachdenken in den Raum praktisch-politischer Interventionen übersetzen müsste. Hierfür könnte mit Thompson anhand von Foucaults genealogischem Einsatz für eine ‚kritische Ontologie der Gegenwart' konstatiert werden, dass die Perspektivität und Parteilichkeit des Forschenden in seinem Bund mit der Wissenschaft nicht als Hinweis auf dessen strategische Überlegenheit auszulegen seien, sondern als Hinweis auf seine eigene Einbindung in „agonalen Kräfteverhältnissen [...], welche die diskursive und nicht-diskursive wissenschaftliche Praxis genauso durchdringen wie andere gesellschaftliche Bereiche" (Thompson 2009, S. 210). Der kritisch Forschende ist kein objektiver Beobachter, sondern wird – über seine ‚Haltung' bzw. ‚Geste' – ein Beteiligter, „der an politischen Kämpfen teilnimmt und seine Position erst im Geflecht dieser Auseinandersetzung gewinnt" (ebd., S. 187). Feste Haltepunkte seiner Kritik werden so fluide – was Standhaftigkeit und Standpunkte nicht überflüssig macht, sondern nur beweglich – situativ-kontextuell gebunden: „Dieser Intellektuelle steht gerade nicht für eine bestimmte Idee, Gruppe oder Richtung ein, sondern nimmt immer wieder andere Positionen ein, durch die eingespielte Verhältnisse und Bedeutungen in Frage gestellt werden" (ebd., S. 188).

Solche Einsätze der wissenschaftlichen Erkenntnispraxis verfangen sich nicht im (erkenntnistheoretisch gedachten) Widerspruch von Treue und Verfremdung, weil sie ihr Verhältnis zur Wahrheit anders justieren. Wahrheit bindet sich (in der praktisch zu denkenden Kritik) nicht an Parteinahme für einen definiten Gegenstand, sondern an das Eröffnen und Verschieben von Positionalitäten. Mit Mouffe liegt darin ihr (erkenntnis-)politischer Charakter:

> „Eine eigentlich politische Intervention ist immer eine, die in einen bestimmten Aspekt der bestehenden Hegemonie eingreift, um deren konstitutive Elemente zu desartikulieren oder zu reartikulieren. Sie kann niemals rein oppositionell sein oder als Desertion begriffen werden, da sie auf die Reartikulation der Situation in einer neuen Konfiguration abzielt." (Mouffe 2008)

Hieran lassen sich nun auch kulturwissenschaftliche Diskussionen um den Übersetzungsbegriff anbinden, an den sich neben empirischen Perspektiven auch die von Interventionen im gesellschaftlichen Raum heften. Dort, wo die Verbindung von Wahrnehmen und (politischem) Handeln selbst als Reartikulation, d.h. als Übersetzungsverhältnis verstanden wird, kann sich „eine Translationsperspektive auf die Suche nach vielschichtigeren Übersetzungsbeziehungen und Gelenkstellen für Interventionen" (Bachmann-Medik/Buden

2008, S. 38) machen.[14] Insofern diese Interventionen in kulturwissenschaftlichen Diskussionen nicht nur als politische, sondern zudem als kulturelle kodiert sind, wundert es nicht, wenn Boris Buden die „[k]ulturelle Übersetzung als postuniversalistische Emanzipationspolitik" (Buden 2008a, S. 22; vgl. einschränkend dazu Nowotny 2008, S. 66) vorschlägt, die sich auch empirisch fruchtbar machen ließe. Dabei

„geht es um die kulturelle Theoriebildung selbst, die sich des Begriffs der Übersetzung bedient, um überhaupt an die Phänomene der Gegenwart herankommen zu können – einer Gegenwart der Globalisierung, der neuen transnationalen politischen Mobilisierung und der neuen sozialen Widersprüche, die den nationalstaatlichen Rahmen schon längst gesprengt haben." (Buden 2008b, S. 179)

Politische Perspektiven auf kritische Interventionen, die globale Prozesse in den Blick zu nehmen beanspruchen, bewegen sich daher aus dieser Sicht im Rahmen und unter Bedingungen von kultureller Hybridisierung. Sie nehmen zwangsläufig die Form von Übersetzungen an und ereignen sich nur in diesen.[15] Die ‚Originale' kommen ihnen als mögliche kritische Haltepunkte dabei abhanden. Statt dessen findet sich (mit Walter Benjamin) nur noch in den Übersetzungen „die Verwirklichung eines dem Original immanenten Entfaltungs- und Erneuerungspotenzials" (ebd., S. 181), das sie gerade aus einem „Verrat" am unübersetzbar gewordenen Original gewinnen (vgl. Buden 2008c, S. 40). Erst von diesem „Verrat" her ließe sich jedoch etwas Neues und die Möglichkeit von Emanzipation neu denken (vgl. einschränkend dazu Osborne/Buden 2008, S. 193ff.)[16] – und vielleicht nicht zuletzt auch Optionen auf die Re-Vision von Kritik (dazu Euler 2004).

---

14 Eine solche kulturalistische Ausrichtung der Interventionen muss allerdings auf die (im Kontext des entnommenen Zitates auf andere Gegner gerichtete) scharfe materialistische Kritik vorbereitet sein: „Gerade zu dem Zeitpunkt, an dem sich die Klassenstruktur verfestigt und polarisiert, an dem die Hypermobilität des Kapitals der transnationalen Bourgeoisie eine beispiellose Möglichkeit zur Herrschaftsausübung verleiht, an dem die herrschenden Eliten aller großen Länder in konzertierter Weise das soziale Netz abbauen, das im Verlauf eines Jahrhunderts von Arbeitskämpfen errungen wurde, und an dem an das 19. Jahrhundert erinnernde Formen der Armut wieder auftauchen – da schwafeln sie von ‚fragmentierter Gesellschaft', von ‚Ethnizität', von ‚Konvivialität' und von ‚Differenz'. Wo man eine konzessionslose historische und materialistische Analyse bräuchte, schlagen sie uns einen *soften* Kulturalismus vor, der gänzlich durch die narzisstischen Vorlieben des Augenblicks bestimmt wird" (Wacquant 01/2001). Andererseits könnten sich durch eine solche kulturalistische Wendung eben auch für eine kritische Bildungstheorie materialistischer Prägung neue Wege für eine globale, antikoloniale Perspektive, aus dem „Problem der Partikularität der eigenen Artikulation" (Messerschmidt 2009, S. 124) auftun.
15 Vgl. zur „(Un-)Übersetzbarkeit sozialer Positionalitäten in Begegnungen" Rodríguez (2006).
16 Von Benjamin her ließe sich aber auch ein von Rancières Vorschlag abweichender, ebenfalls erkenntnispolitischer Einsatz konturieren, der gerade im „Kampf um das Überleben des Originals und der Sicherung seines Fortlebens" (Buden 2008c, S. 17) durch seine

Parodieren

Eine andere Möglichkeit, das Eröffnen und Verschieben von Positionalitäten zu denken, stellt die Parodie dar, mit ihrem Akzent auf Verfremdungsvorgänge und Nicht-Identität. In Philosophie und Kulturwissenschaft wird über die Thematisierung von Parodien das Problem einer Referenzialität ansprechbar, die zwischen Abweichung und Wiederholung osziliiert. Verschiedentlich artikuliert sich dabei die Erwartung, dass Originale in ihrer parodistischen Übersetzung einer kritischen Bearbeitung unterzogen werden. Diesbezüglich ist zwischen Parodien zu unterscheiden, mit denen lediglich ein Original kritisiert wird, und solchen, in denen die Vorstellung von Originalität selbst zur Disposition steht. Auf diese Differenz weist u.a. Derrida hin, wenn er in einer Diskussion[17] zum Stellenwert der Parodie bei Klossowski die Frage formuliert, ob es nicht sinnvoll sei, zwischen zwei unterschiedlichen Parodien zu unterscheiden,

> „von denen die eine unter dem Vorwand der Verunsicherung das Spiel der etablierten politischen Ordnung spielt [...], während die andere tatsächlich die etablierte politische Ordnung zerstören kann? Gibt es eine Parodie, die den politischen Körper tatsächlich trifft und die das Gegenteil einer Parodie ist, die eine Parodie der Parodie wäre, welche sich an der Oberfläche der politischen Ordnung bewegt und darin bestünde, die Ordnung zu bestätigen anstatt sie zu zerstören?" (Derrida in Klossowski 1986a, S. 421f.)

Die von Derrida markierte Differenz wird an späterer Stelle der gleichen Diskussion von Gilles Deleuze dahingehend präzisiert, dass eine wirklich treffenden Parodie nicht darauf ziele, eine Kopie zu erzeugen, die ihr Vorbild übertrifft. Stattdessen gehe es um „eine Parodie anderer Art [...], die gleichzeitig die Kopie und das Vorbild umkehrt" (Deleuze in Klossowski 1986a, S. 423): „Die wirklich treffende Parodie im Sinne Nietzsches oder Klossowskis will nicht die Kopie eines Vorbildes sein, sondern in ihrem parodistischen Akt sowohl das Vorbild als auch die Kopie verändern" (ebd.). Eine ähnliche Konzeption macht die Parodie – ohne Bezug auf die genannte Diskussion – für Judith Butler anschlussfähig. Im „Unbehagen der Geschlechter" werden subversive Qualitäten der Travestie damit begründet, dass sie die Relation von Imitation und Original parodistisch verunsichern: „Der hier verteidigte Begriff der Geschlechter-Parodie (*gender Parody*) setzt nicht

---

(es verfremdende) Übersetzung bestünde. Eine Intervention in Form einer Übersetzung wäre dann dort nötig, wo etwas abzusterben droht – das Denken einer bestimmten Tradition zum Beispiel, weil seine je spezifischen Ausgangspunkte und Hoffnungen in der Gegenwart nicht mehr verstanden werden.

17 Als Teilnehmer tauchen auf: Fauzia Assaad-Mikhail, Jean-Marie Benoist, Pierre Boudot, Eric Clemens, Gilles Deleuze, Jacques Derrida, Christian Descamps, Gérard Kaleka, Pierre Klossowski, Hughes Labrusse, Alfred Fabre-Luce, Jean-François Lyotard, Léopold Flam, Norman Palma, Bernard Pautrad, Claude Vivien, Jean-Noel Vuarnet, Heinz Wismann.

voraus, dass es ein Original gibt, das diese parodistischen Identitäten imitieren. Vielmehr geht es gerade um die Parodie *des* Begriffs des Originals als solchem." (Butler 1991, S. 203; Hervorh. i.O.)[18] Originale werden in diesem Entwurf einer Parodie ihrerseits als Imitationen kenntlich. Genau das erscheint als spezifisches Potential von Parodien: dass sie in ihrem kritischen Einsatz performativ dazu in der Lage sind, den prekären Status der eigenen Aussagen kenntlich zu machen. Ihre kritische Geste ist selbstreflexiv, sie schließt die eigene Infragestellung ein. Aus diesem Anspruch resultieren mindestens zwei Herausforderungen:

Zum ersten scheint eine Schwierigkeit darin zu bestehen, dass sich – wie Jean-François Lyotard im Kontext der genannten Diskussion feststellt – nicht im Voraus bestimmen lässt „welche Wirkung die Parodie haben wird" (Lyotard in Klossowski 1986a, S. 422). Wenn Derrida eine Differenz markiert, zwischen einer Parodie *in* der politischen Ordnung (bzw. an ihrer Oberfläche) und einer Parodierung der Ordnung selber (die die Ordnung trifft, verändert oder zerstört), dann stellt sich die Frage, wo genau diese Differenz lokalisiert wird. Butler beschreibt das Problem folgendermaßen:

„Die Parodie an sich ist nicht subversiv. Also muss es eine Möglichkeit geben zu verstehen, wodurch bestimmte Formen parodistischer Wiederholung wirklich störend bzw. wahrhaftig verstörend wirken und welche Wiederholungen dagegen gezähmt sind und erneut als Instrumente der kulturellen Hegemonie in Umlauf gebracht werden." (Butler 1991, S. 204)

Das bliebe empirisch zu untersuchen. Zum zweiten verrät das Konstatieren einer Differenz noch nichts über den Standpunkt, von dem aus differenziert werden kann. Diese Positionalität ist selbst als Problem markierbar, insofern sie – das demonstriert Klossowski anhand seiner Nietzsche-Lektüren – jeder Zeit selbstreferenziell in die Parodie eingeschlossen werden kann. Klossowski schreibt: „da ich mit Wörtern spiele, dürfte ich kaum dem Vorwurf entgehen, unter dem Vorwand, den Sinn der Parodie bei Nietzsche darzustellen, selbst eine Parodie auf Nietzsche zu schreiben." (Klossowski 1986b, S. 17) Klossowski nimmt zur Kenntnis, dass die Inkaufnahme dieser Selbstreferenzialität im öffentlichen Diskurs umstritten ist, insofern der Vorwurf artikuliert werden kann, eine gebotene Ernsthaftigkeit zu suspendieren. Klossowski beantwortet diese Vorbehalte, indem er (parodistisch) fragt: „Da der Ernst ein ebenso zweifelhafter Zustand ist wie der Haß oder die Liebe, warum sollte die Heiterkeit nicht eine ebenso entschiedene Fähigkeit zum Begreifen der Existenz haben wie der Ernst?" (Klossowski 1986b, S. 28)

---

18 Auch wenn die Verunsicherung von Originalitätsvorstellungen durch ihre Identifikation als Parodie Zustimmung findet, so erscheint die parodistische Qualität, die Butler der Travestie attestiert, umstritten (vgl. Landweer 1994, S. 142).

Die Ambivalenz der eigenen Existenz zu begreifen, ohne im Begreifen dogmatisch zu werden, kann parodistische Formen herausfordern. Eine solche Mehrdimensionalität der Parodie hat sich Foucault für seine archäologischen und genealogischen Forschungen zunutze gemacht (vgl. dazu Krüger 2011, S. 106f.). Mitsamt der Unterscheidung zwischen Original und Verfremdung (durch die Identifikation von Originalen als Verfremdung) wird auch die Differenz zwischen der Parodie und dem Parodierten zu einer „unbestimmten Referenzialität" (Krüger 2011, S. 58) verflüssigt. In dieser gelangt ein ironisches Moment der Parodie zur Entfaltung, das sich mit einem Fragment aus Robert Musils „Mann ohne Eigenschaften" so fassen ließe: „Ironie ist: einen Klerikalen so darstellen, dass neben ihm auch ein Bolschewik getroffen ist. Einen Trottel so darstellen, dass der Autor plötzlich fühlt: Das bin ich ja zum Teil selbst" (Musil 2005, S. 1939). In Musils Zitat verrät sich etwas über die Positionierung in und durch parodistische Kritik. Der Stachel, der sich in dieser Kritik entbirgt, wirkt potenziell auch und gerade gegenüber dem, der sich seiner bedient, verletzend. Diesen Umstand nicht als Problem, sondern als Potential zu interpretieren, darin besteht die spezifische Herausforderung einer heuristischen Inanspruchnahme parodistischer Verfahren für qualitative Forschung. Die Parodie gibt den gemeinsamen Standpunkt von Kritik und Kritisiertem an, und macht ihn als solchen transparent. Sie entwaffnet ihre Kritik dadurch jedoch gerade nicht, sondern schärft sie nur in beide Richtungen: als Einheit von Kritik und Selbstkritik. Die Unausweichlichkeit der Perspektivität als angreifbare Schwäche jedes Blickwinkels wird durch sie zur Stärke seiner Verschiebbarkeit: als Irritation und Blickwechsel. Eine Haltung, die sich darin ernst nimmt, es nicht ernst zu meinen, institutionalisiert eine selbstreferenzielle Klammer und scheut vor der Verunsicherung eigener Aussagen nicht zurück. Sie scheut aber auch nicht vor den eigenen Aussagen zurück.

4. Fazit

Das Anliegen, kritische Einsätze für die theoretische wie empirische Forschung zu profilieren, macht es erforderlich, mit dem Verhältnis von Positionalität und Kritik einen Umgang zu finden. Man kann bspw. mit Hakan Gürses zweifeln, ob nicht jede positional verortbare – d.h. ‚topologische' – Kritik (in ihrer topischen, utopischen oder idiotopischen Form) früher oder später auf ihren Umschlagpunkt zulaufen muss, um sich in ihr Gegenteil zu verkehren und „sich in eine *Quelle der Macht* umzukodieren", und sich folgerichtig fragen, „ob denn eine Kritik denkbar wäre, die *keines Topos* bedarf" (Gürses 2006; Hervorh. i.O.). Will man sich vom *Problem der*

Positionalität des eigenen Standpunktes aber nicht ganz verabschieden, wird man es nicht im Sinne einer zweifelsfreien Begründung auflösen können. Der von uns vorgeschlagene Umgang mit der *Positionalität als Problem* in den Modi der Übersetzung und der Parodie verweist darauf, dass Standpunktnahmen an den jeweiligen Gegenstand, Kontext bzw. die Situation der Analyse gebunden sind und hier ihren Einsatz finden. Die Perspektivierung von qualitativer Forschung als Übersetzung oder Parodie kann dazu zwingen, den epistemologischen Status der eigenen Einsätze im Lichte Ihrer Standortgebundenheit zu reflektieren. Das wäre eine Voraussetzung dafür, Zwischenräume zu erschließen, die nicht zuletzt für eine produktive Offenheit im Forschungsprozess stehen.

Literatur

Adorno, Theodor W. (1963): Wozu noch Philosophie. In: Ders.: Eingriffe. Neun kritische Modelle. Frankfurt a.M.: Suhrkamp, S. 11-28.
Bachmann-Medik, Doris/Buden, Boris (2008): Kulturwissenschaften – Eine Übersetzungsperspektive. Doris Bachmann-Medik im Gespräch mit Boris Buden. In: Buden, Boris/Nowotny, Stefan (Hrsg.): Übersetzung: Das Versprechen eines Begriffs. Wien: Turia+Kant, S. 29-49.
Bierbaum, Harald/Bünger, Carsten (2007): Bildung – Wissenschaft – Engagement. Be(un)ruhigung durch Bildungstheorie? Eine Diskussion via E-Mail. In: Bierbaum, Harald/Euler, Peter/Feld, Katrin/Messerschmidt, Astrid/Zitzelsberger, Olga (Hrsg.): Nachdenken in Widersprüchen. Gernot Koneffkes Kritik bürgerlicher Pädagogik. Wetzlar: Büchse der Pandorra, S. 155-171.
Bierbaum, Harald/Bünger, Carsten (2009): 40 Jahre „Integration und Subversion" – Weitermachen mit dem Widerspruch? In: Kubac, Richard/Rabl, Christine/Sattler, Elisabeth (Hrsg.): Weitermachen? Einsätze theoretischer Erziehungswissenschaft. Würzburg: Königshausen & Neumann, S. 173-182.
Buden, Boris (2008a): Kulturelle Übersetzung. Einige Worte zur Einführung in das Problem. In: Buden, Boris/Nowotny, Stefan (Hrsg.): Übersetzung: Das Versprechen eines Begriffs. Wien: Turia+Kant, S. 9-28.
Buden, Boris (2008b): Strategischer Universalismus: dead concept walking. Von der Subalternität der Kritik heute. In: Buden, Boris/Nowotny, Stefan (Hrsg.): Übersetzung: Das Versprechen eines Begriffs. Wien: Turia+Kant, S. 169-183.
Buden, Boris (2008c): Eine Tangente, die den Kreis verrät. Über die Grenzen der Treue in der Übersetzung. In: translate/EIPCP (Hrsg.) (2008): Borders, Nations, Translations. Übersetzung in einer globalisierten Welt. Wien: Turia+Kant, S. 13-44.
Butler, Judith (1991): Das Unbehagen der Geschlechter. Gender Studies. Frankfurt a.M.: Suhrkamp.
Cankarpusat, Ali/Haueis, Godwin (2007): Mut zur Kritik. Gernot Koneffke und Hans-Jochen Gamm im Gespräch über die Darmstädter Pädagogik. In: Bierbaum, Ha-

rald/Euler, Peter/Feld, Katrin/Messerschmidt, Astrid/Zitzelsberger, Olga (Hrsg.): Nachdenken in Widersprüchen. Gernot Koneffkes Kritik bürgerlicher Pädagogik. Wetzlar: Büchse der Pandorra, S. 13-29.

Demirović, Alex (2008): Kritik und Wahrheit. Für einen neuen Modus der Kritik. In: the art of critique. transversal 08/2008. http://eipcp.net/transversal/0808/demirovic/de [Zugriff: 02.04.2014].

Euler, Peter (2004): Kritik in der Pädagogik: Zum Wandeln eines konstitutiven Verhältnisses der Pädagogik. In: Pongratz, Ludwig/Nieke, Wolfgang/Masschelein, Jan (Hrsg.) (2004): Kritik der Pädagogik – Pädagogik als Kritik. Opladen: Leske + Budrich, S. 9-28.

Euler, Peter (2009): Heinz-Joachim Heydorns Bildungstheorie. Zum notwendigen Zusammenhang von Widerspruchsanalyse und Re-Vision in der Bildungstheorie. In: Bünger, Carsten/Euler, Peter/Gruschka, Andreas/Pongratz, Ludwig A. (Hrsg.): Heydorn lesen! Herausforderungen kritischer Bildungstheorie. Paderborn u.a.: Schöningh, S. 39-54.

Euler, Peter (2011): Konsequenzen für das Verhältnis von Bildung und Politik aus der Kritik postmoderner Post-Politik. In: Reichenbach, Roland/Ricken, Norbert/Koller, Hans-Christoph (Hrsg.): Erkenntnispolitik und die Konstruktion pädagogischer Wirklichkeiten. Paderborn u.a.: Schöningh, S. 43-60.

Gamm, Hans-Jochen (1972): Das Elend der spätbürgerlichen Pädagogik. Studien über den politischen Erkenntnisstand einer Sozialwissenschaft. München: Paul List.

Gamm, Hans-Jochen (1983): Materialistisches Denken und pädagogisches Handeln. Frankfurt a.M./New York: Campus.

Gamm, Hans-Jochen (1980/1994): 4. Die materialistische Pädagogik. In: Gudjons, Herbert/Teske, Rita/Winkel, Rainer (Hrsg.): Erziehungswissenschaftliche Theorien. Hamburg: Bergmann und Helbig, S. 41-54.

Gürses, Hakan (2006): Zur Topographie der Kritik. In: kritik. transversal 08/2006. http://eipcp.net/transversal/0806/guerses/de/#_ftnref4 [Zugriff: 02.04.2014].

Klass, Tobias Nikolaus (2014): Depotenzierungen eines Nicht-Wissenden: Lektionen über Emanzipation. In: Schäfer, Alfred (Hrsg.): Hegemonie und autorisierende Verführung. Paderborn u.a.: Schöningh, S. 113-136.

Klossowski, Pierre (1986a): Nietzsche und der Circulus vitiosus deus. München: Matthes & Seitz.

Klossowski, Pierre (1986b): Nietzsche, Polytheismus und Parodie. In: Hamacher, Werner (Hrsg.): Nietzsche aus Frankreich. Frankfurt a.M./Berlin: Ullstein, S. 15-46.

Koneffke, Gernot (1990): Auschwitz und die Pädagogik. Zur Auseinandersetzung der Pädagogen über die gegenwärtige Vergangenheit ihrer Disziplin. In: Zubke, Friedhelm (Hrsg.): Politische Pädagogik. Beiträge zur Humanisierung der Gesellschaft. Weinheim: Deutscher Studien Verlag, S. 131-151.

Krüger, Jens Oliver (2011): Pädagogische Ironie – Ironische Pädagogik. Diskursanalytische Untersuchungen. Paderborn: Schöningh.

Kubac, Richard (2013): Vergebliche Zusammenhänge? Erkenntnispolitische Relationierungen von Bildung und Kritik. Paderborn u.a.: Schöningh.

Landweer, Hilge (1994): Jenseits des Geschlechts? Zum Phänomen der theoretischen und politischen Fehleinschätzung von Travestie und Transsexualität. In: Institut

für Sozialforschung Frankfurt (Hrsg.): Geschlechterverhältnisse und Politik. Frankfurt a.M.: Suhrkamp, S. 139-167.
Masschelein, Jan/Wimmer, Michael (1996): Einleitung. Alterität Pluralität Gerechtigkeit und der Einsatz der Dekonstruktion im Feld der Pädagogik. In: Dies. (Hrsg.): Alterität Pluralität Gerechtigkeit. Sankt Augustin: Leuven University Press/Academia Verlag, S. 7-23.
Messerschmidt, Astrid (2009): Verdrängte Dialektik. Zum Umgang mit einer widersprüchlichen Bildungskonzeption in globalisierten Verhältnissen. In: Bünger, Carsten/Euler, Peter/Gruschka, Andreas/Pongratz, Ludwig A. (Hrsg.): Heydorn lesen! Herausforderungen kritischer Bildungstheorie. Paderborn u.a.: Schöningh, S. 121-135.
Meuser, Michael (2010): 5. Methodologie und Methoden der Geschlechterforschung. In: Aulenbacher, Brigitte/Meuser, Michael/Riegraf, Birgit (Hrsg.): Soziologische Geschlechterforschung. Eine Einführung. Wiesbaden: VS Verlag für Sozialwissenschaften, S. 79-102.
Mouffe, Chantal (2008): Kritik als gegenhegemoniale Intervention. In: the art of critique. transversal 08/2008. http://eipcp.net/transversal/0808/mouffe/de [Zugriff: 02.04.2014].
Musil, Robert (2005): Der Mann ohne Eigenschaften. Erstes und zweites Buch. Reinbek: Rowohlt.
Nowotny, Stefan (2008): Die Einsätze der Übersetzung. In: Buden, Boris/Nowotny, Stefan (Hrsg.): Übersetzung: Das Versprechen eines Begriffs. Wien: Turia+Kant, S. 53-70.
Osborne, Peter/Buden, Boris (2008): Übersetzung – Zwischen Philosophie und Kulturtheorie. Peter Osborne im Gespräch mit Boris Buden. In: Buden, Boris/Nowotny, Stefan (Hrsg.): Übersetzung: Das Versprechen eines Begriffs. Wien: Turia+Kant, S. 185-195.
Palm, Kerstin (2008): Biologie: Geschlechterforschung zwischen Reflexion und Intervention. In: Becker, Ruth/Kortendiek, Beate (Hrsg.): Handbuch Frauen- und Geschlechterforschung. Theorie, Methoden, Empirie. 2., erweiterte und aktualisierte Auflage. Wiesbaden: VS Verlag für Sozialwissenschaften, S. 843-851.
Reichenbach, Roland/Ricken, Norbert/Koller, Hans-Christoph (Hrsg.) (2011): Erkenntnispolitik und die Konstruktion pädagogischer Wirklichkeiten. Paderborn u.a.: Schöningh.
Rodríguez, Encarnación Gutiérrez (2006): Positionalität übersetzen. Über postkoloniale Verschränkungen und transversales Verstehen. In: under translation. transversal 06-2006. http://eipcp.net/transversal/0606/gutierrez-rodriguez/de [Zugriff: 02.04.2014].
Schenk, Sabrina (2013): Pädagogik als Möglichkeitsraum. Zur Inszenierung von Optimierungen. In: Mayer, Ralf/Thompson, Christiane/Wimmer, Michael (Hrsg.): Inszenierung und Optimierung des Selbst. Zur Analyse gegenwärtiger Selbsttechnologien. Wiesbaden: VS Verlag für Sozialwissenschaften, S. 215-236.
Stolze, Radegundis (2008): Übersetzungstheorien. Eine Einführung. 5., überarbeitete und erweiterte Auflage. Tübingen: Gunter Narr.
Thompson, Christiane (2009): Bildung und die Grenzen der Erfahrung. Randgänge der Bildungsphilosophie. Paderborn u.a.: Schöningh.

Thompson, Christiane (2011a): Praktiken der Bildungstheorie und Bildungsforschung. In: Breinbauer, Ines Maria/Weiß, Gabriele (Hrsg.): Orte des Empirischen in der Bildungstheorie. Einsätze theoretischer Erziehungswissenschaft. Würzburg: Königshausen und Neumann, S. 140-156.

Thompson, Christiane (2011b): Exercising Theory: A Perspective on its Practice. In: Studies in Philosophy and Education, Vol. 30, No. 5 (September 2011), S. 449-454. http://link.springer.com/article/10.1007/s11217-011-9245-8 [Zugriff: 02.04.2014].

Thompson, Christiane (2012): Theorizing Education and Educational Research. In: Studies in Philosophy and Education, Vol. 31, No. 3 (May 2012). Published online: 08 February 2012; pp. 239-250. http://link.springer.com/article/10.1007%2Fs11217-012-9290-y [Zugriff: 02.04.2014].

Wacquant, Loïc (2001): Kritisches Denken: die Doxa auflösen. Interview mit Loïc Wacquant. In: kritik. transversal 08/2006. http://eipcp.net/transversal/0806/wacquant/de [Zugriff 02.04.2014].

III. Bildung und die Wirklichkeit der Kritik

Das Bildungskonzept als politischer Kampfbegriff

Norbert Meder

Vorbemerkung methodischer Art

0. Ich versuche einen vielleicht ungewöhnlichen Zugang zur Entstehung des modernen Bildungsbegriffes und zu der Zeit, in der dies geschah, zu gewinnen. Es handelt sich um einen systematisch orientierten Deutungsversuch zur Aufklärung und ihrer Folgen. Als Systematiker blickt man auf die Geschichte im Fokus einer sachlich begründeten Fragestellung. Man sucht nach diesen Fragestellungen in der Geschichte des Denkens über das Problem der Pädagogik. Wenn man sie findet, dann prüft man die gefundenen früheren Antworten und wertet sie unter der Berücksichtigung einer veränderten Zeit aus. Findet man die Fragestellungen in der Geschichte nicht – oder nicht genau die eigene Fragestellung – dann sucht man nach Antworten, die zur eigenen Fragestellung passen könnten. Der Blick in die Geschichte ist auf diese Weise eine Art der Vergewisserung seiner eigenen Denkwurzeln, der Verankerung des eigenen Denkens in der Geschichte sowie der Vergewisserung, dass man systematisch nichts übersehen hat, eine Art der Vergewisserung, ob man den Gehalt einer historischen Epoche oder Zeit wirklich angemessen ausgeschöpft hat.

Man kann diesen historischen Zugriff problemgeschichtlich, ideengeschichtlich oder sonst wie nennen. Das ist sachlich irrelevant, wenn methodisch klar ist, was wissenschaftlich gemacht wird. Bei der Pluralität der Methoden kommt es nicht darauf an, welche Methode ‚gewinnt'. Es geht vielmehr darum, welchen Beitrag eine Methode zum Verstehen eines Sachverhaltes leistet. Dass eine Methode allein – und das gilt auch für die aktuell modische quellenorientierte historische Bildungsforschung – die Wahrheit der Geschichte herausfinden kann, dafür gibt es keinen Konsens mehr in der Community of Science. Ich halte es mit Hönigswald, der bekannterweise mein wichtigster systematischer Orientierungspunkt ist. Er hat in der Einleitung seiner Schrift ‚Abstraktion und Analysis', in der er sich mit dem Universalienstreit historisch auseinandersetzt, diesen geschichtlich-systematischen Ansatz vertreten. Er hat den Universalienstreit nicht in der traditionellen Differenz von Empirismus und Nominalismus, sondern in der Differenz von abstrahierender Klassifikation und Analysis, von klassifizierender

Begriffslogik und analytischer Relationenlogik untersucht – und das unabhängig davon, wie sich die Akteur_innen im Unversalienstreit selbst positionierten. (Vgl. Hönigswald 1961).[1]

Fragestellung

1. Meine systematische Fragestellung ist die folgende: Warum wird von kritischen Pädagog_innen – in Theorie und Praxis – Bildung immer wieder als Gegenkonzept zu je aktuellen gesellschaftlichen Tendenzen ins Spiel gebracht? Aktuell geschieht dies in der Auseinandersetzung mit den Kompetenz-Theoretiker_innen sowie deren praktischen Anwender_innen. Ihnen wird vorgeworfen, zwar viele Momente aus dem Bildungsdenkens zu übernehmen, aber jenes gesellschaftskritische Moment des Bildungsbegriffs zu eliminieren, das für den Bildungsbegriff konstitutiv ist. Und das Ganze geschieht im Namen einer Anpassung erziehungswissenschaftlicher Konzepte an die globalisierte Ökonomie. Einer *solchen* Anpassung widersetzt sich der Bildungsbegriff grundsätzlich. Geht man von Humboldts Bildungsbegriff aus, dann hat Adorno zwar gezeigt, dass man diesen Begriff an die veränderten gesellschaftlichen Verhältnisse anpassen muss. Aber er hat am kritischen Kern des Bildungskonzeptes festgehalten. Er hat gezeigt, dass das Humboldtsche Bildungskonzept bürgerlich verkommen ist und dass es in dieser Verkommenheit zu einer gesamtgesellschaftlichen Halbbildung geführt hat. Aber dennoch hat er an einem Verständnis ‚wahrer' Bildung festgehalten, das für ihn die Folie der Kritik bildete. Meine systematische Frage ist also, was macht den unbestreitbar kritischen Gehalt des Bildungskonzeptes aus? Diese Fragestellung wird noch interessanter, wenn man bedenkt, dass gleichzeitig der Terminus ‚Bildung' für alle Phänomene im Bildungssystem und seiner Umgebung verwendet wird. Verliert er doch in einer solchen universalen Verwendung genau diese seine spezifische kritische Kraft. Ist etwa damit das Konzept der Bildung zum Topos, zur Arena des Kampfes um das geworden, was sich eigentlich hinter dem Terminus verbirgt? Ist die Universalisierung des Bildungskonzeptes eine Strategie der Löschung des kritischen Gehaltes im Bildungskonzept? Haben wir es hier mit einer kapitalistisch-ökonomischen Strategie zu tun, die ihre Kritik durch Einverleibung aufhebt? Und umgekehrt: Können wir angesichts der Universalisierung des Bildungsbegriffes überhaupt noch seinen kritischen Gehalt aktualisieren und damit aufrechterhalten? Oder werden diejenigen, die das tun, zu ‚Deppen' im inhaltsleer gewordenen Diskurs um Bildung?

---

[1] Ich werde im Folgenden auf keine Quellen im Detail verweisen. Meine Hinweise auf Autoren beziehen sich nicht auf einzelne Textstellen, sondern auf deren Positionen, die ihrerseits zum Allgemeingut bzw. Allgemeinwissen der Pädagogik als Wissenschaft gehören.

Leibniz, Rousseau, Kant, Schiller und Humboldt

2. Es sind diese Fragen, die mich bewegen, *die* Zeit unter die Lupe zu nehmen, in der der Bildungsbegriff von einem simplen Entwicklungsbegriff zu einem pädagogischen Grundbegriff geworden ist. Kant verwendet ihn noch recht unspezifisch in einem allgemeinen Sinne von Entwicklung. Der Löwenzahn bildet seine Blüte. Die Blüte des Löwenzahns stellt auf spezifische Weise die Pflanze ‚Löwenzahn' dar und bildet sie ab. All dies war geläufig und wurde allmählich auf die spezifische Entwicklung des Menschen bezogen. Und spezifisch ist dabei, dass die Entwicklung nicht ausschließlich naturbestimmt ist, dass die Darstellung der Eigenart nicht determiniert ist (wie bei der Blüte des Löwenzahns). Meine Hypothese an dieser Stelle lautet: Der Terminus ‚Bildung' hat erst über Schiller und Humboldt seinen für die Pädagogik zentralen Gehalt erhalten. Der Gehalt des Pädagogischen ist natürlich schon vorher diskutiert worden. Die wesentlichen Vordenker waren sicherlich Leibniz als der Theoretiker der Begriffe Identität und Individualität, d.h. der Unverwechselbarkeit und damit der Einmaligkeit des einzelnen Menschen, sowie Rousseau als der Theoretiker, der die Natur des einzelnen Menschen[2] gegen seine soziale Herkunft stark machte. Es war – am Rande gesagt – insbesondere Schiller, in dessen theoretischen Schriften stets der ‚Bildungsgedanke' virulent war und der all diese zeitbedingten Strömungen kritisch aufnahm und in einem Bildungskonzept formulierte. Dabei waren seine Bildungskonzepte, die sich im Laufe seines Lebens wandelten, stets sozialkritisch angesetzt wie bei Rousseau. Es ist zu vermuten, dass der Gehalt unseres heutigen Bildungsdenkens eher von Schiller als von Humboldt beeinflusst ist. Beide kannten sich, haben in Jena nachbarschaftlich gewohnt und sich ständig ausgetauscht, Schiller war der ältere Freund und Humboldt hat vielleicht nur das Bildungsdenken von Schiller partiell ‚entästhetisiert' und gesellschaftlich pragmatisch gemacht.

Der christliche Kern der Kritik im Bildungsbegriff: Meister Eckart

3. Doch zurück zur zentralen Fragestellung! Wie ist das Konzept der Bildung als ein kritisches Konzept entstanden? Und warum? Die sozial kritischste Wurzel vor der Aufklärung ist sicherlich bei Meister Eckart zu finden. Bildung heißt dort das Freimachen der Seele von allen zufälligen, sozialisatorischen und umweltbedingt kontingenten Einprägungen, damit sie leer und

---

2 Es geht an dieser Stelle nicht um die Natur an sich bzw. um Natur als Ganzes. Natur des Einzelnen ist hier, wenn man genau liest, nur das Gegenprinzip zum Prinzip der Vergesellschaftung des Einzelnen. Dies ist eine Theoriefigur, die man dann auch bei Simmel wieder finden kann (vgl. Simmel 1922; Meder 2007b).

frei wird, so dass Gott in sie eintreten kann. Wenn dies geschieht, dann tritt Gott derart in die Seele ein, wie er sie als sein partiales Ebenbild geschaffen hat. Dies ist Bildung als Einbildung Gottes (Informatio) in die Seele des je vereinzelten, individuellen Menschen. In diesem Akt der Einbildung Gottes erkennt der Mensch, wer er als Geschöpf Gottes ist. Er erkennt sich selbst und verwirklicht sich damit auch selbst. Schon in diesem kulturell christlich geprägten Bildungsbegriff liegen kritische Momente: gegen das zufällig Sozialisatorische und für das Individuelle als das von Gott unverwechselbar und ebenbildlich in den Einzelnen Eingeprägte, gegen Fremdbestimmung und für Selbsterkennung, Selbstbestimmung in dem, wer man ist, und für die daran orientierte Selbstverwirklichung. Diese gedanklichen Motive bleiben auch in ihrer säkularisierten Form als Hintergrund der Kritik im Bildungskonzept erhalten. Man braucht für Gott nur die ‚individuelle Natur des Menschen' oder ‚Begabung' einsetzen, dann sieht man dies sofort. Ich greife deshalb gern auf Meister Eckart zurück, um deutlich zu machen, dass schon die christliche Kultur den Keim der Revolte des 18. Jahrhunderts bereithält.

Bildungskonzept, Bildungsbegriff und Bildungspraxis

4. Ich habe bisher immer von dem Bildungskonzept gesprochen. Das war nicht beiläufig, sondern theorietechnisch gesetzt. Mit ‚Bildungsbegriff' ist etwas rein theoretisch Gefasstes gemeint, was in der sozialen Wirklichkeit ganz ohne Einfluss sein kann.[3] Mit Bildungsverständnis ist die je aktual gegenwärtige Vorstellung von Bildung gemeint, die im Alltagsbewusstsein einer sozial bestimmenden Population vorherrscht. Mit dem Begriff des Bildungskonzeptes will ich beide Momente, das Moment der begrifflichen Fassung wie auch das Moment des praktischen Alltagsbewusstseins der sozial entscheidenden Population fassen. Insofern meint hier Konzept sowohl das Begriffliche (conceptus) als auch das praktisch Strategische (soziales, politisches Konzept). Wenn es gilt, die beiden Momente im Begriff des Bildungskonzeptes auseinander zu halten, dann wird dies mit den Termini ‚Bildungsbegriff' und ‚Bildungspraxis' gemacht.

Das gesellschaftliche Problem der Epoche der Aufklärung und des Neuhumanismus

5. Was ich als historisches Faktum in meine Überlegungen aufnehmen kann, ist der Umstand, dass die westlichen Gesellschaften im Laufe des 18. und 19.

---

3 Wie beispielsweise mein neu konzipierter Bildungsbegriff (vgl. Meder 2007a).

Jahrhunderts sich von sogenannten stratifikatorischen[4] zu funktional-differenzierten Gesellschaften transformiert haben. Darüber gibt es keinen Zweifel – weder bei den Soziolog_innen noch bei den Erziehungswissenschaftler_innen. Die stratifikatorische Gesellschaft war in Stände (Schichten) hierarchisch und innerhalb der Stände mindestens noch in Zünfte nicht-hierarchisch, aber gegeneinander abgeschirmt gegliedert. Sie legitimierte ihre ständische Ordnung religiös, als göttliche Ordnung.[5] Für diejenigen, die an die göttliche Ordnung glaubten oder glauben mussten, war somit von Anfang an ihr gesellschaftliches Schicksal bestimmt: Sie waren als Fronarbeiter geboren und konnten aus ihrem Leben nur vor diesem Hintergrund ihr Bestes machen. Sie waren als Söhne oder Töchter eines Kölschbrauers geboren und konnten nur vor dem Hintergrund der Kölschbrauer das Beste aus ihrem Leben machen. Letztlich war das innerhalb des vielschichtigen Adels auch nicht anders. Dort gab es die hierarchie-bestimmte Ordnung des Hochadels, des niederen Adels, des militärischen Adels und vieles andere mehr. Jedenfalls verstand man sich selbst nur im Rahmen und vor dem Hintergrund einer solchen Ordnung und fügte sich mehr oder minder konform in die gesellschaftliche Schicht. Auswege aus der Standesbindung waren nur eine kirchlich-christliche oder eine militärische Karriere, wobei die letztere oft mit dem Tod bezahlt wurde. Die so beschriebenen stratifikatorischen Gesellschaften können insofern auch als statische Gesellschaften beschrieben werden, als sie keine Dynamik zwischen den Ständen und Zünften zulassen. Nur an ganz wenigen Stellen ist eine Transmission möglich.

Entgegensetzung als Methode[6]

6. Mein methodisch-systematischer Gedanke, der meine Analyse leiten wird, ist der folgende: Wenn man eine bestehende Gesellschaft verändern oder revolutionieren will, dann kann man es im Allgemeinen nicht nur bei unbestimmten Negationen belassen, sondern muss dem Kritisierten, dem Negierten auch etwas qualitativ-positives, eine bestimmte Negation entgegensetzen. Man muss eine konkrete politische Utopie entwerfen, die den Zeitgeist trifft und zumindest so weit zu realisieren ist, wie es den Interessen hier der bürgerlichen Revolutionäre entspricht. Mein Vorgehen vor dem Hintergrund dieses Ansatzes ist systematisch, insofern ich die jeweiligen Gegensätze aus dem Begriff entwickle. Dabei unterscheide ich zwei Fälle. Handelt es sich erstens um einen dichotomischen Begriff, dann ist der Gegenbegriff eindeu-

---

4   Stratifikatorisch heißt eine Ordnung, wenn sie einem Schichtenprinzip folgt. Das kommt ethymologisch aus dem Ackerbau, wo es um Erdschichten und ähnliches geht.
5   Das geht im Ursprung auf Platon zurück und ist kein originär christlicher Gedanke. Aber gleichwohl ist er in der christlichen Kirche übernommen worden.
6   Vgl. hierzu auch Hartwich 2002.

tig. Handelt es sich nicht um einen dichotomischen Begriff, dann kann man üblicherweise mehrere Gegenbegriffe bilden. Systematisch kann man dann darüber hinaus nur nach dem Ausmaß bzw. der Stärke des Gegensatzes ordnen. Schließlich überprüft man das systematisch Erarbeitete historisch.

Die dynamische Gesellschaft als Gegensatz zur statischen Ständegesellschaft

7. Das *Konzept* einer funktional differenzierten, dynamischen Gesellschaft ist dem Konzept einer nach Schicht differenzierten, statischen Gesellschaft entgegengesetzt. Der Gegensatz dynamisch vs. statisch ist dichotom und scheint deshalb klar. Nun bedeutet statisch aber in diesem Kontext den Umstand, dass Stände und Zünfte in sich und gegen andere abgeschlossen sind. Statisch heißt hier undurchlässig. Dynamisch als Gegensatz muss also die Durchlässigkeit der Grenzen zwischen Ständen und Zünften meinen. Natürlich ging es strategisch weniger um die Zunftgrenzen als um die Grenze zwischen dem Adel als dem Stand der Politik und dem Bürgertum als dem Stand von Handwerk und Handel. Es ging in erster Linie um den versperrten Zugang zur Politik. Will man dieser Sperre die Legitimität nehmen, dann muss man einen radikaleren Gegensatz aufmachen: der Mensch ist nicht durch seine Herkunft, sondern durch sich selbst bestimmt; und noch radikaler: der Mensch ist nicht durch die Besonderung einer sozialen Gruppe bestimmt, sondern durch Individualität. Und als Individuum ist er nicht zu vergesellschaften, ist er a-sozial. Ich komme darauf in 14. zurück. Zuvor will ich noch den Gegensatz von ‚nach-Stand-differenziert' vs. ‚funktional-differenziert' analysieren.

Die funktional-differenzierte Gesellschaft als Gegensatz zur Ständegesellschaft

8. ‚Nach-Stand-differenziert' ist in 5. hinreichend erläutert worden. ‚Funktional-differenziert' soll eine Art Negation dazu sein – also nicht nach Stand und damit nicht nach Herkunft und damit auch am Individuum und seiner Natur orientiert, wie in 7. gezeigt worden ist. Diese Negationen ergeben sich nicht schon aus dem Begriff ‚funktional-differenziert', nur aus dem Gegensatz, aus der Negation des anderen. Das wird noch klarer, wenn man bedenkt, dass der bürgerliche Stand der Handwerker und Händler in sich durchaus über die Zünfte funktional-differenziert war. Auch kann man keineswegs die Zünfte in sich als statisch betrachten, um den anderen Gegensatz hier noch einmal ins Spiel zu bringen. Natürlich gab es in den Zünften technischen Fortschritt. Und natürlich hat man sich an den Besten orientiert, wie man an

den Bildungsreisen der Handwerker erkennen kann.[7] Auch der Adel war in sich durchaus funktional differenziert, worauf ich hier nicht näher eingehen kann. Kurzum, aus dem Begriff der funktionalen Differenzierung allein ergibt sich kein Gegensatz zur Ständegesellschaft, der zu einer radikalen Veränderung führen kann. Es muss ein weiteres Motiv hinzukommen. Wir wissen es schon, es ist die Gegnerschaft zum Herkunftsprinzip. Nur wenn man die folgende Norm der funktionalen Differenzierung beifügt, wird die Gegnerschaft verständlich: Nicht diejenigen, die zufällig als Nachkommen eines/r Funktionsträger_in geboren wurden, sollen neue Funktionsträger_innen werden, sondern diejenigen, die es vergleichsweise am besten *können*. Es ist klar, dass der bürgerliche Stand diese Norm aufstellen musste, wenn er die Grenze zum Adelsstand aufreißen wollte. Er zahlte dafür den Preis, auch seine inneren Grenzen abreißen zu müssen. Darüber hinaus reißt diese Norm natürlich auch die Grenze zum 3. Stand der Fron-, der Land- und der aufkommenden Industriearbeiter_innen nieder, was sicherlich nicht im Interesse des Bürgerstandes war. Um diese Grenzen dennoch zu halten, musste der bürgerliche Stand andere Strategien entwickeln, die unabhängig von der genannten Norm sind. Es sind die Strategien der Akteur_innen auf dem sogenannten freien Markt nach den angeblich norm- und wertfreien Regeln des Kapitalismus. Und es ist die Strategie, dem 3. Stand über das (gymnasiale) Bildungssystem den Zugang zur bürgerlichen Bildung und damit zum bürgerlichen Stand zu verschließen.

Das Individual-Prinzip und das Prinzip ‚Von-Natur-aus'

9. Nach den Überlegungen in 7. und 8. ist klar, dass das Prinzip, das der Stände- und Herkunftsgesellschaft am radikalsten entgegengesetzt ist, das Individualprinzip ist. Vor diesem Hintergrund gilt Leibniz für mich als einer der bedeutendsten Vorbereiter der deutschen und französischen Aufklärung. Auch wenn er gewissermaßen konservativ seine Theorie der individuellen Monaden an eine Theodizee gebunden hat, war er selbst *dort* noch Vorbereiter. Denn die göttliche Ordnung war bei ihm keine Ständeordnung, sondern die prästabilierte Harmonie unter Individuen. Rousseau ist der weitere für mich bedeutende Vorbereiter der gesellschaftlichen Umwälzung. Er legitimiert über zwei Ebenen und eröffnet damit den Weg der Säkularisierung. Die oberste Ebene ist die, dass alles gut ist, was aus des Schöpfers Hand kommt. Auf der zweiten Stufe heißt das, dass alles ‚von Natur aus' gut ist. Denn Natur ist genau das, was von Gott geschaffen und vom Menschen noch nicht verändert ist. In der Säkularisierung kann man einfach die oberste theologi-

---

7 Hier ist die sogenannte Walz gemeint, auf die sich Handwerker begeben haben, wenn sie im häuslichen Betrieb ausgelernt hatten.

sche Ebene weglassen und von dem Grundsatz ausgehen, dass von Natur aus alles gut ist. Und dafür lassen sich dann auch nicht-theologische Gründe finden. Mit dem Rousseau'schen Ansatz ist schon die Leitdifferenz angedeutet: Wenn es in der Welt etwas Schlechtes geben sollte, dann kann es nur von den vergesellschafteten Menschen kommen. Vom nicht-vergesellschafteten Menschen kann das Böse nicht kommen, weil er ja noch ganz Natur und damit Gottes Geschöpf ist. Den Gegensatz, den also Rousseau aufmacht, ist der ‚von-Natur-aus' versus ‚Vergesellschaftung', insbesondere versus die Gesellschaft seiner Zeit, d.h. die Ständegesellschaft. Dieser Gegensatz ist radikal und der größtmögliche. Das bringt mit sich, dass er weit über die Kritik an der aktuellen Gesellschaft hinaus reicht. Es ist eine Kritik an Gesellschaft überhaupt. Rousseaus Kritik ist eigentlich anarchistisch, zumindest aber basis-demokratisch. Insofern das Bildungsdenken von ihm beeinflusst ist, erhält damit Bildung eine anarchistische Prägung.

Die politische Utopie bei Rousseau: Emile oder die Erziehung/Bildung

10. Für diesen Denkansatz ist Rousseau in all seinen sozial- und politischkritischen Schriften, aber auch im Emile progressiv gewesen. Und viele Historiker vermuten hinter ihm den intellektuellen Wegbereiter der französischen Revolution. Unbestritten war Rousseau in erster Linie Sozialkritiker und tendenziell radikal basisdemokratischer Republikaner. Zum Pädagogen wurde er aus politischen Gründen und damit eher aus Versehen. Wenn man eine gesellschaftliche Ordnung nicht nur kritisieren, sondern auch verändern will, dann muss man Alternativen aufzeigen. Gegen die Herkunftsbestimmung setzt man nicht nur ‚nicht-durch-Herkunft-bestimmt', sondern auch ‚durch-sich-selbst-bestimmt', durch die eigene Natur bestimmt. Und wie man sich letzteres vorzustellen hat, wird im Emile *fiktiv* und als *Utopie* dargestellt. Man wirft Rousseau aus pädagogischer Sicht oft diese Fiktionalität vor: Man könne einen Menschen gar nicht so erziehen, wie Jean-Jacques Emile erzogen hat. Das ist richtig und das hat Rousseau sicher auch selbst gewusst. Denn darum geht es im Emile nicht. Der Emile ist eine politische Schrift. Es geht darum, zur Herkunftsbestimmtheit durch standesbedingte Sozialisation den extremsten Gegensatz zu formulieren. Und der extremste Gegensatz ist Emile. Er wird nicht im Modus des Laisser-faire in Familie und Stand *sozialisiert*, sondern absolut bewusst, rational und kontrolliert *erzogen*[8] – und zwar so, dass Emile in jeder Phase seiner Entwicklung den maximalen Grad an natürlicher Bestimmtheit und zugleich an derselben orientierten Selbstbestimmung verwirklicht. Um diesen maximalen Grad der Selbstbestimmung

---

8 Das klingt sehr ähnlich der Bourdieu'schen Konzeption einer rationalen Pädagogik, die eine Reproduktion soziale Differenzierung versucht zu vermeiden.

mit Inhalt füllen zu können, musste Rousseau eine Entwicklungstheorie bauen und wurde so zum ersten modernen Entwicklungstheoretiker. Vorläufer der modernen Entwicklungspsychologie zu sein, war Abfallprodukt seiner Gesellschaftskritik. Und auch dies geschah nicht aus pädagogischen Gründen, sondern weil Selbstbestimmung der entscheidende politische Kampfbegriff gegen Standespolitik und deren Legitimation durch Kirche und Religion war. Mit den Motiven einer rationalen, kindgerechten und kontrollierten Erziehung unter der Bedingung maximaler Selbstbestimmung und maximal selbständigen Lernens hat man de facto Rousseaus Bildungsbegriff, auch wenn er dafür keinen eigenen Terminus hat. Der Sache nach ist also Bildung der revolutionäre Kampfbegriff im Vorfeld der französischen Revolution.

Die Bildungsreise und die Liebesehe als revoltierende Mobilmachung

11. Die politische Strategie Rousseaus, der aktuellen Gesellschaft ihren Gegensatz vor zu halten, kann man am besten an den Bildungsreisen im 5. Buch des Emile verifizieren. Ich habe dies an anderer Stelle herausgearbeitet. (Vgl. Meder 2001) Die Bildungsreisen gehören zur politischen Bildung, wie es die Grande Tour beim Adel gewesen ist. Rousseaus Anspielungen in Richtung auf die Grande Tour sind eindeutig und sein Konzept der Bildungsreise ist ihr stets entgegengesetzt. Rousseaus Bildungsreisen sind die Reisen eines Untertans (nicht eines Adligen), nicht, um herauszufinden, mit welchem Herrschaftshaus man seine Machtinteressen teilt, sondern in welchem Staat man den Gesellschaftsvertrag (contrat sociale) am ehesten abschließen kann. Auch das ist fiktiv und eine politisch konkrete Utopie. Man braucht konkrete Utopien, wenn man politisch revolutionieren will. In diesem politisch-utopischen Sinne ist der Emile auch verstanden und sofort verboten worden. Das hat der Verbreitung dieses Buches nicht nur nicht geschadet, sondern dieselbe mit Raubdrucken aus den Niederlanden auf dem Schwarzmarkt eher angeheizt. Im Übrigen hat ein weiteres Buch von Rousseau ähnlich gewirkt wie der Emile: der Liebesroman in Briefform *Julie ou la Nouvelle Héloïse* (Julie oder Die neue Heloise. Briefe zweier Liebenden aus einer kleinen Stadt am Fuße der Alpen). Hier setzt Rousseau dem Konzept der Standesehe das Konzept der Liebesehe kontradiktorisch entgenen. Auch die Liebesehe ist politischer Kampfbegriff und steht damit genauso unter Ideologieverdacht, wie der Bildungsbegriff.

Die Gegensätze in einigen Details

12. Die politisch-kritischen, konkret-utopischen Gegensätze sind also – gemäß des Standes meiner Überlegungen – standesspezifische Sozialisation gegen rational kontrollierte und am Kind orientierte Erziehung, Sich-seiner-Herkunft-fügen gegen Sich-bilden, Herkunft gegen individuelle Natur. Legi-

timierte man in der Ständegesellschaft die entsprechende Seite der genannten Gegensätze mit der göttlichen Ordnung, so musste für die entgegengesetzte politische Utopie auch eine andere entgegengesetzte Legitimation gefunden werden. Gegen Gott musste eine menschliche, aber gott-ähnliche Instanz gesetzt werden: Das ist die Vernunft als das Vermögen des Allgemeinen und damit auch des Allgemein-Menschlichen, das jedem Menschen prinzipiell zu eigen ist. Der göttlichen Ordnung wird die Ordnung der Vernunft entgegengesetzt. Der kategorische Imperativ und insbesondere die daraus abgeleiteten Rechtsprinzipien stellen diese Ordnung bei Kant dar. Ist der Vollzugsmodus der Legitimation in der ständischen Gesellschaft der Glaube, so werden diesem in der politischen Alternative die Rationalität, das Denken und die Aufklärung entgegengesetzt. Insbesondere das Motiv der Aufklärung macht deutlich, dass letztlich alle Gegensätze im Motiv der Bildung gründen: in Selbstbestimmung, in am Individuum und an der Vernunft orientiertem, rationalem Gebildet-werden und in Selbstverwirklichung, die sich nur mit dem kategorischen Imperativ legitimieren muss. All die bisher betrachteten Entgegensetzungen sind politische Utopien, die sich im Rahmen des revolutionär politischen Kampfes um die Abschaffung der Ständegesellschaft entwickelten. Die entgegengesetzten Motive sind in erster Linie Kampfbegriffe. Und insofern Bildung alle diese Motive bündelt, ist Bildung der zentrale Kampfbegriff. Ob sich all diese im Bildungsbegriff gebündelten Motive in einer Bildungsphilosophie nicht-metaphysisch grundlegen lassen, bleibt hier ausgespart, muss aber insofern skeptisch betrachtet werden, als sie zum Teil Säkularisierungen ehemals metaphysischer Konzepte sind.

Bildung als Kritik überhaupt

13. Mit den entgegengesetzten Motiven der Umwälzung, die an sich nur der Ständegesellschaft galten, sind mit dem Bildungsbegriff aber auch grundsätzliche antigesellschaftliche und antistaatliche Motive entstanden: das Motiv des Individuums und seiner Bestimmtheit unabhängig von der Gesellschaft, das Motiv der Menschenbildung unabhängig von den Bedarfen der Gesellschaft und die Motive der Aufklärung, nämlich Mut und Engagement, die sich auf Vernunft und nicht auf gesellschaftlich normiertes Wissen berufen. Ob diese Motive gewollt waren oder strategisch im Blick auf eine funktional differenzierte Gesellschaft notwendig waren, kann und soll hier nicht entschieden werden. Dennoch kann festgehalten werden, dass das Bildungskonzept auf diese Weise einen über die je konkrete Gesellschaftskritik hinausgehenden Zug zu ‚Kritik-überhaupt' erhalten hat, was sicherlich nicht den unmittelbaren Interessen des bürgerlichen Standes entsprach. Unabhängig davon, ob das Motiv ‚Kritik-überhaupt' aus bürgerlicher Sicht ein Versehen war oder nicht, ist es als das kritische Potential des Bildungsbegriffes wohl verstanden worden – auch in der Folgezeit. Sowohl in der Frauenbewegung,

in der Judenbewegung als auch in der Arbeiterbewegung ist verstanden worden, dass es unter anderem darum geht, das Recht auf Bildung und damit auch das Recht auf Kritik an der Gesellschaft durchzusetzen. Deskriptiv ist dieser grundsätzlich antigesellschaftliche Zug von Bildung in die erst später entstehende Soziologie eingegangen und zwar als das Dauerproblem ihrer Grundlegung: das Problem der Vermittlung von Individuum und Gesellschaft, das Problem der Vermittlung von Asozialem und Sozialem.

Das Anarchistische im Individuum

14. Simmel hat in seiner transzendentalen Deduktion der Gesellschaft[9] gezeigt, dass die Vergesellschaftung des Individuums durch Typisierungen geschieht und damit nie die Individualität des Einzelnen treffen kann. Das ist schon sprach-logisch nicht möglich. Denn das Individuum muss entweder mindestens eine Eigenschaft oder ein Gefüge von Eigenschaften besitzen, die bzw. das seine Einmaligkeit und Unverwechselbarkeit ausmacht. Beides kann sprachlich nicht erfasst werden, es kann nur gezeigt werden. Der sprachliche Repräsentant des Individuellen ist das ‚Dies-da' oder die Personalausweisnummer. Beides ist formal und sagt qualitativ nichts aus. Also wissen wir nichts vom Individuellen. Das Individuelle geht nach Simmel als nicht-zu-vergesellschaftender Rest in das Gesellschaftliche ein. D.h. in Simmels Deutung: die moderne Gesellschaft nimmt das Nicht-Gesellschaftliche, das A-soziale in sich auf. Vergesellschaftung geschieht nur unter der Bedingung des nicht-zu-vergesellschaftenden Restes im Individuum, und der nicht-zu-vergesellschaftende individuelle Rest erscheint nur unter der Bedingung der Vergesellschaftung. Diesen Umstand, dass Unvereinbares dennoch zusammen vorkommt, hat der Neukantianismus Korrelation genannt. Und diese Korrelation ist das, was die Dynamik der funktional-differenzierten Gesellschaft ausmacht. Sie führt permanent zu Kontingenzen und produziert Komplexität, die dann gesellschaftlich wieder reduziert werden muss. Das hält die Gesellschaft in Bewegung. Und der Ausgang ist nicht determiniert, auch wenn er – bedenkt man die Herrschaftsverhältnisse – absehbar ist.

Reproduktion der Gesellschaft

15. Bisher habe ich nur die ideologische Seite bei dem Wandel von der Ständegesellschaft zur funktional-differenzierten Gesellschaft in den Blick genommen. Nun wende ich meinen Blick in Richtung auf die konkreten Veränderungen, die vor dem Hintergrund der revolutionären Ideologie und im Rahmen der entgegensetzten Motive realisiert worden sind bzw. wenigs-

---

9   Vgl. Fußnote 2.

tens halbwegs realisiert werden mussten. Bei der Realisierung ergibt sich als Hauptproblem die Reproduktion einer Gesellschaft, die nicht mehr gleichsam automatisch über Herkunft und soziale Vererbung laufen soll, sondern an Bildung orientiert ist. Zuvorderst ist klar, dass eine solche Gesellschaft einen institutionellen Rahmen für die eigene Reproduktion braucht. Denn Letztere wird nicht mehr der Familie in ihrer Funktion der sozialisierenden Ausbildung überlassen. Und die Zunft als das schulische Moment der Reproduktion über Herkunft wird zwar nicht abgeschafft, aber erhält eine neue Funktion als Handwerkskammer und als Industrie und Handelskammer (IHK). Funktional differenzierte Gesellschaften müssen also ein Teilsystem für Bildung in der Gesellschaft entwickeln. Dazu gehört zentral das Schul- und Hochschulsystem, aber dann zunehmend auch alles, was mit Berufs-, Erwachsenen- und Weiterbildung zu tun hat. Dieses Teilsystem ist – wie Parsons gesagt haben soll – das wichtigste Teilsystem der modernen Gesellschaften. In dieses Teilsystem müssen nun in Form von konkreten[10] Normen die ideologischen Momente des gesellschaftlichen Wandels eingehen.

Menschenbildung und Gesamtschule: Allokation oder Selektion

16. Humboldts Schul- und Hochschulansatz war wohl die exakte Abbildung der Ideologie in gesellschaftliche Bildungsinstitutionen. Elementarschule und Gymnasium waren als Gesamtschulen konzipiert, in denen es darum ging, das Potenzial des Individuums so optimal wie möglich zu entwickeln. Erst dann, wenn dies ‚rein Menschliche' entwickelt ist, ist die Basis gegeben, auf der jeder Einzelne entscheiden kann, in Richtung auf welche gesellschaftliche Funktion er sich weiter ausbilden will, soll oder kann. Auch die Gesellschaft kann erst dann sehen, welche humanen Ressourcen sie hat und in welche Richtung sie diese weiter entwickelt haben will. Simmel ist an dieser Stelle sogar noch weiter gegangen. Angesichts der Ressourcen, die in der Allgemeinbildung entwickelt werden, muss die Gesellschaft die Orte (Funktionen) schaffen, an denen die humanen individuellen Ressourcen zu allozieren sind.[11] Aber die entstehende funktional differenzierte Gesellschaft hat keine Kultur der Allokation entwickelt, sondern stattdessen eine Kultur der Selektion, die mittlerweile in das kulturelle Spiel um Inklusion und Exklusion übergegangen ist.

---

10 Das heißt nicht, dass sie auch eingelöst werden können.
11 Das ist eine andere Perspektive als die der Hartz4-Politik. Schröder hätte mal besser Simmel gelesen.

Leistung vs. Herkunft: Reduktion selbsterzeugter Komplexität

17. Wenn der/die Bestmögliche eine vakante Funktionsstelle in der Gesellschaft einnehmen soll, dann muss er/sie auch identifizierbar sein. Diese Identifikation geschieht in erster Linie über sozialen Vergleich.[12] Um den/die Bestmögliche_n zu finden, muss daher gesellschaftlich Konkurrenz etabliert und kultiviert werden. Darüber hinaus muss der/die Einzelne dazu gezwungen werden, bei dieser Konkurrenz mitzuspielen. Er/Sie muss internalisieren, dass er/sie sein/ihr Optimum entwickeln *muss* und dass er/sie daran im gesellschaftlichen Vergleich gemessen wird. Selbstverwirklichung als optimale Entwicklung der eigenen Ressourcen wird zum gesellschaftlichen Diktat. Es wird aber auch zum gesellschaftlichen Spiel um der Innovation und Dynamik in der Gesellschaft willen.[13] Denn Innovation und Kreativität ist nur als Leistung des an sich asozialen und nicht an gesellschaftliche Normen gebundenen Individuums zu haben. Und schließlich wird all dies auch zu einer gesellschaftlichen Gefahr, wenn die Selbstverwirklichung nicht in der Richtung verläuft, in der sie gesellschaftlich gefordert ist oder gebraucht wird bzw. verbraucht werden kann. Nimmt man die hier genannten Aspekte zu der veränderten Reproduktion der Gesellschaft zusammen, dann wird klar, dass sie nur wesentlich komplexer und auch kontingenter verlaufen kann als in der Ständegesellschaft, die ich im folgenden vornehmlich Herkunftsgesellschaft nennen will. Die Herkunftsgesellschaft ist eine vergleichsweise einfache Form der Selbstreproduktion, in der kaum Komplexität oder Kontingenz entsteht. So gesehen vermittelt sie eine gewisse Sicherheit. Oder anders ausgedrückt: das Herkunftsprinzip ist die einfachste Form der Reduktion von Komplexität bei der Reproduktion der Gesellschaft. Und weil dem so ist, wirkt dieses Prinzip bis heute auch noch in den funktional differenzierten Gesellschaften und stabilisiert soziale Differenzierungen und damit Chancenungleichheiten und soziale Ausgrenzungen. Es ist heute eine politische Aufgabe, vor dem Hintergrund des Kampfbegriffs Bildung gegen das Herkunftsprinzip innerhalb der funktional differenzierten Gesellschaft zu revoltieren, die dieses Prinzip für eine Orientierung bzgl. der Reduktion von Komplexität eigentlich gar nicht vorsieht.[14] Und dieser Kampf ist nicht nur eine pädagogische Aufgabe, sondern eine ganz allgemein soziale Aufgabe innerhalb der funktional differenzierten Gesellschaft, die auch von Soziologen wie beispielsweise von Bourdieu oder Hartmann (vgl. Hartmann 2013) als solche gesehen wird.

---

12 In der (schulischen) Leistungsbeurteilung wird dies die Sozialnorm genannt.
13 Dies hat die funktional differenzierte Gesellschaft zwangsläufig zu einer Fortschrittsgesellschaft gemacht.
14 Diese Auffassung hat insbesondere auch die strukturfunktionalistische Soziologie vertreten (vgl. Dreben 1980).

Bildung als bloße Ideologie?

18. Dass die westlichen Gesellschaften das Herkunftsprinzip nicht wirklich abgeschafft haben, stärkt den Verdacht, dass es sich bei den kritischen Momenten des Bildungsbegriffs um ideologische[15] Momente handelt, die die herrschende Klasse traditionell aktual hält, um ihr immanentes Herkunftsprinzip zu verschleiern. Auf der anderen Seite sind es die Momente, deren Entgegensetzung zum Herkunftsbegriff ich systematisch entwickelt habe, die allein politisch kritisches Potential enthalten. Das heißt, wir haben gar keine andere Kritikfolie als Bildung – zumindest ist eine Alternative zum Kampfbegriff Bildung nicht absehbar. So scheint es auch Bourdieu zu sehen, wenn er sich für eine rationale Pädagogik stark macht. Damit ist eine äußerst diffuse Legitimationslage in den westlichen Gesellschaften entstanden: Sowohl die Herrschenden legitimieren ihr politisches Handeln mit dem Bildungsbegriff als auch die Kritiker_innen des Systems. Das scheint dem Bildungsbegriff seine politisch kritische Kraft zu nehmen. De facto ist dies aber nicht der Fall. Denn unabhängig davon, ob der Terminus der Bildung in einer Sprache vorhanden ist, sein Gehalt wird immer wieder zur Kritik aktiviert (im Amerikanischen wie auch im Französischen). Damit ist Bildung, wie oben schon eingangs vermutet zum Topos, zum Schlachtfeld seiner Bedeutung geworden. Und solange dies der Fall ist, bleibt es dabei, dass Bildung in gesellschaftskritischem Gebrauch ein politischer Kampfbegriff ist.

Die Tellerwäscher-Ideologie

19. Ich will die normative Kontroverse auf dem Schlachtfeld der Bildung noch konkretisieren und zuspitzen. Gegen das berufsorientierte Herkunftsprinzip musste die Norm, jeder kann prinzipiell jede Funktion in der Gesellschaft übernehmen, etabliert werden. Das ist in der Tellerwäscher-Ideologie der US-Amerikaner anschaulich gemacht worden: Jeder Tellerwäscher kann prinzipiell Millionär werden. Kriterium dafür, dass jemand faktisch eine gesellschaftliche Funktion übernimmt, sollte Leistung sein. Deshalb heißt es in der Tellerwäscher-Varianten auch: er muss es nur können und wollen. Leistung (Können) und Haltung (Wollen) müssen ermittelt und gemessen werden. Leistungsermittelnde Aktivitäten haben die Funktion, die Komplexität, die durch die praktisch realisierte Norm entsteht, zu reduzieren. Nun ergibt sich die folgende Schwierigkeit: In den meisten funktional differen-

---

15 Ideologisch nenne ich dies, weil nur die Idee durchgesetzt wurde, die gesellschaftliche Realität aber weitgehend noch dem Ständeprinzip gemäß verläuft. Dabei haben sich zwar die Stände oder Zünfte und Herrschaftseliten neu zusammengesetzt, aber sie vererben nach wie vor ihre Macht sozial, wie Bourdieu und Hartmann deutlich machen konnten.

zierten Gesellschaften hat das Bildungssystem einerseits die Aufgabe, die oben genannte Norm zu realisieren, aber anderseits auch die Aufgabe, die unter dieser Norm selbst erzeugte Komplexität zu reduzieren. Damit ist erfahrungsgemäß ein und dieselbe Institution sowie ein und dieselbe Person als der Träger_in der Institution überfordert. Also müssen Institution und personale Träger_innen externe Reduktionsprinzipien und -strategien zu Hilfe nehmen, um ihren gesellschaftlichen Auftrag erledigen zu können. Das einfachste Reduktionskriterium bzgl. der Reproduktion der Gesellschaft ist das Herkunftsprinzip. Konsequenterweise bedient man sich desselben, was natürlich dem Leistungsprinzip widerspricht. Aber das wiederum wird versucht, über das Leistungsprinzip und den mit ihm verbundenen Bildungsbegriff zu legitimieren. Erstens wird Leistung und Haltung an der oberen Mittelschicht normiert und zweitens wird mit einem angeblich nicht zu reduzierenden Rest von Sozialisation, die ja der Feind von Bildung ist, argumentiert: „Wenn man aus solch einem Elternhaus kommt, wenn man schon drei Jahre defizitäre Sozialisation hinter sich hat, dann kann man die geforderte Leistung und Haltung grundsätzlich nicht erbringen." So entscheiden vielfach Grundschullehrer_innen bei der Zuweisung in das dreigliedrige Sekundarschulsystem und so entscheiden die Herrschaftseliten bei der Rekrutierung des Nachwuchses in leitende Positionen.

Rousseau hatte mit Emile, seiner politischen Utopie, doch recht

20. Ich habe an anderer Stelle gezeigt, wie der Habitus – zu Deutsch: die Haltung zu den Dingen und Menschen in der Welt – vor allem in den ersten drei Lebensjahren dem Körper eingeschrieben wird. (Vgl. Meder 2013) In dieser Kleinkindphase ist der Mensch der sozialen Prägung fast wehrlos ausgeliefert. Will man also, dass der sozial vererbte Habitus das entscheidende Selektionskriterium insbesondere hinsichtlich der Rekrutierung für Herrschaftspositionen bleibt, muss man gesellschaftlich nur sicher stellen, dass die Kinder bis zum 3. Lebensjahr der Familie ausgeliefert bleiben und damit die entsprechende Sozialisation erleiden. Der Einfluss rationaler Pädagogik muss auf ‚danach' eingeschränkt werden – zumindest für die höheren Schichten und Milieus, die dann noch mit Elterngeld belohnt werden. Kinder aus niederen Schichten und bildungsfernen Milieus kann man schon mit acht oder neun Monaten in Krabbelstuben aufnehmen und fördern, das reicht dann wenigstens zum/zur Facharbeiter_in, aber nicht zu dem Habitus, den man für die Herrschaftselite braucht. Rousseau hätte die hinter solchen Maßnahmen stehende Politik sofort verstanden und seine negative Pädagogik ins Spiel gebracht: Nein, Emile muss vom ersten Tag seines Lebens dem gesellschaftlichen Einfluss entzogen werden. Für die damalige Zeit hieß dies, den Ammen und ihren kommerziellen Interessen entzogen werden. Bildung muss gänzlich frei von Herkunftsbestimmung sein, sonst kann der Mensch als der,

der er ist und in seinem Werden sein kann, überhaupt nicht aktualisiert und realisiert werden. Der Emile als politische Utopie ist und bleibt der extremste Gegensatz zur Herkunftsgesellschaft. Der Gedanke, dass das eigene individuelle Bestimmtsein und zugleich der werdende Prozess der Selbstbestimmung und damit auch der Selbstverwirklichung nur zu haben ist, wenn alle soziale, gesellschaftliche Fremdbestimmung, die Entfremdung ist, ausgeschaltet wird, ist radikal und zugleich höchst einleuchtend. Dieser Gedanke hat eben schon zu seiner Zeit eine gewisse, wenn auch schmale Tradition gehabt. Leibnizens Monaden – allesamt individuell und unverwechselbar – konnten gar nicht entfremdet werden, weil sie fensterlos waren, d.h. es konnte von außen gar nichts in sie hinein kommen. Und dass man von allem Äußerlichen absehen muss, wenn man wissen will, wer man wirklich ist, liegt schon im Bildungsbegriff von Meister Eckart. Mir scheint, dass der Rousseau'sche Gedanke des ‚von-Natur-aus' tief in der christlichen Kultur verankert ist.

Das Problem des ‚Von-Natur-aus'

21. ‚Von-Natur-aus' ist uns heute verdächtig geworden, weil es nahe legt, die gesellschaftliche Reproduktion von Begabung abhängig zu machen. Wir wissen heute aus empirischen Befunden, dass die jeweilige, zu einem bestimmten Zeitpunkt vorliegende und messbare ‚Begabung' das multi-kausale Produkt aus Natur und Umwelt ist. Deshalb können wir zu keinem Zeitpunkt sagen, was die individuelle Begabung unabhängig von den Umwelteinflüssen ist. Das gilt zum Teil auch schon bezüglich der pränatalen Entwicklung. Begabung ist somit erkenntnistheoretisch ein Grenzbegriff, über dessen Inhalt nichts auszumachen ist – es sei denn, man wagte die Realisierung der Rousseau'schen Fiktion als ein empirisch experimentelles Projekt. Begabung ist darüber hinaus – ontologisch betrachtet – ein metaphysischer Begriff, er muss angesetzt werden, hat aber keine eigenständige empirische Signifikanz. Ich betone dies insbesondere deswegen, damit klar wird, dass Individualität, von Natur aus und Begabung letztlich politisch-ideologische Begriffe sind, denn erkenntnistheoretisch sind sie leer und füllt man sie inhaltlich, dann werden sie metaphysisch. Und was ist, wenn der je einzelne Mensch qualitativ überhaupt nicht vorbestimmt ist? Was ist, wenn er qualitativ radikal weltoffen ist? Wenn seine instinktive Vorbestimmtheit nur aus wenigen Reflexen[16] besteht, die sein Überleben in einer ansonsten sozial abgesicherten Umgebung – und nur in einer solchen – garantieren. Was ist, wenn Begabung nichts anderes als Weltoffenheit heißt, wenn Begabung das Potential bedeutet, mit jeder Umgebung klar zu kommen, wenn Begabung das Potenti-

---

16 Gemeint sind hier der Saug- oder auch der Greifreflex und selbst die sind zwar vorhanden, aber müssen dennoch in ihrer erfolgreichen Performanz allererst erlernt werden.

al ist, jede interaktive Beziehung zu den Sachen und Sachverhalten in der dinglichen Welt, zu jedem/jeder anderen in der sozialen Welt und dabei zugleich zu sich selbst unter dem Gesichtspunkt des Behaltens, des Gedächtnisses und des Lernens, einzugehen? Und was ist, wenn die inhaltliche Vorbestimmung einer solchen Interaktion mit Welt und sich selbst nur durch den Verlauf der Schwangerschaft vorbestimmt ist, worauf auch in einer rationalen Pädagogik nicht wirklich Einfluss genommen werden kann? Wenn all diese rhetorischen Fragen bejaht werden müssten, dann bestünde die Individualität nur noch darin, zu einer bestimmten Zeit, an einem bestimmten Ort und in einem bestimmten Leib ausgetragen zu werden und damit eine einmalige unverwechselbare interaktive Perspektive auf die Welt zu erhalten. Denn kein anderer kann an meiner Position sein. Hat damit die politische Kontroverse von Herkunft oder Bildung ihre Prägnanz verloren oder erscheint sie unter einem veränderten Aspekt? Nein.

Bildung bleibt der Kampfbegriff gegen den Zufall der Sozialisation

22. Man kann heute aus guten Gründen den Begriff der Individualität abschwächen, wie in 21. getan. Man kann auch das ‚Von-Natur-aus' relativieren, aber man kann nicht den Gegensatz von Bildung und Sozialisation aufgeben. Das gefällt vielen sozialwissenschaftlich orientierten Kolleg_innen nicht. Sie – allen voran Hurrelmann[17] – nivellieren diese Differenz, die wir Pädagog_innen schon immer in der Differenz von funktionaler und intentionaler Erziehung kultiviert haben. Nach allen skeptischen Korrekturen ist vielleicht diese Differenz das einzige, was aus dem politischen Streit des 18. bzw. 19. Jahrhunderts um die Herkunft übrig geblieben ist. Der je einzelne Mensch soll in seiner Selbstverwirklichung nicht durch den Zufall bestimmt sein, in diese und nicht in eine andere Familie geboren zu sein. Und auf der anderen Seite darf sich die Gesellschaft nicht darauf verlassen, dass der sozial zufällige Ort des Geborenseins zu einer optimalen Reproduktion der Gesell-

---

17 Hurrelmann war ein mir sehr lieber Kollege in meiner Bielefelder Zeit. Wir schätzten uns wechselseitig in dem, was wir für die damalige Fakultät der Pädagogik wissenschaftlich erarbeiteten. Und erst hielt ich die Anpassung seines Sozialisationsbegriffs an den Bildungsbegriff für einen Fortschritt, weil er das Moment des reflexiven Sich-Bildens aufgenommen hat. Aber später in meiner Duisburger Zeit sah ich, dass damit eine für die moderne Pädagogik wesentliche Differenz eingeebnet wurde. Aber auch Baacke, mit dem ich sehr befreundet war, hat in seinem Konzept der Medienkompetenz und Mediensozialisation diese für pädagogisches Denken zentrale Differenz nivelliert und wusste auch darum bzw. wollte das auch so. In freundschaftlichen Diskursen hielt ich ihm immer vor, dass er damit das Politische im Bildungskonzept aufgibt. Es ist nicht uninteressant, sich klar zu machen, dass die hier in Frage stehende Differenz auch für Luhmann in seiner Soziologie des Erziehungssystems leitend gewesen ist, was sicherlich mit seiner Verwurzelung in der Parsons-Tradition zu tun hat.

schaft führt. Nun muss man aber eine weitere Differenz einziehen: Wenn man aus pädagogischer Sicht Sozialisation als funktionale Erziehung versteht, dann ist damit eine Prägung des Heranwachsenden gemeint, die einfach so funktioniert, aber nicht eigentlich intendiert ist. Dieses Konzept von Sozialisation deckt sich aber keineswegs mit dem, was Bourdieu die soziale Vererbung des Habitus nennt. In dieser Vererbung sind zwar Momente funktionaler Erziehung enthalten – insbesondere dort, wo die jeweilige Familie selbst gar nicht um die Werte weiß, die sie vermittelt, weil sie ihr in und um der Selbstverständlichkeit willen selbst verborgen sind. Denn nur das, was jeder Reflexion entzogen ist, kann selbstverständlich sein. Auf der anderen Seite gibt es in der Vererbung des Habitus sehr wohl Momente intentionaler Erziehung. „Das macht man als Intellektuelle_r nicht", „das macht man als Arbeiter_in nicht", sind die wesentlichen pädagogisch intentionalen Interventionen, die bei der alltäglichen Vererbung des Habitus eine Rolle spielen. Ich habe an angegebener Stelle (Meder 2013) gezeigt, dass die wesentliche intentionale Handlungsform das Hineinziehen (Trahere bei Thomas von Aquin) der Kinder in eine soziale Praxis ist, in der sie nicht anders können als mitzumachen.

Die Inkorporation des Habitus nivelliert die Differenz von Sozialisation und Bildung

23. Die aus systematischen Gründen gemachten Entgegensetzungen, die zumindest geistesgeschichtlich eine gewisse Plausibilität haben, scheinen in der Praxis an Kraft zu verlieren. Die Grenzen zwischen Herkunft und Bildung verschwimmen wie auch die Grenze zwischen Sozialisation und rationalem pädagogischem Handeln[18]. Und die Herrschaftselite kann mit dem Bildungskonzept argumentieren, dass sie den Habitus vermittelt, der die Selbstkompetenz und die soziale Kompetenz darstellt, die notwendig ist, um gesamtgesellschaftliche Entscheidungen zu treffen. Und sie kann argumentieren, dass die Sachkompetenz (Leistung) deshalb nicht so wichtig ist, weil man sie sich bei Bedarf aneignen oder auch einkaufen kann.[19] Es geht in erster Linie um das Moment von Haltung und erst in zweiter Linie um das Moment der Leistung. Und wenn Familien der Herrschaftselite dies besser vermitteln, also bessere Bildungsarbeit leisten als andere Familien oder auch Institutionen, dann ist dem Prinzip der Konkurrenz zur Ermittlung der Besten genüge getan. Das heißt, dass das Konkurrenzprinzip über dem Herkunfts-

---

18 Ich meine damit das pädagogisch rationale Handeln à la Rousseau und wie es neuerdings von Bourdieu reformuliert wurde.
19 Ich wechsele hier nur zur Kompetenzterminologie, weil ich sonst meinen Bildungsbegriff als dreifaches Verhältnis einführen müsste. Außerdem rede ich von den ökonomischen und politischen Herrschaftseliten, denen das Kompetenzdenken vertrauter ist.

prinzip steht. Hat gegen eine solche Argumentation der Bildungsbegriff seine kämpferische Kraft verloren? Ist er nun endgültig ins bürgerliche Herrschaftssystem integriert und damit, wie schon eingangs in Frage gestellt, verkommen? Nein. Denn man muss auf den hier stark gemachten Habitus im Hinblick auf seine Qualität, seinen Inhalt, achten.

Schlussüberlegung

24. Bei dem hier in Frage stehenden Habitus geht es um die Haltung zu herrschen, Herrschaft zu stabilisieren und zu realisieren und zwar – wie soeben dargestellt – unabhängig von Sachkompetenzen. Dem steht das anarchistische Moment in Bildung entgegen. Ich habe dies oben nicht zufällig herausgearbeitet. Es geht bei Bildung in erster Linie um das niemals ganz zu vergesellschaftende je vereinzelte Menschsein, und erst in zweiter Linie um die Besetzung gesellschaftlicher Funktionen und Positionen. Wenn sich pädagogisches Handeln als Unterstützung von Bildung versteht, dann hat auch pädagogisches Handeln einen grundsätzlich anarchistischen Zug, der sich nicht gegen Ordnung überhaupt, aber gegen Herrschaft richtet. Dies geht einerseits wie gezeigt auf Rousseau zurück, wird dann bei Kant im kategorischen Imperativ als Vernunftprinzip herausgearbeitet und geht schließlich andererseits in Schillers Überlegungen zum Ästhetischen über, das selbst weder politisch, noch moralisch, noch logisch ist, aber dennoch als das gelungene Zusammentreffen von Form und Stoff das Menschliche im Menschsein und Menschwerden ausmacht. Und genau in dieser Funktion ist das Ästhetische die Propädeutik des Politischen. Denn das Politische kann niemals gerecht, republikanisch und frei sein, wenn es nicht im Menschlichen des Menschseins verankert ist und von ihm getragen wird.[20] Humboldt hat von solchen Überlegungen mindestens übernommen, dass die Menschenbildung herrschaftsfrei sein müsse, weswegen der Staat sich heraushalten muss. Auf Simmels neukantianische Deduktion der Gesellschaft in ihrer Korrelation von Anarchie und sozialer Stigmatisierung habe ich hingewiesen. Wenn man also Bildung als politischen Kampfbegriff heute noch kultivieren will, dann muss man die anarchistischen Züge, die ihm historisch eingeschrieben sind, nicht nur wach halten, sondern weiterentwickeln und in die je aktuelle Politik einbringen: Herrschaft ist als solche nicht akzeptabel. Sie lässt sich aus keiner Notwendigkeit legitimieren.

---

20 Eigentlich müsste Schiller hier ausführlicher behandelt werden, aber das sprengt den Rahmen. Vor allem müsste einmal herausgearbeitet werden, inwieweit Schiller ein Moment im Blick hat, das wir politisch nur in selbstorganisierten sozialen Bewegungen finden: Ein jedes staatliche System, das mich nicht ganz Mensch sein lässt, das mein Menschsein missachtet oder gar unmöglich macht, muss bekämpft werden.

Literatur

Dreben, Robert (1980): Was wir in der Schule lernen. Verlag, Frankfurt a.M.: Suhrkamp.

Hartmann, Michael (2013): Soziale Ungleichheit – Kein Thema für die Eliten?. Verlag, Frankfurt a.M./New York: Campus.

Hartwich, Dietmar David (2002): Rekursive Hermeneutik: Analysen zum Selbstverständnis der nachneuzeitlichen Gesellschaft als dem Hintergrund von Bildung. Bielefeld: http://nbn-resolving.de/urn:nbn:de:hbz:361-2404 [Zugriff: 01.07.2014]

Hönigswald, Richard (1961): Abstraktion und Analysis. Ein Beitrag zur Problemgeschichte des Universalienstreites in der Philosophie des Mittelalters. Stuttgart, aus dem Nachlass herausgegeben von K. Bärthlein.

Meder, Norbert (2001): Die Bildungsreise – Tradition und Problemorientierung. In: Steinecke, Albrecht (Hrsg.): Tourismusforschung in Nordrhein-Westfalen. Paderborn, S. 83-94.

Meder, Norbert (2007a): Der Lernprozess als performante Korrelation von Einzelnem und kultureller Welt. In: Spektrum Freizeit, H. I&II 2007, S. 119-136.

Meder, Norbert (2007b): Die Grenzen der Erziehungswissenschaft sind Absolut. In: Vierteljahrsschrift für wissenschaftliche Pädagogik H. 4/Jg. 83, S. 434-447.

Meder, Norbert (2013): Habitus – auch medialer Habitus – aus pädagogischer Perspektive. In: medienimpulse 4/2013, www.medienimpulse.at/articles/view/599 [Zugriff: 01.07.2014]

Simmel, Georg (1922): Exkurs über das Problem: Wie ist Gesellschaft möglich. In: Ders.: Soziologie: Untersuchungen über die Formen der Vergesellschaftung. 2. Aufl. München/Leipzig: Duncker&Humblot, S. 21-30.

Weiter so?
Zum Verständnis von Geschichte und Zukunft in Peter Eulers Aktualisierung kritischer Bildungstheorie

Gregor Eckert

In diesem Text möchte ich auf die spezifische Art und Weise eingehen, in der in Peter Eulers Verständnis kritischer Bildungstheorie der Bezug zu Vergangenheit und Zukunft hergestellt wird. Angesichts eines allgegenwärtigen Gefühls, nicht genug Zeit zu haben, um alle interessanten (Denk-)Wege zu verfolgen, stellt sich die Frage, ob sich der Blick in die Geschichte nicht eventuell einsparen ließe, um sich mit voller Aufmerksamkeit Gegenwart und Zukunft widmen zu können. Diese (naive?) Überlegung bildet den Anlass, mich auf die Suche nach Begründungen für die Beschäftigung mit Geschichte in ausgewählten Texten Peter Eulers zu begeben. Hierzu werde ich Peter Eulers Geschichtsverständnis nachgehen und zeigen, dass darin ein starker Fokus auf die Gestaltbarkeit und prinzipielle Offenheit von Geschichte gelegt wird. Diese Offenheit bildet für mich das Bindeglied zur Beschäftigung mit Zukunftsfragen, die ich anhand der Frage nach der Möglichkeit einer nachhaltigen Entwicklung und deren pädagogischen Voraussetzungen konkretisieren möchte.

1. Beschäftigung mit historischen Fragen – warum?

„Das Erzählen von überlieferten Geschichten erklärt nichts."
(Euler 2007, S. 49)

In seiner 1989 erschienenen Dissertation „Pädagogik und Universalienstreit" wirft Peter Euler folgende Frage auf:

„Ist es nicht ein Verstoß gegen den Zeitlauf, ein Anachronismus, sich mit dem neuhumanistischen Ideal der Bildung am Ausgang des 20. Jahrhunderts zu beschäftigen, Differenzen innerhalb seiner verschiedenen Autoren aufzudecken, seine systematische Begründung nach fast 200 Jahren zu erarbeiten? Wäre pädagogische Forschung nicht besser beraten, sich mit den unmittelbaren Problemen der Gegenwart wissenschaftlich auseinanderzusetzen?" (Euler 1989, S. 408)

Seine Antwort erfolgt direkt im Anschluss, Bezug nehmend auf das letzte Kapitel der Dissertation, in dem er Ausblicke auf zeitgenössische Kultur- und Theoriefelder vornimmt:

„Die Ausblicke am Ende meiner Arbeit richten sich daher auf ihre immanente Beziehung zu einigen dominierenden Entwicklungen der gegenwärtigen Kultur im allgemeinen und der Pädagogik im besonderen. [...] Ausblicke, die die Notwendigkeit der in vorliegender Untersuchung gewonnenen Erkenntnisse über die Konstitution bürgerlichen Subjekts für eine selbstbewußte pädagogische Theorie und Praxis unterstreichen." (ebd.)

Dieser Abschnitt enthält meiner Ansicht nach eine entscheidende Antwort auf die Frage nach der Motivation der Analyse von Vergangenheit. Die Untersuchung historischer Kontroversen erfolgt hier nicht zum Selbstzweck, sondern unter der Prämisse, dass sie auch für heutige Diskussionen notwendig ist. Eine Beschäftigung mit den „unmittelbaren Problemen der Gegenwart" (ebd.) ohne historisch-systematische Fundierung ist aus dieser Perspektive betrachtet keine sinnvolle Vorgehensweise; eine solche Theorie bliebe unterkomplex und würde hinter bereits gewonnene Erkenntnisse zurückfallen.[1] Peter Bulthaup weist darauf hin, dass der letzte Stand der Diskussion nicht der fortgeschrittenste sein muss (vgl. Bulthaup 1975, S. 123).

Euler bezieht sich ausdrücklich auf ‚Historische Pädagogik' (mit großem ‚H'), wie sie Koneffke und Heydorn verstanden haben (vgl. Euler 2007, S. 50). Das Entscheidende hieran ist die Zielsetzung, die mit ihr verfolgt wird und die sich nicht mit der bloßen Darstellung von Abfolgen historischer Ereignisse begnügt: „Der Historischen Pädagogik mit großem ‚H' geht es nicht um die Erzählung von Gewesenem, sondern um objektive Konstitutionsaufschlüsse, [...] um den Aufschluss der Pädagogik als historischer Praxis" (Euler 2007, S. 50). In der Historischen Pädagogik soll die Geschichte der Pädagogik *als Geschichte* verdeutlicht werden. Das bedeutet zum einen, dass eine ahistorische „Mystifikation" (Koneffke 1994, S. 8) – Pädagogik als „mit dem Urtatbestand der Erziehung gegebenes Anthropologikum" (ebd.) – abgelehnt und stattdessen die jeweilige geschichtliche Verankerung als konstitutiv für Pädagogik angesehen wird. Zum anderen rekurriert die Formel ‚Pädagogik als Geschichte' auf ein Geschichtsverständnis, das mit dem Eintritt der „realen Geschichte bürgerlicher Gesellschaft" (Euler 2007,

---

1 Diesen Vorwurf richtet Euler explizit an die zur Zeit der Veröffentlichung seiner Dissertation aufstrebenden postmodernen Theorieströmungen. Ihnen wird vorgeworfen, bestimmte Diskussionen und theoretische Anstrengungen der Vergangenheit zu ignorieren – also genau nicht die Einsichten der Vergangenheit für die Gegenwart fruchtbar zu machen und somit „weit hinter den Stand der Erkenntnis zurück [zu fallen, G.E.], der, von der Pädagogik und Bildungstheorie in der Epoche zwischen der Frühaufklärung und dem Neuhumanismus erarbeitet, bereitliegt." (Euler 1989, S. 414f.)

S. 51) auftritt. Mit der Entstehung bürgerlicher Gesellschaft wurden „die philosophischen Fundamente einer völlig neuen, eigenen Weltgestaltung geschaffen" (Koneffke o.J., S. 11), in ihr ist das Gestalten von Geschichte strukturell verankert: „Bürgerliche Pädagogik ist im Grunde modern, ihr Prinzip, mündige Selbständigkeit ist subjektive Bedingung für eine gesellschaftliche Dynamik und insofern als Vorbereitung auf ein Noch-Nicht, auf ungewisse Zukunft, auf selbst zu stiftende Zukunft angelegt" (Euler 1998, S. 218)[2]. Pädagogik sieht sich demnach innerhalb einer Konstellation von Gegebenem und Herzustellendem. Nach Karl Marx machen „[d]ie Menschen [.] ihre eigene Geschichte, aber sie machen sie nicht aus freien Stücken unter selbstgewählten, sondern unter unmittelbar vorhandenen, gegebenen und überlieferten Umständen" (Marx 1965, S. 9). Die Untersuchung und Analyse der gegebenen Umstände, von denen ausgehend Geschichte ‚gemacht' wird, stellt somit ein entscheidendes Instrument dar – nicht zuletzt, um Aussagen über die konkreten Gestaltungsmöglichkeiten treffen zu können.[3]

Weitere Relevanz erhält die Beschäftigung mit Geschichte dadurch, dass mit ihr historische Muster, Systematiken und Charakteristika aufgedeckt und identifiziert werden können. So betont Euler etwa, dass Heydorn

„[d]en Widerspruch von Bildung und Herrschaft [...] 1970 erstmals *als historisches Prinzip* aus der Geschichte *entfaltete*. [...] Heydorn rekonstruiert die Geschichte der abendländischen Rationalität, die in der griechischen Antike ihren Anfang nimmt, *als Bildungsgeschichte*. [...] Mit dem Bildungsbegriff wird die Geschichte als Vernunftgeschichte unter den Bedingungen einer unter gesellschaftlicher Herrschaft organisierten Naturbeherrschung und damit als Geschichte der Menschheit erkennbar" (Euler 2007, S. 47, Hervorhebungen G.E.).

Hierin wird die Auffassung von Geschichte als etwas zu Interpretierendes und Interpretierbares deutlich. Je nach Perspektive werden bestimmte Aspekte betont, andere treten eher in den Hintergrund, sodass jeweils konkrete Strukturen, Muster oder Machtkonstellationen sowie ihre Veränderungen und

---

2   Hier ist es im Interesse eines machtsensiblen und herrschaftskritischen Geschichtsverständnisses wichtig, Ein- und Ausschlussmechanismen zu beleuchten, die strukturell festlegen, *wer in welcher Weise* in die Lage versetzt wird, Geschichte zu gestalten.

3   Als Beispiel sei hier ein Zitat von Jean Ziegler angeführt: „Eine Milliarde Menschen sind permanent schwerst unterernährt. Und das auf einem Planeten, der vor Reichtum überquillt. Der World Food Report der UNO sagt, dass die Weltlandwirtschaft heute problemlos fast 12 Milliarden Menschen, also fast das Doppelte der Weltbevölkerung, ernähren könnte" (Ziegler 2012, S. 29). Die gegebenen Umstände sind also solche, unter denen die Sicherstellung der Ernährung von über elf Milliarden Menschen Ziegler zufolge im starken Sinne materiell und konkret *möglich* ist; die Landwirtschaft ist zu dem jetzt gegebenen konkreten Zeitpunkt hierzu in der Lage. Gleichzeitig umfassen die gegebenen Umstände jedoch auch ‚geerbte' Problemlagen, die bei einer möglichen Gestaltung ins Gewicht fallen: Ein plakatives Beispiel hierzu ist die Existenz radioaktiven Mülls. Eine zu machende Geschichte beginnt nicht bei einem ‚Nullpunkt', sondern beinhaltet auch einen Umgang mit etwa diesem Gegebenen.

Verschiebungen verdeutlicht werden können. Die Aufschlüsse, die die jeweilige Sichtweise auf Geschichte ermöglicht, wirken sich auf die Einschätzung jetziger Phänomene aus. Folgt man Heydorn und interpretiert die abendländische Geschichte als Bildungsgeschichte, liegt der Fokus auf Subjekten, die Geschichte ‚machen' und gestalten. Dadurch wird ein Verständnis dieser Geschichte als ‚gemacht' nahegelegt: „Die bildungstheoretische Perspektive ist eine, die das analysierbare soziale Geschehen als Hervorgebrachtes versteht und dadurch als eines, zu dem prinzipiell auch ein kritisches Verhältnis besteht" (Euler 2000, S. 7). Im Abschnitt ‚Verstehen als Zukunftsnotwendigkeit' gehe ich der Frage nach den pädagogischen Bedingungen einer solchen Perspektive nach.

Kein Geschichtsautomatismus

Von großer Bedeutung für dieses Geschichtsverständnis ist die Differenz zwischen notwendiger und hinreichender Bedingung (vgl. Euler 2007, S. 51f.). Notwendige Bedingungen für gesellschaftliche Veränderungen, Umbrüche etc. sind demnach die äußeren Umstände und Begebenheiten, die materiellen Voraussetzungen. Die hinreichende Bedingung etwa für einen historischen Umbruch ist erst durch „das Handeln der Menschen" (Koneffke 2007, S. 218) gegeben, ohne ihr Handeln würde der Umbruch ausbleiben; der Umbruch leitet sich nicht zwingend aus den Umständen (den notwendigen Bedingungen) ab, sondern geschieht erst durch das Tun der Menschen (als hinreichender Bedingung).

Von dieser logischen Differenz ausgehend steckt für Euler in allen geschichtlichen Prozessen auch stets die Möglichkeit des Scheiterns – eben gerade als Ausdruck der Freiheit, „weil zur Freiheit notwendig auch die Möglichkeit des Misslingens aus Freiheit gehört" (Euler 2007, S. 52). Ich möchte diese Denkbewegung anhand eines Schlaglichts auf die Idee bürgerlicher Bildung illustrieren.

Jan Amos Comenius (1592-1670), der „Nestor abendländisch-frühbürgerlicher Pädagogik" (Euler 2012, S. 317), entwickelt die Idee einer humanen Entwicklung im Rahmen einer „Allgemeine[n] Beratung zur Verbesserung der menschlichen Angelegenheiten" (so der Titel seines Hauptwerks von 1662). Diese Konzeption ist in mindestens zweifacher Hinsicht epochal. Zum einen werden die menschlichen Angelegenheiten als verbesserungswürdig angesehen: Ein klarer Bruch mit einem statischen Weltbild, das die Welt als bereits sinnvoll eingerichtet sieht. Zum anderen besteht ein Novum darin, dass als potentielle Urheber dieser Veränderung alle Menschen gelten. Comenius geht nicht davon aus, dass eine Teilnahme aller Menschen an diesem Beratungsprozess ohne Vorbereitung möglich ist, weshalb er die umfassende Bildung der Individuen theoretisch voranstellt. „Ziel der Bildung ist es, die Urteilsfähigkeit zu entwickeln, die es den Einzelnen erlaubt, am notwendig politisch zu denkenden Beratungsprozess [über die Verbesserung der menschlichen Angelegenheiten, Anm. G.E.] teilzunehmen" (Euler 2012, S. 318).

Diese Idee ist als Forderung nach dynamischer gesellschaftlicher Entwicklung und als Kritik an behaupteten Wahrheitsansprüchen einer Minderheit eine der Leitideen bürgerlichen Aufbegehrens gegenüber Adel und Klerus. Im Lauf der Entstehung und Etablierung der bürgerlichen Gesellschaft sinkt jedoch innerhalb des Bürgertums, welches sich nun in einer machtvollen Position befindet, das Interesse an egalitären politischen Veränderungen, und auch der Einbezug aller Menschen wird nicht mit höchster Priorität verfolgt.

Aus heutiger Perspektive kann die Entwicklung einer bürgerlichen Bildungsidee wie folgt gesehen werden: In einem bestimmten geschichtlichen Zeitraum (Comenius, 17. Jahrhundert) wird eine Idee entwickelt, die als Mittel zur Verbesserung der allgemeinen menschlichen Angelegenheiten angesehen wird. Ihre Verwirklichung wird in Angriff genommen, erfolgt jedoch als „Missbildung" (Euler 2007, S. 52): Die Idee einer freien Weltgesellschaft hat sich nur in der „falschen Form des Weltmarktes" (Koneffke 1994, S. 9) realisiert – Koneffke spricht von einem Fehltritt[4] (vgl. Koneffke 2006, S. 42f). Die Möglichkeit dieses Fehltritts sowie dessen Eintritt sind Ausdruck der Freiheit: „zur Freiheit [gehört] notwendig auch die Möglichkeit ihres Misslingens" (Euler 2007, S. 52). Es wirkt kein „Geschichtsautomatismus" (vgl. Euler 2007, S. 52), innerhalb dessen Fehltritte nicht oder nur als Vorstufen eines notwendig fortschreitenden Verbesserungsprozesses denkbar sind. Es gibt also innerhalb dieser Geschichtsauffassung keinerlei Gewissheit, dass dieser Fehltritt überwunden wird. Aber die Möglichkeit, dass dies geschieht, ist weiterhin gegeben. Eine Idee, die in der Vergangenheit entwickelt wurde, wirkt somit mit dem Attribut des ‚Noch-zu-verwirklichenden' (erneut: ohne Gelingensgarantie, ohne Automatismus) auf Gegenwart und Zukunft. Einer kulturpessimistischen Betrachtung von Gesellschaft und Bildung, die aktuelle Tendenzen als reine Regressionsphänomene ansieht und von einem stetigen Verfall überzeugt ist, wird somit eine hoffnungsvollere Figur entgegengesetzt:

„Es ist explizit seit Kants berühmten drei Fragen: Was kann ich wissen? Was soll ich tun? Was darf ich hoffen? a priori ausgeschlossen, theoretische Gewissheit über das zu Hoffen-

---

4 „Als die Menschen, die sich als mündig gesetzt hatten, begriffen, dass die Vernunft, mit der sie ihre Selbstbefreiung legitimierten, nicht weniger als eine allgemeine Befreiung, also gesellschaftliche Verwirklichung forderte, wird die Konzeptualisierung institutioneller Allgemeinbildung eine unabweisbare Konsequenz. Auf diesen Zusammenhang beruft sich materialistische Pädagogik. Derselbe Zusammenhang begründet auch den Kapitalismus als Fehltritt, Versagen vor dem eigenen Anspruch, keine Herrschaft zu dulden, die sich vor der Vernunft nicht legitimiert." (Koneffke 2006, S. 42f.)

de haben zu können. Was die Geschichte bringt, weiß keine und keiner! Allerdings kann und sollte Theorie durch Analysen dem Erhoffbaren den Stoff geben, zumindest aber nicht das Nichtwissbare wiederum positiv als Negatives deuten." (Euler 2000, S. 6)

Das hier vorgestellte Geschichtsverständnis ist also eines, das jegliche Automatismen ablehnt und damit verbunden auch jegliche vermeintliche Gewissheiten über die Zukunft von sich weist – gleich ob mit positivem Ausblick in Form einer sich vernünftig entfaltenden Geschichte oder in negativer Version als Verfallsgeschichte. Geschichte wird als veränderbar und gestaltbar gedacht, die Offenheit der Zukunft lässt die Verwirklichung noch nicht realisierter Ideen, etwa der einer humanen Gesellschaft, weiterhin als Möglichkeit bestehen.

2. Globale Kursbestimmung: Weiter so?

„Immer mehr bin ich der Überzeugung, dass heute die pragmatisch-rationalen Experten die wahren Utopisten sind: Die Hauptutopie der Gegenwart besagt, dass die Dinge immer so weiterlaufen können wie jetzt, dass wir nicht auf den Moment des apokalyptischen Entweder-Oder zusteuern."[5] *(Žižek 2013, S. 20)*

Wie oben ausgeführt ist das dargelegte Geschichtsverständnis von einer prinzipiellen Offenheit und einer Gestaltbarkeit der Zukunft gekennzeichnet, jedoch innerhalb vorgefundener Bedingungen. In welcher Art diese Bedingungen für folgende Generationen durch Entscheidungen der Gegenwart beeinflusst werden, stellt den Ausgangspunkt für die anschließenden Ausführungen zu Nachhaltigkeit und Bildung für nachhaltige Entwicklung (BNE) dar.

Im Nachhaltigkeitsbegriff der UN von 1987 ist die Verbindung von Gegenwarts- und Zukunftsperspektive explizit eingeschrieben: Das Handeln der heutigen Generationen soll in der Art geschehen, dass auch zukünftige Generationen in der Lage sind, selbstständig über sich und die Art ihrer Bedürfnisbefriedigung zu entscheiden, also die Möglichkeit erhalten, ihre Geschichte zu gestalten (vgl. Euler 2012, S. 329). Negativ ausgedrückt wird die Gefahr gesehen, dass jetziges Handeln zukünftiges Handeln unmöglich machen kann. Einer Einschätzung des Umweltprogramms der Vereinten Nationen von 2012 zufolge ist diese Gefahr eine reelle:

---

5   Slavoj Žižek im April 2013 in einem Brief an die damals inhaftierte Pussy-Riot-Aktivistin Nadja Tolokonnikova.

„Environmental degradation heightens risks and reduces opportunities for the advancement of human well-being, especially for poor and vulnerable populations. Harmful environmental changes are taking place in an increasingly globalized, industrialized and interconnected world, with a growing global population and unsustainable production and consumption patterns. The degradation of ecosystem services is narrowing development opportunities and could threaten future human well-being." (United Nations Environment Programme 2012, S. 458)

Die Beibehaltung des jetzigen Kurses würde eine Zukunft festschreiben, die die Entscheidungsmöglichkeiten künftiger Generationen so stark reduzierte, dass sie „mit nacktem Überleben vorlieb [.] nehmen" (Euler 2012, S. 330) müssten. Eine Engführung künftiger Entscheidungsmöglichkeiten kann auf vielfältige Art geschehen, etwa durch die Vernichtung von Tier- und Pflanzengattungen, durch die Vernutzung von nicht nachwachsenden Ressourcen oder durch die Zerstörung von Lebensraum durch radioaktive oder sonstige Verschmutzung. Von den Entscheidungen in der Gegenwart hängt also die Möglichkeitsbedingung zukünftiger Entscheidungen ab. Da die Entscheidungen der jüngeren Vergangenheit und der eingeschlagene Kurs der Gegenwart als ‚nichtnachhaltig' identifiziert wurden, ist ein Offenhalten der Zukunft somit nur möglich, wenn in der Gegenwart und der nahen Zukunft eine (Kurs-)Änderung eintritt. Diese Änderung müsste nach Euler weitreichend sein, er verweist auf Wissenschaftler_innen wie Joseph Stiglitz, Amartya Sen und Jean-Paul Fitoussi, die „eine grundsätzlich neue Ausrichtung des Wirtschaftens einfordern" (ebd., S. 331). Politik und Wirtschaft versuchten, den für Euler eklatanten Widerspruch von Ökologie und Gewinnwirtschaft zu „vernebeln" (ebd., S. 330). Diesen Zusammenhang zu beleuchten, zu reflektieren und in den Blick zu nehmen, wird zentral: „Entscheidend ist, dass, wer über Nachhaltigkeit reden will, über die herrschende kapitalistische Reproduktionsstruktur nicht schweigen darf." (ebd., S. 331)

Die Reflexion auf den Widerspruch von Bildung und Herrschaft ist Peter Euler zufolge auch und gerade bei BNE entscheidend, ihr Involviert-Sein stets mitzudenken: „Sie [Bildung für nachhaltige Entwicklung, Anm. G.E.] ist angemessen nur als widersprüchliche Bildung zu begreifen, weil sie sonst nur eine moralisierende Legitimationsformel für den weiteren Expansionsprozess des Kapitals ist" (ebd., S. 329). Eine Orientierung an einem nichtwidersprüchlichen, affirmativen Nachhaltigkeitsbegriff (wie er die derzeitige Diskussion dominiert) würde keinen Kurswechsel bedeuten, sondern könnte mit minimalen Anpassungen problemlos in ein „Weiter so Globus!" (Euler 1998, S. 221) integriert werden. Entscheidend für Pädagogik ist, dass sie sich nicht als außenstehend behauptet und im Zuge einer Bildung für nachhaltige Entwicklung als Problemlöserin auftritt, sondern sich ihrer Rolle innerhalb des nichtnachhaltigen Wirtschaftens bewusst wird[6]: „Die Pädagogik wäre erst auf der Höhe des Globalisierungsprozesses, wenn sie kritisch auf ihre Beteiligung in diesem Prozess reflektierte und auf eine entsprechende Kritik in der Praxis zielte" (Euler 2012, S. 329).

Bildung für nachhaltige Entwicklung: Verstehen als Zukunftsnotwendigkeit

In dem Aufsatz ‚Kampf um Bildungszeit' verwendet Euler die Formel „Nachhaltigkeit verlangt Bildung als Verstehen" (Euler 2012, S. 332). Er argumentiert, dass die derzeit herrschende Bildungspolitik vermittels ökonomistischer Konzepte von Intensitätssteigerung und Effizienzorientierung die zeitliche Eigenstruktur von Bildung negiert (vgl. ebd., S. 332ff.). Diese Negation führt zu einem enormen Zeitverschleiß sowohl durch sinnlos leere Zeit als auch problematisch gefüllte Zeit (vgl. ebd., S. 339): „Es findet vom Zeitpensum her gesehen zwar so viel Bildung wie nie statt, aber die Qualität der Bildung leidet bis hin zum Umschlag in ihre Negation" (ebd., S. 336).

Bildung schlägt um in Verarbeitung (vgl. ebd., S. 335). Gleichzeitig werden jegliche Elemente, die der herrschenden Kontinuitätslogik widersprechen, etwa Verzögerungen und Unterbrechungen, verweigert (vgl. ebd., S. 337). Gerade Verzögerungen und Unterbrechungen sind es jedoch, die Verstehen erst ermöglichen – Verstehen gefasst als „Verankerung des Eingesehenen und Erfahrenen im Subjekt, indem das Wissen geistig und innerlich mit dem Subjekt verbunden ist" (ebd., S. 341). Verstehen verlangt also nach einer Bildungspolitik, die Verzögerung und Unterbrechung fördert, ermöglicht – zumindest jedoch nicht systematisch zu unterbinden versucht. Durch Unterbrechungen wird die Möglichkeit eröffnet, ‚einige Schritte zurückzutreten', Distanz herzustellen und zu reflektieren: „Die Unterbrechung befreit vom Zwang, das unmittelbar Geltende gelten zu lassen. Sie fordert den Geist der Überprüfung, ob nun das bislang Geltende als berechtigt Geltendes bestätigt wird oder aber unter Kritik gerät, mit der Notwendigkeit und Möglichkeit, Neues, Alternativen zu generieren" (ebd., S. 336f.). Die Welt kann nur durch Unterbrechung und Distanz als veränderbar wahrgenommen werden, sie sind Bedingungen für Reflexionsprozesse zu Strukturen, Mustern, Macht- und Herrschaftsverhältnissen, des eigenen Involviert-Seins – kurz: für ein kritisches Verhältnis. Um ein bereits angeführtes Zitat wieder aufzugreifen: „Die bildungstheoretische Perspektive ist eine, die das analysierbare soziale Geschehen als Hervorgebrachtes versteht und dadurch als eines, zu dem prinzipiell auch ein kritisches Verhältnis besteht" (Euler 2000, S. 7). Aufgabe

---

6 Siehe hierzu auch Yvonne Kehrens Arbeit „Pädagogik und nachhaltige Entwicklung" (Kehren 2007): „Die Selbstreflexion der Bildung führt diese angesichts der Notwendigkeit einer ‚Nachhaltigen Entwicklung' zu ihrer eigenen Verstrickung in den problematisch gewordenen Re-Produktionsprozess" (ebd., S. 76).

von Pädagogik ist es in dieser Lesart, das prinzipiell kritische Verhältnis, das zunächst nur als Möglichkeit besteht, konkret wirklich werden zu lassen bzw. die Bedingungen hierfür zu schaffen. Eine der Bedingungen, um Verstehen und eine kritische Beurteilung etwa des sozialen Geschehens zu ermöglichen, ist der Respekt vor der zeitlichen Eigenstruktur der Bildung durch das Zulassen von Distanzierungen und Unterbrechungen. Die Ziele einer Bildung für nachhaltige Entwicklung (BNE) können nicht innerhalb eines Bildungssystems erreicht werden, das wesentlich an einer (vermeintlichen) Effizienzsteigerung orientiert ist und Verstehen verhindert.

„Nachhaltigkeit oder das, was Bildung als nachhaltige Entwicklung benennt, verlangt die Sachen und Probleme nicht als isolierte wahrzunehmen, sondern in ihren verschiedenartigen Zusammenhängen und Wechselwirkungen, von denen aus erst die Subjekte ihre Verstrickungen sowie die damit gegebenen individuellen und gesellschaftlichen Perspektiven zu erkennen vermögen. Nachhaltigkeit verlangt Bildung als Verstehen!" (Euler 2012, S. 344)

Dieses Verstehen umfasst notwendigerweise auch den Blick in die Vergangenheit, um etwa die Genese gegenwärtiger Problemlagen nachvollziehen zu können.

„'Nachhaltigkeit' im Bereich institutionalisierter Bildung ernst genommen, hat daher die Aufgabe im Fachunterricht, im schulischen Leben und in außerschulischen Vernetzungen die fachlichen und politischen Dimensionen der Gründe für eine nichtnachhaltige Entwicklung sachlich angemessen zu erarbeiten, um sie zu verstehen und um dadurch Perspektiven sowohl für das individuelle Handeln als auch für die Möglichkeiten kollektiven Handelns zu gewinnen." (BNE-Jahrbuch 2014, S. 172)

Bildung für nachhaltige Entwicklung zielt darauf, die „Entstehungs-, Begründungs- und Verwertungszusammenhänge" (Euler/Luckhaupt 2010, S. 18) der untersuchten Gegenstände zu erschließen und somit Handlungsperspektiven auf kollektiver wie individueller Ebene zu entwickeln.

3. Fazit

„Die Bildung, die – nach Heydorns Diktum seines letzten Aufsatzes von 1974 [...] – für das Überleben der Menschheit notwendig ist, muss daher eine sein, die neue Widerspruchslagen sensibel, sowie selbstkritisch wahrnehmen und phantasievoll produktiv zu machen lernt, soll denn humane Aussicht und zwar für alle Menschen sein." (Euler 2009, S. 53)

Auf der Suche nach Begründungen für eine Beschäftigung mit Geschichte bin ich auf drei Argumentationslinien gestoßen. Historische Untersuchungen sind demnach sinnvoll, um (1.) nicht hinter einen schon erreichten Erkenntnisstand zurückzufallen, um (2.) die jeweilige Sache als geschichtliche zu würdigen und ihre Genese nachzuvollziehen, und um (3.) bestimmte Muster und Prinzipien zu entfalten, die in der Geschichte wirksam wurden und Konsequenzen für das heutige (Selbst-)Verständnis haben. Das verbindende Element der drei Argumente ist meiner Auffassung nach die Orientierung an Gegenwart und Zukunft – Verstehen von Geschichte als Notwendigkeit, Gegenwart zu verstehen und Zukunft zu gestalten. Sensibilität für Widersprüche ist dabei für das vorgestellte Geschichtsverständnis ebenso zentral wie die Auffassung von Geschichte als offen und gestaltbar. Jeglicher Geschichtsautomatismus wird verworfen, inhumane Entwicklungen und ‚Fehltritte' als Ausdruck von Freiheit angesehen, was meiner Ansicht nach jedoch nicht in einem achselzuckenden Hinnehmen der Missstände münden muss, sondern als Anlass genommen werden kann, Fehlentwicklungen aufzuzeigen und Änderungen anzustreben. Hierin sehe ich die Stärke dieses Geschichtsverständnisses, dass es weder eine fatalistische Akzeptanz inhumaner Zustände, noch Omnipotenzvorstellungen unter Ausblendung der Freiheit der/des Anderen nahelegt.

Peter Euler weist darauf hin, dass die Gestaltbarkeit von Geschichte in erheblichem Maß von den jeweils vorgefundenen Bedingungen abhängt. Eine nachhaltige Entwicklung zielt darauf, auch in Zukunft Bedingungen zu garantieren, die eine Gestaltung ermöglichen, die Geschichte offen halten. Der dargelegten Argumentation folgend sehe ich eine andere Bildung bzw. eine Bildungspolitik, die auf eine andere Bildung zielt, als entscheidende Bedingung für eine nachhaltige und damit potentiell humane Entwicklung an. Die Anforderungen sind hoch: Sie muss Raum für Unterbrechungen und Diskontinuitäten lassen, um Reflexion und die Erfahrung der Welt als gewordene, veränderliche und veränderbare zu ermöglichen. Sie muss sich um Verstehen bemühen, die Entstehungs-, Begründungs- und Verwertungszusammenhänge von Gegenständen beleuchten und die Vergangenheit analysieren, um sie für Gegenwart und Zukunft fruchtbar machen zu können. Und sie muss Möglichkeiten bieten, eigene Verstrickungen und Einbindungen zu reflektieren. All das braucht Zeit, Bildungszeit. Die Herausforderung besteht meiner Ansicht nach insbesondere darin, auch hier nicht hinter bereits erlangte Erkenntnisse zurückzufallen und etwa Bildung als widerspruchsfreie zu denken, Machbarkeitsphantasien zu erliegen, ungebrochene Fortschritts- und Aufklärungslogiken anzunehmen, Diskriminierungs-, Macht- und Herrschaftsverhältnisse zu ignorieren.[7]

---

[7] In „‚Bildung für nachhaltige Entwicklung' im Widerspruch von Aufklärung und Mythos" (Biertümpel o.J.) geht Antje Biertümpel postkolonialen und feministischen Einsprüchen zur Debatte um Bildung für nachhaltige Entwicklung nach und betont ihre Relevanz für laufende Diskussionen: „Heutige Denkmuster, Verhaltensweisen und gesellschaftliche Strukturen

Pädagogik kommt diesem Verständnis nach eine besondere Rolle zu: Sie zeichnet sich durch den Anspruch aus, die Verhältnisse und Problemlagen nicht ‚nur' zu reflektieren und zu analysieren, sondern ihnen gleichzeitig handelnd zu begegnen. Ihr Anspruch läuft auf Gestaltung und Veränderung hinaus, sie ist auf eine mitzugestaltende Zukunft ausgerichtet:

„Pädagogik unterliegt nicht einfach der Dialektik der Aufklärung, sondern konstituiert sich als Mittel gegen diese Dialektik innerhalb derselben. Sie ist daher von Anbeginn nicht nur Resultat der Moderne, wie in vielen sozialgeschichtlichen Darstellungen nahegelegt, sondern die eigenartige theoretische Bemühung um eine Praxis, die die Moderne konstituiert und zugleich ihre problematischen Seiten zu kompensieren versucht. Dies verschafft ihr bis in die heutigen Begründungsversuche einer Erziehungswissenschaft hinein einen Sonderstatus innerhalb der akademischen Disziplinen." (Euler 1995, S. 207)

Die hier nahegelegte Art der Reaktion auf die vorgefundene widersprüchliche Welt, auf die Dialektik der Aufklärung, besteht in der stets neu erfolgenden Überprüfung des Geltenden und der Frage (ich zitiere erneut), „ob nun das bislang Geltende als berechtigt Geltendes bestätigt wird oder aber unter Kritik gerät, mit der Notwendigkeit und Möglichkeit, Neues, Alternativen zu generieren" (Euler 2012, S. 337).[8] Anknüpfend an Comenius leitet sich die Vorstellung ab, dass prinzipiell alle Menschen in die Lage versetzt werden sollen, an dieser Überprüfung und der Beratung über eventuelle Alternativen teilzunehmen. Voraussetzung für nachhaltige Entwicklung und eine humane Aussicht ist demzufolge ‚Bildung als Verstehen' einschließlich der Möglichkeit, die entwickelten Alternativen auch umsetzen zu können, Kritik in starkem Sinne wirksam werden zu lassen.

Literatur

Biertümpel, Antje (o.J.): „'Bildung für nachhaltige Entwicklung' im Widerspruch von Aufklärung und Mythos." Magisterarbeit (unveröff.), TU Darmstadt.
Euler, Peter (2014): Nachhaltigkeit und Bildung. Plädoyer für ein sachhaltiges Verstehen herrschender Widersprüche. In: Jahrbuch Bildung für nachhaltige Entwicklung 2014. Krisen- und Transformationsszenarios. Frühkindpädagogik, Resilienz & Weltaktionsprogramm. Wien: Umweltdachverband GmbH, S. 167-174.

---

können nicht abgetrennt von den Erfahrungen des Kolonialismus und Nationalsozialismus verstanden werden" (ebd., S. 39).
8   Diese Überprüfung soll auch vor eigenen ‚kritischen' Positionen nicht halt machen (vgl. dazu die Figur der ‚Kritik der Kritik' in Euler 1998).

Bulthaup, Peter (1975): Parusie. Zur Geschichtstheorie Walter Benjamins. In: Bulthaup, Peter (Hrsg.): Materialien zu Benjamins Thesen „Über den Begriff der Geschichte". Frankfurt a.M.: Suhrkamp, S. 122-148.

Euler, Peter (1989): Pädagogik und Universalienstreit. Zur Bedeutung von F.I. Niethammers pädagogischer „Streitschrift". Weinheim: Deutscher Studienverlag.

Euler, Peter (1995): Das Subjekt zwischen Hypostasierung und Liquidation. Zur Kategorie des Widerspruchs für die modernitätskritische Revision von Erziehungswissenschaft. In: Euler, Peter/Pongratz, Ludwig A. (Hrsg.): Kritische Bildungstheorie. Zur Aktualität Heinz-Joachim Heydorns. Weinheim: Deutscher Studienverlag, S. 203-221. http://tuprints.ulb.tu-darmstadt.de/id/eprint/1366 [Zugriff: 24.07.2014].

Euler, Peter (1998): Gesellschaftlicher Wandel oder historische Zäsur? Die „Kritik der Kritik" als Voraussetzung von Pädagogik und Bildungstheorie. In: Rützel, Josef/Sesink, Werner (Red.): Bildung nach dem Zeitalter der großen Industrie. Jahrbuch für Pädagogik, 1998. Frankfurt a.M.: Peter Lang. S. 217-238.

Euler, Peter (2000): Veraltet die Bildung? Oder: kritische Bildungstheorie im vermeintlich „nachkritischen" Zeitalter! In: Pädagogische Korrespondenz, H. 26, S. 5-27. http://nbn-resolving.de/urn:nbn:de:0111-opus-77528. [Zugriff: 24.07.2014].

Euler, Peter (2003): Bildung als „kritische" Kategorie. In: Zeitschrift für Pädagogik H. 3/Jg. 48, S. 413-421.

Euler, Peter (2007): Einsicht und Menschlichkeit. Bemerkungen zu Gernot Koneffkes logisch-systematischer Bestimmung der Bildung. In: Bierbaum, Harald/Euler, Peter/Feld, Katrin/Messerschmidt, Astrid/Zitzelsberger, Olga (Hrsg.): Nachdenken in Widersprüchen. Gernot Koneffkes Kritik bürgerlicher Pädagogik. Wetzlar: Büchse der Pandora, S. 47-58.

Euler, Peter (2009): Heinz-Joachim Heydorns Bildungstheorie. Zum notwendigen Zusammenhang von Widerspruchsanalyse und Re-Vision in der Bildungstheorie. In: Bünger, Carsten/Euler, Peter/Gruschka, Andreas/Pongratz, Ludwig A. (Hrsg.): Heydorn lesen! Herausforderungen kritischer Bildungstheorie. Paderborn: Schöningh, S. 39-54.

Euler, Peter (2012): Kampf um Bildungszeit. Ein pädagogisch-politischer Konflikt im Kontext nachhaltiger Entwicklung. In: Ernst, Peter/Wiegandt, Klaus (Hrsg.): Dimensionen der Zeit. Die Entschleunigung unseres Lebens. Frankfurt a.M.: Fischer Taschenbuch Verlag, S. 311-348.

Euler, Peter/Luckhaupt, Arne (2010): Historische Zugänge zum Verstehen systematischer Grundbegriffe und Prinzipien der Naturwissenschaften. Frankfurt a.M.: Amt für Lehrerbildung.

Kehren, Yvonne (2007): Pädagogik und nachhaltige Entwicklung. Reflexionen einer widerspruchsreichen Beziehung. Saarbrücken: VDM Verlag Dr. Müller.

Koneffke, Gernot (1994): Pädagogik im Übergang zur bürgerlichen Herrschaftsgesellschaft. Studien zur Sozialgeschichte und Philosophie der Bildung. Wetzlar.: Büchse der Pandora.

Koneffke, Gernot (2006): Einige Bemerkungen zur Begründung materialistischer Pädagogik. In: Keim, Wolfgang/Steffens, Gerd (Hrsg.): Bildung und gesellschaftlicher Widerspruch. Hans-Jochen Gamm und die deutsche Pädagogik seit dem Zweiten Weltkrieg. Frankfurt a.M.: Peter Lang Verlag, S. 29-44.

Koneffke, Gernot (2009): Die verzwickte Domestikation der Autonomie. Heydorn weitregedacht. In: Bünger, Carsten/Euler, Peter/Gruschka, Andreas/Pongratz, Ludwig A. (Hrsg.): Heydorn lesen! Herausforderungen kritischer Bildungstheorie. Paderborn: Schöningh, S. 215-227.

Koneffke, Gernot (o.J.): Über Titz´ Versuch, Heydorns Bildungstheorie aus dem Exodusmythos und dem mit diesem verbundenen Bilderverbot zu verstehen. Ms (unveröff.).www.kritische-bildungstheorie.de/documents/koneffke/Koneffke_Ueber-Titz-Versuch_lang.pdf. [Zugriff: 24.07.2014].

Marx, Karl (1965): Der 18. Brumaire des Louis Bonaparte (Nach der ersten Fassung von 1852. Nachwort von Herbert Marcuse). Frankfurt a.M.: Insel-Verlag.

United Nations Environment Programme (2012): Global environment outlook GEO 5. Environment for the future we want. Nairobi, Kenya: United Nations Environment Program.

Ziegler, Jean (2012): „Wir lassen sie verhungern!" – Interview von Robert Domes. In: bpb:magazin, H. 2/Jg. 1, S. 28-31. https://www.bpb.de/dialog/145727/wir-lassen-sie-verhungern-interview -mit-jean-ziegler [Zugriff: 24.07.2014].

Žižek, Slavoj (2013): Briefe aus dem Gefängnis: Liebe Nadja. In: Philosophie Magazin H. 1, S. 20.

Die Wirklichkeit der Kritik.
Blickwechsel zwischen kritischer Bildungstheorie und Soziologie der Kritik

Carsten Bünger, Ralf Mayer

Mit einer explizit kritischen Theoriebildung verbindet sich seit Horkheimers Programmschrift aus dem Jahr 1937 das Anliegen, Kritik in einem nicht-trivialen Sinne zu fassen und zu betreiben. Darin artikuliert sich ebenso das Interesse an einer umfassenden theoretischen Durchdringung sozialer Verhältnisse wie an der „Aufhebung gesellschaftlichen Unrechts" (Horkheimer 1937/1988, S. 216). Trivial ist Kritik demnach, so Peter Euler (2001, S. 8), wenn man sie mit ihren gesellschaftlich funktionalen und vereinnahmten Formen gleichsetzt: wenn Kritik instrumentell auf die Behebung partieller Defizite durch konstruktive Vorschläge reduziert wird. In diesen Erscheinungsweisen von Kritik fehlt in den mannigfaltigen Bezügen des Kritisierens ein Bezug zum Allgemeinen, genauer: eine Problematisierung des Allgemeinen selbst, das als Bedingungsgefüge der kritikablen Alltagszusammenhänge und jeweiligen Verbesserungsbemühungen ausgemacht werden kann. Anders gesagt: Es geht um ‚Grundsatzkritik' als einer Kritik, die in der bloßen Optimierung eines sozialen Immanenzzusammenhangs nicht aufgeht, sondern sich von den scheinbaren Selbstverständlichkeiten zu distanzieren und zu deren Begründungen in ein – reflektierendes, vernünftiges, variierendes, jedenfalls Alternativen eröffnendes – Verhältnis zu setzen vermag.

Die Bemühung um Kritik in diesem Sinne wirft allerdings eine Reihe von Fragen auf, die in der Überlegung ihren Ausgang nehmen, wie denn die Bedingung der Möglichkeit einer solchen Grundsatzkritik bestimmt werden könnte. Dabei stellt sich diese Frage im Verhältnis von epistemologischer Justierung und den sozialen Bedingungen der Kritik. Christoph Türcke diagnostiziert diesbezüglich kurz vor der Jahrtausendwende das „Altern der Kritik" als einen Prozess, in dem der historische Moment einer universalen, grundsätzlichen Kritik vergangen ist, während für die Gegenwart ein „nach-kritische[r] Zustand" (Türcke 1998, S. 6; 13) zu diagnostizieren sei. Für diesen sei es charakteristisch, dass sich kritische Abwägungen zwar in den Kontexten individueller Entscheidungsszenarien wie massenmedialer Inszenierungspraxen auszuweiten scheinen. Zugleich drohe diese Progression in sich zusammenzufallen, da sie eine Orientierung an vernünftigen Maßgaben zurückweise bzw. nivelliere. Kritik sei „kriterienlos losgelassen" (ebd., S. 13). Sie vertrete willkürliche und damit wert- oder wirkungslose Positionen, die alles vertreten können – ausgenommen einen universalen Standpunkt. Türcke macht damit auf ein basales Problem der Kritik aufmerksam. Dieses scheint sich dann aufzudrängen, wenn durch den Wegfall absolute Gültigkeit beanspruchender Kriterien die Bewegungen des Urteilsvermögens zwar noch spezifische Maßgaben beanspruchen, aber deren Qualität und Bedingungsgefüge nicht (mehr) *uneingeschränkt als allgemein* auszuweisen sind (vgl. ebd.).

Die zeitdiagnostische Argumentation Türckes hinsichtlich eines ‚nachkritischen Zustands' mag die eingangs aufgenommene Abgrenzung einer kritischen Theoriebildung von trivialen Kritikverständnissen als anachronistisches Unterfangen erscheinen lassen. Sie provoziert dabei die Rückfrage nach einem – vergangenen – ‚kritischen Zustand'. Versteht man diese jedoch nicht in einem historisch-empirischen Sinne – wann wurde zuletzt auf gesellschaftlich bedeutsame Weise Grundsatzkritik geübt und z.B. die „Systemfrage" gestellt[1] –, sondern als Frage nach dem *Problematisch-Werden von Kritik in einem systematischen Sinne,* so führt der in einem ersten Schritt folgende Durchgang durch die philosophiegeschichtlichen Auseinandersetzungen um Kritik zu anderen Resultaten (Kapitel 1). Verweist das Kritische in einem nicht-trivialen Sinne auf Kriterien, die dem Bestehenden gegenüber als transzendente Bezugspunkte fungieren bzw. aus solchen zu gewinnen wären, so ist es eben diese fragwürdige Gegenüberstellung von Immanenz und Transzendenz, in die sich die Forderung nach Grundsatzkritik verwickelt. Eine produktive Perspektive eröffnen demgegenüber solche Ansätze, in denen die Bedingung der Möglichkeit von Kritik nicht über eine der sozialen Ordnung vorgelagerte oder jenseitige Figur zu fassen und zu sichern gesucht wird, sondern die die Ermöglichungsbedingungen und konkreten Einsätze von Kritik gerade in der Brüchigkeit, Widersprüchlichkeit oder Uneindeutigkeit des Sozialen ausmachen. Kritik – auch in ihrem nicht-trivialen Sinne – wird damit auf die soziale Wirklichkeit selbst bezogen bzw. notwendig in ihr verortet. Es ist dies ein Umgang mit dem Problem der Kritik, der sich zum einen als spezifisch bildungstheoretischer lesen lässt, sofern hier die subjektive Reflexion als eines möglichen Verhältnisses zu den jeweiligen gesellschaftlichen Bedingungen der Lebensführung im Vordergrund steht. Kritik wird damit als eine im Werden begriffen, und dieses Werden der Kritik vollzieht sich maßgeblich in Beziehung zum jeweils zu spezifizierenden sozialen Raum. Wie dieses Denken der Kritik die Kritische Bildungstheorie prägt, wollen wir im zweiten Schritt rekonstruieren (Kapitel 2). Zum anderen

---

1 Wobei sich zeigen würde, dass sich Grundsatzkritik in diesem Sinne nicht in der Chiffre 1968 erschöpft, sondern mit verschiedenen, krisenhaften Großereignissen wie der Finanzkrise verknüpft.

lässt sich die Sozialität der Kritik als genuiner Grundzug einer Perspektive entwickeln, in der sich jegliche „Kritik als soziale Praxis" (Celikates 2009) darstellt, wobei die soziale Realität als konstitutiv umkämpft gedacht wird. Vor diesem Hintergrund interessiert uns der spezifische Einsatz der „pragmatischen Soziologie der Kritik" (Boltanski 2010, S. 12), wie er u.a. in Luc Boltanskis und Ève Chiapellos (2003) Auseinandersetzung mit dem „neuen Geist des Kapitalismus" zum Tragen kommt (Kapitel 3). In ausblickender Absicht fragen wir abschließend, wie sich die Argumentationslinien der Kritischen Bildungstheorie und der ‚Soziologie der Kritik' füreinander produktiv machen lassen (Kapitel 4).

1. Zur systematischen Problemstellung der Kritik: historische Facetten

Dass aktuelle Auseinandersetzungen zum Begriff der Kritik mit kontroversen Befunden konfrontieren, erstaunt zunächst nur wenig, wenn man attestiert, dass sich dies bei zahlreichen, philosophische wie pädagogische Traditionslinien prägenden Begriffe beobachten ließe, an die sich bis in die Antike zurückreichende ideen- und sozialgeschichtliche Diskussionsstränge binden. So war bereits zur Zeit Platons umstritten, wie ein *allgemeines* Verständnis von Kritik als Instrument oder Vermögen des Unterscheidens präzisiert werden kann. Im Bemühen, Kritik entlang ihrer Kontexte zu differenzieren, werden erkenntnistheoretische Problemstellungen ebenso virulent wie die Frage nach politisch-ethischen Gestaltungsmöglichkeiten oder auch technisch-künstlerischen Praxen (vgl. Holzhey 1976, S. 1249ff.). Mit dem Attribut ‚kritisch' qualifiziert sich dabei *erstens* die Tätigkeit des ‚Unter-Scheidens' und Beurteilens hinsichtlich der Bezugnahme auf ein absolutes, teleologisch oder transzendental fundiertes Kriterium – wie dem der Wahrheit. *Zweitens* wird in diesem Zusammenhang die Frage nach dem ‚Subjekt der Kritik' bedeutsam: etwa im Spannungsfeld von allgemeinem Vermögen und besonderer Befähigung wie auch sozialer Stellung des kritisch Unterscheidenden. Daran binden sich *drittens* bereits für das antike Denken einschneidende Konstellationen von Wahrheitssuche und Macht, die, so Euler (2004, S. 13f.), die Artikulationen der Kritik elementar auf Problemstellungen bzw. Umbruchsituationen in Bezug auf ‚Tradition' und Gemeinwesen verweisen. Derartige Auseinandersetzungen um das kritische Urteil kommen in der Aufklärungsepoche in besonderer Weise zum Tragen, lässt sich diese doch mit Koselleck elementar über den Kritikbegriff charakterisieren. Dabei werde Kritik aufklärerisch als „eine Kunst des Urteils" gefasst, die gerade ethische, politische, rechtliche, ästhetische Gegebenheiten über Kriterien von

„Echtheit oder Wahrheit, [...] Richtigkeit oder Schönheit" (Koselleck 1959/1992, S. 86) organisiert und problematisiert.

Wie Koselleck zeigt, identifiziert und prüft die kritisch-aufklärerische Argumentationsweise allerdings nicht einfach vorgefundene Gegenstände, Denk- und Herrschaftssysteme, sondern organisiert sich bis zu Kant über polarisierende Begrifflichkeiten, die einen Sachverhalt in ihrem Zugriff über Begriff und Gegenbegriff ordnet (vgl. ebd.). Über diese Praxis der (Auf-)Spaltung – bspw. von Vernunft und Offenbarung oder Sinnlichkeit, Natur und Zivilisation, Moral und Politik, Mensch und Bürger, Freiheit und Zwangsherrschaft – im Kontext prinzipieller Unterscheidungen von echt und unecht, evident und verborgen, wahr und falsch, recht und rechtswidrig oder schön und hässlich, gewinne die Kritik allererst ihren Nachdruck und ihre Bestimmtheit. In diesem Schematismus reduzieren sich allerdings konkrete politische Problemstellungen in ihrer Vielschichtigkeit eben auf die polarisierenden Entgegensetzungen (vgl. ebd., S. 83; 97; 99). Mit Kant stellt sich diese Entwicklung des Kritikkonzepts, so Koselleck, ihrer Krise, indem der Vernunftanspruch die menschliche Wissbegierde nach dem Modell des „Gerichtshof[es]" (Kant 1781/1998, S. A XI) vor seinen ‚Richterstuhl' ruft und sich dabei auch gegen sich selbst befragt: Angesichts der Fehlbarkeiten, Widersprüchlichkeiten und Zerwürfnisse von Metaphysik, Religion und Staat ist „[d]er kritische Weg [...] allein noch offen." (ebd., S. A 856) Auch hier greift über die Form der ‚Recht-sprechung' noch ein polarisierendes Bild, das über die Struktur des Gesetzes, des richterlichen Urteils oder auch des polizeilichen Schutzes (vgl. Holzhey 1976, S. 1268f.) Legitimität beansprucht: Die Kritik will die antagonistischen Kontroversen unterschiedlichster Couleur, in denen sich lediglich „Scheinwissen" (Kant 1781/1998, S. A XI) gegen ‚Scheinwissen' richtet, über die Orientierung an mathematisch und naturwissenschaftlich geläuterten Grundsätzen überwinden. Die derart gefasste (selbst-)kritische Vernunft als Allgemeines greift allerdings auf paradoxe bzw. widersprüchliche Weise: *Zum einen* diszipliniert Kant den Gebrauch der Vernunft über die Frage nach deren Umfang, Dynamik und Grenzen im „Feld möglicher Erfahrung" (ebd., S. A 702). Tradierte Formen absoluten Wissens und unhinterfragter Macht verlieren dergestalt ihren unantastbaren oder definitiven Charakter. *Zum anderen* muss sich vor der Vernunft bzw. über ihre Ordnungsmodi und Prinzipien ‚alles' legitimieren. Mehr noch: Sie selbst zieht die Grenzen des als vernünftig – d.h. hier als wahr und richtig – Erkenn- und Sagbaren. In die Selbstkritik der Vernunft bleibt demgemäß die Hypostase ihrer über Grundsätze und Begriffe ‚gesicherten' Formen und Führungen eingeschlossen.[2] Die so übersteigerte Ver-

---

2 Eine Explikation der jeweiligen Bezüge und Eigenheiten der drei Kritiken Kants kann an dieser Stelle nicht geleistet werden.

nunft macht Selbstkritik ebenso notwendig wie sie zugleich deren widersprüchliche Ausprägungen in das kritische Urteil je und je einträgt. Horkheimer sieht hier die Janusköpfigkeit der kantischen Begriffe am Werk, „die einerseits die höchste Einheit und Zielrichtung, andererseits etwas Dunkles, Bewusstloses, Undurchsichtiges bezeichnen" (Horkheimer 1937/1988, S. 177). Undurchsichtig erscheint das Begriffssystem Kants, da es für Horkheimer den ‚Gerichtshof der Vernunft' in einem antagonistischen Spannungsfeld situiert: hinsichtlich des Anspruchs der Herausarbeitung einer selbst unbedingten intelligiblen Grundlegung der Verstandestätigkeit und der unhintergehbar bedingten, geschichtlich-gesellschaftlichen Präformierung der menschlichen Vermögen wie auch der zu prüfenden Dinge. Das ‚kritische Urteil' bleibt so bei Kant unauflöslich justiert zwischen einer „allgemeine[n] Subjektivität, von der das individuelle Erkennen abhängt" (ebd.) und den konkreten Unternehmungen, Urteilen und Positionierungen eines Subjekts: im Kontext einer stets normativ bzw. über diskursive ‚Maß-gaben' strukturierten Tätigkeit (vgl. Pippin 2009, S. 135). Ohne auf die vielschichtigen Fortführungen und Dimensionen des Kritikbegriffs eingehen zu können, kann für die weiteren Überlegungen festgehalten werden, dass die Dynamik kritischen Erkennens und Urteilens *zum einen* stets die Möglichkeiten und Problemstellungen von Begründungs- und Identifizierungsbemühungen bearbeitet. Die Frage nach ausschlaggebenden und gesicherten Kriterien für die Tätigkeit der Kritik wird dabei zu einem offenen Problem, das Kant zunächst von den rohen Zügen unlösbarer Streitigkeiten und unüberlegter wie unfreier Parteinahmen zu befreien sucht. *Zum anderen* erweisen sich die Praxen des Kritisierens nicht als einfache Identifikations- und Bestimmungsbewegungen, die in Bezug auf einen allgemeinen und damit vom Beurteilenden letztlich unabhängigen Maßstab einen Gegenstand als solchen fassen könnten. Eher nimmt die kritische Artikulation in ihrem Vollzug eine strukturierende, über jeweils spezifische normative Einsatzstellen, Interessen oder auch Institutionen ausgerichtete Intervention und Perspektivenverschiebung vor. Während bei Kant noch der Anspruch dominant erscheint, das Erkenntnisvermögen des Subjekts *kategorisch als vernünftiges* epistemologisch wie praktisch-moralisch auszuweisen, zu legitimieren und zu binden, stellen sich Horkheimer (1937/1988, S. 174) und Adorno (1966/1997, S. 22ff.) im Anschluss an Hegel und Marx der damit aufgegebenen Schwierigkeit: die Unvernunft, die Bedingtheit und das Schwankende der jeweiligen geschichtlichen bzw. subjektiven wie objektiven Wirklichkeit in die Systematik oder Begriffsarbeit der kritischen Analyse aufzunehmen. Die kritische Artikulation bleibt insofern *zum einen* konstitutiv auf die Subjektwerdung im Kontext spezifischer Formen von Sozialität verwiesen. Das Soziale fungiert bei Hegel, wie etwa Pippin (2005, S. 107) verdeutlicht, als quasi nicht hintergehbare Autorität oder Bedingung der Möglichkeit von Normgebungsprozessen, über deren ‚Bindungskraft' sich die Subjekte formieren (‚bilden'). *Nicht hintergehbar* heißt hier allerdings nicht absolut oder unmittelbar, sondern betont wird der dynamische Verweisungscharakter – die Geschichtlichkeit, Materialität oder auch Politizität – des Sozialen, dem der „Ausdrucksdrang" (Adorno 1966/1997, S. 29) des Subjekts ebenso unterliegt, wie es darin gleichsam ein Moment von Negativität oder Differenz in die sozialen Praxen einträgt. Gerade daraus ‚resultieren' *zum anderen* unabschließbare Auseinandersetzungsprozesse. Denn der kritische Einspruch entzündet sich an den von Inkonsistenzen und Konflikten durchzogenen allgemeinen Herrschafts- und Identitätsansprüchen, Bedeutungen und Diskursen. Kritik bewegt sich damit von der Vorstellung einer über ‚gerichtliche' oder ‚polizeiliche' Verfahren abgesicherten Tätigkeit, hin zu einem unentschiedenen Kampf um die Produktion und Provokationen allgemeiner, ‚sinnhafter' bzw. autoritärer Perspektiven, Positionierungen und Interventionen.

Vor diesem Hintergrund erscheint die von Türcke diagnostizierte Kriterienlosigkeit der Kritik weniger als ein Spezifikum einer historischen Konstellation. Vielmehr lässt sich das Kriterienproblem als Konsequenz nicht im Vorhinein entschiedener Unterscheidungs-, Durchsetzungs- wie Rechtfertigungspraxen verstehen. Mit Euler lässt sich dies auch so fassen, dass die polarisierende Diagnose eines ‚nachkritischen Zustands' letztlich ein Wissen beansprucht, das sie streng genommen – d.h. *als Allgemeines* – nicht wissen kann (vgl. Euler 2001, S. 6). Denn nur wenn das Soziale einheitlich, in sich geschlossen gedacht oder zentriert formiert werden könnte, wäre der Kampf um Urteilskriterien, Sinn und Maß, entweder abschließ- oder überwindbar (vgl. Adorno 1963/1990, S. 316f., 324f.; Laclau 1999, S. 113). Ein solches Verständnis würde aber nicht nur der Möglichkeit von Kritik, sondern auch dem Begriff der Bildung entgegenstehen. Wie sich die spezifische Argumentationslinie der kritischen Bildungstheorie zu dem Kriterienproblem der Kritik verhält, soll im Folgenden eingeholt werden.

2. Gesellschaftliche Widersprüche als Bezugspunkte bildungstheoretischer Kritik

Für Bildungstheorie ist entscheidend, dass und inwiefern die soziale Integration der Einzelnen die Möglichkeit enthält, sich zu den Bedingungen der sozialen Ordnung in ein – durch deren Aneignung diese zugleich verwandelndes, reflektierendes, prüfendes – Verhältnis zu setzen. Schon von daher ist Bildungstheorie auf die Frage nach der Möglichkeit von kritischen Distanzierungen und Urteilen verwiesen. Zugleich stellt sich auch hier das Kriterienproblem, sofern die bildende Bewegung als Auseinandersetzung mit der sozialen Ordnung und den Bedingungen der Integration in ihrer aufklärerisch-neuhumanistischen Lesart gerade nicht als beliebige Zustimmung oder willkürliche Ablehnung gedacht wird, sondern auf ein *begründetes* Verhältnis zu den vorfindlichen Bedingungen zielt. Wenn jedoch – wie die bisherigen Überlegungen gezeigt haben – die Kriterien der Kritik nicht in einer der Kritik entzogenen Größe zu fundieren sind, sondern eher als sozial durchgesetzte bzw. umkämpfte zu begreifen sind, so geraten auch die bildungstheoretischen Ansprüche eines begründeten Selbst- und Weltverhältnisses unter den Vorbehalt ihrer Verstrickung in soziale Erwartungen und Normalitätsanforderungen. Die in der Tradition des Bildungsdenkens fokussierten Begründungshorizonte wie Humanität, Vernunft, Individualität oder Authentizität sind dann nicht in der Weise unabhängig von den für die Durchsetzung und Funktion sozialer Ordnungsformen beanspruchten Bezugspunkten (wie Eigenverantwortung, Vertragsfähigkeit usw.), wie es der bildungstheoretische Gedanke eines – von sozialisatorischen Verengungen – *freien* Welt- und Selbstverhältnisses vorgestellt hatte (vgl. Schäfer 2011). Diese Verstrickung lässt sich jedoch auch so verstehen, dass die in der Bildungstheorie vorfindlichen Kategorien selbst als zeitspezifische Artikulationsformen der Kritik zu begreifen sind; sie sind Ausdruck der antifeudalen, aufklärerischen Kämpfe, die zum Teil noch die Selbstkritik an ihren Engführungen mitaufnehmen (wie die neuhumanistische Abgrenzung von philanthropischen Brauchbarkeitskonzepten zeigt; vgl. Euler 1995, S. 207; 211f.). Gleichzeitig aber verführen die Kategorien der Bildung bzw. die mit dem Bildungsdenken verbundenen Kriterien der Kritik zu einer substanzialisierenden Lesart, die jene Kriterien als vor- bzw. übersoziale Qualitäten interpretiert und damit den gesellschaftlichen Ort ihrer Artikulation wie auch deren realgeschichtliche Wirkmächtigkeit ausblendet.

Im Rahmen der Kritischen Bildungstheorie, wie sie von Heinz-Joachim Heydorn und Gernot Koneffke verstanden und betrieben wurde, werden Bezugspunkte wie Mündigkeit, Autonomie und Vernunft entsprechend nicht als unproblematische Maßstäbe oder Ressourcen der Kritik verstanden, mit denen sich gesellschaftliche Zwänge und Abhängigkeiten benennen und zurückweisen ließen. Vielmehr ist es der gesellschaftliche *Bedarf* an Rationalität und individueller Selbständigkeit, mithin: mündiger Lebensführung, an dem sich die Kritische Bildungstheorie abarbeitet. Ist dabei die Auseinandersetzung auf „bürgerliche Mündigkeit" bezogen, statt auf Mündigkeit ‚als solche', so betonen die Autoren damit ebenso den sozialgeschichtlichen Ort des Konzepts wie sie die mit dessen Beanspruchung einhergehenden spezifischen Unterwerfungszusammenhänge und Widersprüche zu analysieren suchen. Konfrontiert man vor diesem Hintergrund die Kritische Bildungstheorie mit der Frage nach den Kriterien der Kritik, so wird die Antwort im Verweis auf die soziale Wirklichkeit der Kritik bestehen: Indem die konstitutive Dimension kritischer Akte und Kriterien hinsichtlich der Begründung der bürgerlich-kapitalistischen Gesellschaft betont wird, erscheint die von den "empirische(n) Subjekte(n)" zu leistende Unterwerfung unter kapitalistische Verwertungszusammenhänge als „bornierte Wirklichkeit radikaler Kritik an der Herrschaft, feudalgesellschaftlicher wie aller vorbürgerlichen" (Koneffke 1994, S. 16). In einer ersten Annäherung lässt sich also die Argumentationsweise Kritischer Bildungstheorie als Form einer immanenten Kritik verstehen[3]: Im Interesse an den aktuellen Bedingungen und Möglichkeiten von Bildung findet sie in der Analyse der gesellschaftlichen Beanspruchung von Bildung und der anhaltenden Wirkmächtigkeit aufklärerisch-emanzipatorischer Kritik ihren Einsatzpunkt. Deren historische Resultate begreift sie als widersprüchlich, sofern in der bürgerlichen Gesellschaft die antifeudalen Befreiungsbemühungen in neue Herrschaft umschlagen, die nun „statt auf dem Subjekt zu lasten, [...] ins Subjekt ein(wandert)" (Koneffke 2006, S. 41).

Im Hinblick auf die Frage nach den Kriterien der Kritik verschiebt sich das damit verbundene Problem ihrer Begründung auf das Verfahren immanenter Kritik; es erscheint hier als Problem der Distanzierung der Analyse vom Analysierten. Indem immanente Kritik die Nicht-Eingelöstheit der mit dem gesellschaftlichen Selbstverständnis verbundenen Ansprüche herausarbeitet, geraten Affirmation und kritische Distanzierung einer sozialen Ordnung ins Changieren. Das Paradox – wie zugleich „die praktische Stärke" (Schäfer 2005, S. 59) – der immanenten Kritik besteht darin, von der Gesellschaft zu fordern, was sie selbst verspricht. Wie lässt sich dann jedoch zwischen den eigenen Forderungen und gesellschaftlichen Funktionserfordernissen unterscheiden, wenn die Kriterien der Kritik den Ansprüchen und Selbstbeschreibungen der problematisch erscheinenden Sozialform selbst entnommen werden? Hat sich – anders gesagt – die Herrschaftsform in der Weise gewandelt, dass in ihr die Kritik an Herrschaft in spezifischer Weise *aufgehoben* ist, dann stellt sich das Kriterien-Problem als Frage nach dem Ort der kritischen Theoriebildung im Verhältnis zur Wirklichkeit bürgerlicher Gesellschaft: Wenn „Herrschaft sich in der Mündigkeit eingenistet hat" (Koneffke 2006, S. 41), wird das Wissen um Herrschaft bzw. die Einsicht in deren Wirken zum Problem: Wie lässt sich das Moment der Herrschaft identifizieren und distanzieren, wenn die eigenen Handlungsvollzüge und Reflexionsformen mit diesem vermittelt sind? Der paradoxe Effekt liegt in performativer Hinsicht darin, dass die Analyse der historischen Entwicklun-

---

3 Die Argumentation als immanente Kritik zu verstehen, widerspricht zunächst jenen Lesarten, die bei Heydorn eine religiöse Fundierung der Kritik betonen. Auch wenn man letztere nicht teilt, stößt ein strenges Verständnis immanenter Kritik bei genauerer Lektüre der Texte von Heydorn und Koneffke an Grenzen, sofern die Autoren über den Begriff der Bildung die *Gewordenheit* der Immanenz herausarbeiten und damit die Argumentation – wie unten noch gezeigt werden soll – über die bloße Ableitung der Kriterien der Kritik aus dem Anspruch und Selbstverständnis der Gesellschaft hinausführen. Zum dialektischen Zusammenhang von transzendenter und immanenter Kritik vgl. auch Adorno 1949/1977, S. 25f.

gen im „Übergang zur bürgerlichen Herrschaftsgesellschaft" (Koneffke 1994) zu Konsequenzen führt, die die Möglichkeit einer solchen Analyse, das heißt: der rationalen Durchdringung des ‚eigenen' historischen Gewordenseins, selbst fraglich werden lassen.[4] Jedoch – und dies stellt unseres Erachtens die Pointe der Kritischen Bildungstheorie dar – wird das Problem der Unterscheidung der Kritik vom Kritisierten von den Autoren gerade nicht ausgeblendet, sondern seinerseits zum Bezugspunkt ihres spezifischen Bildungsdenkens.

Um dies zu verdeutlichen ist an die metatheoretische Rahmung der Theoriebildung Heydorns und Koneffkes zu erinnern: Die Kritische Bildungstheorie versteht sich als eine historisch-materialistische Analyseperspektive gesellschaftlicher Verhältnisse, das heißt, dass sie ihren Begriff von Gesellschaft hinsichtlich der Form und des Wandels sozialer Ordnungen auf die kollektive, arbeitsteilige Organisation menschlicher Selbsterhaltung und ‚Naturbewältigung' bezieht (vgl. Heydorn 1973/2004, S. 151). Liegt damit der Ausgangspunkt in einer abstrakten anthropologischen Bestimmung, durch die sich mit Marx die Menschheitsgeschichte als Geschichte der Produktionsverhältnisse erzählen lässt, so ist mit dem formal-anthropologischen Verweis auf die notwendig soziale Gestaltung der Selbsterhaltung kein Kriterium verbunden, aus dem die Kritik an einzelnen Produktionsverhältnissen abzuleiten wäre. Für Heydorn ist in diesem Zusammenhang vielmehr entscheidend, *wie* die Menschen sich zu ihren jeweiligen historischen Organisationsformen in ein Verhältnis setzen können, sie in ihren Effekten reflektieren und bewusst zu gestalten vermögen. Das führt zu folgender grundsätzlicheren Überlegung: Sind die Menschen zu solchen Akten der rationalen Durchdringung und Aneignung ihrer Bedingungen überhaupt in der Lage? Der spezifisch bildungstheoretische Einsatz dieser Analyseperspektive scheint mithin gerade darin zu liegen, die Frage als solche ernst zu nehmen, statt das Vorhandensein solcher Möglichkeiten in optimistischer Weise schlicht zu unterstellen. Zur zentralen Aufgabe der Theoriebildung wird für Heydorn und Koneffke die historisch-systematische Klärung der Bedingungen rationaler Welterschließung: Als Auseinandersetzung mit dem gesellschaftlichen Ort der Bildung geht es darum, die Konstitutionsbedingungen des ‚Bewusstseins' sowie die Möglichkeit von ‚Bewusstwerdungsprozessen'

---

4   Nur am Rande kann hier darauf aufmerksam gemacht werden, dass eben dieses Problem der Selbstaufklärung bei Foucault zu der Wendung einer ‚historisch-philosophischen Praktik' führt (Foucault 1978/1992, S. 26), mit der die ‚Ontologie der Gegenwart' ‚genealogisch' zu erschließen gesucht wird. Charakteristisch für den Zugang der Genealogie ist, dass darin der Fiktion ein unhintergehbares Moment zukommt (vgl. ebd.). Doch wird es nicht als Defizit begriffen, das zugunsten einer unmöglichen Gewissheit zu überwinden wäre, sondern als Möglichkeit für spezifische Distanzierungs- und Verschiebungseffekte in den Wirkungsweisen der Macht zu nutzen gesucht (vgl. Saar 2007).

zeit- und gesellschaftsdiagnostisch zu bestimmen. Von wo aus und unter Bezugnahme auf welche Kategorien aber soll eine solche Analyse möglich sein, wenn doch gerade die Fähigkeit zur rationalen Durchdringung der eigenen Verhältnisse selbst infrage steht? Für Heydorn ist es nun einerseits der gesellschaftliche Rationalitätsbedarf selbst, der die Möglichkeit aller Rationalität enthält, „das Selbstverständliche zu bezweifeln" (Heydorn 1972/2004, S. 61). Ist es ein wesentlicher Zweck der gesellschaftlich organisierten ‚Massenbildung', die unter kapitalistischen Verwertungsaspekten notwendige Abstraktionsfähigkeit zu schulen (vgl. ebd., S. 141), um die Flexibilität – als Transfer des Wissens und Disponibilität der Qualifikationen – sowie die Innovationsfähigkeit zu stärken, so ist es das damit beanspruchte subjektive Vermögen zur Distanzierung der jeweils gegebenen Bedingungen, die eine kritische Auseinandersetzungen mit der sozialen Ordnung als solcher ermöglichen könnte. Dieser formalen Möglichkeit der Bewusstwerdung anhand der distanzierenden Reflexion der eigenen Bedingungen aber steht die institutionelle Einbettung entgegen, sofern in den Schulen nicht nur die gesellschaftliche Hierarchisierung reproduziert wird, sondern auch die Inhalte vorweg auf Verwertungszecke des „Humankapitals" (Heydorn 1974/2004, S. 272) zugeschnitten sind. „So entstehen Mündigkeit und ihre Strangulierung im gleichen Brutkasten, im Gewebe einer eigenen Paralysierung" (Heydorn 1973/2004, S. 62). Die Möglichkeit der Bildung als eines kritischen Verhältnisses zu den gesellschaftlichen Zusammenhängen wird von Heydorn und Koneffke daher als ein prekäres Potential gefasst, das nur mittels theoretisch fundierter Analyse identifiziert werden kann. Anders gesagt: Die Frage nach der Möglichkeit von Kritik ist für Heydorn auf die systematische Durchdringung der Dialektik von Bildung und Herrschaft verwiesen. Es ist diese Theorieperspektive, die das spezifische Potential innerhalb des je zu konkretisierenden Widerspruchsverhältnisses von Bildung und Herrschaft zu bestimmen vermag. Und eben diese Bestimmung soll dessen praktische Ergreifung vorbereiten: Wenn der Widerspruch von Rationalitätsbedarf und irrationaler Zweckbestimmung, von geschulter Abstraktionsfähigkeit und inhaltlicher Engführung sichtbar gemacht wird, so der Einsatz Kritischer Bildungstheorie, dann lässt sich in den Bildungsinstitutionen anders agieren und auf die Mechanismen der Paralyse selbst aufmerksam machen (vgl. Koneffke 2006, S. 39f.).

Um diese formale Möglichkeit allerdings zu ‚aktualisieren' und damit einen qualitativen Unterschied innerhalb der bürgerlichen ‚Wirklichkeit' der Kritik zu setzen, ist für die Kritische Bildungstheorie nicht nur das negative Moment der Distanzierung und Bezweiflung entscheidend. Vielmehr bedarf es eines Bewusstseins über die Gewordenheit der gesellschaftlichen Bedingungen im Sinne eines Wissens um die darin eingegangenen Befreiungskämpfe, um die Uneingelöstheit der mit diesen verbundenen Fortschrittsperspektiven als dem „Noch-nicht-Gewesensein" (Koneffke 2004, S. 37) des

Vergangenen. Ein solches ‚Geschichtsbewusstsein' besteht zum einen in der Möglichkeit, die Widersprüche als historische Überformungen zu begreifen, was bereits als Kritik am Selbstverständnis der Gegenwart einsetzt: „Der Kapitalismus legt keinen Wert auf seine Herkunft, auf Liberte, Egalite, Fraternite. Er macht sie unkenntlich." (Heydorn 1972/2004, S. 62). Erst diese – von den Autoren anhand von ideen- wie sozialgeschichtlichen Quellen materialreich betriebenen – Kontextualisierungen verbindet zum anderen gegenwärtige Distanzierungen mit einem positiven Motiv: Das gegenwärtige Handeln der Kritik an menschheitsgeschichtliche Überlieferungen und Hoffnungen anzuschließen (vgl. Heydorn 1973/2004, S. 161). Die Aneignung der Geschichte im Hinblick auf die Aktualisierung des gegebenen Potentials bezeichnet Heydorn dabei als eine „Nahtstelle"[5] (ebd., S. 163), die die Gleichzeitigkeit von Kontinuität und Bruch markiert und damit für die Unverfügbarkeit des ‚Bildungsakts' als solchem steht. Die hinreichende Bedingung der Bewusstwerdung kann mit anderen Worten nicht schlüssig aus den sozialen Umständen selbst abgeleitet werden, sondern verweist bereits auf etwas ‚Hinzutretendes', das sich nicht positiv angeben lässt, sondern der identifizierenden Theoretisierung entzieht.

Dennoch geht es darum, diese Bewusstwerdung – über das Gewordensein gesellschaftlicher Widersprüche sowie der in ihnen liegenden, verkehrten Möglichkeiten – *pädagogisch* zu forcieren. Die Kritische Bildungstheorie hat ihren Einsatzpunkt mithin gerade darin, dass sie die Begründung der Kritik nicht über die inhaltliche Verfügung von Kriterien betreibt, sondern über die Reflexion auf deren Bildungsbedingungen. Aus der so gelagerten Argumentation folgt schließlich eine eigentümliche Asymmetrie der Position des kritischen Theoretikers gegenüber dem sich in den Widersprüchen bewegenden Subjekt: Letzteres ist er ebenso selbst, wie er sich von diesem zugleich über die bildungstheoretische Perspektive und deren Einsichten in die Bildungsbedingungen der Kritik absetzt. Sofern es um Prozesse der Bewusstwerdung und -machung geht, die immer auch in Kontrast zu individuellen Wissens-, Bewusstseins- und Erfahrungsformen stehen, bindet dies den und die kritisch Sprechende/n, die pädagogisch argumentierenden Theoretiker_innen, an eine hierarchische Struktur, die sie selbst – ob sie wollen oder nicht – erzeugen, indem sie sich zumindest partiell als Wissende verstehen, inszenieren oder positionieren. Aus der Logik der – sich zwar immer wieder auch zurücknehmenden und auf ihre Grenzen verweisenden – theoretisierenden Argumentationslinie selbst entsteht so eine strukturelle Asymmetrie zwischen kritischer Bildungstheorie auf der einen Seite und der Verhaftung der Adressat_innen kritisch-pädagogischer Bemühungen auf der anderen

---

5 Eine Metapher, die ebenso wie sein Begriff der „Neufassung" auf eine Übersetzungsleistung der sich bildenden Subjekte verweist, durch die Kontinuität und Bruch in ein ununterscheidbares Verhältnis gerückt werden (vgl. Bünger/Schenk 2015).

Seite. Die Reflexion auf die Bedingungen der Kritik gerät dadurch in eine Nähe zur binären Unterscheidung von denen, die sich der (Verstrickung in die) Widersprüche bewusst sind, gegenüber jenen, die es (noch) nicht sind und die es aufzuklären gilt.

Die Frage, die sich an dieser Stelle aufdrängt, ist, ob (der Reproduktion) einer solchen Unterscheidung entkommen werden kann, ohne das Anliegen einer kritischen Wissenschaft insgesamt aufzugeben. Als Kontrastfigur soll daher im Folgenden ein Versuch, das Verhältnis von Theoriebildung und kritischen Akteur_innen explizit *symmetrisch* zu justieren, skizziert werden.

3. Aus der Perspektive pragmatischer Soziologie: Kritik als soziale Praxis

Boltanskis Konturierung einer ‚Soziologie der Kritik' wendet sich gegen eine primär begrifflich verfügende Ausrichtung des Kritikkonzepts, die universalisierende Kriterien zur Beschreibung und Unterscheidung sozialer Dynamiken und damit auch der Wirklichkeit der Subjekte zu bestimmen sucht. Er unterstreicht die Differenz zwischen einem solchen, in seiner Lesart, souverän verfahrenden „Theorieraum" und einer Modellierung der „alltäglichen Realität" (Boltanski 2010, S. 13). Aus seiner pragmatischen Perspektive ergeben sich vorderhand zwei Absetzbewegungen von einer überlegen objektivierend und identifizierend verfahrenden Sozialwissenschaft, die ungleiche gesellschaftliche Ordnungen unter allumfassende Aspekte subsumiert: So gilt die kritische Rückfrage Boltanskis *zum ersten* einem über den Herrschaftsbegriff eingefassten Sozialraum, insofern

„[d]ie kritischen Theorien der Herrschaft [...] das Vorhandensein tiefgreifender, dauerhafter Asymmetrien [postulieren], die zwar in unterschiedlichen Kontexten unterschiedliche Aspekte annehmen, sich aber zugleich fortwährend reduplizieren und am Ende die Realität in ihrer Gesamtheit kolonisieren. [...] Das, worum es geht, ist nicht nur nicht unmittelbar beobachtbar, sondern entzieht sich meistens auch noch dem Bewusstsein der Akteure." (ebd., S. 16)

Sofern sich derartige Herrschaftsordnungen wie -behauptungen einer unmittelbaren Beobachtungsperspektive entziehen, müssen entsprechende Theorieansätze ihr Objekt folglich immer schon über theoretische Prämissen rekonstruieren (vgl. ebd., S. 15; 74f.). Ein Konzept von Herrschaft, dass als Folie sämtliche sozialen Phänomene präformiert, verkenne laut Boltanski gerade den *begrifflichen* Charakter ihres Einsatzes und vernachlässige damit aus einer pragmatischen Perspektive ebenso die Instabilität und Unsicherheiten des gesellschaftlichen Handlungsraums wie die mannigfaltigen Einsätze der Akteur_innen. Demgegenüber rekurriert er auf die Relation von Macht und

Alltagspraxis. Macht sei empirisch zugänglich, denn diese fokussiert zum einen das spannungsreiche Geflecht lokal begrenzter Formen des Handelns. Sie lässt sich nicht auf einen dieses Geflecht vor- oder durchgängig fassenden Begriff gründen. Der Alltagsbezug stützt sich somit nicht auf eine simple Akteursperspektive, sondern richtet sich auf ein stets situiertes Handeln (vgl. ebd., S. 100). Die Situiertheit akzentuiert folglich, dass sich alltägliches Handeln über spezifische machtvolle Ordnungsfiguren koordiniert, die den Akteur mit soziostrukturellen Vorgaben gleichsam konfrontieren. In dieser Konfrontation betont die pragmatische Wendung zum einen die Herausbildung „innere[r] Orientierungspunkte", die sich, in Form von „Gewohnheiten oder Dispositionen" (ebd.) in den Körper einschreiben. Zum anderen öffnet sich damit ein Feld von impliziten dynamischen Praktiken wie expliziten Auseinandersetzungen, die Boltanski elementar in Bezug auf die dabei maßgeblichen normativen Ausrichtungen thematisiert. Die Machtverhältnisse greifen in seinem Sinne nicht zuletzt über die in ihnen auf unterschiedlichen Ebenen eingeschriebenen Regelungen, die, im Anschluss an Weber, zur Rationalisierung neigen „insofern, als ihre Strukturen und ihre Ausübung zumindest formell *Erfordernissen der Rechtfertigung* unterworfen sind, was ihnen eine gewisse Widerstandsfähigkeit verleiht." (ebd., S. 16) Es sind gerade diese kollektiven Legitimationspraktiken oder -ansprüche, die angesichts jeweils inhaltlich konkreter Diskrepanzen zwischen Norm und soziostruktureller Wirklichkeit einen beweglichen Raum für die Proklamation und Reklamation spezifischer Rechtfertigungsfiguren wie auch für kritische Interventionen in den bestehenden sozialen Praxen instituieren.

Die *zweite Absetzbewegung* von einer überlegenen Theorieperspektive folgt gleichsam aus diesem in der alltäglichen Realität verankerten Spannungsfeld von Legitimationsfiguren und deren kritischer Prüfung. Denn insofern die wissenschaftliche Analyse nicht auf eine die alltägliche Praxis grundierende Matrix zurückgreifen kann, weist sie eine Asymmetrie oder intellektuelle Sonderstellung gegenüber dem Wissen oder den kognitiven wie kommunikativen Fähigkeiten unterschiedlicher Akteur_innen zurück (vgl. ebd., S. 47f.). Die ‚Soziologie der Kritik' stützt sich gleichsam auf die situative Urteilskraft der Handelnden. Sie unterstreicht „die Reflexivität der Alltagspraxis und entwickelt ein Vokabular zur Analyse der konkreten Praktiken der Selbstverständigung, das die ‚gewöhnlichen' Akteure [...] als kompetente Akteure" (Celikates 2009, S. 136) anerkennt. Das Kritikkonzept Boltanskis zielt damit nicht einfach auf das individuelle Urteilsvermögen, sondern auf die Kontroversen um Sinnkriterien, insofern sie in kollektiven Praktiken Bedeutsamkeiten produzieren, orientieren, verändern usw. Dass hierbei allerdings nicht einfach der ‚Common Sense' den analytischen Rekonstruktionsrahmen anleitet, liegt für Boltanski in der Unmöglichkeit, den sozialen Raum abschließend zu bezeichnen. Er postuliert eine *prinzipielle Ungewissheit*, die jegliche Interpretation sozialer Strukturen wie der

Alltagspraktiken charakterisiert. Eine solche Auffassung setzt gegen den ‚Gemeinsinn' folglich kein alternatives, etwa ‚tiefgründiges' Wissen, sondern analysiert die situationsspezifischen und damit partikularen Rechtfertigungs- und Kritikperspektiven der Handelnden (vgl. Boltanski 2010, S. 13, 87f.; Celikates 2009, S. 140).

Wie Boltanski und Chiapello die Frage nach normativen sozialen Grammatiken verfolgen, welche die Modi der Selbstverständigung, der Haltung und des Verhaltens der Akteur_innen orientieren, soll nachfolgend mit Blick auf ihre große Untersuchung zum ‚*neuen Geist des Kapitalismus*' skizziert werden.[6] Die Ungewissheiten hinsichtlich der Begründungs- und Ordnungsvarianten des sozialen Lebens erhalten hier über die Referenz auf die Dilemmata kapitalistisch geprägter Verhältnisse am Übergang zum 20. Jahrhundert ihren demonstrativen Einsatzpunkt. So sind es Aspekte von radikaler Unsicherheit, von Sozialverhältnissen, welche die traditionellen Sozialformen zersetzen, von Konkurrenzkampf und einer Arbeitsorganisation, die sich weitestgehend über die Menschen in Unselbständigkeit haltende Beschäftigungsverhältnisse gestaltet, die die kapitalistische Dynamik für Boltanski und Chiapello (2001, S. 462; 2003, S. 42), als „ein absurdes System" erscheinen lassen. Es ist dieser Punkt, der im Anschluss an Weber die Virulenz der Frage nährt, wie, angesichts der Widersinnigkeiten kapitalistischer Prozesse, diese in den Augen und Köpfen der verschiedenen Akteur_innen als sinnvoll und gerechtfertigt erscheinen können. Boltanskis und Chiapellos soziologische Analyse befragt entsprechend das Verhältnis zwischen den unpersönlichen Erfordernissen einer Akkumulations- und Konkurrenzlogik, die sich weder einfach durch sich selbst durchzusetzen noch im Sozialen zu gründen vermag[7] *und* den Rechtfertigungsmodi der sozialen Praxis. Diese Rechtfertigungen speisen sich für die Autor_innen (2003, S. 58f.) aus einem Diskurszusammenhang, der sich an kollektiv anerkennbaren Sinn- und Moralmustern orientieren *muss*. Die im Anschluss an Weber weiterentwickelte Figur des Geistes zielt dabei auf normative Orientierungen, die über *Vergleichs-*, *Differenzierungs-* und *Ausgleichs*formen im sozialen Raum an Dynamik gewinnen und dabei aktivierende Strategien der Haltung, Reflexion und Selbstführung zu arrangieren suchen.[8] Angesichts heterogener Bedingungsgefüge und Praktiken greifen die Sinn- und Rechtfertigungsmotive allerdings

---

6 Vgl. dazu auch Mayer 2014a.
7 „Die ‚Konkurrenzfähigkeit', der Markt: Arbeitsmarkt, Geldmarkt, Gütermarkt, ‚sachliche', weder ethische noch antiethische, sondern einfach anethische, jeder Ethik gegenüber disparate Erwägungen bestimmen das Verhalten in den entscheidenden Punkten und schieben zwischen die beteiligten Menschen unpersönliche Instanzen." (Weber 1921/1972, S. 709)
8 Der webersche Geist des Kapitalismus ist in ihrer Diktion der erste von drei idealtypisch geordneten Deutungskomplexen und historischen Etappen gesellschaftlicher Entwicklungen (vgl. für einen einfachen Überblick: Boltanski/Chiapello 2001, S. 463ff.).

Die Wirklichkeit der Kritik

nicht einfach ineinander. Sie erscheinen selbst auf vielfältige Weise in widersprüchliche Auseinandersetzungsprozesse um wirkmächtige Deutungs- und Positionierungsvarianten verwickelt.[9] „Nichts rechtfertigt a priori zu unterstellen, dass diese Blickpunkte geteilt werden oder leicht miteinander in Übereinstimmung zu bringen sind." (Boltanski 2010, S. 95) Der Bezug auf die Heterogenität alltäglicher Praktiken unterstreicht gerade die Unmöglichkeit, dass sich normative Ausrichtungen völlig in identitäre Ordnungsfiguren des Sozialen auflösen lassen (vgl. ebd., S. 127; Celikates 2009, S. 137).

Im Kontext der Bearbeitung dieser Heterogenität entfalten Boltanski und Chiapello zum einen das Konzept der *Bewährungsprobe*, das unterschiedliche Ambitionen und Selektionsmechanismen im sozialen Raum mit Prüfungs-, Vergleichs- und Kontrollcharakter ausdifferenziert.[10] Die Dimension der Bewährung bindet die Ansprüche gesellschaftlicher Felder an bewegliche Legitimitätskriterien zu unterschiedlichen Zeitpunkten kapitalistischer Entwicklung: etwa hinsichtlich des geforderten Maßes an Engagement, an Identifikations- und Qualifizierungsanstrengungen, des Ressourceneinsatzes – und dies in Bezug auf Kriterien, die die Strategien öffentlicher wie privater Akteure unter Gleichheits- oder Gerechtigkeitsanliegen verhandeln (vgl. Boltanski/Chiapello 2003, S. 72ff.). Auf diese Weise werden Perspektivierungen legitimer wie illegitimer Vergleiche, Zuweisungen, Interventionen etc. verhandelbar und kritisierbar.[11] *Kritik* erscheint entsprechend als Kom-

---

9   Boltanski und Chiapello (2001, S. 462f.; 2003, S. 63f.) entziffern eine Vielfalt solcher Legitimierungsebenen. Neben ökonomisch abgeleiteten Begründungssträngen, die bspw. die Wohlstands- und Emanzipationseffekte einer freiheitlich organisierten kapitalistischen Ökonomie behaupten, identifizieren sie soziokulturelle Schichten, die der ‚Geist des Kapitalismus' bearbeiten muss, um dynamisierende Haltungs- und Handlungsmodellierungen anregen zu können. Die Autor_innen bekräftigen dabei die kontrastreiche Variierbarkeit von Rechtfertigungssystemen. Eine Dimension richtet sich auf Diskurse, die Motive wie die *Autonomie und Individualität* der Beteiligten zu akzentuieren vermögen. Eine zweite Frageebene bemüht sich um Vorschläge in Bezug auf das Streben des Einzelnen nach *Sicherheit*. Ein dritter Strang bezieht sich auf die Anfragen an kapitalistische Unternehmungen von Seiten des *Gerechtigkeits*begriffs. Autonomie, Sicherheit, Gemeinwohl gelten so als *Prinzipien*, an denen sich die Handlungen und Ambitionen unterschiedlicher (machtvoller) Akteur_innen überprüfen lassen müssen.
10 Der französische Ausdruck ‚*épreuve*' meint „eine Prüfungssituation, in der sich die Beteiligten aufgrund dominanter Wertigkeitskriterien einer spezifischen Bewertung und Klassifizierung unterziehen. Sie kann sich z.B. auf Schulprüfungen, Einstellungstests, Aufgaben eines Arbeiters, familiäre Alltagssituationen oder ähnliche mehr oder weniger formalisierte Lebensmomente beziehen, in denen sich die Beteiligten zu bewähren haben." (Boltanski/Chiapello 2003, S. 711f.) Daher wird ‚épreuve' aufgrund der weiten Semantik in der deutschen Ausgabe mit ‚Bewährungsprobe' übersetzt.
11 Für ein solches zu unterschiedlichen Zeitpunkten kapitalistischen Wirtschaftens auf unterschiedliche Weise wirkendes Zusammenspiel der skizzierten Motive entziffern Boltanski und Chiapello eine Typologie von sechs Rechtfertigungsregimen, plus einem gegenwärtig sich entwickelnden siebten – sogenannte ‚cités', in der deutschen Übersetzung ‚*Polis*' –, die in jeweils unterschiedlichen Mischungen die Entwicklung der drei Stadien des ‚kapitalisti-

plement der Bewährungsfiguren, indem sie auf spezifische Weise die Kluft zwischen diesen – dem Fortschritts-, Gerechtigkeits-, Sicherheits-, Erfolgsaspekt usw. – und einer alternativen Einschätzung der gesellschaftlichen Lage artikuliert. Die Demarkationen kapitalistischer Legitimationsmodi und die kritischer Interventionen erfolgen dabei in Auseinandersetzungsprozessen, in denen sich die Deutungen dessen, was sich wie bewährt bzw. zu bewähren hat, permanent verschieben können. Die damit angesprochene Veränderlichkeit führt bei Boltanski und Chiapello zur bekannten Diagnose, dass die Kapitalismuskritik in ihren beiden zentralen Formen – der Sozialkritik und der Künstlerkritik – in die Krise geraten sei.[12]

Diese krisenhafte Situation des Kritikkonzepts bei Boltanski und Chiapello entsteht gleichsam hinsichtlich der Angewiesenheit auf plurale Rechtfertigungsordnungen sowie der sozialen Realität als pragmatischem Horizont der Prüfungsfiguren. Dabei können mit Boltanski nochmals zwei Stoßrichtungen der Kritik formal unterschieden werden. In einer ersten Variante bleiben die kritischen Urteile jeweils auf die Geltungs- und Prüfungsformate des Alltags verwiesen. Kritik meint hier ein korrektives Vorgehen, das die Kriterien spezifischer Legitimationsregime gerade nicht umfassend in Frage stellt, sondern diese umgekehrt ernst zu nehmen sucht und dabei die konkreten Anwendungspraktiken von Bewährungsproben qualifiziert oder beanstandet (vgl. Celikates 2009, S. 149ff.).[13] Ein zweites, radikaleres Format der Kritik

---

 schen Geistes' stützen. Der Begriff der Polis zielt dabei auf legitimierte wie legitimierende Rangordnungen und Normen, die die Strukturierung des öffentlichen Raums (in der Familie, in Marktverhältnissen, in industriellen, politischen Feldern etc.) rechtfertigen (vgl. Boltanski/Chiapello 2003, S. 711). Die Flexibilität und Legierbarkeit der Bewährungsmodelle ermöglicht es u.a. die Selektions-, Anerkennungsprozeduren und die Formen der Kapitalakkumulation zu variieren (vgl. ebd., S. 476f.). Für einen Überblick über die sieben Regime: vgl. Boltanski/Chiapello 2001, S. 465ff..

12 Die Autor_innen sprechen, stark verkürzt formuliert, von einer an Freiheit, Autonomie und Individualität orientierten *Künstlerkritik* und einer stärker an Sicherheit, Gemeinwohl, an Gerechtigkeit und Gleichheit orientierten *Sozialkritik*. Letzter Kritikform sei das tragende Kollektiv weggebrochen – die Arbeiter_innenbewegung –, die eine Mobilisierung zur radikalen Veränderung der Verhältnisse versprach. Die gemäßigten realen Veränderungen – die Verbesserung der Arbeitsplatzsituation für viele Beschäftigte, die Individualisierung und Flexibilisierung von Lohn und Arbeitszeit ebenso wie der Bedeutungsverlust von Arbeitnehmer_innenorganisationen, etwa durch Dezentralisierungsprozesse im Fortgang des 20. Jahrhunderts (in Westeuropa) – forcierten die Krise dieser Kritikposition. Und die Fluchtlinien der ersten Kritikform seien mittlerweile auf vielfältige Weise in die aktuellen Management- und Unternehmensstrategien integriert. Die soziale Integration beider Kritikformen verstärke sich mit dem Aufkommen des dritten Geistes des Kapitalismus, ungefähr seit den 1980er Jahren, der Legitimationsmuster für vernetzte, individualisierte, flexibilisierte, projektorientierte Organisationsformen von Unternehmen, Arbeit, letztlich des Lebens ‚liefere' (vgl. Boltanski/Chiapello 2001, S. 468ff.).

13 Eine solche Ebene zeigt sich gegenwärtig z.B. in den Proklamationen einer meritokratischen Logik, die dem Leistungsbegriff über parteipolitischen Grenzen hinweg eine Schlüs-

versucht nicht nur reformorientiert an den Legitimierungs- und Prüfungsformen der sozialen Wirklichkeit anzusetzen, sondern arbeitet die konfligierenden Einsätze differenter normativer Regime – z.B. Autonomie, Leistung und Gerechtigkeit – heraus; bis hin zur kategorisch ansetzenden Frage nach der Angemessenheit entsprechender Geltungskriterien und Bewährungsproben. In beiden Fällen lassen sich allerdings die Differenzierungslinien nicht über eine die Akteur_innen- und normative Alltagsorientierung umgreifende Position entwickeln. Die jeweiligen Rechtfertigungsregime bilden in beiden Kritikformen die Basis der Unterscheidungen und Absetzbewegungen. Der Horizont der kritischen Positionierung hängt somit allein an ihren Möglichkeiten, auf kollektiver Ebene spezifische Mobilisierungs- und Partizipationseffekte zu entfalten (vgl. Boltanski 2010, S. 61f.).

Der Vorwurf, dass ein solches Kritikverständnis primär instrumentell ausgerichtet sei und nur affirmative partielle Einsätze formuliere, droht wiederum den elementaren Einsatzpunkt des Theorieszenarios zu vernachlässigen: die Aussichtslosigkeit, die vorgenommenen Urteile a priori zu justieren und in ihren praktischen Stoßrichtungen ungebrochen und als allgemein verbindlich auszuweisen. „Es existiert nämlich kein äußerer und über allen Welten stehender archimedischer Punkt, von dem aus sich die Vielfalt an Gerechtigkeiten wie eine Palette von gleichermaßen offenen Wahlmöglichkeiten quasi von oben herab betrachten ließe." (Boltanski/Thévenot. zit. nach: Celikates 2009, S. 151) Die Frage der Kritik ist damit eine Frage der Wirkung im Hinblick auf Rechtfertigungsfiguren des Sozialen.

4. Kritik und Metakritik – oder: Rückfragen an die Kontrastierung von sozialer Praxis und Theoretisierung

Der Ausfall eines solchen ‚archimedischen Standpunktes' wurde von uns im Kontext einer bildungstheoretischen wie einer soziologischen Kritikperspektive verfolgt, die zwei differente Theoretisierungs- und Umgangsweisen mit dem Problem der Ausarbeitung und Qualifizierung von Kriterien der Kritik vorschlagen. In ihrer theoretischen Fassung öffnet Bildung *kategorial* die Auseinandersetzung um individuelle wie soziale Bezugspunkte und Formen der Gestaltung der Menschwerdung bzw. des Menschseins (vgl. Euler 2003, S. 414f.). Die Ausarbeitung von Kriterien der Kritik folgt, wie im Hinblick

---

selfunktion in Bezug auf Fragen sozialer Gerechtigkeit, Chancengleichheit, im Kontext von Wettbewerbssituationen usw. zuspricht (vgl. Mayer 2014b).

auf die Bildungstheorie Heydorns und Koneffkes gezeigt wurde, nicht einfach positiven Zielvorstellungen oder kontrafaktischen Bestimmungen – bspw. des Humanen. Vielmehr sind hier die (pädagogischen) Theoretisierungsweisen der Möglichkeit von Kritik bezogen auf materiale und normative Konstellationen des historisch kontextualisierten Sozialraums, die das Bildungsgeschehen elementar als widersprüchliches charakterisieren. Als zweite Perspektive auf die Hervorbringung von Kriterien der Kritik wurde die pragmatische Soziologie Boltanskis und Chiapellos herangezogen. Hier werden die Auseinandersetzungen um Urteils- und Sinnkriterien mit Blick auf die Offenheit oder Umstrittenheit sozialer Praxen und deren Rechtfertigung zu justieren gesucht. Die Möglichkeit zur kritischen Intervention wird so auf die Bedingungen *prinzipiell* unsicherer sozialer Situationen bezogen, in denen sich jeweils die Frage nach der Motivierung und Begründung von konkreten Verhaltensweisen stellt.

Während sich eine bildungstheoretische Kritik den Anfragen an die Begründung ihrer theoretischen Ambitionen und begrifflichen Einsatzpunkte wie Urteilsgefüge stellen muss, sofern diese gegenüber den Akteur_innen der Kritik, dem ‚Bewusstsein' der sich bildenden Einzelnen wie den pädagogisch Engagierten *asymmetrisch* einsetzt und die theoretisch angeleitete Reflexion als Bedingung von kritischer Praxis versteht, scheint der zweite Blick auf die soziale Wirklichkeit der Kritik den damit einhergehenden Fallstricken zu entgehen.

Abschließend sollen daher Rückfragen festgehalten werden, die das pragmatisch ausgerichtete Kritikkonzept betreffen. Dabei ist es unseres Erachtens Boltanskis Betonung einer prinzipiellen Ungewissheit hinsichtlich des Sozialen sowie die darüber begründete Zurückweisung asymmetrischer Analyse- und Erkenntnispositionen, die ihrerseits limitierende Auswirkungen auf die Analyseperspektive haben können. Öffnet der *Turn* von einer kritischen Soziologie zu einer ‚Soziologie der Kritik' (vgl. Boltanski/Chiapello 2001, S. 460) zwar einerseits den Blick für die Ebene sozialer Praktiken und somit für die soziale Wirklichkeit der Kritik, so scheinen zugleich die sozialen Voraussetzungen von Kritik nur eingeschränkt in den Blick zu kommen: Der Fokus auf die kollektiven Effekte und Orientierungen im Handeln unterschiedlicher Akteur_innen tendiert dazu, die ungleich verteilten Möglichkeiten der kritischen Artikulation und Positionierung – in von Instabilitäten und Macht durchquerten gesellschaftlichen Kontexten – nicht hinreichend zu berücksichtigen. Wenn nicht die Auffassung vertreten werden soll, dass die Verortung des alltäglichen Handelns in Macht- oder Herrschaftszusammenhängen allein in beobachtbaren Urteils- und Prüfszenarien, in Aktivierungs- oder Kollektivierungseffekten zum Ausdruck kommt, wäre dann nicht der analytische Blick auf kollektiv orientierende Praktiken um ein Sensorium für ‚soziostrukturelle Präformierungen' zu ergänzen? Daraus ergäbe sich die Forderung, noch die Perspektive der Umkämpftheit des alltäglichen Handelns angesichts ungleicher Soziallagen in ihren Möglichkeitsräumen und Beschränkungen stärker zu durchdringen. Sofern sich die soziale Situierung der/des jeweils Handelnden bereits in deren/dessen Möglichkeiten reflektiert, sich überhaupt bzw. je und je auf spezifische Legitimationspraktiken zu beziehen, diese produktiv, kritisch wenden, unterlaufen zu können usw., so ist den ungleichen, benachteiligten, marginalisierten etc. – also asymmetrischen – Positionen und Positionierungen der Akteur_innen (in ihrer komplexen Sozialität) nachzugehen.

Wenn man zudem mit Boltanski und Chiapello unterstellt, dass sich jedes kritische Urteil an dominanten Normativitäten, Sinnkriterien und -ansprüchen abarbeitet, so könnte gerade eine bildungstheoretische Perspektive auf die Praktiken der Kritik für die Frage sensibilisieren, was es für die Einzelnen heißt, dass die kritische Abwägung und Prüfung von sozialen Erwartungen und Normalitätsmaßstäben nicht einfach mit einer kollektiv geteilten oder sozial begründeten Kritikposition zusammenfallen. Eine solche Gleichsetzung von individuellem Urteil und kollektiver Orientierung behaupten die beiden analytisch unterschiedenen Kritikbestimmungen Boltanskis – die Realitätsprüfung und die metakritische Suchbewegung – freilich nicht. Aber der Fokus auf etablierte Bewährungspraxen vernachlässigt die Offenheit wie Politizität des individuellen kritischen Einsatzes selbst. Bildungstheoretisch liegt überdies eine Perspektive nahe, die den Bildungsbegriff gerade auch auf die De(kon)struktion dominanter Rechtfertigungsgrößen sowie Kritikszenarien bezieht: etwa mittels Konzepten wie ‚Sorge', ‚Reflexion' oder ‚Subversion', die auf ein unabschließbares Ringen mit der Legitimationsproblematik verweisen und deren Produktivität herausstellen. Dabei erscheint die Frage, wann eine spezifische Urteilspraxis kollektive Effekte zeitigt und wie sie das tut – bspw. in Bezug auf gesellschaftliche Funktionalitäten und Integrationsleistungen –, kaum entscheidbar. Die jeweilige Analyse des Verhältnisses von kritischem Urteil und politisch verändernden Praxen fordert gleichwohl einen – ungesicherten – Abstraktionsschritt ein. Und es ist dieser ebenso unumgängliche wie hinsichtlich seiner Begründung unmöglich zu sichernde Abstraktionsschritt, der sowohl die asymmetrisch justierten Theorieperspektiven wie die symmetrisch positionierten Forschungskonzepte durchkreuzt. Es ist vielleicht dies die Schnittstelle, in der sich nicht nur Theorie und Empirie (vgl. Schäfer 2013), sondern auch bildungstheoretische und soziologische Kritik berühren.

Literatur

Adorno, Theodor W. (1949/1977): Kulturkritik und Gesellschaft. In: Ders.: Gesammelte Schriften. Bd. 10/1. Frankfurt a.M.: Suhrkamp, S. 9-30.

Adorno, Theodor W. (1963/1990): Drei Studien zu Hegel. In: Ders.: Gesammelte Schriften. Bd. 5. Frankfurt a.M.: Suhrkamp, S. 247-380.
Adorno, Theodor W. (1966/1997): Negative Dialektik. Frankfurt a.M.: Suhrkamp.
Boltanski, Luc (2010): Soziologie und Sozialkritik. Frankfurt a.M.: Suhrkamp.
Boltanski, Luc/Chiapello, Ève (2001): Die Rolle der Kritik in der Dynamik des Kapitalismus und der normative Wandel. In: Berliner Journal für Soziologie. Bd. 11, S. 459-477.
Boltanski, Luc/Chiapello, Ève (2003): Der neue Geist des Kapitalismus. Konstanz: UVK.
Bünger, Carsten/Schenk, Sabrina (2015): ‚Neufassung' und ‚Belehrung' – Tradieren als Übersetzen. Überlegungen zum Anschluss an G. Buck und H.-J. Heydorn. In: Amos, Karin/Rieger-Ladich, Markus/Rohstock, Anne (Hrsg.): Erinnern, Umschreiben, Vergessen. Die Stiftung des disziplinären Gedächtnisses als soziale Praxis. Weilerswist: Velbrück Wissenschaft (i.E.).
Celikates, Robin (2009): Kritik als soziale Praxis. Gesellschaftliche Selbstverständigung und kritische Theorie. Frankfurt a.M.: Suhrkamp.
Euler, Peter (1995): Das Subjekt zwischen Hypostasierung und Liquidation. Zur Kategorie des Widerspruchs für die modernitätskritische Revision von Erziehungswissenschaft. In: Ders./Pongratz, L. A. (Hrsg.): Kritische Bildungstheorie. Zur Aktualität Heinz-Joachim Heydorns, Weinheim: Dt. Studien-Verl., S. 203-221.
Euler, Peter (2001): Veraltet die Bildung? In: Pädagogische Korrespondenz. Zeitschrift für kritische Zeitdiagnostik in Pädagogik und Gesellschaft. H. 26/Jg. 13, S. 5-27.
Euler, Peter (2003): Bildung als „kritische" Kategorie. In: Zeitschrift für Pädagogik. H. 3/Jg. 49, S. 413-421.
Euler, Peter (2004): Kritik in der Pädagogik. Zum Wandel eines konstitutiven Verhältnisses der Pädagogik. In: Pongratz, Ludwig A./Nieke, Wolfgang/Masschelein, Jan (Hrsg.): Kritik der Pädagogik – Pädagogik als Kritik. Opladen: Leske + Budrich, S. 9-27.
Foucault, Michel: (1978/1992): Was ist Kritik? Berlin: Merve.
Heydorn, Heinz-Joachim (1972/2004): Zu einer Neufassung des Bildungsbegriffs. In: Ders.: Bildungstheoretische und Pädagogische Schriften. 1971-1974, Werke, Bd. 4/Studienausgabe. Wetzlar: Büchse der Pandora, S. 56-145.
Heydorn, Heinz-Joachim (1973/2004): Zum Widerspruch im Bildungsprozeß. In: Ders.: Bildungstheoretische und Pädagogische Schriften. 1971-1974, Werke, Bd. 4/Studienausgabe. Wetzlar: Büchse der Pandora, S. 151-163.
Heydorn, Heinz-Joachim (1974/2004): Überleben durch Bildung. Umriß einer Aussicht. In: Ders.: Bildungstheoretische und Pädagogische Schriften. 1971-1974, Werke, Bd. 4/Studienausgabe. Wetzlar: Büchse der Pandora, S. 254-273.
Holzhey, Helmut (1976): Kritik. In: Ritter, Joachim/Gründer, Karlfried/Gabriel, Gottfried (Hrsg.): Historisches Wörterbuch der Philosophie. Bd. 4. Basel u.a.: Wissenschaftliche Buchgesellschaft, S. 1249-1282.
Horkheimer, Max (1937/1988): Traditionelle und kritische Theorie. In: Ders.: Gesammelte Schriften Bd. 4. Frankfurt a.M.: Fischer, S. 162-216.
Kant, Immanuel (1781/1998): Kritik der reinen Vernunft. Hamburg: Meiner.

Koneffke, Gernot (1994): Pädagogik im Übergang zur bürgerlichen Herrschaftsgesellschaft. Studien zur Sozialgeschichte und Philosophie der Bildung, Wetzlar: Büchse der Pandora.
Koneffke, Gernot (2004): Einleitung. In: Heydorn, Heinz-Joachim: Bildungstheoretische und Pädagogische Schriften. 1949-1967. Werke. Bd. 1/Studienausgabe. Wetzlar: Büchse der Pandora, S. 11-42.
Koneffke, Gernot (2006): Einige Bemerkungen zur Begründung materialistischer Pädagogik. In: Keim, Wolfgang (Hrsg.): Bildung und gesellschaftlicher Widerspruch. Hans-Jochen Gamm und die deutsche Pädagogik seit dem Zweiten Weltkrieg, Frankfurt a.m.: Peter Lang, S. 29-44.
Kosselleck, Reinhart (1959/1992): Kritik und Krise. Eine Studie zur Pathogenese der bürgerlichen Welt. Frankfurt a.M.: Suhrkamp.
Laclau, Ernesto (1999): Dekonstruktion, Pragmatismus, Hegemonie. In: Mouffe, Chantal (Hrsg.): Dekonstruktion und Pragmatismus. Demokratie, Wahrheit und Vernunft. Wien: Passagen, S. 111-153.
Mayer, Ralf (2014a): Bindung und Distinktion – Subjektivierungstheoretisch inspirierte Lektüren des soziologischen Geistkonzepts ‚vor und nach dem Sieg des Kapitalismus'. In: Schäfer, Alfred (Hrsg.): Hegemonie und autorisierende Verführung. Paderborn: Schöningh, S. 137-159.
Mayer, Ralf (2014b): Inszenierungen von Leistung. Normative und normalisierende Aspekte des Leistungsbegriffs. In: Schäfer, Alfred/Thompson, Christiane (Hrsg.): Leistung. Paderborn: Schöningh (in Veröffentlichung).
Pippin, Robert B. (2005): Der Idealismus als Diskurs der Moderne. Frankfurt a.M.: Campus.
Pippin, Robert B. (2009): Zu Hegels Behauptung, Selbstbewusstsein sei ‚Begierde überhaupt'. In: Forst, Rainer u.a. (Hrsg.): Sozialphilosophie und Kritik. Frankfurt a.M.: Suhrkamp, S. 134-156.
Saar, Martin (2007): Genealogie als Kritik. Geschichte und Theorie des Subjekts nach Nietzsche und Foucault, Frankfurt a.M.: Campus.
Schäfer, Alfred (2005): Einführung in die Erziehungsphilosophie. Weinheim: UTB.
Schäfer, Alfred (2011): Das Versprechen der Bildung. Paderborn: Schöningh.
Schäfer, Alfred (2013): Umstrittene Kategorien und problematisierende Empirie. In: Zeitschrift für Pädagogik, H. 4/Jg. 59, S. 536-550.
Türcke, Christoph (1998): Das Altern der Kritik. In: Pädagogische Korrespondenz. H. 22, S. 5-13.
Weber, Max (1921/1972): Wirtschaft und Gesellschaft. Grundriss der verstehenden Soziologie. Tübingen: Mohr Siebeck.

Normalisierungen des Individuellen.
Haltungen einer unkritischen Kritik

Alfred Schäfer

Den Verweis Adornos auf das Dilemma eines Kritikers, der nicht sicher sein kann, dem Kritisierten selbst entronnen zu sein (vgl. Adorno 1966, S. 396), kann man als eine Problematisierung der Autorisierung des kritischen Standpunktes verstehen. Ein solcher Standpunkt einer Kritik der Kritik, wie Peter Euler dies fasst (vgl. Euler 1998), wird keine transzendentale Geltung in dem Sinne beanspruchen können, dass er sich zu den Bedingungen seines empirischen Daseins noch einmal von einem Ort aus verhalten kann, der durch diese gerade nicht bedingt ist. Und auch der Rückgriff auf ein autorisierendes Wissen scheint kaum möglich zu sein, wenn man die kulturhistorischen und gesellschaftlichen Voraussetzungen der Produktion eines solchen identifizierenden Wissens berücksichtigen muss.

Man kann aus dieser aporetischen Konstellation heraus nun die wichtige Frage zu behandeln versuchen, was diese für den Status kritischer Aussagen bedeuten könnte. Man könnte sich fragen, inwieweit ‚kritische Optionen' dann jenseits von rhetorisch-strategischen ‚Eingriffen' erfolgen können und inwieweit dies nicht schon immer – qua Selbstkritik – einer Relativierung der eigenen (theoretischen) Voraussetzungen und damit Begründungen Rechnung tragen muss. Man könnte sich – durchaus im Anschluss an Adorno und mit Foucault – fragen, inwiefern dann nicht die Kritik mit dem Anspruch des ‚Ausgangs aus der selbstverschuldeten Unmündigkeit' allenfalls als kritische Haltung zu denken ist (vgl. Foucault 1990). Ich möchte dieser Spur ein wenig folgen, indem ich die kritische Haltung mit einem relativ allgemein gehaltenen Konzept des Begehrens verknüpfe. Dies geschieht nicht aus dem Grund, die ‚kritische Haltung' Foucaults gegenüber der ‚negativen Dialektik' Adornos zu favorisieren. Vielmehr möchte ich versuchen, mich noch einmal jenem Problem auf eine vielleicht etwas verschobene Weise zu nähern, auf das hin beide Ansätze eine unterschiedlich akzentuierte Umgangsweise vorschlagen: dem Problem der immanenten Autorisierung einer transzendentalen Position. Dabei dient mir die Verknüpfung einer kritischen Haltung mit der Konzeption eines subjektiven Begehrens dazu, einerseits die Frage der Endlosigkeit von Überschreitungen und andererseits den damit verbundenen Effekt eines kontingenten Selbstverhältnisses herauszuarbeiten. Gerade die

Berücksichtigung eines ‚Begehrens' rückt in Verbindung mit der kritischen Haltung rückt einen – wie Euler (2009) im Anschluss an Heydorn betont – zentralen Aspekt des kritischen Nachdenkens über Bildung in den Blickpunkt: die Frage des Verhältnisses von Kritik und Engagement. Ich möchte jedoch – und darin liegt durchaus ein provokatives Potential für das, was man unter Kritik versteht – zunächst zeigen, dass die ateleologische Konzeption des modernen Begehrenssubjekts einhergeht mit der Kontingentierung seiner Positionierungsmöglichkeiten. Dass sich für diese das Problem einer immanenten Transzendierung in Form einer notwendigen und zugleich unmöglichen Bindung stellt, möchte ich am Beispiel des Konsums verdeutlichen – also einer Sphäre, die gemeinhin als privilegierter Gegenstand einer kritischen Gesellschaftstheorie, als trügerische „Scheinwelt der Warengesellschaft" (Euler 2012, S. 311), gilt. Ich werde dann versuchen, das Ergebnis dieser Überlegungen mit zwei empirischen Beispielen in Verbindung zu bringen, die dem Kontext schulischer Selbstvergewisserung und demjenigen individualisierter Fernreisepraktiken entstammen. Abschließend greife ich dann das Problem der Kritik noch einmal auf, um die Frage nach dem Unkritischen in der Kritik zu stellen.

1. Selbstentzug und Souveränität: Zum Spannungsraum einer kritischen Haltung

Es war Thomas Hobbes (1966), der mit aller wünschenswerten Klarheit die Vorstellung verabschiedete, dass es ein in der Welt selbst begründetes letztes Ziel menschlichen Handelns gebe. Damit entfiel zugleich die (aristotelische) Vorstellung, dass die höchste Tätigkeit in der philosophischen Betrachtung eines solchen Zieles liegen könne. Hobbes wies auch auf eine bedeutsame Konsequenz hin: Wenn es nicht mehr die Dignität wahrer vorgegebener Ziele ist, die den Sinn von Handlungen bestimmt, dann verschiebt sich die Sinnfrage auf den Handlungsgrund, der als Begehren sich auf die unterschiedlichsten Ziele richten kann, ohne in ihnen seine Ruhe zu finden. Es sind die Vielfältigkeit und die imaginative Steigerungsfähigkeit dieses Begehrens, die ein individualisiertes Subjekt gerade dadurch konstituieren, dass sich dieses Begehren der rationalen Verfügung des Subjekts entzieht. Zwar rückt die Vervielfältigung des Begehrens die zweckrationale Perfektionierung von Befriedigungsmöglichkeiten in den Vordergrund, aber diese ist – in der Hobbes'schen Perspektive – erkauft mit einer ruinösen Logik des Wettbewerbs und der Konkurrenz. Diese koppeln das nicht mehr zielgebundene Begehren an eine Steigerungslogik, die das Problem der Möglichkeit einer sozialen Ordnung aufwirft. Hobbes löst dieses Problem bekanntlich nicht durch den Markt und auch nicht durch die Möglichkeit einer kontrollierten Selbstbeziehung, sondern durch einen Unterwerfungsvertrag, der einen über den Gesetzen stehenden Souverän etabliert.

An der mit dem Begehrens-Subjekt gesetzten Figur des Selbstentzugs ändert sich auch dann nichts, wenn man das Begehren nicht nur über die Objekte bestimmt, die ein Subjekt nicht zur Ruhe kommen lassen, sondern wenn man dieses Begehren zugleich als Selbstbeziehung versteht. Auch wenn man also davon ausgeht, dass es ein zentrales Begehren (das nach Selbsterhaltung oder Selbstbestimmung) gäbe, wenn man also versucht, dem Begehren das Selbst als Voraussetzung wie als Ziel unterzuschieben – auch dann fällt das ‚Subjekt' auf eigentümliche Weise in das Niemandsland zwischen dem es konstituierenden Begehren und den Bemühungen um dessen Erfüllung. Es öffnet sich eine Schere zwischen jenen Bemühungen, die die Grundlosigkeit dieses Selbst etwa als Interesse oder im Namen einer negativen Freiheit aufrufen und jenen Versuchen, die demgegenüber erneut auf die Möglichkeit einer teleologischen Schließung setzen: vom Moral Sense über die Universalität der Vernunft bis hin zu Formulierungen eines geschichtsphilosophisch oder rationalistisch postulierten ‚erlösten Zustands'. Man könnte dieses Spannungsfeld als solches in seinen verschiedenen Akzentuierungen, seinen historisch-strategischen Konstellationen oder auch seiner Bedeutung für die Entstehung einer bürgerlichen und kapitalistisch verfassten Gesellschaft nachzuzeichnen versuchen. Hier interessiert mich nur die Figur eines Begehrens-Subjekts, dessen uneinholbare Voraussetzung zugleich das Ziel seines Strebens, seines kritischen Strebens ist.

Uneinholbar ist seine Voraussetzung, weil jeder Versuch, das Begehren einer symbolischen Ordnung, einer gesellschaftlichen Vermitteltheit etwa zuzurechnen und damit zu identifizieren, selbst wiederum nur Ausdrucks eines Begehrens ist, das nicht erfüllt werden kann. Der Grund dafür liegt nicht nur darin, dass das Begehren eben für jene Offenheit der Bestimmung von Zielen und Bedeutsamkeiten steht, dass es der Name für jene Kontingenz ist, die erst den Raum des modernen ‚Subjekts' eröffnet. Diesem Subjekt fehlt der Ort in einer ihm vorgegeben Ordnung und dieser Ort kann auch nicht durch ein von ihm gesetztes Wissen hervorgebracht werden – ein Wissen, dem ein Anspruch der Unbezweifelbarkeit innewohnen müsste. Dieses neuzeitliche Wissen zeichnet sich durch eine analytische Qualität aus, die als solche eben nicht zur geforderten Ganzheitlichkeit, zur Synthese führen kann. Ohne auch hier auf einen wichtigen Strang moderner Auseinandersetzungen um die ‚zersetzende Kraft' des analytischen Wissens und die Notwendigkeit einer synthetischen Weltsicht einzugehen, sei nur auf eine These Blumenbergs verwiesen. Dieser hatte zu zeigen versucht, dass die Entwicklung des modernen Wissenschaftsmodells – nach der Verabschiedung eines korrespondenztheoretischen Wahrheitsmodells und einer Problematisierung eines allzu optimistischen Realisierungsmodells – mit der Widerständigkeit einer Wirklichkeit rechnet, die sich letztlich dem zergliedernden Zugriff entzieht. Blumenberg konstatiert dabei einen eigentümlichen Effekt. Dieser besteht darin, dass wissenschaftliches Denken und (individuelle) Wirklichkeitserfahrung auseinander fallen. Blumenberg stellt für das 18. Jahrhundert fest, dass das Wirklichkeitsbewusstsein „in die Sphäre der unverfügbaren Erfahrungen des Subjekts mit sich selbst verlegt" (Blumenberg 1969, S. 14) wird. Das Wirkliche wird subjektiv, perspektivisch, immer auch anders möglich, ohne dass ein wissenschaftlich objektiviertes Wissen hier als unparteiischer Schiedsrichter fungieren könnte. Blumenberg bringt dies mit der Entstehung des Romans in Verbindung. Romane führen mögliche Gründe und mögliche Zielstellungen vor: Sie bringen ein Wirklichkeitsverhältnis als Möglichkeitsbeziehung hervor und korrespondieren so den offenen Sehnsüchten eines Begehrens-Subjekts. Koselleck (1979) hat in diesem Zusammenhang auf das Auseinandertreten von Erfahrungsraum und Erwartungshorizont verwiesen. Angezeigt ist damit ein Ort des Selbstverhältnisses, das sich weder auf Herkünfte noch auf eine Teleologie verlassen kann, in der das Kommende als Ziel in der Gegenwart angelegt ist.

Diese ‚doppelte Kontingenz', die man durchaus in Zusammenhang mit der Entstehung der modernen Pädagogik bringen kann, bezeichnet nun nicht nur einen systematisch problematischen Status des Selbstverhältnisses: Sie steht auch dafür, dass man sich zu diesem Status noch einmal verhalten muss. Dass dies wiederum nur problematisierend – und damit kritisch – erfolgen kann, darauf hat Esposito (2004) hingewiesen. Dass das Begehren des Selbst – im *genitivus subjectivus* des weltbegehrenden wie *genitivus objectivus* einer erfüllten Selbstbeziehung – problematisch ist, führt in ihrer Sicht dazu, dass das konkret-jeweilige Selbst- wie Weltverhältnis zugleich als nicht notwendig wie nicht unmöglich, als kontingent angesehen werden muss. Espositos Zugang ist im vorliegenden Zusammenhang aus zwei Gründen interessant, die über das bisher Gesagte hinausweisen. Bisher wurde darauf hingewiesen, dass der Wegfall eines verbindlichen Telos zur Konzentration auf ein Begehren führt, dass als Handlungsgrund selbst eigentümlich grundlos zu bleiben scheint. Genau dies verweist eben auf eine Betonung der Freiheit von Zielsetzungen und eine vor diesem Hintergrund problematisch erscheinende Situation der Konkurrenz. Espositos Beispiel der Mode führt darüber insofern hinaus, als nun soziale, der Warenwirtschaft geschuldete Präformierungen des Begehrens sichtbar werden. Es sind die Konjunkturen der Mode, die – nach deren Ablösung von ständischen Vorgaben – die Zielvorgaben des Begehrens gerade über dessen imaginäre Anteile steuern. Diese imaginären Anteile führen ebenso wie die Konjunkturen dazu, dass das Begehren nach Zugehörigkeit, sozialer Distinktion oder Herausgehobenheit nicht zur Ruhe kommen kann. Die Bindungen des Begehrens sind vorübergehend: Im Namen der neuen Mode und des von ihr präformierten Begehrens kann man sich kritisch zur alten Mode, aber auch zu jenen verhalten, die ästhetisch und sozial nicht adäquat positioniert zu sein scheinen.

Esposito verweist aber auch noch auf einen zweiten Gesichtspunkt, der die Frage der Selbstbeziehung aufruft. Zwar könnte man sagen, dass die Verbindlichkeit der Selbstpositionierung im Hinblick auf eine vorübergehende Mode immer schon eine Differenz in das sich darüber subjektivierende Individuum einträgt. Das Selbstverhältnis scheint sachlich, zeitlich und sozial von jenem Entzug heimgesucht zu werden, der auch für andere moderne Selbstverhältnisse wie Selbstbehauptung, Selbstbestimmung, Selbstvervollkommnung oder Selbstverwirklichung kennzeichnend ist. Alle diese Figuren kranken daran, dass das Selbst als Ziel seiner Realisierung immer schon vorausgesetzt werden muss und doch zugleich erst als versprochenes Ergebnis Sinn macht. Am Beispiel der Mode verweist Esposito nun darauf, dass diese Einheit von Selbstsituierung und Selbstentzug des Begehrens-Subjekts sich nicht nur in den Lücken zwischen den verschiedenen Bindungen ereignet, sondern dass sie nahezu zwangsläufig dazu führt, dass man sich zum Charakter der vorübergehenden Bindung selbst noch einmal verhält. Dies bedeutet, wie man mit ihr in einer systemtheoretischen Terminologie sagen könnte, dass vom Standpunkt eines Beobachters zweiter Ordnung die Bindung als eine kontingente, eine vorübergehende, nicht notwendige, aber auch nicht unmögliche in den Blick gerät. Dieser reflexive – kritische – Standpunkt, der die Wirklichkeit der eigenen Bindung in ihrer Problematik in den Blick nimmt, hebt nun aber – und hier geht Esposito über den bloßen Beobachterstandpunkt hinaus – die Verbindlichkeit, die Bindung an die gegenwärtige Mode nicht auf. Es ist das Spannungsverhältnis von Kritik und Bindung, in dem die Differenz des Symbolischen und des Imaginären, des Begehrens und seiner Unerfüllbarkeit, von Verbindlichkeit und Ungebundenheit verhandelt wird. Es ist dieses Spannungsverhältnis, in dem Normalisierung und individualisierende Subjektivierung aufeinander bezogen werden, in dem kein transzendentaler Standpunkt eines systemkritischen Subjekts aufgerufen wird, in dem aber auch jede Form einer vorgängigen Bindung einem Möglichkeitssinn unterworfen ist, der die Räume individueller Freiheit noch in der Bindung stark zu machen erlaubt.

Man könnte vielleicht sagen, dass Michael Makropoulos (2008) in seinem Buch über die Massenkultur diese Figur noch einmal systematisiert und generalisiert, indem er sie zeichentheoretisch interpretiert. Für Makropoulos ist es ein Kennzeichen der Moderne, dass sich die Verbindung von Zeichen und Bezeichnetem lockert. Man könnte das auch so formulieren: Wenn es keine transzendente Ordnung mehr gibt, die den Dingen und ihrer Bedeutung einen gleichsam unbefragbaren Platz zuweist, und wenn es zugleich kein transzendentales Subjekt gibt, dass die Bedeutung mit unbezweifelbarer Autorität festlegt, dann wird genau diese Bedeutung zum Problem. Damit ist gesagt, dass sich die symbolische Verständigung über den Wirklichkeitsgehalt sozialer Praktiken nicht mehr auf eine Vorstellung beziehen kann, die deren Bedeutung zu fixieren erlaubt. Man kann sich zwar – wie etwa Rousseau – nach der Möglichkeit einer solchen eindeutigen Bedeutung als Kriterium für die Identifizierung für Entfremdung und ein entsprechend formuliertes Erlösungsversprechen sehnen, aber sie bleibt nur eine strategische Fiktion. Makropoulos geht davon aus, dass sich eine solche Fiktion stabiler, die Diskurse regierender und von ihnen nicht zur Disposition gestellter Bedeutung lange gehalten hat, indem bestimmten Adressen (wie etwa der Wissenschaft) jene quasi-transzendentale Autorität der Bedeutungsfixierung zugeschrieben wurde. Nach der avantgardistischen Kunst zu Beginn des 20. Jahrhunderts war es für ihn vor allem die Popkultur der 1950er und 60er Jahre, die die Entkoppelung von Zeichen und Bezeichnetem und damit ein (auch provokatives und gleichzeitig standardisiertes) Spiel von Signifizierungen ermöglicht hat. Es sind die Massenmedien, die einen ‚Möglichkeitssinn' (Musil) hervorbringen – eine Wahrnehmung, die jede vermeintliche Notwendigkeit in Selbst- und Weltverhältnissen unter Vorbehalt stellt und die die Offenheit von Möglichkeiten affirmiert. Für Makropoulos ist es dabei – wie auch für Esposito im Hinblick auf die Mode – kennzeichnend, dass die dennoch – vorübergehend eingegangen Bindungen standardisierte, von den Massenmedien warenförmig modellierte Möglichkeiten sind. Auch hier gilt die Paradoxie, dass eine (selbstkritische) Individualisierung als Standardisierung stattfindet.

Wenn man nun – etwa mit Bauman (2009) – kulturkritisch von einer Warenförmigkeit des Selbst spricht, so wird man doch gleichzeitig berücksichtigen müssen, dass eine solche Ware das hat, was Georg Lukács (1970) vom Arbeitskraftbesitzer forderte: ein Selbstbewusstsein der eigenen Warenförmigkeit. Das Problem scheint – zumindest aus der Sicht der Kulturkritik – darin zu liegen, dass sich das damit implizierte kritische ‚Bewusstsein' nicht auf die Warenförmigkeit, auf die Standardisierung der Individualität, selbst richtet. Eher scheint es sich bei diesem kritischen Standpunkt um ein ästhetisierendes Selbstverhältnis zu handeln, das sich zum das eigene Selbst konstituierenden Verhältnis von Standardisierung und Individualisierung, von Bindung und Freiheit noch einmal verhält. Diese Position, die sich – wie man mit Kierkegaard (1992) sagen könnte – zur Grundlosigkeit des eigenen Selbst noch einmal verhält, ist nicht einfach selbst wiederum einer Kritik zu unterwerfen. Auch das hat Kierkegaard gezeigt. In seiner Schrift ‚Entweder/Oder' (1993) scheitert ein moralisch argumentierender Gerichtsrat an einem ästhetischen Standpunkt, der noch souverän mit der moralischen Stellungnahme selbst zu spielen weiß. Bevor ich die damit angedeutete Frage nach der Möglichkeit einer kritischen Annäherung an den ästhetisch-kritischen Standpunkt, die nicht – wie bei Kierkegaard – auf einen verzweifelten ‚Sprung in den Glauben' hinausläuft, wieder aufnehme, sollen zwei Beispiele einer selbstkritischen Souveränität aufgerufen werden. Diese weisen zugleich jene affirmativen Züge auf, die man aus kulturkritischer Perspektive – aber von wo aus – als unkritisch kritisieren könnte.

2. Diesseits einer Rhetorik des Tragischen: Immanente Autorisierungen einer kritischen Haltung

Die folgenden beiden Beispiele sind ganz unterschiedlichen Kontexten entnommen. Den Problemrahmen des ersten Beispiels bildet das Neuro-Enhancement, also die Möglichkeit, die aus der ADHS-Therapie bekannten Medikamente wie Ritalin oder Modafinol auch – ohne (problematisch bleibendes) Krankheitsbild – zur Leistungs- und Konzentrationssteigerung in schulischen Zusammenhängen einzusetzen. Eine solche Strategie wird mit Figuren der Selbststeigerung ebenso in Verbindung gebracht wie mit der Freiheit des selbst entscheidenden und daher freien Subjekts. Ohne diese Optionen hier diskutieren zu können, ist doch einsichtig, dass durch eine solche Einnahme nicht nur das calvinistische Leistungsdenken der Schule, sondern auch die für sie konstitutive Frage der Verteilungsgerechtigkeit zum Problem werden. Es scheinen sich systemsprengende Perspektiven anzudeuten, wenn sich die Frage einer persönlichen Zurechnung von Leistung ebenso stellt wie jene eines fairen Vergleichs von gedopten und nicht gedopten Schülern – und dies alles unter einer immensen gesellschaftlichen Drucksituation, die Bildung mit Humankapital in Verbindung bringt.

Aus einem Leitfadeninterview, in dem sich ein Lehrer als „Fan" seiner Schule bezeichnet und damit eine Bindung betont, vor der sein Privatleben geschützt werden muss, in dem nicht nur die Wirksamkeit des Hirndopings bezweifelt wird, was gleichzeitig dazu führt, dass die Grenze zwischen ‚gesund und krank (ADHS)' einerseits betont und andererseits relativiert wird, möchte ich nur eine Passage herausgreifen. An dieser soll das hier interessierende Problem verdeutlicht werden. Obwohl einerseits eine Subjektivierung über die kompetente und objektive Möglichkeit der Bewertung von Schülerarbeiten stattfindet, wird andererseits die grundsätzliche Unmöglichkeit aufgerufen: „das ist sowieso 'ne Grundsatzfrage: Wie bewerte ich gerecht? Geht das überhaupt?" Grundsätzlich wird diese Frage dadurch, dass eine Differenz hervorgebracht wird, die nicht in einer Einheit versöhnt werden kann. Neben eine Leistungsbewertung, die sich am sachlichen Vergleich orientieren soll, treten konkrete Umstände auf Seiten der Schüler, denen man gerecht werden müsste. Muss man nicht berücksichtigen, ob Kinder ADHS haben? Ist nicht deren häusliche Drucksituation zu beachten, also der Umstand, dass schlechte Noten etwa zu starken Sanktionen führen könnten? Wird man in der Benotung nicht andere Maßstäbe anlegen müssen, wenn ein Schüler sich auf einen Mathematik-Wettbewerb vorbereitet oder wenn er eher ein mäßiger Schüler in diesem Fach ist? Ist es beim Letzteren nicht gerechtfertigt, kleinere Fehler zu übersehen, während man beim Ersteren selbst akzeptable Lösungen zurückweisen kann, wenn sie nicht mit einer gewissen Eleganz erfolgt sind? Kann man nicht Schülern, die unter starkem häuslichen Druck stehen und bei einem angekündigten schlechten Resultat weinen, bessere Noten anbieten, aber ihnen klar machen, dass sie diese eigentlich nicht verdient haben?

Es wird deutlich, dass solche Fragen eine grundsätzliche Kritik an der Möglichkeit schulischer Gerechtigkeit enthalten. Eine gerechte Bewertung: „die gibt es nämlich gar nicht". Es wird aber ebenso deutlich, dass die unumgängliche ungerechte Gerechtigkeit den Raum für eine pädagogische Subjektivierung bereitstellt: In dieser kann sich der Lehrer als jemand zeigen, der individuelle Situationen mit den ungerechten Gerechtigkeitsforderungen der Institution abgleicht, die er repräsentiert. Konstituiert wird ein grundloser schulischer Binnenraum, der das calvinistische Prinzip einer Leistung als überwindender Selbstanstrengung, auf dem er basiert, gar nicht berücksichtigen kann. Diese Figur erlaubt es, nicht nur die Möglichkeit, sondern auch die Notwendigkeit eines pädagogischen Freiraums hervorzubringen. In diesem Freiraum kann das institutionelle Problem ebenfalls nicht gelöst werden: Eher wird es in der Bindung an das Prozessieren seiner unmöglichen Auflösung affirmiert. Es ist das immer wieder erneut auftretende Problem einer notwendig ungerechten Bewertung, das den pädagogischen Freiraum ebenso ermöglicht wie dessen Bindung an die ‚Logik' der Institution bekräftigt. Und es ist diese Konstellation von Bindung und Freiheit, von Normalisierung und Individualisierung, von Unterwerfung und Autonomisierung, zu der man sich noch einmal verhalten und damit eine überlegene Subjektposition beziehen kann: die Souveränität eines ästhetischen Kritikers.

Es ist diese Perspektive, aus der die grundlose Konstitution des schulischen Binnenraums selbst eine eher spielerische Qualität gewinnt. Gegenüber der rauen Welt gesellschaftlicher Ausbeutung und ruinöser Konkurrenz erscheint die Schule eher wie ein sportliches Trainingslager. In diesem strengt sich jeder an; es herrschen Regeln der Fairness, die ein Doping überflüssig machen, da es vornehmlich um die Annahme von und die Bewährung an Herausforderungen geht. Ein Scheitern an diesen Anforderungen kann durch intensiviertes Training wettgemacht werden: „es gibt immer, gerade in Deutschland, es wird immer eine zweite, dritte, vierte Chance" geben. Die Sportmetapher erlaubt eine ästhetische Qualifizierung des schulischen Raums und das Postulat einer „sportlichen Haltung" auf allen Seiten.

Das zweite Beispiel bewegt sich eher im Rahmen dessen, was man als Selbstbildung adressieren könnte. Es entstammt einer Untersuchung, die sich auf die Erfahrungsartikulationen individueller Fernreisender bezieht. Während ein erster Untersuchungsteil in Mali konstatieren konnte, dass sich diese

Erfahrungsartikulationen an den Paradoxien der Fremdheit als zugängliche Unzugänglichkeit, dem illegitimen Paternalismus notwendiger Hilfe und dem Problem der eigenen Präsenz vor Ort als generativen Problemstellungen abarbeiteten (vgl. Schäfer 2011), konzentriert sich eine zweite Untersuchung auf Ladakh. Das im Transhimalaya gelegene Ladakh gehört politisch zu Indien, wird aber gemeinhin dem tibetischen Kulturkreis zugeschrieben. Gegenüber den dezentrierenden Subjektivierungsfiguren in Mali zeigen sich hier eher Weisen der Erfahrungsartikulation, in denen sich ein zugängliches Anderes als Referenzraum einer auf unterschiedliche Art souveränen Subjektivität erweist. Dabei beruht die Faszination Ladakhs nicht zuletzt auf der Imagination einer intakten, das klösterliche wie das Alltagsleben beherrschenden tibetischen Kultur in einem weitgehend von der übrigen Welt abgeschlossenen Hochtal des Himalaya. Der tibetische Buddhismus mit seiner Mischung von Mahayana, tantrischen Praktiken, mit seiner geradezu unendlichen Fülle von Reinkarnationen und Manifestationen sowie der alten Bön-Religion, die magische wie schamanistische Anteile enthält, könnte diese Faszination noch steigern – fehlen doch entsprechende Hinweise in keinem Reiseführer.

Selbst wenn man einmal von einem Basisbestand an Wissen und mit dem Versprechen des Wissbaren anreist, so liegt der Reiz der Reise für die Meisten wohl nicht allein darin, das schon Gewusste zu ‚sehen'. Die Präsenz der Reisenden vor Ort scheint gleichsam zwangsläufig die Frage nach der Situierung von Wissen und Erfahrung aufzuwerfen. Es kann Reisende geben, die als ‚Unwissende' ankommen und eine mehr oder weniger nivellierte Erwartung an Widerfahrnisse mitbringen. Es kann ebenso Reisende geben, die etwa mit Hilfe von Klosterbesuchen auf die Vertiefung und Erweiterung des bereits Gewussten zielen. Beide Herangehensweisen verlangen eine Profilierung dessen, was als Wissen oder Erfahrung, aber auch als deren Verhältnis thematisch wird, um die jeweilige Positionierung hervorzubringen. Das folgende Beispiel eines jungen Israeli soll zeigen, wie sich das Verhältnis von objektiviertem Wissen und unvorhergesehenen Erfahrungen mit demjenigen von sozialer Verstrickung und Distanz kreuzt. Dabei zeigt sich eine Subjektfigur, für die die soziale Verstrickung, die Einbindung konstitutiv ist für eine (objektivierende) Überschreitung, die zugleich an die Verstrickung gebunden bleibt. Möglich scheint dies mit Hilfe von artikulatorischen Operationen zu sein, in denen das Spiel von Innen und Außen, von Zugehörigkeit und Distanz, von Erfahrung und Wissen den Raum für eine ästhetische Souveränität eröffnet.

Indien und Ladakh kann man vergleichen, wenn man da war. Die kulturelle Differenz des Eigenen zum Anderen ermöglicht in diesem Fall einen Vergleich, der die Problematik des Verhältnisses von Eigenem und Anderem abschattet. „Well, I expected a more buddhist culture people to be more calm compared to the rest of India ... And I expected there to be more Gompas, which there are". In diese Erwartungen spielt ein artikulierter Erfahrungshorizont (das hektische und laute Indien) ebenso hinein wie ein theoretisches Vorwissen über eine buddhistische ‚Kultur' und deren Klöster (Gompas). Zugleich wird dieses Wissen aus der Perspektive desjenigen aufgerufen, der sich in einer kulturellen Differenz bewegt und sich dazu noch einmal von einem Standpunkt aus verhält, der selbst durch den Vergleich hindurch stabil zu bleiben scheint. Obwohl dieser Standpunkt des jeweils anders situierten und doch gleich bleibenden Eigenen immer relational über Erfahrungskontexte aufgerufen wird, hat er einen eigentümlichen Charakter. Auf der einen Seite scheint gerade die Situation, die eigene Präsenz vor Ort, distanzierte Aussagen und Urteile zu autorisieren, sie als Wissen durch Erfahrung zu bekräftigen. Auf der anderen Seite scheint dieses Erfahrungswissen doch von einer Position aus artikuliert zu werden, die gerade die kulturelle Differenz und damit die Außenperspektive stark macht. Wenn also einerseits die Präsenz vor Ort die Voraussetzung für ein beglaubigtes Wissen ist, so ist umgekehrt diese Präsenz immer schon eine durch die kulturelle Differenz gebrochene: eine Eigene. Man könnte an dieser Stelle Grundsatzfragen nach der Repräsentation des Anderen im Eigenen stellen und würde beim Problem der Fremdheit landen. In diesem Fall findet sich allerdings eine Entproblematisierung und eine Stärkung der Position des Eigenen in der Situation mit dem jeweils Anderen. Diese besteht einerseits darin, dass keine emische Perspektive, keine Binnensicht der Anderen beansprucht wird. Dies wäre zugleich ein unsinniger Anspruch, weil diese Binnenperspektive als solche ja nicht einmal um ihren eigenen Status wissen würde: Dazu wäre eben jene Perspektive auf die kulturelle Differenz erforderlich, die gerade der Reisende mitbringt. Die Binnenperspektive der Anderen mag deren Geschichte, Architektur, Religion, Musik oder Sprache beinhalten, aber „essentially the way all these different factors I just mentioned are combined together, to give a certain impression, holistic impression of the mentioned people towards someone from the outside". In der Situation erfährt man einen über ein holistisches Kulturkonzept distanzierbaren Zusammenhang der Anderen, der diesen selbst als Ganzes entzogen ist. Dieser Vorteil des ‚teilnehmenden Beobachters' ist daher auch kaum durch die Anderen in Frage zu stellen – auch dann, wenn der eigene Standpunkt dem Ganzen nie gerecht werden kann und also gerade angesichts der Erfahrungsgrundlage defizitär bleibt. Man versteht nicht alles: „Everything of course not. But I can understand quite a few things, yes". Es ist die kulturelle Differenz, die so einerseits als Erfahrene zu einer privilegierten Urteilsgrundlage wird, weil die Anderen über die Außenperspektive, die den Erfahrenden aus der Teilnehmerperspektive herausnehmen, nicht verfügen; und es ist diese ‚Beobachterperspektive zweiter Ordnung', die gleichzeitig gebunden bleibt an das, was sie überschreiten soll: die Präsenz vor Ort, die ihr zugleich Grenzen auferlegt.

Trotz kultureller Differenz gestalten sich für den Interviewten Kontakte zu Einheimischen – bis auf mögliche sprachliche Beeinträchtigungen – unproblematisch. So werden Begegnungen aufgerufen, die trotz Verständigungsproblemen spontan zustande kommen. So wurde er auf einem Spaziergang, der ihn durch Felder führte, von den dort arbeitenden Frauen zu einem Getränk eingeladen. Er dachte, dass sie ihm Tee anbieten würde, aber es handelte sich um Chang, ein in den Dörfern gebrautes Bier. Dazu erhielt er Tsampa, einen aus Gerste geformten trockenen Teig, der mit dem Bier zusammenkonsumiert wird. Der Interviewte dokumentiert ein Vorwissen, da er Getränk wie Speise identifizieren und in ihrer Herstellung angeben kann. Allerdings beschreibt er das Bier als ekelhaft: Er trinkt eine halbe Tasse und bemüht sich dann, das Bier unauffällig hinter sich zu verschütten. Er erklärt, dass er das Angebot nicht ablehnen konnte. Die Gründe liegen darin, „that maybe in Ladakhi culture if you get offered something it's impolite to say no … And secondly you know perhaps it's also I thought there would be abusing the local culture by saying: I don't want this. Because this is a genuine Ladakhi product they were offering me, from all their hearts. You know, no money, nothing. So who am I to say no, this is, I don't want this". Die Steigerung der befürchteten Unhöflichkeit zu einer vor dem Missbrauch der anderen Kultur weist der (diplomatischen) Einbindung in die konkrete Situation und damit der Erfahrungskonstellation einen höheren Stellenwert zu als einem Wissen, über dessen Geltung man nur Vermutungen anstellen kann. Man muss sich – auch gegen den eigenen Geschmack – auf eine Kontaktsituation einlassen, über deren Einschätzung man nicht verfügen kann. Man hat kein Recht, sich gegenüber dieser Situation als Teilnehmer noch einmal kritisch zu verhalten. Zugleich verhält sich der Interviewte gegenüber dem Verhältnis, in dem er situativ steht – gegenüber dem Verhältnis, das ihn in der Situation als an diese gebundenen hervorbringt –, noch einmal distanzierend. Diese Distanzierung, in der das Verhältnis von Einbindung und Geschmack, ein mögliches Problem kultureller Differenz verhandelt wird, erfolgt nun als eine kritische Betrachtung, die die Bedeutung der Begegnung einerseits als autorisierende Grundlage des eigenen Sprechens affirmiert. Andererseits wird damit zugleich die souverän distanzierte Position eines Sprechers hervorgebracht, der die Gleichzeitigkeit von situativer Einbindung und immanenter Distanzierung, dem Verschütten des Biers, ästhetisch zu handhaben weiß.

3. Zwischen Unterwerfung und Freiheit: Ästhetische Souveränität als ‚unkritische Kritik'?

In beiden Beispielen wird die Position eines kritischen Subjekts dadurch hervorgebracht, dass Bindung, die Einbindung in eine Struktur wie die Schule oder die kultureller Differenz, als etwas aufgerufen ist, das für die eigene Position konstitutiv und für das Reden über sie autorisierend ist. Zugleich wird die Grundlosigkeit dieser Einbindung, die systematisch nicht aufzuhebende Ungerechtigkeit der Leistungsbewertung oder die immer schon distanzierbare kulturelle Differenz hervorgehoben. Auf diese Weise gewinnt das kritische Subjekt einen Ort, der sich zum Verhältnis von Einbindung und Distanz, von Unterwerfung und Freiheit, von Normalisierung und Individualität noch einmal verhalten kann. Dass dies so geschieht, dass beides in ein offenes Verhältnis gesetzt wird, dass sich in der Standardisierung individuelle Möglichkeitsräume ergeben, nimmt dem kritischen Standpunkt eine grundsätzliche Attitüde. Von einer solchen grundsätzlichen Option her betrachtet, die die Legitimität der Bindung als solche in Frage stellt, die die Unlösbarkeit der Gerechtigkeitsproblematik zum Anlass für eine grundlegende Veränderung des Schulsystems nimmt oder die auf den marktförmigen und kulturindustriellen Charakter jedes touristischen Reisens sowie auf dessen postkolonialen Machtaspekt verweist, erscheint ein solcher kritischer Standpunkt, der ästhetisch mit dem Verhältnis von standardisierender Einbindung und individueller Freiheit spielt, eher als unkritisch, als affirmativ. Standardisierung und Individualisierung werden hier nicht als Gegensätze aufgerufen: Die Standardisierung scheint gerade wegen ihrer Grundlosigkeit, ihrer Veränderung oder Kontingenz, einen Raum möglicher Individuierung zu markieren. Umgekehrt verweisen diese Räume der Individualisierung auf die konstitutive Bedeutsamkeit einer trotz und wegen ihrer Veränderbarkeit affirmierten Normalität.

Zwar lässt sich – in der Perspektive der beiden aufgezeigten Untersuchungen – davon ausgehen und empirisch zeigen, dass diese Erfahrungsartikulationen jeweils unterschiedlichen Wahrheitsregimen gehorchen. Solche Wahrheitsregime werfen Problemkonstellationen auf, auf die hin sich die diskursiven Artikulationen als generative Antwortversuche verstehen lassen. Sie begrenzen den Raum des sinnvoll und mit Aussicht auf Akzeptanz Sagbaren; sie stehen für eine Macht, deren Produktivität sich in den individuell-diskursiven Artikulationen nachweisen lässt. Solche Macht- und Wahrheitsregime strukturieren nicht nur die touristischen Erfahrungsdiskurse, sondern ebenso den vorgefundenen touristischen Raum und das erlebnisökonomische Marketing. Sie strukturieren ebenso das, was man sich im Hinblick auf die Schule als sinnvoll, als im Bereich des Möglichen und Realisierbaren liegend vorstellen kann. Macht- und Wahrheitsregime generieren einen Raum möglicher Artikulationen, zu dem man sich – die für ihn konstitutive Differenz von Normalisierung und Individualisierung aufrufend – noch einmal verhalten kann, indem konkrete Formen dieser Differenz als kontingent vorgeführt werden. Man muss vielleicht nicht die Ungerechtigkeit der Leistungsbewertung auf die gezeigte Weise unterlaufen. Man kann sich zur kulturellen Differenz auch anders verhalten, sie als andere an einem anderen Ort aufsuchen usw. Durch die Kontingentsetzung der Immanenz des je konkreten Verhältnisses von Normalisierung und Individualisierung wird diese zugleich problematisch wie als anders mögliche affirmiert.

Was aus der Perspektive einer grundsätzlichen, einer sozialen und radikalen Kritik ausgeschlossen zu sein scheint, das ist ein Standpunkt, der diese ‚unkritische Kritik' selbst noch einmal – von außen – zu kritisieren vermag. Offenbar leiden Lehrer wie Reisender nicht an den vorgegebenen Strukturen und Standardisierungen, sondern sie fassen diese als Möglichkeitsraum für ein freies Spiel mit Bindungen und Distanzierungen auf. Sie wissen um die Grenzen der Begründbarkeit von Strukturen und Bindungen und akzeptieren diese ‚Normalitäten' gerade als solche: Sie bieten ihnen akzeptierte Möglichkeiten der Individualisierung, der Erprobung, der Inszenierung.

Es fällt schwer, im Namen der Individualität, der Autonomie, der Selbstbestimmung oder Selbstverwirklichung gegen eine solche ästhetische Souveränität zu argumentieren. Man kann solche Bezugspunkte gerade wegen ihrer unmöglichen Realisierbarkeit als gleichsam sakralisierte Gegenhalte aufrufen (vgl. Schäfer 2009). Dies erlaubt aber nur eine ebenfalls ästhetische Inszenierung eines pädagogischen oder bildungstheoretischen Möglichkeitsraums, der jenseits des Sozialen situiert ist. Eine solche ästhetische Figuration stellt – worauf Adorno (1962) und Foucault (1976) aus unterschiedlichen Perspektiven hingewiesen haben – nur einen abstrakten Gegenentwurf dar, der Gefahr läuft, selbst zur Affirmation jener Normalität zu werden, von der sie sich abzugrenzen versucht. Die vorgestellten Beispiele zeigen jedoch darüber hinaus, dass diese Bezugspunkte, in deren Namen man Normalisierung und Selbstverwirklichung, Selbstbestimmung oder Individualität gegeneinander zu profilieren versuchte, mittlerweile in eben diese Normalisierung eingewandert sind. Und dies geschieht, ohne dass sie etwas vom Charme einer sakralisierten Ästhetik zu verlieren scheinen: Individualisierung, Selbstbestimmung, Selbstverwirklichung oder Autonomie haben auch in der Immanenz eines kontingenten Normalen kaum etwas von ihrem Reiz der Überschreitung verloren.

Auch eine zweite Autorisierung eines radikal kritischen Standpunkts, die eines moralischen Einsatzes, scheint – wie man bereits an Kierkegaards (1993) Moralisten sehen kann – kaum Aussicht auf Erfolg zu haben. Eine normative Schließung von Begründungen erweist sich als eigentümlich hilflos gegenüber jenem Spiel mit Begründungen, innerhalb dessen Bindungen und Befreiungen, Verbindlichkeiten und individuelle Möglichkeitsräume nicht nur gegeneinander, sondern auch im Verhältnis zueinander stark gemacht werden können – und das von einer Position aus, die sich zu diesem Verhältnis noch einmal in ein Verhältnis setzt. Gegen das souveräne Spiel ästhetischer Begründungen, die Verbindlichkeit und Freiheit in ein Verhältnis setzen, das als solches nicht einfach nur beliebig ist, sondern darauf besteht, dass *jetzt* diese Selbstbindung gilt, vermag eine normative Position, die einen allgemeinverbindlichen Geltungsanspruch erhebt, kaum etwas zu erreichen. Wer im Namen des Allgemeingültigen versucht, die Unterwerfung unter die Mode, die Konsumorientierung, die kulturindustrielle Vermarktung des Reisens oder auch die neoliberale Zurichtung von Ausbildungsinstitutionen zu kritisieren und ein autonomes subjektives Urteil fordert, der fordert jenes gesetzesförmige Vernunftsubjekt, von dem nicht einmal Kant wusste, ob es jemals gegeben sein kann.

Was allein zu bleiben scheint, das ist eine Autorisierung einer systemkritischen Position, die den Immanenzzusammenhang von Standardisierung und Individualisierung nicht ästhetisch, sondern grundsätzlich zu überschreiten beansprucht, durch das Wissen um eine Wirklichkeit, die von der ästhetischen Souveränität als solche nicht eingeholt wird. Es müsste dies ein Wissen sein, das die Wirklichkeit des ästhetischen Standpunkts selbst noch einmal zu objektivieren und in ihrem souveränen Gestus zu relativieren vermag. Es müsste ein Wissen sein, das dieser Souveränität eine Verkennung ihrer *wirklichen* Abhängigkeit nachzuweisen vermöchte: einer Abhängigkeit im Rahmen einer ungerechten Systemlogik, von neoliberalen Herrschaftsimperativen, von profitorientierten Marketingversprechen, von Logiken, die die vermeintliche Selbstbestimmung und Selbstverwirklichung unterlaufen und für egoistische Interessen in Dienst nehmen usw. Ein solches analytisches Wissen wäre zugleich gekoppelt an praktisches Befreiungsinteresse dann, wenn sich Bindungsperspektiven ergeben würden, die als solche eine fundamentale Opposition gegen die analysierten Unterdrückungsinstanzen und -logiken versprechen.

Deutlich wird nun, dass ein solches Wissen, dessen Analyse die spielerischen Selbstbindungen der Individuen mit objektivierendem Anspruch in eine diesen voraus liegende oppositionelle Logik von Unterwerfung und Befreiung einspannt, die Schwierigkeit birgt, einen den individuellen Spielräumen vorgängigen und damit: deren Freiheit relativierenden Status zu beanspruchen. Anders formuliert: Von der Wirklichkeit dieser Subjektformen soll mit Hilfe des Wissens gezeigt werden, dass sie nicht die wirkliche Wirklichkeit ist, sondern die Wirklichkeit einer Verkennung. Beansprucht wird damit ein gegenüber der Immanenz ästhetisch-kritischer Subjektivierung transzendenter Standpunkt. Von diesem her können Unterwerfung und Befreiung klar unterschieden werden und es soll gezeigt werden können, warum die Freiheitsspielräume der Individuen eigentlich nur systemfunktionale Spielwiesen sind. Mit einem solchen Geltungsanspruch des Wissens ist ein weiterer praktischer Anspruch verbunden: Zumindest von der Perspektive her wird die Möglichkeit einer systemtranszendierenden Befreiung postuliert. Das muss nicht im Sinne einer ‚absoluten' Befreiung gedacht werden, sondern kann durchaus im Rahmen einer Dialektik von Bindung und Befreiung ausbuchstabiert werden. Allerdings ist diese Dialektik mit einer über das Wissen begründeten ‚Notwendigkeit' verbunden, die die Individualität der Bindung an diese Perspektive unterläuft. Vielleicht könnte man sagen, dass sich an dieser Stelle erneut die Problematik der kantischen Moralbegründung zeigt, die die subjektive Freiheit im Einklang mit dem Vernunftgesetz zu denken versuchte. Dass sich die Perspektive einer ateleologischen Freiheit allerdings nicht mit dem Telos einer sich verwirklichenden Vernunft zusammendenken lässt, wurde eingangs als Ausgangspunkt der Problematik eines neuzeitlichen Souveränitätskonzepts deutlich. Gerade auf diese Problematik bildete ja die hier aufgezeigte Figur eines zugleich kritischen und unkritischen Begehrenssubjekts eine Antwort.

Es ergibt sich allerdings noch ein weiteres Problem einer systematisch und grundsätzlich ansetzenden Kritik, die selbst nicht unkritisch sein will, ohne das letztlich ausschließen zu können. Die kritische Arbeit einer solchen Kritik an sich selbst zielt letztlich auf eine Schließung der Differenz von Wissen und Wirklichkeit. Wenn man jedoch davon ausgeht, dass ein totalisierender Anspruch des Wissens nicht möglich ist – was sich ja nicht zuletzt noch in der Figur einer selbstkritischen Kritik zeigt –, wenn Wissen selbst immer nur bestimmten und vielfältigen Gesichtspunkten folgt, und wenn die sich ständig verändernde Komplexität individueller Wirklichkeitserfahrung diese Wissensperspektiven immer schon überschreitet, sie kontextbezogen übersetzt und verändert, dann ist ein solcher Schließungsanspruch letztlich hegemonial. Das ist letztlich nur für jene schlimm, die an die Möglichkeit einer klaren Unterscheidung von Unterwerfung und Befreiung glauben und nur im Rahmen der Befreiung zu sprechen beabsichtigen. Man kann den hegemonialen Anspruch aber auch so verstehen, dass das kritisch-analytische Wissen zu einem bedeutsamen Bestandteil der artikulierten ‚Wirklichkeit' der Individuen wird. Es muss für ihn geworben werden, weil dieses Wissen nicht von sich aus die Lücke zwischen Wissen und Wirklichkeit zu schließen vermag. Es muss von den Individuen in ihre Erfahrungsartikulationen übersetzt werden. Und es steht zu vermuten, dass dies wahrscheinlich in der hier aufgezeigten Logik einer ästhetischen Subjektivierung geschieht, die für sich das Verhältnis von Bindung und Freiheit handhabt.

Es wäre falsch, diese Überlegungen als Plädoyer gegen die Möglichkeit oder den Sinn einer selbstkritischen Gesellschafts- oder Kapitalismuskritik zu verstehen. Eher besteht der Einsatzpunkt der hier vorgestellten Überlegungen darin, einen analytischen (und selbstkritischen) Blick auf die theoretischen wie praktischen Bedingungen und Grenzen einer solchen Kritik zu werfen. Und vielleicht scheint es sinnvoll zu sein, gerade auch im Hinblick auf die

Souveränität einer ästhetischen Subjektivierung das Instrumentarium einer bestimmten, d.h. einer konkreten Negation, einer Negation konkreter Verlogenheiten und kontrollierter Rechtsbeugungen, konkreter Ausbeutungsmechanismen, einer konkreten Kooperation staatlicher Entscheidungen mit der menschenverachtenden Logik ökonomischer Praktiken aufzurufen (vgl. Euler 2012). Aber all dies ändert wohl wenig daran, dass solche Kritiken durch das Nadelöhr einer reflexiv gebrochenen Subjektivierung müssen, wenn sie ihren hegemonialen Anspruch entfalten wollen. Mit der Durchsetzung dieses hegemonialen Anspruchs wäre nicht nur ein Wahrheitsregime verbunden, sondern auch die Peter Euler so bewegende Perspektive auf eine mögliche Einheit von Kritik und Engagement (vgl. Euler 2011) – eine mögliche Einheit, die sich allerdings gegenwärtig vielleicht im Kontext einer ‚Verbindlichkeit des Vorübergehenden' (Esposito 2004) reflektieren müsste.

Literatur

Adorno, Theodor W. (1962): Theorie der Halbbildung. In: Horkheimer, Max/Adorno, Theodor W.: Sociologica. Reden und Vorträge. Frankfurt a.M.: Suhrkamp, S. 168-192.
Adorno, Theodor W. (1966): Negative Dialektik. Frankfurt a.M.: Suhrkamp.
Bauman, Zygmunt (2009): Leben als Konsum. Frankfurt a.M.: Suhrkamp.
Blumenberg, Hans (1969): Wirklichkeitsbegriff und Möglichkeit des Romans. In: Jauß, Hans Robert (Hrsg.): Nachahmung und Illusion (Poetik und Hermeneutik I). München: Wilhelm Fink, S. 9-27.
Esposito, Elena (2004): Die Verbindlichkeit des Vorübergehenden. Paradoxien der Mode. Frankfurt a.M.: Suhrkamp.
Euler, Peter (1998): Gesellschaftlicher Wandel oder historische Zensur? Die „Kritik der Kritik" als Voraussetzung von Pädagogik und Bildungstheorie. In: Jahrbuch für Pädagogik 1998. Frankfurt a.M.: Peter Lang, S. 217-238.
Euler, Peter (2009): Heinz-Joachims Heydorns Bildungstheorie. Zum notwendigen Zusammenhang von Widerspruchsanalyse und Re-Vision in der Bildungstheorie. In: Bünger, Carsten/Euler, Peter/Gruschka, Andreas/Pongratz, Ludwig A. (Hrsg.): Heydorn lesen. Herausforderungen kritischer Bildungstheorie. Paderborn: Schöningh, S. 39-54.
Euler, Peter (2011): Konsequenzen für das Verhältnis von Bildung und Politik aus der Kritik postmoderner Post-Politik. In: Reichenbach, Roland/Ricken, Norbert/Koller, Hans-Christoph (Hrsg.): Erkenntnispolitik und die Konstruktion pädagogischer Wirklichkeiten. Paderborn: Schöningh, S. 43-60.
Euler, Peter (2012): Kampf um Bildungs-Zeit. Ein pädagogisch-politischer Konflikt im Kontext nachhaltiger Entwicklung. In: Fischer, Ernst Peter/Wiegandt, Klaus (Hrsg.): Dimensionen der Zeit. Die Entschleunigung unseres Lebens. Frankfurt a.M.: Fischer Taschenbuch Verlag, S. 311-347.

Foucault, Michel (1976): Überwachen und Strafen. Die Geburt des Gefängnisses. Frankfurt a.M.: Suhrkamp.
Foucault, Michel (1990): Was ist Aufklärung? In: Erdmann, Eva/Forst, Rainer/Honneth, Axel (Hrsg.): Ethos der Moderne. Foucaults Kritik der Aufklärung, Frankfurt a.M.: Campus, S. 35-54.
Hobbes, Thomas (1966): Leviathan oder Stoff, Form und Gewalt eines kirchlichen und bürgerlichen Staates, Frankfurt a.M.: Suhrkamp.
Kierkegaard, Søren (1992): Die Krankheit zum Tode. Gütersloh: Gütersloher Verlagshaus.
Kierkegaard, Søren (1993): Entweder/Oder. Gütersloh: Gütersloher Verlagshaus.
Koselleck, Reinhart (1979): Vergangene Zukunft. Zur Semantik geschichtlicher Zeiten. Frankfurt a.M.: Suhrkamp.
Lukács, Georg (1970): Geschichte und Klassenbewußtsein. Neuwied: Luchterhand.
Makropoulos, Michael (2008): Theorie der Massenkultur. München: Wilhelm Fink.
Schäfer, Alfred (2009): Die Erfindung des Pädagogischen. Paderborn: Schöningh.
Schäfer, Alfred (2011): Irritierende Fremdheit: Bildungsforschung als Diskursanalyse. Paderborn: Schöningh.

Verzeichnis der Autorinnen und Autoren

Zahira Baumann, M.A., *Forschungs- und Interessensschwerpunkte:* Kritische Bildungstheorie; Politische Ökonomie der Bildung; Migration und Bildung; Tutorielle Lehre. *Ausgewählte Publikationen:* Begründungsfiguren von Subjektivität bei Heinz-Joachim Heydorn und Judith Butler – Zur Aktualität kritischer Bildungstheorie. Darmstadt 2014. Unveröffentlichte Magisterarbeit.

Armin Bernhard, Dr. phil., Professor für Allgemeine Pädagogik an der Universität Duisburg-Essen. *Lehr- und Forschungsschwerpunkte*: Kritische Erziehungs- und Bildungstheorie; Geschichte und Theorie Kritischer Pädagogik; Demokratische Reformpädagogik. *Ausgewählte Publikationen*: Biopiraterie in der Bildung. Einsprüche gegen die vorherrschende Bildungspolitik. Hannover 2010; Allgemeine Pädagogik auf praxisphilosophischer Grundlage. Baltmannsweiler 2012; Bewusstseinsbildung. Einführung in die kritische Bildungstheorie und Befreiungspädagogik Heinz-Joachim Heydorns. Baltmannsweiler 2014.

Harald Bierbaum, Dr. phil., wissenschaftlicher Mitarbeiter an der Technischen Universität Darmstadt, Allgemeine Pädagogik mit dem Schwerpunkt Pädagogik der Natur- und Umweltwissenschaften. *Lehr- und Forschungsschwerpunkte*: Theorie pädagogischer Institutionen; Pädagogische Professionalität; „Genetisches" Verstehen-Lehren im (naturwissenschaftlichen) Schulunterricht; Pädagogische Wissenschaftsforschung; Allgemeine Didaktik und Pädagogik. *Ausgewählte Publikationen*: Zu Martin Wagenscheins Philosophie des Lehrens. In: Koller, H.-C. u.a. (Hrsg.): Philosophie des Lehrens. Paderborn 2012, S. 65-83; Verstehen-Lehren. Aufgaben und Probleme der schulischen Vermittlung naturwissenschaftlicher Allgemein-Bildung. Baltmannsweiler 2013; Verstehen als pädagogisches Problem. In: Vierteljahrsschrift für wissenschaftliche Pädagogik, H. 4/2013/Jg. 89, S. 466-483.

Jutta Breithausen, Dr. phil., wissenschaftliche Mitarbeiterin an der Bergischen Universität Wuppertal, Allgemeine Erziehungswissenschaft/Theorie der Bildung. *Lehr- und Forschungsschwerpunkte*: Entstehung und Wandel von Bildungstheorie; Pädagogik der Aufklärung; Kritische Theorie; Verhältnis von Bildung und Sachlichkeit. *Ausgewählte Publikationen*: Bildung und Sachlichkeit. In: Zeitschrift für Pädagogik, H. 2/2014/Jg. 57, S. 271-285;

(Nicht-)Orte von Sachlichkeit in Empirie und Bildungstheorie. In: Breinbauer, I. M./Weiß, G. (Hrsg.): Orte des Empirischen in der Bildungstheorie. Würzburg 2011, S. 35-44.

Carsten Bünger, Dr. phil., wissenschaftlicher Mitarbeiter an der Technischen Universität Dortmund, Arbeitsbereich Allgemeine Erziehungswissenschaft. *Lehr- und Forschungsschwerpunkte*: Systematische Problemstellungen der Bildungs- und Erziehungsphilosophie; Einsätze kritischer Erziehungswissenschaft und Pädagogik; Verhältnisbestimmungen sowie methodologische Perspektivierungen von Bildung und Subjektivierung, Pädagogischem und Politischem. *Ausgewählte Publikationen*: Die offene Frage der Mündigkeit. Studien zur Politizität der Bildung. Paderborn 2013; Die Politizität der Bildung. Systematischer Fokus kritischen Bildungsdenkens. In: Vierteljahrsschrift für wissenschaftliche Pädagogik, H. 3/2013/Jg. 89, S. 430-446; Was heißt kritische politische Bildung heute? Zum Problem der Kritik. In: Widmaier, B./Overwien, B. (Hrsg.): Was heißt heute Kritische Politische Bildung? Schwalbach/Ts. 2013, S. 51-59.

Johanna Burkhardt, M.A., *Forschungs- und Interessensschwerpunkte:* Kritische Bildungstheorie; Lebenslanges Lernen und gesellschaftliche Transformationsprozesse; Politische Ökonomie der Bildung; Erwachsenenbildung. *Ausgewählte Publikationen:* Mut zur Kritik reloaded – Zur Geschichte und Aktualität einer kritischen Bildungstheorie. Darmstadt 2014. Unveröffentlichte Magisterarbeit.

Gregor Eckert, studiert Pädagogik und Philosophie an der Technischen Universität Darmstadt. *Forschungs- und Interessensschwerpunkte*: Kritische Bildungstheorie; Kulturkapitalismus und Bildungsphilosophie.

Peter Euler, Dr. phil., Professor für Allgemeine Pädagogik mit dem Schwerpunkt Pädagogik der Natur- und Umweltwissenschaften an der Technischen Universität Darmstadt. *Lehr- und Forschungsschwerpunkte:* Allgemeine Pädagogik; Sozialgeschichte und Philosophie der Bildung; Kritische Bildungstheorie; Verstehen der Naturwissenschaften; Entstehung, Begründung und Widersprüche einer Bildung für nachhaltige Entwicklung. *Ausgewählte Publikationen*: Pädagogik und Universalienstreit. Zur Bedeutung von F.I. Niethammers pädagogischer Streitschrift. Weinheim 1989; Bildung als „kritische" Kategorie. In: Zeitschrift für Pädagogik, H. 3/2003/Jg. 48, S. 413-421; Verstehen als pädagogische Kategorie. Voraussetzungen subjektiver Sach- und Facherschließung am Beispiel der Naturwissenschaften. In: Vierteljahrsschrift für wissenschaftliche Pädagogik, H. 4/2013, 89. Jg., S. 484-502.

Andreas Gruschka, Dr. phil., Professor für Allgemeine Pädagogik und Schulpädagogik an der J. W. Goethe-Universität Frankfurt. *Lehr- und Forschungsschwerpunkte*: Kritische Theorie der Pädagogik; PAERDU – Pädagogische Rekonstruktion von Unterricht; Schultheorie und Theorien zum Wandel von Schule. *Ausgewählte Publikationen*: Pädagogische Forschung als Erforschung der Pädagogik. Eine Grundlegung. Opladen 2013; Unterrichten – eine pädagogische Theorie auf empirischer Basis. Opladen 2013; „Empirische Bildungsforschung" am Ausgang ihrer Epoche? In: BMBF (Hrsg.): Bildungsforschung 2020 – Herausforderungen und Perspektiven. Bonn/Berlin 2014, S. 375-386.

Yvonne Kehren, M.A., wissenschaftliche Mitarbeiterin an der Technischen Universität Darmstadt, Allgemeine Pädagogik mit dem Schwerpunkt Pädagogik der Natur- und Umweltwissenschaften. *Lehr- und Forschungsschwerpunkte*: Kritische Bildungstheorie; Bildung für nachhaltige Entwicklung; Allgemeine Didaktik und Pädagogik. *Ausgewählte Publikationen:* Pädagogik und ‚Nachhaltige Entwicklung' – Reflexionen einer widerspruchsreichen Beziehung. Saarbrücken 2007; Integration und Subversion als Prinzip der Nachhaltigkeit. In: Bierbaum, H. u.a. (Hrsg.): Nachdenken in Widersprüchen. Gernot Koneffkes Kritik bürgerlicher Pädagogik. Wetzlar 2007, S. 59-67.

Ulla Klingovsky, Dr. phil., Vertretungsprofessorin für Erwachsenenbildung/betriebliche und arbeitsmarktbezogene Weiterbildung an der Martin-Luther-Universität Halle-Wittenberg. *Lehr- und Forschungsschwerpunkte*: Theorie und Empirie von Lern- und Bildungsprozessen; Professionalisierung erwachsenenpädagogischen Handelns; Bildungstheorie und Didaktik; Politische Ökonomie der Bildung; Gouvernementalität in der Weiterbildung. *Ausgewählte Publikationen*: Schöne Neue Lernkultur. Transformationen der Macht in der Weiterbildung. Eine gouvernementalitätstheoretische Analyse. Bielefeld 2009; Lebenslanges Lernen im Postfordismus. Zur Transformation von Begründungsfiguren des Lehrens und Lernens. In: Magazin erwachsenenbildung.at, H. 18/2013, S. 06.2-06.10; Klingovsky, U./Kossack, P.: Selbstsorgendes Lernen gestalten, Bern 2007.

Jens Oliver Krüger, Dr. phil., wissenschaftlicher Mitarbeiter im Projekt „Exzellenz im Primarbereich" der DFG-Forschergruppe „Mechanismen der Elitebildung im deutschen Bildungssystem". *Lehr- und Forschungsschwerpunkte*: Qualitative Methoden; Verhältnis zwischen Bildungsforschung und Bildungstheorie; Forschung zu den Themenfeldern Schulwahl, Heterogenität und Compliance. *Ausgewählte Publikationen*: Aßmann, A./Krüger, J.O. (Hrsg.): Ironie in der Pädagogik. Theoretische und empirische Studien zur pädagogischen Bedeutsamkeit der Ironie. Weinheim 2011; Vom Hörensagen.

Die Bedeutung von Gerüchten im elterlichen Diskurs zur Grundschulwahl. In: Zeitschrift für Pädagogik, H. 3/2014/Jg. 60, S. 390-408.

Ralf Mayer, Dr. phil., wissenschaftlicher Mitarbeiter an der Martin-Luther-Universität Halle, Arbeitsbereich Systematische Erziehungswissenschaft. *Lehr- und Forschungsschwerpunkte*: Erziehungs- und bildungstheoretische Fragestellungen im Kontext Kritischer Theorie, Politischer Philosophie und Psychoanalyse; Subjektivierungstheorien und Medialität. *Ausgewählte Publikationen*: Produktivitäten von Heterogenität. In: Koller, H.-C. u.a. (Hrsg.): Heterogenität – Zur Konjunktur eines pädagogischen Konzepts. Paderborn 2013, S. 201-218; Vom Spiegel zur symbolischen Ordnung – Subjekt, Medialität und Biographie. In: Heinze, C. u.a. (Hrsg.): Medialisierungsformen des Autobiographischen. Konstanz 2013, S. 55-71; Bindung und Distinktion – Subjektivierungstheoretisch inspirierte Lektüren des soziologischen Geistkonzepts ‚vor und nach dem Sieg des Kapitalismus'. In: Schäfer, A. (Hrsg.): Hegemonie und autorisierende Verführung. Paderborn 2014, S. 137-159.

Paul Mecheril, Dr. phil., Professor am Institut für Pädagogik der Carl von Ossietzky Universität Oldenburg und Direktor des Center for Migration, Education and Cultural Studies. *Lehr- und Forschungsschwerpunkte*: Migrationspädagogik; Pädagogische Professionalität; Bildungsforschung; method(olog)ische Fragen der Interpretation. *Ausgewählte Publikationen*: Mecheril, P. u.a.: Differenz unter Bedingungen von Differenz. Zu Spannungsverhältnissen universitärer Lehre. Wiesbaden 2013; Mecheril, P. u.a. (Hrsg.): Migrationsforschung als Kritik? (Band I und Band II). Wiesbaden 2013; Mecheril, P. (Hrsg.): Selbstbildung. Subjektivierungsprozesse in der Migrationsgesellschaft. Bielefeld 2014.

Norbert Meder, Dr. phil., von 2001 bis 2012 Professor für Allgemeine Systematische Pädagogik an der Universität Duisburg-Essen. *Lehr- und Forschungsschwerpunkte*: Bildungsphilosophie; Informationstechnologie in pädagogischen Handlungszusammenhängen; Wissensorganisation und Allgemeine Didaktik; Theorie der Wissensgesellschaft; didaktische Ontologie der Web-Didaktik. *Ausgewählte Publikationen*: Fromme, J./Meder, N./Vollmer, N.: Computerspiele in der Kinderkultur. Opladen 2000; Zwischen Gleichgültigkeit und Gewissheit. Würzburg: Königshausen & Neumann 2003; Der Sprachspieler. Der postmoderne Mensch oder das Bildungsideal im Zeitalter der neuen Technologien. Würzburg 2004.

Astrid Messerschmidt, Dr. phil., Professorin für Interkulturelle Bildung/Lebenslanges Lernen an der Pädagogischen Hochschule Karlsruhe. *Lehr- und Forschungsschwerpunkte*: Bildung in der Migrationsgesellschaft;

Zeitgeschichtliche Erinnerungsprozesse in den Nachwirkungen des Nationalsozialismus; diskriminierungskritische und diversity-reflexive Bildungskonzeptionen; Kritische Bildungstheorie; Erziehungswissenschaftliche Geschlechterforschung. *Ausgewählte Publikationen*: Über Verschiedenheit verfügen? Heterogenität und Diversity zwischen Effizienz und Kritik. In: Kleinau, E./Rendtorff, B. (Hrsg.): Differenz, Diversität und Heterogenität in erziehungswissenschaftlichen Diskursen. Opladen/Berlin 2013, S. 47-61; Diehm, I./Messerschmidt, A. (Hrsg.): Das Geschlecht der Migration. Bildungsprozesse in Ungleichheitsverhältnissen. Jahrbuch für Frauen- und Geschlechterforschung in der Erziehungswissenschaft. Opladen 2013; Bildungsarbeit in der Auseinandersetzung mit gegenwärtigem Antisemitismus. In: Aus Politik und Zeitgeschichte, H. 28-30/2014/Jg. 64, S. 38-44.

Ludwig A. Pongratz, Dr. päd., von 1992 bis 2009 Professor für Allgemeine Pädagogik und Erwachsenenbildung an der Technischen Universität Darmstadt. *Lehr- und Forschungsschwerpunkte:* Pädagogische Theoriegeschichte; Methodologie und Erkenntnistheorie; Kritische Theorie bzw. Kritische Bildungstheorie; Kritische Erwachsenenbildung. *Ausgewählte Publikationen:* Sackgassen der Bildung. Pädagogik anders denken. Paderborn 2010; Kritische Erwachsenenbildung. Analysen und Anstöße. Wiesbaden 2010; Unterbrechung. Studien zur Kritischen Bildungstheorie. Opladen 2013.

Nadine Rose, Dr. phil., wissenschaftliche Mitarbeiterin im Arbeitsbereich Allgemeine Erziehungswissenschaft an der Universität Bremen. *Lehr- und Forschungsschwerpunkte*: Diskurs- und Gesellschaftstheorien, qualitative Bildungs- und Migrationsforschung zu Subjekivations- und Adressierungsprozessen, Methoden qualitativer Sozialforschung. *Ausgewählte Publikationen*: Migration als Bildungsherausforderung. Subjektivierung und Diskriminierung im Spiegel von Migrationsbiographien. Bielefeld: 2012; Anrufungen, Identifizierungen und Resignifizierungen. Einige Überlegungen zur Ambivalenz von Subjektbildungsprozessen in der Migrationsgesellschaft. In: Vierteljahrsschrift für wissenschaftliche Pädagogik. H. 1/2013, S. 160-176; Rose, N./Kleiner, B. (Hrsg): (Re-)Produktion von Ungleichheiten im Schulalltag. Judith Butlers Konzept der Subjektivation in der erziehungswissenschaftlichen Forschung. Opladen: 2014.

Sabrina Schenk, Dipl. päd., wissenschaftliche Mitarbeiterin am Institut für Pädagogik an der Martin-Luther-Universität Halle-Wittenberg. *Lehr- und Forschungsschwerpunkte*: Konstitutionsfragen der Pädagogik; Grundlagenprobleme der Erziehungs- und Bildungsphilosophie; Relationierungsweisen von Theorie und Empirie. *Ausgewählte Publikationen*: Pädagogik als Möglichkeitsraum. Zur Inszenierung von Optimierungen. In: Mayer, R./Thompson, C./Wimmer, M. (Hrsg.): Inszenierung und Optimierung des Selbst. Zur

Analyse gegenwärtiger Selbsttechnologien. Wiesbaden 2013, S. 215-236; Pauls, T./Schenk, S. (Hrsg.): Aus Erfahrung lernen. Anschlüsse an Günther Buck. Paderborn 2014.

Alfred Schäfer, Dr. phil., Professor für Systematische Erziehungswissenschaft an der Martin-Luther-Universität Halle-Wittenberg. *Lehr- und Forschungsschwerpunkte:* Konstitutionsprobleme von Erziehungs- und Bildungstheorien; Bildungsethnologie; Diskursanalyse. *Ausgewählte Publikationen:* Die Erfindung des Pädagogischen. Paderborn 2009; Das Versprechen der Bildung. Paderborn 2011; Selbst-Spiegelungen am Anderen. Zur Ambivalenz kultureller Begegnungen in Ladakh. Paderborn 2014.